GLEICHHEIT IST GLÜCK

TOLKEMITT VERLAG BEI ZWEITAUSENDEINS

GLEICHHEIT IST GLÜCK

WARUM GERECHTE GESELLSCHAFTEN FÜR ALLE BESSER SIND

RICHARD WILKINSON
UND
KATE PICKETT

*Aus dem Englischen von
Edgar Peinelt
und
Klaus Binder*

Deutsche Erstausgabe
1. Auflage, Dezember 2009

Die englische Originalausgabe erschien 2009 unter dem Titel
The Spirit Level. Why More Equal Societies Almost Always Do Better
bei Allen Lane, an imprint of Penguin Books, London.

Übersetzt von Edgar Peinelt (bis Kapitel 14 und Anhang) und
Klaus Binder (Kapitel 15 und 16).

Lektorat: Ekkehard Kunze, Büro Z, Wiesbaden.
Umschlaggestaltung: Tom Ising für Herburg Weiland, München;
Foto: Jenny van Sommers/CLM/trunkarchive.com;
Installation: Adam Dawe Design.
Herstellung von Urs Jakob,
Werkstatt im Grünen Winkel, CH-8400 Winterthur.
Satz: Fotosatz Amann in Achstetten.
Druck und Bindung: Ebner & Spiegel in Ulm.
Printed in Germany.

ISBN 978-3-942048-09-5

Für unsere Eltern
Don und Marion Chapman
George und Mary Guillemard

Inhalt

Vorwort 11

I

Wirtschaftlicher Erfolg, soziales Scheitern

1. Das Ende einer Ära 17

Die Fakten 19 Die Umwelt setzt dem Wirtschaftswachstum Grenzen 25 Einkommensunterschiede innerhalb einer Gesellschaft und unterschiedliche Durchschnittseinkommen im internationalen Vergleich 26

2. Armut oder Ungleichheit? 29

Das Ausmaß der Ungleichheit 29 Was sind die Folgen der Ungleichheit? 32 Soziales Gefälle 39 Unterschiedliche Probleme – dieselben Ursachen 40 Welche Lehren sind aus der Ungleichverteilung der Einkommen zu ziehen? 41 Lebensqualität für alle und besseres Leistungsniveau der Nation 44 Entwicklungsländer 45

3. Wie uns Ungleichheit trifft 47

Zunehmende Ängste 48 Selbstachtung und Unsicherheit 51 Bedrohungen des sozialen Selbst 52 Stolz, Scham und Status 55 Von der Gemeinschaft zur Massengesellschaft 57 Ungleichheit verstärkt die sozialen Ängste 58 Selbstbestätigung statt Zurückhaltung und Bescheidenheit 59 Freiheit, Gleichheit und Brüderlichkeit 60

II
Die Kosten der Ungleichheit

4. Leben in der Gemeinschaft und soziale Beziehungen 65

Die Gleichheit der sozialen Verhältnisse 66 Welche Rolle spielt gegenseitiges Vertrauen? 67 Einkommensungleichheit und Vertrauen 68 Die Henne oder das Ei? 71 Vertrauen ist wichtig 73 Raiders und Outlanders 74 Die soziale Stellung der Frau 76 Vertrauen über die Grenzen hinweg 78 Erste Erkenntnisse 79

5. Seelische Gesundheit und Drogenkonsum 81

Psychische Erkrankungen in Großbritannien und den USA 81 Psychisches Wohlbefinden 83 Ein Vergleich von Äpfeln und Birnen? 84 Einkommensunterschiede und psychische Erkrankungen 85 Aufstieg um jeden Preis 88 Ungleichheit und Drogenkonsum 89 Affentheater 90

6. Gesundheit und Lebenserwartung 93

Materielle und psychosoziale Einflüsse auf die Gesundheit 93 Wo das Leben hart ist, stirbt man früher 96 Gesundheit und Wohlstand 98 Die entscheidende Erkenntnis 100 Was uns innerlich trifft 105

7. Fettleibigkeit: Mit der Ungleichheit wachsen die Pfunde 109

Die adipogene Umwelt 110 Übergewicht und Ungleichverteilung der Einkommen 111 Essen zum Trost 115 Essen oder fasten für den Status 117 Sind Frauen dicker? 119 Reich und schlank, arm und dick 120 Der »sparsame Phänotyp« 121 Gleichheitsdiät 122

8. Schulische Leistungen 125

Heimvorteil 126 Leistungsunterschiede 126 Nationales Bildungsniveau 129 Staatliche Erziehungsfürsorge 132 Ungleiche Bildungschancen 135 Nach Gusto 137

9. Mädchen als Mütter – ein Kreislauf der Entbehrungen 141

Das Thema ist wichtig 143 Ungleichheit ab Geburt 144 Wer wird schneller erwachsen? 148 Frühe Geschlechtsreife und Abwesenheit der Väter 149 Was ist mit den Vätern? 151

10. Gewalt: aus mangelnder Anerkennung 153

»Unser Stolz ist alles, was wir haben« 157 Ungleichheit ist »strukturelle Gewalt« 159 Zufluchtsorte in einer herzlosen Welt 162 Trends: abwärts und aufwärts 167

11. Gefängnis und Bestrafung 171

Verbrechen oder Bestrafung? 171 Gefängnisstrafen und Ungleichheit 173 Unterschiede im Strafvollzug 176 Sind Gefängnisstrafen sinnvoll? 179 Verhärtete Fronten 181

12. Soziale Mobilität: Chancenungleichheit 183

Wie der Vater, so der Sohn? 185 Wer aufsteigt, zieht um 188 Die feinen Unterschiede 190 Nach oben buckeln und nach unten treten 193

III

Eine bessere Gesellschaft

13. Fehler im sozialen System 199

Gesellschaften können versagen 199 Liegt es nur an der Ungleichheit? 202 Ungleichheit und ethnische Zugehörigkeit 204 Vorgeschichten 206 Vorteile für alle 207 Ursachen 215

14. Unser soziales Erbe 223

Erst denken, dann lenken 223 Die zwei Seiten der Medaille 224 Freund oder Feind 225 Wirtschaftliche Experimente 227 Schimpansen und Bonobos 229 Das soziale Gehirn 231 Unser doppeltes Erbe 232 Frühe Erfahrungen 236 Spiegelneuronen und Empathie 239 Oxytocin und Vertrauen 240 Zusammenwirken macht Freude, Ausgrenzung schmerzt 241

15. Gleichheit und Nachhaltigkeit 245

Nachhaltigkeit und Lebensqualität 246 Faire Reduktion der CO_2-Emission 248 Mit neuen Techniken allein ist es nicht getan 250 Wirtschaft jenseits von Wachstum 251 Ungleichheit und zwanghaftes Konsumverhalten 252

16. Die Zukunft gestalten 263

Gesellschaftlicher Wandel 264 Das Scheitern der Politik 266 Der Trend zur Ungleichheit 268 Unterschiedliche Wege zu mehr Gleichheit 270 Der politische Wille 273 Gewerkschaften 277 Die Macht der Unternehmen – die Elefanten im Porzellanladen 277 Alternativen 281 Was können wir tun? 283 Freiheit und Gleichheit 294 Tendenzen der technischen Entwicklung nutzen 295 Die Zukunft der Gleichheit 299

Anhang

Erläuterungen zu den Schaubildern 307

Zahlen zeigen Fakten: Wie man die Diagramme in diesem Buch liest 307 Zur Auswahl der Länder für den internationalen Vergleich 310 Zur Berechnung des Index der sozialen und gesundheitlichen Probleme 310 Die 50 US-Bundesstaaten 311

Anmerkungen und Quellen 313

Register 329

Dank 335

Vorwort

Menschen neigen dazu, die Bedeutung ihrer eigenen Leistungen zu überschätzen, und wir hatten uns auch schon gefragt, ob wir hier unseren Lesern vielleicht zu viel versprechen. Aber keine Sorge: Dieses Buch ist keineswegs eine weitere Sammlung von Patentrezepten und persönlichen Vorstellungen zur Rettung der Welt, sondern das Ergebnis unserer langjährigen Recherchen. Wenn wir beide unsere Forschungszeiten an diesem Buch zusammenrechnen, kommen wir auf gut fünfzig Jahre. Ursprünglich ging es uns um die »Ungleichverteilungen im Gesundheitsbereich«. Wir wollten wissen, warum die Lebenserwartung der Menschen in den gesellschaftlichen Schichten so unterschiedlich ist, warum die Bürger in den modernen Industrienationen immer mehr gesundheitliche Probleme haben, je weiter unten sie auf der sozialen Stufenleiter rangieren.

Als Epidemiologen versuchen wir, die Gründe für bestimmte Krankheiten in der Bevölkerung methodisch zu erfassen: Warum kommt eine Krankheit in einer bestimmten Gruppe sehr häufig vor und in einer anderen dagegen nicht? Warum breiten sich manche Krankheiten in allen sozialen Schichten aus? Warum treten bestimmte Krankheiten in dem einen Land häufig, in dem anderen Land praktisch gar nicht auf? Und was ist der Grund, warum schichtspezifische Krankheiten im Lauf der Zeit von einer Schicht in eine andere wandern? Dieser methodische Ansatz, das Risiko einer Krankheit nicht in erster Linie als ein individuelles Gesundheitsproblem zu betrachten, sondern die hauptsächlichen Ursachen ihrer Häufigkeit in den sozioökonomischen Strukturen der jeweiligen Gesellschaft zu erkennen, bietet ein ganz neues Instrument der Betrachtung. Wie mit einer Wasserwaage lässt sich die soziale Schieflage einer Gesellschaft analysieren, und diese Methode ist damit geeignet, neben den gesundheitlichen auch die sozialen Probleme besser zu erkennen und zu entschärfen – etwa die schleichende Auflösung sozialer Bindungen, die zunehmende Gewalt, den rapiden Vertrauensschwund, die Überforderungen am Arbeitsplatz und nicht zuletzt die steigende Zahl kranker, depressiver, kreuzunglücklicher oder übergewichtiger Menschen.

Um hier mit einem aktuellen Beispiel für unsere These vorzugreifen, dass die Ungleichheit die Ursache vieler sozialer und gesundheitlicher Probleme ist: In den neuen Bundesländern nahm das Phänomen der Fettleibigkeit in den Jahrzehnten nach dem Mauerfall signifikant zu, aber nicht etwa, weil es den Bürgern der ehemaligen DDR nach der Wiedervereinigung nun besser ging, ganz im Gegenteil, sondern weil sich seitdem die Einkommensungleichverteilung in ihrer ostdeutschen Heimat rapide verschärfte – und sich bei den Verlierern in ungesundem Übergewicht manifestierte. Die einst charakteristische Physiognomie der Wohlhabenden ist heute Stigma der Armen – ein schlagendes Beispiel, wie sich psychische Krankheiten, die materielle Ursachen haben, körperlich auswirken.

Die Forschungsergebnisse, auf die wir uns im Folgenden beziehen, sind von zahlreichen Wissenschaftlern verschiedener Disziplinen und Denkrichtungen zusammengetragen worden. Das soll allerdings nicht heißen, dass sie über alle Zweifel erhaben sind. Sie müssen natürlich interpretiert werden, wobei es in der Regel gute Kriterien gibt, sich einer bestimmten Lesart anzuschließen. Auch werden die ersten theoretischen Näherungen und Annahmen häufig durch weitere Forschungsergebnisse in Frage gestellt und müssen neu überdacht werden.

Wir wollen Sie in diesem Buch mitnehmen auf den Weg unserer Erkenntnisse, der markiert war von immer neuen wichtigen Einsichten und Belegen. Einige Sackgassen und zeitraubende Irrwege haben wir ausgelassen. Es geht uns darum, zu zeigen, wie man die Lebensqualität aller Bürger in den modernen Gesellschaften verbessern kann – die der Wohlhabenden wie die der Bedürftigen. Wir werden hier alle Befunde vorstellen und alle unsere Interpretationen begründen; die Leser werden entscheiden, ob wir Recht haben.

Dass Ungleichheit eine Gesellschaft zersetzen kann, haben die Menschen intuitiv schon immer begriffen. Doch es war nicht anzunehmen, dass in den heutigen Industriegesellschaften ein Niveau der

Ungleichheit erreicht werden würde, das eindeutig messbare Wirkungen zeigt. Als wir zum ersten Mal glaubten, einen solchen Effekt zu entdecken, war der Anlass unbedeutend im Vergleich mit den Konsequenzen der Ungleichheit, die inzwischen unübersehbar deutlich geworden sind. Entdeckungen hängen eben nicht nur vom Urteilsvermögen, sondern auch vom Zufall ab.

Vielleicht konnte ein solches Gesamtbild, wie wir es hier bieten, erst auf der Grundlage der statistischen Erhebungen aus den letzten Jahren erstellt werden. Seit es international vergleichbare Daten nicht nur zu Durchschnittseinkommen und Einkommensverteilungen, sondern auch zu einzelnen sozialen und gesundheitlichen Problemen gibt, war es vermutlich nur eine Frage der Zeit, bis eine umfassende Auswertung versucht werden würde. Wir und andere Forscher profitierten davon, Zugriff auf immer neue Daten zu bekommen. Nur so konnten wir analysieren, wie sich Gesellschaften unterscheiden, wie die einzelnen sozialen Faktoren in Beziehung stehen – und erst dadurch ließen sich theoretische Annahmen erhärten.

In den Naturwissenschaften setzen sich neue Erkenntnisse schneller durch als in den Sozialwissenschaften. Das scheint daran zu liegen, dass Theorien über die stoffliche Welt weniger uneindeutig und angreifbar sind als Theorien über soziale Verhältnisse. Doch auch in der Geschichte der Naturwissenschaften finden sich zahlreiche Auseinandersetzungen, die als theoretische Meinungsverschiedenheiten begannen und ihre Protagonisten ein Leben lang in einen heftigen und oft auch schmerzlichen Streit untereinander verwickelten. In den Naturwissenschaften sind die Kontroversen meist eine Angelegenheit zwischen Experten; zur Teilchenphysik haben die meisten Menschen keine Meinung. Aber jedermann glaubt zu wissen, wie die Gesellschaft funktionieren sollte. Gesellschaftstheorien sind damit nicht zuletzt auch Annahmen über uns selbst, man könnte sie sogar als Teil der menschlichen Selbsterkenntnis oder des sozialen Selbstbewusstseins verstehen. Naturwissenschaftler müssen ihre Theorien nicht den betreffenden Zellen oder Atomen beweisen, Sozialwissenschaftler dagegen sehen jede ihrer Annahmen konfrontiert mit unzähligen individuellen Vorstellungen und auch mit mächtigen Eigeninteressen.

1847 entdeckte Ignaz Semmelweis, dass die Todesfälle durch das Kindbettfieber allein dadurch erheblich reduziert werden konnten, dass sich die Ärzte im Kreißsaal sorgfältig die Hände wuschen. Doch um etwas zu bewirken, musste er diese Erkenntnis erst einmal anderen vermitteln; vor allem seinen Kollegen in der Medizin. Nicht seine wissenschaftliche Einsicht hatte er zu verteidigen, sondern die Konsequenzen machten ihm zu schaffen. Er wurde verlacht, büßte seine psychische Gesundheit ein und endete im Elend. In der Medizin nahm man seine Arbeit lange Zeit nicht ernst. Das änderte sich erst, als Louis Pasteur und Joseph Lister ihre Theorie der Krankheitserreger vorstellten und als damit klar wurde, dass Hygiene ein wichtiges Moment der Bekämpfung von Mikroorganismen ist.

Wir leben in Zeiten, die wenig Anlass zu Optimismus bieten. Nicht nur die globale Erwärmung muss uns beunruhigen, wir stellen auch fest, dass in vielen Gesellschaften der materielle Aufschwung von zunehmenden Lasten und Katastrophen im sozialen Bereich begleitet wird. Sofern unsere Annahmen und Belege, die in diesem Buch vorgestellt werden, als korrekt gelten dürfen, zeichnen sich immerhin neue Möglichkeiten ab: Die Lebensqualität der Bevölkerungsmehrheit könnte deutlich verbessert werden. Doch zunächst und zugleich gilt es, den Menschen eine andere Sichtweise auf ihre Lebensumstände zu vermitteln, sonst nützt auch die beste Theorie nichts. Erst wenn die Vorstellungen, die wir hier vertreten, öffentliche Anerkennung erfahren, kann man auf die notwendigen politischen Entscheidungen für einen Wandel hoffen.

Wir haben uns deshalb entschlossen, eine Stiftung ins Leben zu rufen, die der Verbreitung unserer Erkenntnisse dienen soll. Da wir keine Experten in diesem Bereich sind und auch nicht über die nötigen Mittel verfügen, ist daraus bislang nicht viel mehr als eine Website geworden: www.equalitytrust.org.uk. Aber wir hoffen immerhin deutlich zu machen, dass wir gemeinsam einen Ausweg finden können.

I

Wirtschaftlicher Erfolg, soziales Scheitern

Ich habe gerade eine Steuererleichterung von 200.000 $ bekommen …
Ich liebe dieses Land!
Aber warum sieht es überall aus wie auf einer Müllkippe?

1.

Das Ende einer Ära

Ich seh, welch große Macht das Geld besitzt, die Fremden zu beschenken und den krank gewordnen Leib mit Spenden durchzubringen; doch das Brot für jeden Tag, das kostet wenig; jeder, der sich voll gegessen, ob reich, ob arm, er kriegt das gleiche Maß. *Euripides, Elektra, 398–402*

Es scheint paradox: Der Menschheit gelingen immer neue materielle Erfolge und technische Höchstleistungen, aber wir leiden unter Ängsten und Depressionen, sorgen uns darum, wie wir in den Augen der anderen erscheinen, und wissen nicht, wem wir trauen können. Wir konsumieren, statt Beziehungen mit unseren Nachbarn zu pflegen, und weil uns die unangestrengten sozialen Kontakte und das emotionale Wohlbefinden fehlen, das jeder Mensch braucht, suchen wir Trost in Extremen: viel essen, viel einkaufen und Geld ausgeben, viel Alkohol, viele Psychopharmaka oder Drogen.

Wie kommt es, dass die Menschen länger und komfortabler leben als jemals zuvor, aber zugleich psychisch und emotional leiden? Oft fehlt uns kaum mehr, als uns hin und wieder einmal mit Freunden zu treffen, aber wir können die Zeit dafür nicht erübrigen. Wir handeln so, als sei unser Leben ein ständiger Kampf ums psychische Überleben, ein Kampf gegen Stress und emotionale Abstumpfung, aber in Wahrheit ist unser Leben so luxuriös und extravagant, dass es unseren Planeten in Gefahr bringt.

In den USA hat das Harwood Institute for Public Innovation in einer von der Merck Family Foundation in Auftrag gegebenen landesweiten empirischen Untersuchung belegt, dass viele Menschen glauben, der »Materialismus« sei das eigentliche Problem; er hindere sie an der Befriedigung ihrer sozialen Bedürfnisse. Die Studie, erschienen unter dem Titel *Yearning for Balance* (»Sehnsucht nach Gleichgewicht«), kommt zu dem Schluss, dass die Befragten »ein sehr ambivalentes Verhältnis zu Wohlstand und materiellem Gewinn zeigten«.[1] Eine deutliche Mehrheit wünscht, dass die Gesellschaft sich »von Gier und Maßlosigkeit abkehrt und einen Lebensstil wählt, in dem Wertvorstellungen, Gemeinschaft und Familie eine größere Rolle spielen«. Jedoch glauben die Befragten, dass die meisten Amerikaner diese Meinung nicht teilten, weil sie »mit zunehmender Vereinzelung selbstsüchtig und verantwortungslos« geworden seien. Viele der Befragten fühlten sich isoliert. Die Studie belegt aber auch, dass die Teilnehmer von Kontrollgruppen, in denen genau diese Probleme diskutiert wurden, sich »überrascht und begeistert zeigten, dass andere ihre Ansichten teilten«. Viele von uns fühlen sich unbehaglich in ihrem Streben nach materiellem Gewinn und weil ihnen dabei die sozialen Werte abhanden gekommen sind; aber statt uns in diesem gemeinsamen Anliegen mit anderen zusammenzutun, glauben wir, die Vereinzelung sei unser persönliches Problem.

In der großen Politik spielen solche Fragen keine Rolle mehr, eine gemeinsame Vision für eine bessere Gesellschaft steht nicht auf der Agenda. Und wenn wir bei Wahlen unsere Stimme abgeben, sind soziale Veränderungen auch kein Entscheidungskriterium; unter den gegebenen Verhältnissen ist fast jeder nur auf den eigenen Vorteil bedacht.

Diese Diskrepanz zwischen materiellem Erfolg und sozialem Versagen ist ein wichtiges Indiz für den gesellschaftlichen Zustand vieler reicher Nationen. Wenn wir mehr echte Lebensqualität wollen, dann dürfen wir nicht länger nur nach Wirtschaftswachstum und Wohlstand streben, sondern müssen uns Gedanken um die Verbesserung des psychischen und sozialen Wohlergehens unserer Gesellschaft insgesamt machen. Aber psychologische Fragestellungen gelten gemeinhin als ein Fall für die individuelle Therapie; Politiker scheinen sich dafür nicht zuständig zu fühlen.

Heute kann man sich allerdings ganz andere, überzeugendere Möglichkeiten vorstellen, die Gesellschaft vor solchen Fehlentwicklungen zu bewahren. Es wird die Politik und unsere Lebensqualität von Grund auf verändern, wenn wir erst einmal die Lage richtig einzuschätzen gelernt haben: Wir werden einen neuen Blick auf die Welt gewinnen, wir werden andere Präferenzen setzen und unsere Forderungen an die Politik ändern.

Zunächst wollen wir zeigen, in welcher Weise die materiellen Grundlagen einer Gesellschaft ihre sozialen Beziehungen determinieren. Der Grad der Einkommensunterschiede hat einen großen Einfluss darauf, wie die Menschen miteinander umgehen. In diesem Buch geht es also weniger um die üblichen Schuldzuweisungen an Eltern, Religion, Wertvorstellungen, Erziehung oder Justiz, es soll vielmehr deutlich gemacht werden, in welchem Maße sich soziale Ungleichheit auf unser aller Wohlbefinden auswirkt. Einst wurden wissenschaftliche Untersuchungen durchgeführt, um zu belegen, dass liebevolle Zuwendung entscheidend für die frühkindliche Entwicklung ist, heute muss man Sterbeziffern und Einkommensverteilungen analysieren, um klarzumachen, dass auch Erwachsene soziale Bedürfnisse haben, und um zu zeigen, wie die Gesellschaft diese befriedigen kann.

Lange vor der internationalen Finanzkrise, die sich Ende 2008 abzeichnete, sprachen manche Politiker in Großbritannien vom »Zusammenbruch« unserer Gesellschaft, wenn sie auf den Mangel an Gemeinschaftsgefühl oder die Zunahme asozialen Verhaltens aufmerksam machen wollten. Inzwischen hat der Zusammenbruch des Finanzsystems die Aufmerksamkeit auf die Wirtschaft gelenkt. Die sozialen Defizite konnte man noch den ärmeren Schichten anlasten, für die wirtschaftliche Katastrophe musste man den Reichen die Schuld geben. Manager selbst »seriöser« Geldinstitute schlugen alle Warnungen in den Wind und halfen ein Kartenhaus zu errichten, das zusammenfallen musste, als die Spekulationsblase platzte; ihnen war es ausschließlich um noch höhere Einkommen und noch größere Bonuszahlungen gegangen. Aber sozialer wie wirtschaftlicher Kollaps haben eine gemeinsame Ursache: die zunehmende Ungleichheit.

Die Fakten

Zunächst werden in diesem Buch Belege dafür angeführt, dass uns wirtschaftliches Wachstum in naher Zukunft kaum noch Vorteile bringen wird. Seit Jahrtausenden ist die Verbesserung des materiellen Lebensstandards stets das probate Mittel zur Erhöhung der Lebensqualität gewesen. Als noch die Wölfe ums Haus strichen, konnte man von guten Zeiten sprechen, wenn es genug Nahrung und sauberes Wasser gab und wenn man sich irgendwo wärmen konnte. Aber heute haben die Menschen in den reichen Ländern ganz andere Alltagsprobleme als etwas in den Magen zu kriegen. Tatsächlich würden die meisten lieber weniger als mehr essen wollen. Erstmals in der Geschichte der Menschheit sind die Armen (im Durchschnitt der reichen Länder) fettleibiger als die Reichen. Wirtschaftswachstum war für lange Zeit der Motor des Fortschritts, doch in den reichen Ländern ist dieser Antrieb inzwischen weitgehend erschöpft. Das ökonomische Wachstum ist nicht mehr wie einst von Maßnahmen für das Wohlergehen und Wohlbefinden der Bürger begleitet. Schlimmer noch: Langfristig haben Ängste, Depressionen und andere soziale Probleme mit wachsendem Wohlstand zugenommen. Die Bevölkerung der reichen Länder steht heute am Ende einer langen historischen Entwicklung – am Ende einer Ära.

Welchen Weg wir gegangen sind, zeigt Abbildung 1.1: Hier ist die Entwicklung der Lebenserwartung in den verschiedenen Stadien wirtschaftlichen Aufschwungs ins Verhältnis zum jeweiligen Pro-Kopf-Bruttoeinkommen eines Landes gesetzt. In den ärmeren Ländern steigt die Lebenserwartung zu Beginn der wirtschaftlichen Entwicklung deutlich an, aber sobald diese Länder den Bereich mittlerer Einkommen erreichen, flacht die Kurve ab und zeigt schließlich keinen Aufwärtstrend mehr. Reiche Länder werden zwar noch reicher, aber sie verzeichnen keine weitere Zunahme der Lebenserwartung ihrer Bevölkerung. Rechts oben in Abbildung 1.1 kann man erkennen, dass diese Situation in den 30 reichsten Ländern der Welt bereits eingetreten ist.

Das Abflachen der Kurve in Abbildung 1.1 ist nicht etwa so zu interpretieren, dass die Menschen die Obergrenze möglicher Lebenserwartung erreicht hätten; selbst in den reichsten Ländern erweist sich die Bevölkerung im Alter statistisch als robuster denn je zuvor. Die entscheidende Veränderung besteht darin, dass diese Entwicklung nichts mehr mit dem durchschnittlichen Lebensstandard zu tun hat. Im Zehnjahresrhythmus steigt die Lebenserwartung in den reichen Ländern um zwei bis drei Jahre – und zwar unabhängig vom Wirtschaftswachstum. Ein reiches Land wie die USA weist hier keine besseren Werte auf als etwa Griechenland oder Neuseeland – Länder,

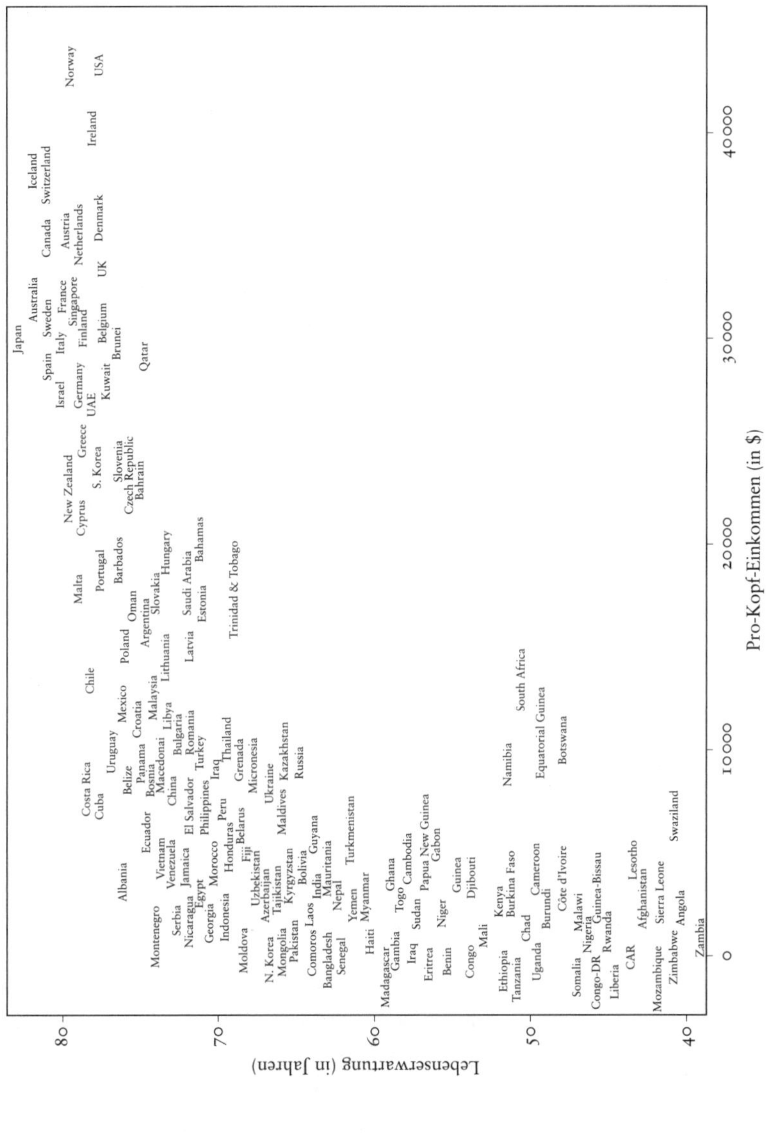

Abb. 1.1 *Wirtschaftlicher Aufschwung führt nur in der Anfangsphase zu erhöhter Lebenserwartung.*[2]

die halb so reich wie die USA sind. Die statistischen Befunde führen zu der Einsicht, dass die Erhöhung des durchschnittlichen Lebensstandards in den reichen Ländern immer weniger Einfluss auf die Gesundheit ihrer Bevölkerung hat.

Gesundheit und ein langes Leben sind allerdings nicht die einzigen Aspekte von Lebensqualität. Nicht nur der Zusammenhang zwischen Gesundheit und Wirtschaftswachstum verliert an Bedeutung, sondern auch das Verhältnis von Reichtum und Wohlbefinden. Wie im Bereich der Gesundheit zeigt sich in der Anfangsphase wirtschaftlichen Wachstums, dass die Menschen sich zunächst glücklicher fühlen, aber im weiteren Verlauf ökonomischer Prosperität verliert sich dieser Effekt. Der britische Wirtschaftswissenschaftler Richard Layard hat in seinem Buch über *Die glückliche Gesellschaft*[3] darauf besonders hingewiesen. Natürlich ist zu vermuten, dass statistische Angaben zum »Glücklichsein« stark von der Kultur des Landes abhängen, in dem die Erhebung gemacht wurde. In der einen Gesellschaft klingt es wie ein Eingeständnis des Scheiterns, wenn man behauptet, nicht glücklich zu sein, und in einer anderen Gesellschaft hört es sich selbstgefällig und rücksichtslos an, wenn einer sagt, dass er glücklich sei. Solche Befindlichkeiten in Rechnung gestellt, zeigt sich in Abbildung 1.2 eine deutliche Angleichung der »Glückskurve« unter den reichsten Ländern, ähnlich wie bei der Lebenserwartung. In beiden Fällen steigt die Kurve in der Anfangsphase wirtschaftlicher Prosperität an, aber je wohlhabender ein Land im Laufe der Zeit geworden ist, desto weniger fühlt sich die Bevölkerung entsprechend glücklicher, wenn sie noch reicher wird. In beiden Grafiken erreichen die Kurven (Lebenserwartung und Glücklichsein) einen konstanten Wert bei einem Pro-Kopf-Einkommen der Bevölkerung von etwa 25.000 Dollar. Allerdings gibt es Anzeichen, dass sich dieser Effekt künftig erst auf einem etwas höheren Einkommensniveau einstellen wird.[4]

Dass mit zunehmendem Reichtum in den reichen Ländern nicht automatisch auch das Glücksgefühl zunimmt, zeigt nicht nur der Vergleich zwischen verschiedenen Ländern zu einem bestimmten Zeitpunkt (wie in Abb. 1.2); in einigen Ländern, wie z. B. in den USA, in Großbritannien und Japan, erlaubt es das Datenmaterial, die Veränderung des Wohlbefindens über längere Zeiträume hinweg zu beurteilen und den Zusammenhang von Glück und zunehmendem

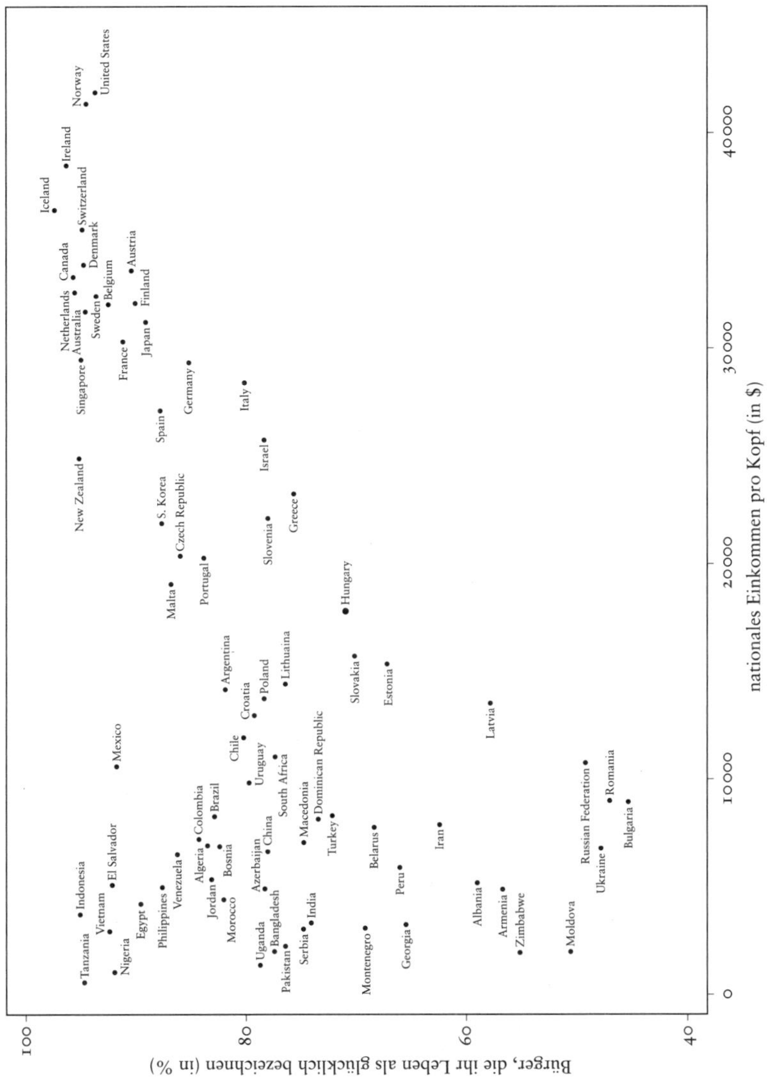

Abb. 1.2 *Wohlbefinden und Durchschnittseinkommen (für GB sind keine Daten verfügbar).*[5]

Reichtum zu bewerten. Hier wird klar, dass selbst in einem Zeitraum, in dem sich die Realeinkommen verdoppelt haben, unter der Bevölkerung kein weiterer Anstieg von »Glück« zu verzeichnen ist. Genau dieses Muster zeigt sich auch in Studien, die mit anderen Indikatoren arbeiteten (»wirtschaftlicher Erfolg«, »echter Fortschritt«), um in diesem Punkt das Nettoresultat des Wirtschaftswachstums nach Abzug der sozialen Kosten (Umweltverschmutzung, Verkehrsstaus usw.) zu erhalten.

Ob wir Gesundheit, Glücklichsein oder andere Aspekte des Wohlergehens betrachten, es zeichnet sich ein deutliches Ergebnis ab: In den ärmeren Ländern ist wirtschaftliche Prosperität nach wie vor ein sehr wichtiger Faktor für die Befindlichkeit der Menschen, hier wirkt sich jede Steigerung des materiellen Lebensstandards deutlich auf die objektiven Aspekte (z. B. Lebenserwartung) und die subjektiven Aspekte (z. B. Glücklichsein) des Wohlergehens aus. Sobald aber eine Nation den Status eines entwickelten und reichen Landes erreicht, haben weitere Einkommenssteigerungen immer weniger Relevanz.

Das Muster leuchtet ein: Wer sich von allen Gütern immer mehr leisten kann, wird irgendwann jeden weiteren Zuwachs nicht mehr als Zugewinn für sein Wohlergehen betrachten. Wer hungert, träumt von einem Laib Brot, wer satt ist, weiß mit immer mehr Brot nicht wohin und findet den Überfluss eher lästig, weil alles verschimmelt. Im Laufe wirtschaftlichen Wachstums wird irgendwann ein Wohlstandsniveau erreicht, das mit »abnehmenden Erträgen« einhergeht: Immer mehr Einkommen verspricht immer weniger Zuwachs an Gesundheit, Glück und Wohlbefinden. Einige der entwickelten Länder blicken inzwischen auf eine mehr als 150jährige Geschichte fast ununterbrochener Einkommenssteigerungen zurück – und jede weitere Erhöhung des Reichtums erscheint nicht mehr, wie einst, als Segen.

Eine solche Tendenz lässt sich auch an der Statistik der Todesursachen ablesen. Wenn Länder wohlhabender werden, verschwinden zunächst die typischen Armutskrankheiten wie Tuberkulose, Cholera oder Masern, die in den ärmsten Ländern der Welt bis heute virulent sind. An ihre Stelle treten nach und nach die so genannten Wohlstandskrankheiten: Krebs, Herz- und Gefäßerkrankungen. Diese Krankheiten treten vorwiegend im Alter auf, während an den klassischen Armutskrankheiten die Menschen meist schon im Kindesalter sterben.

Für die Abflachung der statistischen Verläufe in den Abbildungen 1.1 und 1.2 gibt es noch eine weitere Erklärung: Hat ein Land ein bestimmtes Maß an materiellem Lebensstandard erreicht, nimmt die positive Wirkung weiteren Wirtschaftswachstums auf das Leben der Einzelnen ab. So erklärt sich, dass die »Wohlstandskrankheiten« inzwischen auch bei den armen Schichten in reichen Gesellschaften zu beobachten sind. Herzkrankheiten, Schlaganfall und Fettleibigkeit galten traditionell als typische Befunde bei den Reichen; der Herzanfall war die Krankheit der Geschäftsleute. Einst waren die Wohlhabenden fett und die Habenichtse mager, aber seit den 1950er Jahren zeigt sich in den reichen Ländern immer deutlicher eine Umkehrung dieses Prinzips: Die Armen leiden zunehmend unter den Krankheiten, die vormals typisch für die Reichen waren.

Die Umwelt setzt dem Wirtschaftswachstum Grenzen

Während die Menschen in den reichen Ländern aus weiterer ökonomischer Prosperität immer weniger Vorteile ziehen können, macht sich eine ganz neue Begrenzung dieses wirtschaftlichen Wachstums bemerkbar: die Umweltschäden und vor allem die globale Erwärmung. Um die unabsehbaren Folgen eines sich fortsetzenden Klimawandels und eines sich daraus ergebenden Anstiegs des Meeresspiegels zu verhindern, müssen die CO_2-Emissionen drastisch verringert werden. Dies würde bedeuten, dass unser heutiges Niveau der Konsumtion nicht zu halten ist – und die eigentlich angestrebte Erhöhung des Lebensstandards in den Entwicklungsländern wäre damit auch nicht mehr möglich.

In Kapitel 15 werden wir erläutern, was unsere Prognosen im Hinblick auf die bisherigen politischen Maßnahmen zu Reduzierung der Erderwärmung bedeuten.

Einkommensunterschiede innerhalb einer Gesellschaft und unterschiedliche Durchschnittseinkommen im internationalen Vergleich

Unsere Generation muss sich erstmals in der Geschichte die Fragen stellen, ob und wie überhaupt weitere Verbesserungen unserer Lebensqualität machbar wären. Wenn wirtschaftliches Wachstum das nicht leistet, was brauchen wir dann? Einen wichtigen Hinweis zur Beantwortung dieser Frage haben wir bereits: Offenbar betreffen uns Einkommensunterschiede innerhalb der eigenen Gesellschaft weit stärker, als es unterschiedliche Durchschnittseinkommen tun, wenn man reiche Gesellschaften miteinander vergleicht.

In den Kapiteln 4 bis 12 werden wir eine Reihe sozialer und gesundheitlicher Probleme genauer betrachten, die in den jeweiligen Ländern deutlich häufiger bei den armen als bei den reichen Schichten auftreten: Gewalt, psychische Erkrankungen, Schwangerschaft im Teenageralter, Schulversagen usw. Es zeigt sich zum einen, dass

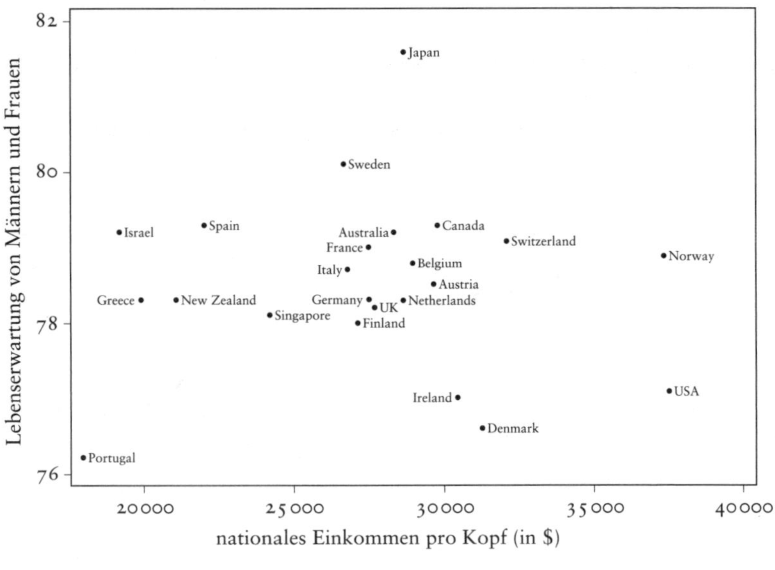

Abb. 1.3 *Zwischen den reichen Ländern zeigt sich keine Korrelation von Durchschnittseinkommen und Lebenserwartung.*[6]

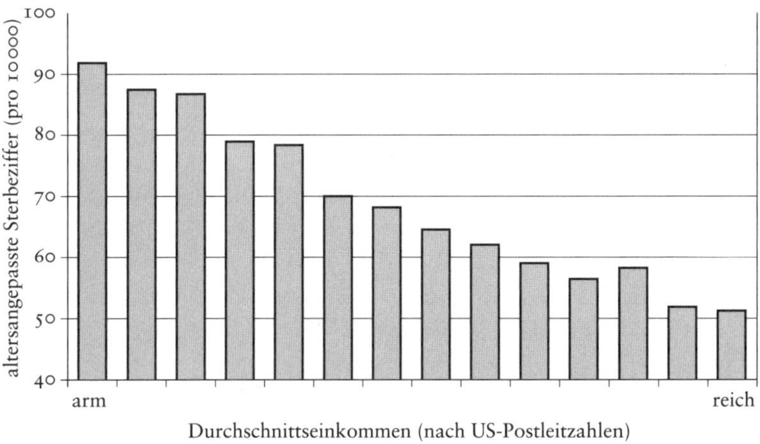

Abb. 1.4 *Innerhalb einer Gesellschaft besteht eine enge Abhängigkeit von Sterbeziffer und Einkommen.*[7]

solche Probleme mit zunehmendem Einkommen und Lebensstandard zu verschwinden scheinen, aber sobald man unter diesem Aspekt Vergleiche zwischen den Gesellschaften verschiedener Nationen anstellt, wird klar, dass es in diesem Aspekt kaum einen Zusammenhang mit dem Durchschnittseinkommen einer Gesellschaft gibt.

Nehmen wir den Bereich Gesundheit: Statt (wie in Abb. 1.1) die Lebenserwartung von reichen und armen Ländern in Bezug zu setzen, kann man auch (wie in Abb. 1.3) nur reiche Länder miteinander vergleichen. Hier zeigt sich: Ein Land kann doppelt so reich sein wie ein anderes, ohne zugleich eine höhere Lebenserwartung seiner Bevölkerung aufzuweisen als die des Vergleichslandes; aber innerhalb der jeweiligen Länder lässt sich ein klarer Zusammenhang zwischen Sterbeziffer und Einkommen nachweisen.

Abbildung 1.4 verdeutlicht den Zusammenhang zwischen Sterbeziffer und Einkommen in den USA, gegliedert nach Postleitzahlen und dem durchschnittlichen Haushaltseinkommen der Bewohner dieser Gebiete. Rechts im Schaubild finden sich die reicheren Gebiete mit niedriger Sterbeziffer, links die ärmeren mit höheren Werten. Hier wurden Daten aus den USA ausgewertet, vergleichbare Werte gibt es aus fast jedem Land der Welt: Höheres Einkommen bedeutet auf jedem sozialen Niveau eine geringere Sterbeziffer. Die überraschende Aussage in Abbildung 1.4 besteht also in der gleichmäßigen Verteilung: Das Muster gilt für alle Schichten, für die wohlhabenderen ebenso wie für die ärmeren. Keineswegs liegt es nur am besonders schlechten Gesundheitszustand der Armen.

Innerhalb eines jeden Landes ist also ein statistischer Zusammenhang zwischen Gesundheitszustand und Wohlbefinden der Menschen und ihrem Einkommen zu erkennen: Die Reichen sind gesünder und glücklicher als die Armen. Vergleicht man aber reiche Länder, dann spielt es keine Rolle, ob in dem einen Land die Menschen durchschnittlich doppelt so reich sind wie in dem anderen.

Welchen Reim soll man sich auf diesen merkwürdigen Befund machen, dass Unterschiede in Durchschnittseinkommen und Lebensstandard zwischen Ländern kaum Wirkung zeigen, die Einkommensunterschiede innerhalb ein und desselben Landes aber sehr wohl? Es gibt zwei Erklärungsansätze. Zum einen: In den reichen Ländern geht es vielleicht weniger um die absolute Höhe des Einkommens und des Lebensstandards, sondern um den sozialen Vergleich mit den anderen Mitgliedern der Gesellschaft. Hier zählen nicht die Durchschnittswerte, sondern nur die Distinktion – man will seinen Platz in der Hackordnung erobern bzw. behaupten. Zum anderen: Das soziale Gefälle in Abbildung 1.4 könnte weniger mit den Auswirkungen von aktuellem Einkommen und Status auf die Lebenserwartung zu tun haben als vielmehr mit sozialer Mobilität: Die Gesunden schaffen den sozialen Aufstieg, die Schwachen bleiben auf der Strecke.

Um diese Fragen wird es im folgenden Kapitel gehen: Welche Folgen haben Schließung oder Öffnung der Einkommensschere in einer Gesellschaft? Zeigen sich derartige soziale und gesundheitliche Probleme auch in einer um Gleichheit bemühten Gesellschaft?

2.

Armut oder Ungleichheit?

Armut bedeutet nicht, nur eine kleine Menge von Gütern zu besitzen, Armut bedeutet auch nicht nur ein bestimmtes Verhältnis von Zielen und Mitteln, Armut ist vor allem eine Beziehung zwischen Menschen. Armut ist ein sozialer Status ... und sie hat zugenommen – sie bildet eine unerfreuliche Trennlinie zwischen den Schichten.

Marshall Sahlins, Stone Age Economics[324]

Das Ausmaß der Ungleichheit

In Kapitel 1 wurde gezeigt, dass Wirtschaftswachstum und steigende Durchschnittseinkommen in den reichen Ländern kaum noch etwas zum Wohlbefinden ihrer Bevölkerung beitragen können, dass aber innerhalb einer Gesellschaft sehr wohl ein enger Zusammenhang zwischen gesundheitlichen und sozialen Problemen und Einkommensniveau besteht. In diesem Kapitel geht es um die Frage, welche Rolle die Ungleichheit innerhalb einer Gesellschaft spielt.

In Abbildung 2.1 werden entwickelte Länder nach Einkommensunterschieden verglichen: Oben finden sich die Länder mit den geringsten Unterschieden, unten die Länder mit der größten Einkommensschere. Der Balken zeigt den Grad der Ungleichheit zwischen den reichsten und den ärmsten 20 Prozent der Bevölkerung des jeweiligen Landes. In Japan und den skandinavischen Ländern, die ganz oben stehen, besitzen die reichsten 20 Prozent nur knapp vier Mal so viel wie die ärmsten 20 Prozent der Bevölkerung. Unten in der Grafik finden sich die Länder, in denen die Ungleichheit mehr als doppelt so hoch ist; in zwei Fällen verdient die reichste 20-Prozent-

»Miss Smith, kaufen Sie die Rechte an der Bibel und lassen Sie den Abschnitt über den Reichen und das Nadelöhr ändern.«

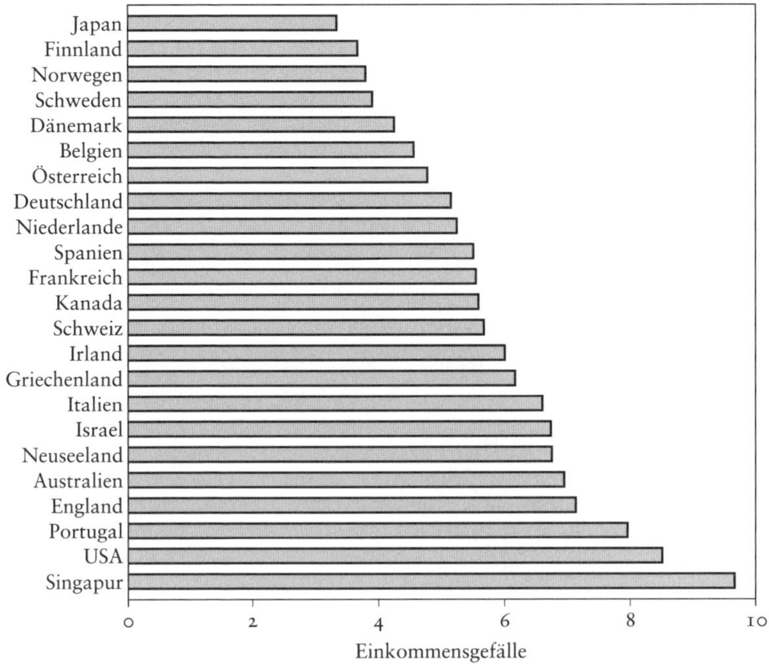

Abb. 2.1 *Vielfaches der Einkommensdifferenz zwischen den reichsten 20 % und den ärmsten 20 % der jeweiligen Landesbevölkerung.*[2]

Schicht rund neun Mal so viel wie die ärmsten 20 Prozent der Bevölkerung. Besonders drastisch ist die Einkommensschere in Singapur, den USA, Portugal und Großbritannien. Die Statistik basiert auf dem Haushaltseinkommen (nach Steuern) und berücksichtigt die Zahl der Personen in einem Haushalt.

Es gibt viele Methoden zur Bewertung von Einkommensungleichverteilungen, die sich allerdings so ähnlich sind, dass es kaum einen Unterschied macht, welches Verfahren man anwendet. Man könnte genauso gut die reichsten und ärmsten 10 oder 30 Prozent der Bevölkerung vergleichen oder auswerten, welcher Anteil des Nationaleinkommens den ärmeren 50 Prozent einer Gesellschaft zukommt usw. Im Allgemeinen zeigt sich, dass die ärmere Hälfte zwischen 20 bis 25 Prozent erhält, die reichere Hälfte streicht die übrigen 75 bis 80 Prozent ein. Verfeinerte Methoden, etwa der Gini-Koeffizient, vergleichen nicht nur die extremen Gegensätze, sondern alle Einkommensungleichheiten innerhalb einer Gesellschaft: Bei maximaler Ungleichheit (wenn also das Nationaleinkommen nur einer Person zukäme und alle anderen nichts erhielten) wäre der Gini-Koeffizient 1. Und wenn perfekte Gleichheit herrschte, also das Nationaleinkommen zu exakt gleichen Teilen auf alle Bürger entfiele, wäre der Koeffizient 0. Je niedriger also der Gini-Wert, desto mehr Einkommensgleichheit herrscht in einer Gesellschaft. Die heute häufigsten Werte liegen zwischen 0,3 und 0,5. Ein anderes Ungleichverteilungsmaß ist der so genannte Robin-Hood-Index (die Hoover-Ungleichverteilung): Er zeigt, welchen Teil des Nationaleinkommens man den Reichen nehmen und den Armen geben müsste, um völlige Gleichheit herzustellen.

Um dem Vorwurf zu begegnen, uns die Ergebnisse schönzurechnen, verwenden wir hier nach Möglichkeit die Statistiken anerkannter Institutionen und nicht eigene Daten. So wird beim Ländervergleich stets das Verhältnis des Einkommens der oberen 20 Prozent zu den unteren 20 Prozent der Bevölkerung angegeben; diese Daten liefern die Vereinten Nationen, das Verfahren ist leicht zu verstehen. Als Ungleichverteilungsmaß für die Einkommen in den US-Bundesstaaten dient uns der bei Wirtschaftswissenschaftlern sehr gebräuchliche Gini-Koeffizient, dessen Werte das Census Bureau, die US-Behörde für Bevölkerungsstatistik, bereitstellt. In unseren Forschungsarbeiten haben wir, wie das unter Wissenschaftlern üblich ist, jeweils zwei verschiedene Verfahren zur Messung der Ungleichverteilung verwendet – nicht zuletzt um deutlich zu machen, dass die jeweils angewandte Methode kaum Einfluss auf die Ergebnisse hat.

Was sind die Folgen der Ungleichheit?

Wenn wir also feststellen, dass wirtschaftliches Wachstum kaum noch etwas zur Verbesserung unserer Lebensqualität beitragen kann und wir vielmehr mit wachsenden Problemen der Umweltzerstörung zu tun haben, welche Rolle spielen dann noch Ungleichheiten (wie die in Abb. 2.1 gezeigten)?

Seit Jahren weiß man, dass Gewalt und Gesundheitsprobleme typische Phänomene in Gesellschaften mit deutlicher sozialer Ungleichheit sind. Wir konnten bei unseren Untersuchungen allerdings feststellen, dass dies für fast alle Probleme gilt, die es in den unteren sozialen Schichten gibt. Wir werden hier zeigen, dass eben nicht nur Gewalt und unzureichende Gesundheit, sondern viele andere soziale Probleme verstärkt in Gesellschaften mit ausgeprägter Ungleichheit auftreten. Und dies macht die Befürchtung umso wahrscheinlicher, dass unsere heutigen Gesellschaften trotz ihres Wohlstands sozial gescheitert sein könnten.

Um zu prüfen, ob diese Probleme tatsächlich vor allem in Ländern mit starker Ungleichheit auftreten, sammelten wir international vergleichbare Daten zum Gesundheitswesen und zu möglichst vielen anderen sozialen Problemen. Aufgrund der erhobenen Daten ergaben sich folgende Kategorien:

- Niveau des Vertrauens
- psychische Erkrankungen sowie Alkohol- und Drogensucht
- Lebenserwartung und Säuglingssterblichkeit
- Fettleibigkeit
- schulische Leistungen der Kinder
- Teenager-Schwangerschaften
- Selbstmorde
- Zahl der Gefängnisstrafen
- soziale Mobilität (keine Angaben für die USA)

Bei solchen Erhebungen ergeben sich gelegentlich zufällige oder nur scheinbare Zusammenhänge zwischen verschiedenen Aspekten. Um solche Fehler auszuschließen, haben wir zusätzlich Daten aus den 50 US-Bundesstaaten zum Gesundheitswesen und möglichst vielen sozialen Problemen hinzugezogen. Mit den Vergleichen zwischen internationalen und amerikanischen Daten konnten wir besser einschätzen, ob bestimmte Probleme tatsächlich mit der Ungleichheit zu tun haben. Wie Lyndon B. Johnson 1965 treffend bemerkte: »Die USA sind nicht einfach eine Nation, sie sind die Nation der Nationen.«

Die Daten zu Gesundheit und sozialen Problemen der verschiedenen Länder und US-Bundesstaaten haben wir in einen gemeinsamen Index gefasst. Hier wird jeder Eintrag gleich gewichtet – der Wert für psychische Gesundheit zum Beispiel geht in die Gesamtwertung einer Gesellschaft mit derselben Gewichtung ein wie die Selbstmordrate

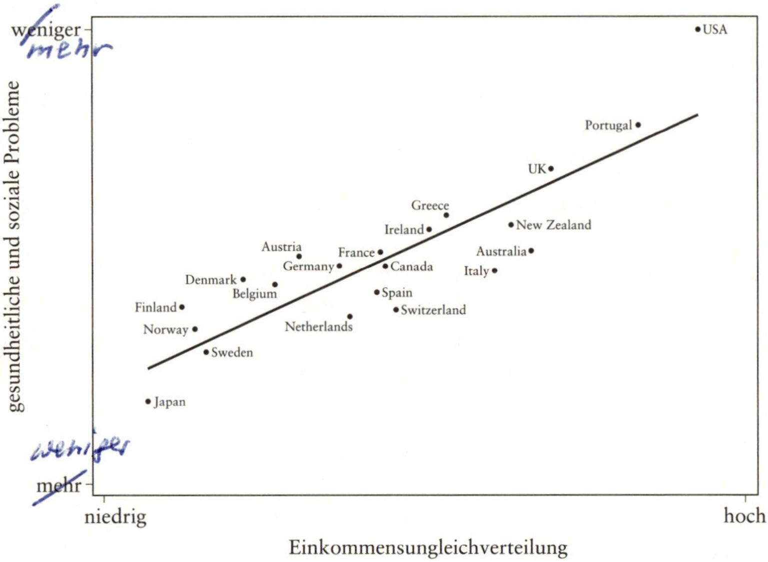

Abb. 2.2 *Im Vergleich der reichen Länder zeigt sich ein enger Zusammenhang zwischen Ungleichheit und gesundheitlichen und sozialen Problemen.*

oder die Zahl der Teenager-Schwangerschaften. Aus der resultierenden Übersicht lässt sich nun ablesen, mit welcher Häufigkeit diese Probleme in den verschiedenen Ländern und in den US-Bundesstaaten auftreten. Aspekte wie die Lebenserwartung sind umgekehrt gewertet, so dass letztlich stets die höheren Werte ein schlechteres Ergebnis bedeuten: In der Statistik der gesundheitlichen und sozialen Probleme zeigen hohe Werte immer an, dass es um eine Gesellschaft schlecht bestellt ist. Weiterführende Informationen zur Auswahl der Länder und zur Interpretation der grafischen Darstellungen finden sich im Anhang dieses Buches.

Beginnen wir mit Abbildung 2.2: Hier zeigt sich deutlich, dass soziale und gesundheitliche Probleme weniger häufig in Ländern auftreten, die mehr soziale Gleichheit erreicht haben. Nimmt die Ungleichheit zu (rechte Seite von Abb. 2.2), steigen die Werte für diese Probleme. Gesundheitliche und soziale Probleme kommen signifikant häufiger in Ländern vor, in denen die Einkommensschere weit geöffnet ist. Hier ergibt sich ein so deutlicher Zusammenhang, dass wir

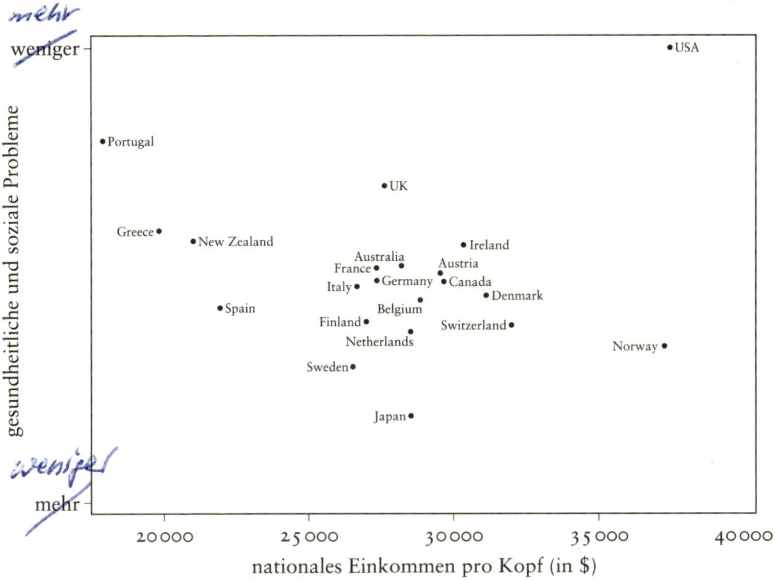

Abb. 2.3 *Im Vergleich der reichen Länder zeigt sich eine geringe Korrelation zwischen nationalem Durchschnittseinkommen und den gesundheitlichen und sozialen Problemen.*

praktisch ausschließen können, dass die Verteilung zufällig zustande gekommen ist.

Um den Befund zu untermauern, dass der Grund für das verstärkte Auftreten gesundheitlicher und sozialer Probleme in der Ungleichverteilung und nicht etwa nur im durchschnittlichen Lebensstandard zu suchen ist, haben wir in Abbildung 2.3 die Daten noch einmal grafisch dargestellt, und zwar bezogen auf das Durchschnittseinkommen (Pro-Kopf-Nationaleinkommen). Hier zeigt sich, dass für die Annahme besserer Ergebnisse in den reicheren Ländern kein ähnlich deutlicher Trend zu erkennen ist, und das ist ein weiterer Beleg für die in Abbildungen 1.1. und 1.2 (Kapitel 1) gewonnenen Resultate. Wir kommen also zu der Erkenntnis: Gesundheitliche und soziale Probleme treten am häufigsten in den ärmeren Schichten jeder Gesellschaft auf (siehe Abb. 1.4), darüber hinaus sind aber Gesellschaften mit hoher Ungleichheit von den genannten Problemen viel stärker betroffen.

Um auch hier auszuschließen, dass unsere Ergebnisse nur zufällig

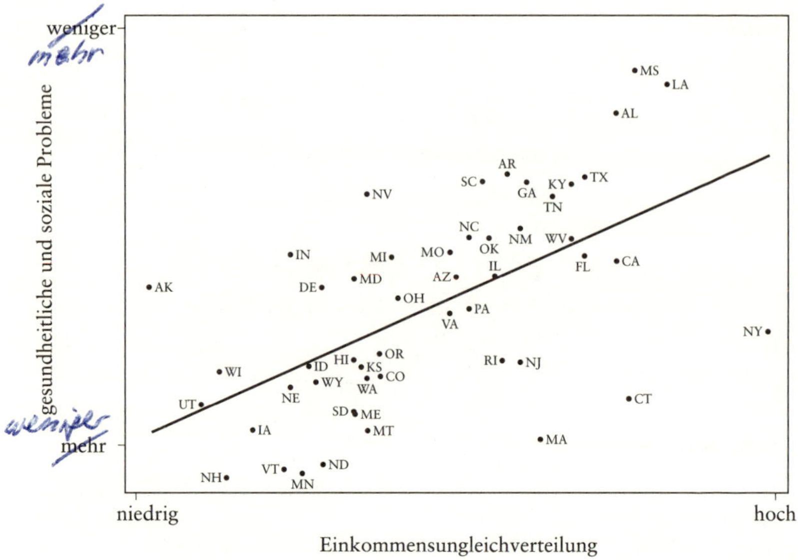

Abb. 2.4 *Gesundheitliche und soziale Probleme in den US-Bundesstaaten sind abhängig vom Grad der Ungleichheit.*

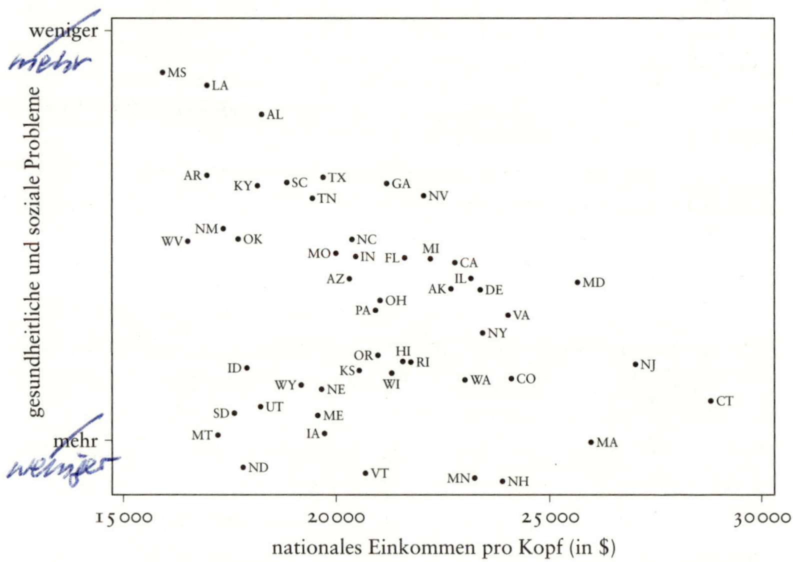

Abb. 2.5 *Der Vergleich der Durchschnittseinkommen in den US-Bundesstaaten ergibt einen geringen Zusammenhang mit den gesundheitlichen und sozialen Problemen.*

sind, betrachten wir im Vergleich die 50 US-Bundesstaaten, die Daten zu fast allen gesundheitlichen und sozialen Problemen bieten, die im internationalen Index erfasst wurden. Es zeigen sich hierbei ganz ähnliche Muster. Aus Abbildung 2.4 ergibt sich, dass die Probleme eng verknüpft sind mit dem Grad der Ungleichverteilung im jeweiligen Bundesstaat, und Abbildung 2.5 macht deutlich, dass sich aus ihnen kein signifikanter Zusammenhang mit der Höhe des Durchschnittseinkommens ergibt. Die Erhebungen aus den USA bestätigen also die internationalen Ergebnisse. Aus der grafischen Position der USA in Abbildung 2.2 ist ersichtlich, dass das insgesamt hohe Durchschnittseinkommen der Amerikaner keineswegs ein entsprechend gutes Abschneiden bezüglich der gesundheitlichen und sozialen Probleme zur Folge hat.

Dass unser Index, der Daten zu zehn unterschiedlichen gesundheitlichen und sozialen Problemen zusammenführt, einen so deutlichen Einfluss der Ungleichverteilung zeigt, hat nicht zuletzt damit zu tun, dass durch die Kombination unserer Kategorien die Gemeinsamkeiten stärker und die Unterschiede kaum gewichtet werden. In den Kapiteln 4 bis 12 nehmen wir uns die Probleme noch einmal im Einzelnen vor und untersuchen die möglichen Zusammenhänge mit der Ungleichheit.

Man kann unsere Ergebnisse nicht einfach als statistische Taschenspielertricks abtun: Die starke Korrelation in Abbildung 2.2 belegt, dass die Häufigkeit aller erfassten gesundheitlichen und sozialen Probleme auf eine gemeinsame Ursache zurückzuführen ist, nämlich das Ausmaß der Ungleichheit im jeweiligen Land. Unsere Daten stammen aus seriösen Quellen, z. B. der Weltbank, der Weltgesundheitsorganisation (WHO), den Vereinten Nationen und der Organisation für wirtschaftliche Zusammenarbeit und Entwicklung (OECD).

Bleibt nur noch die Frage zu klären, ob unsere Auswahl der Problemfelder nicht repräsentativ war und deshalb zu dieser Korrelation geführt hat. Um dies auszuschließen, haben wir den »Index of child well-being in rich countries« herangezogen, eine vom UN-Kinderhilfswerk UNICEF erstellte Statistik, die auf 40 Indikatoren für das Wohlergehen von Kindern in den reichen Ländern beruht. Aus dieser Liste wurden allerdings die Werte für die Armut von Kindern herausgenommen, weil sie ja definitionsgemäß Indizien für Ungleichheit sind. Abbildung 2.6 zeigt einen engen Zusammenhang zwischen Un-

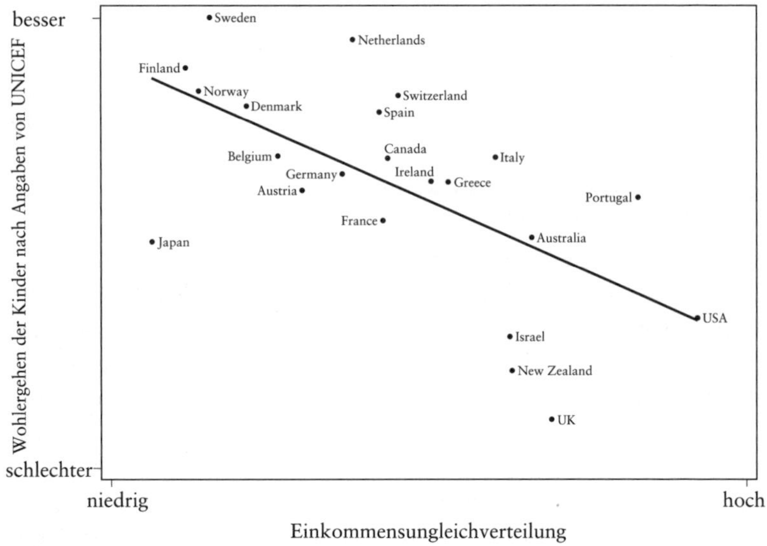

Abb. 2.6 *Das Wohlergehen der Kinder (nach Angaben von UNICEF) ist abhängig von der Ungleichheit.*

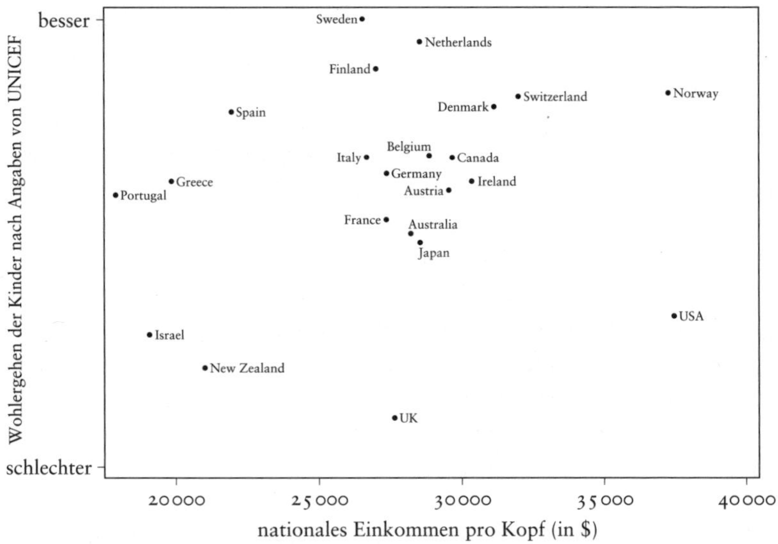

Abb. 2.7 *Der Vergleich der reichen Länder zeigt keinen Zusammenhang zwischen ihrem durchschnittlichen Pro-Kopf-Einkommen und den Angaben von UNICEF zum Wohlergehen der Kinder.*

gleichheit und dem Wohlergehen der Kinder, und aus Abbildung 2.7 ist zu entnehmen, dass keine Korrelation mit dem Durchschnittseinkommen eines Landes besteht.

Soziales Gefälle

Wie schon am Ende von Kapitel 1 erwähnt, gibt es zwei landläufige Meinungen darüber, warum Menschen am unteren Ende der sozialen Leiter besonders viele Probleme haben. Den Grund sieht man entweder in ihren vorgefundenen Lebensumständen oder in ihren persönlichen Schwierigkeiten, die letztendlich zu ihrem sozialen Abstieg geführt haben. Aber was wir bisher dargelegt haben, stellt auch diese populären Ansichten in Frage.

Wir wollen uns zunächst mit der Vorstellung beschäftigen, die Gesellschaft sei ein umfassendes Selektionssystem, in dem jeder einen seinen persönlichen Stärken und Schwächen angemessenen Platz in der sozialen Hierarchie findet. Schlechte Gesundheit, Schulversagen oder eine Teenager-Schwangerschaft beeinträchtigen natürlich die Aufstiegschancen, aber allein aus dem Prinzip der sozialen Selektion lässt sich nicht erklären, weshalb Gesellschaften mit stärkerer Ungleichverteilung insgesamt mehr solcher Probleme aufweisen. Dass diese vor allem in den unteren sozialen Schichten auftreten, könnte zum Teil an deren mangelnder sozialer Mobilität liegen, aber das beantwortet nicht die Frage, warum gerade die Gesellschaften mit hoher Ungleichheit besonders stark von den genannten Problemen betroffen sind.

Folgt man dem Gedanken, dass soziale Probleme die unmittelbare Folge ungünstiger *materieller* Bedingungen sind (beengte Wohnverhältnisse, schlechte Ernährung, mangelnde Bildungsmöglichkeiten), dann wäre es logisch, dass solche Probleme in reichen Gesellschaften weniger häufig auftreten. Die statistischen Daten zeigen aber ein ganz anderes Ergebnis: Einige der reichsten Länder schneiden in dieser Hinsicht besonders schlecht ab. Es fällt auf, dass die Werte für gesundheitliche und soziale Probleme in den beiden unterschiedlichen Ansätzen und ebenso die Statistik des Wohlergehens von Kindern in reichen Ländern letztlich ein sehr ähnliches Bild ergeben. Die Probleme in den reichen Ländern erklären sich nicht aus zu wenig oder zu viel Reichtum, sondern aus dem sehr starken Wohlstandsgefälle innerhalb dieser Gesellschaften. Entscheidend ist, wie groß der Abstand des Einzelnen zu den anderen Mitgliedern seiner Gesellschaft ist.

Selbst in den reichsten Ländern hat ein kleiner Teil der Ärmsten so wenig Geld, dass es nicht immer für die tägliche Mahlzeit reicht. Aber aus den Statistiken über jene 12,6 Prozent der US-Amerikaner, die unter der offiziellen Armutsgrenze leben (die in den USA durch eine absolute Einkommensgrenze markiert ist und nicht durch eine relative Größe wie etwa die Hälfte des Durchschnittseinkommens), ergibt sich, dass 80 Prozent dieser Menschen über eine Klimaanlage verfügen, knapp 75 Prozent mindestens ein Auto besitzen und dass 33 Prozent einen Computer, eine Geschirrspülmaschine oder einen Zweitwagen ihr Eigen nennen. Das kann man so interpretieren, dass Menschen in der Öffentlichkeit unbedingt den allgemeinen Lebensstandard zeigen wollen, selbst wenn ihnen zu Hause das Geld fürs Essen fehlt. Es wird am Essen gespart, um Geld für Kleidung zu haben, mit der sich nach außen der Anschein von Wohlstand aufrechterhalten lässt. Man kennt die jungen Arbeitslosen, die viel Geld für ein neues Handy ausgeben, weil sie glauben, dass sie sonst keine Chance in ihren Kreisen haben – wusste doch schon Adam Smith, dass man sich in der Öffentlichkeit kreditwürdig zeigen muss und keinesfalls in den Geruch von Armut und Schande geraten darf.

Aber so wie die soziale Kluft bei den Gesundheitsproblemen sich vertikal durch die Gesellschaft zieht, ist auch der soziale Druck, trotz aller Ungleichheit mithalten zu können, nicht nur ein Problem der kleinen Minderheit der Armen. In den folgenden Kapiteln wird deutlich werden, dass alle Schichten damit zu kämpfen haben.

Unterschiedliche Probleme – dieselben Ursachen

Politiker behandeln die sozialen und gesundheitlichen Probleme, die nach unseren Befunden alle ursächlich mit der Ungleichverteilung zusammenhängen, zumeist als völlig unabhängige Phänomene, denen man jeweils nur mit ganz spezifischen Maßnahmen beikommen kann. Folglich bezahlen wir für die einen Probleme Ärzte und Krankenschwestern, für die anderen Polizei und Gefängnispersonal, für diese Probleme Nachhilfelehrer und Erziehungspsychologen, für jene Sozialarbeiter und Entziehungskliniken oder Psychiater und Gesundheitsexperten usw. Das ist ein teures und immer nur partiell wirksames Verfahren, um hier mit Krankheit, dort mit Verbrechen, da mit Schulproblemen und da mit psychischen Störungen oder anderen Problemen umzugehen. Tatsächlich hat der Grad sozialer Ungleichheit einen viel größeren Einfluss auf die Lebenserwartung als die Qualität der medizinischen Versorgung. Und selbst wenn die verschiedenen sozialen Einrichtungen ihre Aufgaben erfüllen würden – Resozialisierung von Straftätern, Krebsvorsorge und -therapie, Heilung Drogenabhängiger, Hilfe für Schulversager usw. –, es wird immer so sein, dass von Ungleichverteilung geprägte Gesellschaften von Generation zu Generation mit neuen und anderen gesundheitlichen und sozialen Problemen konfrontiert sind. Das lehrt die Geschichte.

Welche Lehren sind aus der Ungleichverteilung der Einkommen zu ziehen?

In den folgenden Kapiteln wird es um den Zusammenhang zwischen dem Grad der Einkommensunterschiede innerhalb einer Gesellschaft und einer Reihe sozialer Probleme gehen. Zunächst möchten wir darlegen, welche Bedeutung Einkommensdifferenzen für die Gesellschaft haben. Seit den geschichtlichen Anfängen lebten die Menschen in den verschiedensten Gesellschaftsformen, angefangen von den frühgeschichtlichen egalitären Gemeinschaften der Jäger und Sammler bis zu den späteren plutokratischen Diktaturen. Die modernen marktwirtschaftlichen Demokratien gehören zwar nicht zu diesen extremen Ausformungen menschlicher Gemeinschaften, aber man kann davon ausgehen, dass sich auch in ihnen deutliche Ungleichheiten im hierarchischen Aufbau zeigen. Indikator dafür sind die Einkommensunterschiede: Je höher sie ausfallen, desto ausgeprägter sind die sozialen Unterschiede und umso entscheidender ist es, welcher Schicht man angehört.

Leider fehlen uns die nötigen Erhebungen, um Ungleichheiten nicht nur der Einkommen vergleichen zu können, sondern auch die des Vermögens, der Bildung und der Macht sowie deren Einfluss auf soziale Differenzierung, Statussymbole wie Kleidung, Musik und Filme und auf die Bewertung der Hierarchien und der individuellen Stellung in ihnen. In Zukunft könnten solche Daten aus verschiedenen Ländern verfügbar werden, doch vorerst müssen wir uns mit dem Vergleich der Einkommensunterschiede zufrieden geben. Aber schon aufgrund dieser Daten kommt man zu ganz erstaunlichen Resultaten.

Zwei wichtige Argumente lassen sich für diese Interpretation von Einkommensungleichheit anführen. Zum einen fällt auf, dass nur jene sozialen und gesundheitlichen Probleme, die ein starkes soziales Gefälle aufweisen (d. h. am unteren Ende einer sozialen Hierarchie häufiger auftreten), auch in Gesellschaften mit höherer Ungleichheit häufiger anzutreffen sind. Hier zeigt sich eine allgemeine Tendenz: Je stärker ein Problem innerhalb einer Gesellschaft mit dem sozialen Gefälle verknüpft ist, desto deutlicher ist es durch die Einkommensungleichheit determiniert.[8] Dies gilt nicht nur für alle Probleme (von den Teenager-Schwangerschaften bis zu Schulversagen), sondern offenbar auch für die Differenzierung nach Geschlechtern innerhalb eines Problems. So ist die Fettleibigkeit bei Frauen stärker abhängig von der Ungleichheit als bei Männern, weil dieses Gesundheitsproblem bei Frauen deutlicher vom sozialen Gefälle beeinflusst ist (wie wir später noch erläutern werden). Andere spezifisch weibliche Gesundheitsprobleme zeigen diese Einkommensabhängigkeit von der Ungleichheit nicht – etwa Brustkrebs, der in den ärmeren Schichten nicht wesentlich häufiger auftritt.[9]

Ein zweiter Hinweis darauf, dass Einkommensungleichheit den hierarchischen Charakter einer Gesellschaft deutlich abbildet, ergab sich für uns bei der Auswertung von etwa 170 wissenschaftlichen Forschungsarbeiten, die unter verschiedenen Aspekten den Zusammenhang von Gesundheit und Ungleichverteilung untersuchen.[10] Die Grundgesamtheiten, auf die sich diese Arbeiten bezogen, unterschieden sich allerdings erheblich. Einige Forscher befassten sich mit der Ungleichheit in einem Stadtviertel und erschlossen den Zusammenhang mit der Sterbeziffer. Andere bezogen sich bei ihren Erhebungen zu Ungleichheit und Gesundheit auf Dörfer und Städte, auf Regionen und Länder, oder sie führten internationale Vergleiche zwischen verschiedenen Staaten durch. Bei der Durchsicht dieser Forschungsarbeiten erkannten wir ein deutliches Muster: Erhebungen in großen

Gesamtheiten (Regionen, Bundesländer oder Staaten) erbrachten deutliche Belege für einen Zusammenhang von Gesundheit und Einkommensungleichheit, bei kleinen, örtlichen Studien ergab sich kein so klares Muster.

Das wird sofort verständlich, wenn man die Gründe für den tendenziell schlechteren Gesundheitszustand der Bewohner ärmerer Viertel betrachtet: Solche Wohngegenden (in denen die Lebenserwartung bis zu zehn Jahre geringer sein kann als in den besseren Vierteln) zeichnen sich ja nicht durch eine starke interne Ungleichheit aus, sondern durch eine große Ungleichheit (die Unterversorgung) im Vergleich zur übrigen Gesellschaft. Entscheidend ist das Ausmaß der Ungleichheit, das eine Gesellschaft insgesamt kennzeichnet.

Wir ziehen daraus den Schluss, dass uns das Ausmaß der Einkommensunterschiede innerhalb einer Gesellschaft wenig über den etwaigen früheren Einfluss bestimmter Faktoren auf Gesundheit (oder soziale Probleme) verrät, aber um so mehr über die Hierarchie und das soziale Gefälle. Die sozialen Unterschiede im Bereich der gesundheitlichen und sozialen Probleme spiegeln die Unterschiede im Verhalten und in der Kultur; also darf man annehmen, dass die materielle Ungleichheit hierbei die wichtigste Rolle spielt.

Das Ausmaß materieller Ungleichheit in einer Gesellschaft kann man sich als eine Art Tragwerk oder Gerüst vorstellen, eine Struktur, an die sich kulturelle und schichtspezifische Differenzierungen anlagern. Schließlich werden die strukturellen Einkommensunterschiede von Feindifferenzierungen überlagert, wie Kleidung, Geschmack, Bildung, Selbstbewusstsein und all die anderen Kennzeichen der Schichtzugehörigkeit. Ein anschauliches Beispiel für die Wirkung extremer Einkommensunterschiede auf die Struktur der sozialen Schichten ist Russland. Die Kinder der neuen Oligarchen wachsen in Luxusvillen auf, besuchen Privatschulen und können um die Welt reisen; später, als Erwachsene, werden sie alle Attitüden einer Oberschicht aufweisen.

Vorurteile gegenüber den Neureichen sind altbekannt, aber der Reichtum bleibt ja nicht für immer »neu« erworben: Sobald die Möbel vererbt werden, darf man vom ›old money‹ sprechen – man erinnere sich an das berühmte Verdikt eines britischen konservativen Politikers über einen seiner Konkurrenten, der »sich seine Möbel selber kaufen« müsse. Und umgekehrt galt schon im England des

18. Jahrhunderts, als sich die Oberschicht über Abstammung und Erziehung definierte, für jene Unglücklichen, die ihr Vermögen verloren, eine Weile der Sonderstatus des ›genteel poor‹, des verarmten Adligen; doch eine Generation später gehörten auch diese Verlierer mehr oder weniger zur Schicht der Armen. Und eine Heirat aus Liebe, ohne Blick auf die Einkommensverhältnisse, konnte in jeder Gesellschaftsschicht in der Katastrophe enden. Davon erzählen Jane Austens Romane *Mansfield Park* und *Verstand und Gefühl.* Materieller Wohlstand entsteht und vergeht, aber ohne ihn bleibt niemand eine ›Person von gutem Ruf‹. So ist Einkommensungleichheit immer wieder als Ursache sozialer Schranken verstanden worden: Materielle Unterschiede bilden die Rahmenstruktur für soziale Distinktion.

Lebensqualität für alle und besseres Leistungsniveau der Nation

Wenn wir anerkennen, dass ein noch höherer materieller Lebensstandard uns kaum noch etwas nützen kann, dann sollten wir uns als die erste Generation begreifen, die nach gänzlich neuen Wegen zur Verbesserung unserer Lebensqualität suchen muss. Alles deutet darauf hin, dass der Abbau von Ungleichheit der beste Weg zur Verbesserung unserer sozialen Lebenswelt und damit der Lebensqualität für alle ist. Das gilt, wie in Kapitel 13 dargelegt wird, auch für die Wohlhabenden.

Es steht außer Frage, dass mehr Gleichheit und Wohlergehen in der gesamten Bevölkerung der entscheidende Faktor für das Leistungsniveau einer Nation und ihre Errungenschaften in vielen Bereichen sind. Als in den 1980er Jahren die Ungleichheiten im öffentlichen Gesundheitswesen in die Diskussion kamen, fragten sich manche Menschen, wieso darum so viel Aufhebens gemacht wurde. Sie dachten, die Aufgabe dieser Institutionen sei es, das allgemeine Niveau der Volksgesundheit möglichst schnell anzuheben; soziale Ungleichheiten erschienen dabei als Nebensache. Heute wissen wir, dass eher das Gegenteil richtig ist: Das Ausmaß der Ungleichheit in einer Gesellschaft hat entscheidenden Einfluss auf die Gesundheit der Bevölkerung und andere wichtige soziale Faktoren, von denen im Folgenden noch die Rede sein wird. Die Frage, warum es dem einen Land besser geht als dem anderen, lässt sich in der Regel mit Blick auf das jeweilige Ausmaß der Ungleichheit beantworten. Auch muss man die politischen Maßnahmen zur Verringerung der Ungleichheit im Gesundheitsbereich oder bei den schulischen Leistungen im direkten Zusammenhang mit der Steigerung des nationalen Leistungsniveaus sehen: Für beide Ziele ist die Senkung der Ungleichheit das beste Mittel. Ein Land, das den Leistungsdurchschnitt seiner Jugendlichen erhöhen will, tut also gut daran, sich mit der grundlegenden sozialen Ungleichheit auseinanderzusetzen, die das soziale Gefälle in diesem Bereich ja erst hervorruft.

Entwicklungsländer

Es soll in diesem Zusammenhang nicht unerwähnt bleiben, dass Ungleichheit natürlich auch in den so genannten Entwicklungsländern eine große Rolle spielt, aber aus anderen und komplexeren Gründen. In den reichen Ländern zählt heute vor allem der symbolische Wert von Reichtum und Besitz. Welche Waren man kauft, ist oft nur von deren Bedeutung für Status und Identität bestimmt. Einfach formuliert: Zweitklassige Waren sind etwas für zweitklassige Menschen.

Was man besitzt, zeigt in jeder Gesellschaft an, welchen Status man hat, aber in ärmeren Gesellschaften hängt das Konsumverhalten natürlich viel stärker mit den Grundbedürfnissen zusammen. Arme Länder mit mehr Gleichheit verschaffen der Bevölkerung mehr Nahrung, mehr sauberes Wasser und den Familien ein Dach über dem Kopf. Anders als in den reichen Ländern besteht in den Entwicklungsländern noch ein Zusammenhang zwischen Gesundheit und Wohlergehen und dem Pro-Kopf-Bruttoeinkommen des Landes. Für die ärmeren und ärmsten Länder ist es die wichtigste Aufgabe, den allgemeinen Lebensstandard zu erhöhen; hier bedeutet mehr Gleichheit in der Verteilung der Ressourcen, dass weniger Menschen in Slums leben und verschmutztes Wasser trinken müssen und Hunger leiden.

Im folgenden Kapitel wollen wir uns mit der Frage beschäftigen, weshalb die Menschen in den hoch entwickelten Ländern ein so ausgeprägtes Empfinden für Ungleichheit entwickelt haben, dass dieser Aspekt heute entscheidenden Einfluss auf das psychische und soziale Wohlbefinden der Gesellschaft gewinnt.

JOSEPH FARRIS

3.

Wie uns Ungleichheit trifft

> Ganz gewiss trägt jeder Mensch in seinem Auge die genaue Bezeichnung des Ranges, den er auf der ungeheueren Stufenleiter der Menschheit einnimmt, und wir lernen unaufhörlich, diese Bezeichnungen zu lesen.
>
> *Ralph Waldo Emerson, Lebensführung*[19]

Aus den in Kapitel 2 bewerteten Daten ergibt sich, dass Ungleichheit und soziale Stellung das Leben jedes Menschen entscheidend beeinflussen. Bevor wir in den Kapiteln 3 bis 12 die Bezüge zwischen der Ungleichheit und einer ganzen Reihe sozialer Probleme genauer untersuchen, wollen wir der Frage auf den Grund gehen, warum Menschen so deutlich auf Ungleichheit reagieren.

Da Ungleichverteilung ein gewichtiger struktureller gesellschaftlicher Aspekt ist, können wir uns ihre Folgen besser erklären, wenn wir analysieren, wie sich gesellschaftliche Strukturen auf den Einzelnen auswirken. Es sind ja die Individuen und nicht die Gesellschaften, die krank werden, die zu Gewalt neigen oder schon als Teenager schwanger werden. An Individuen lässt sich keine Einkommensverteilung messen, sehr wohl aber ihr relatives Einkommen, ihr sozialer Status oder ihre Zugehörigkeit zu einer bestimmten Schicht. In diesem Kapitel wollen wir an der Reaktion der Individuen auf die gesellschaftlichen Verhältnisse zeigen, warum soziale Ungleichheit eine so tiefgreifende Wirkung auf das Leben des Einzelnen haben kann.

Um zu verstehen, wie bedrohlich uns Ungleichheit erscheint, müssen wir einige unserer typischen psychischen Verhaltensmuster genauer betrachten, und hier gilt es gleich einige Missverständnisse auszuräumen: Natürlich halten wir das Problem nicht für eine Sache der Individualpsychologie, und natürlich sind wir überzeugt, dass die Ungleichheit reduziert werden muss – und nicht etwa die Sensibilität der Menschen. Die Folgen der Ungleichheit können nicht durch Psychotherapie für die Massen und nicht durch allgemeine Desensibilisierung kompensiert werden, sondern das Übel muss durch die Reduzierung der Ungleichheit selbst behoben werden. Auf diese Weise – und das ist das Bestechende an den Ergebnissen unserer Arbeit – würde es uns *allen* besser gehen und solche Ideen wie Therapie für alle oder die Beimischung von Stimmungsaufhellern ins Trinkwasser könnte man getrost vergessen. Der Trend zum Niedergang sozialen Wohlergehens und zum Verfall sozialer Beziehungen, den viele ja fühlen, ist nicht etwas Unaufhaltsames – er kann gebremst und umgekehrt werden. Die Folgen der Ungleichheit zu verstehen bedeutet auch, dass wir einen praktikablen Ansatz entwickeln, um das Wohlergehen der ganzen Gesellschaft zu verbessern.

Was uns derart empfindlich auf Ungleichverteilung reagieren lässt, ist nicht allein aus der Sozialstruktur oder der Individualpsychologie zu erklären. Soziale Ungleichheit und Individualpsychologie passen zusammen wie Schlüssel und Schloss. Weil dieser Zusammenhang nicht begriffen wurde, sind bislang auch die Konsequenzen der Ungleichheit nicht ausreichend gewürdigt worden.

Zunehmende Ängste

Angesichts eines nie zuvor erreichten Niveaus von materieller Absicherung und physischen Annehmlichkeiten kann man es durchaus zweifelhaft finden, dass sich in unserer modernen Gesellschaft alle über Stress beklagen, als sei ihr Leben kaum erträglich. Jean M. Twenge, Psychologin an der San Diego State University, hat jedoch eindrucksvolle Belege dafür vorgelegt, dass unsere Ängste tatsächlich stark zugenommen haben. Ihre Auswertung einer Vielzahl von Studien, die sich zu verschiedenen Zeiten mit den Ängsten in der Bevölkerung der USA befassten (269 vergleichbare Arbeiten zu diesem Thema zwischen 1952 und 1993), zeigte deutliche Trends.[11] Die Befragung von mehr als 52.000 Menschen ergab, dass ihre Ängste innerhalb dieser vier Jahrzehnte ständig zunahm. Abbildung 3.1 zeigt Twenges Ergebnisse, getrennt nach Männern und Frauen. Jeder

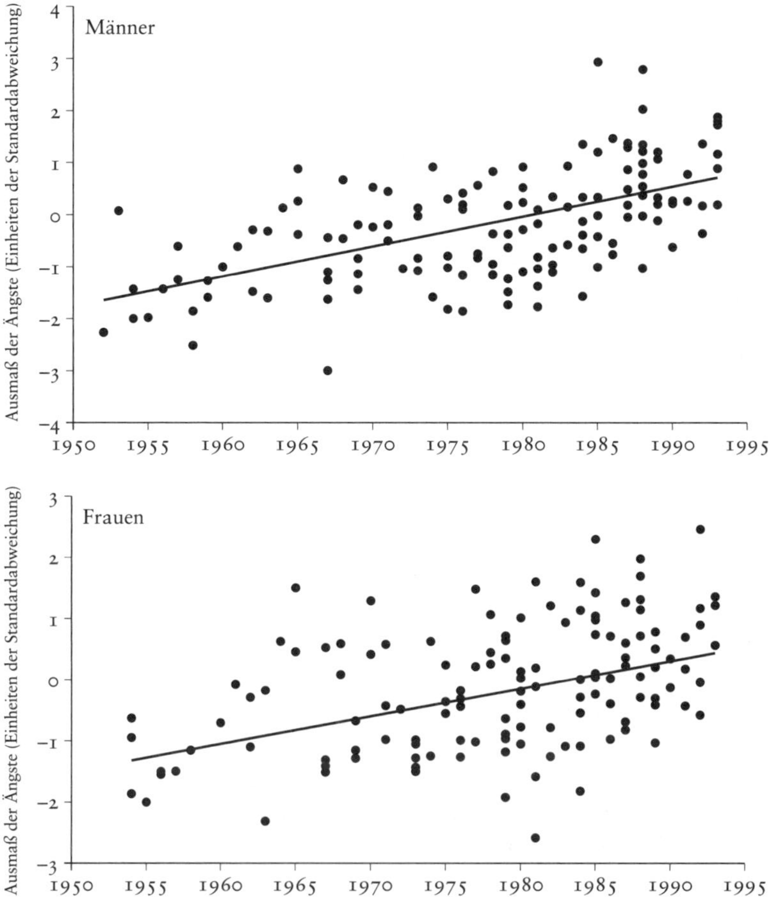

Abb. 3.1 *Zunahme der Ängste unter Studenten in den USA, 1952–1993. Die Daten stammen aus 269 Erhebungen, in denen insgesamt 52.000 Personen befragt wurden.*[15] *(Abdruck mit freundlicher Genehmigung von Jean M. Twenge)*

Punkt stellt das durchschnittliche Maß der Ängste aus einer Studie zum Zeitpunkt der Erhebung dar. Ein so klarer Aufwärtstrend, auf der Basis so vieler Erhebungen, ist ein unbestreitbares Ergebnis. Ob Studenten oder Kinder die Befragten waren, das Ergebnis war immer das Gleiche. Am Ende des Befragungszeitraums hatte ein Student im Durchschnitt 85 Prozent mehr Ängste als der Bevölkerungsdurchschnitt zu Beginn der Periode, und in den späten 1980er Jahren waren die Ängste bei Kindern höher als bei Psychiatriepatienten in den 1950er Jahren.

Diese Ergebnisse stammen aus Standardbefragungen bestimmter Bevölkerungsgruppen. Man kann sie nicht mit dem Argument abtun, die Befragten seien sich ihrer Ängste eben stärker bewusst geworden. Dieser Trend zur Verschlechterung findet sich auch in verwandten Bereichen, etwa bei Depressionen. Psychiater behandeln Angstzustände und Depressionen oft mit den gleichen Mitteln, und viele Patienten weisen beide Krankheitszustände auf. Inzwischen ist ein deutlicher Anstieg der Depressionserkrankungen in den entwickelten Staaten durch zahlreiche Studien belegt. In einigen Arbeiten wird diese Entwicklung über ein halbes Jahrhundert verfolgt, was Vergleiche zwischen den Generationen ermöglicht und eventuelle Fehler (z. B. den Einfluss vermehrter Kenntnisnahme von Depressionserkrankungen) reduziert.[12] In anderen Studien werden die Ergebnisse aus Arbeiten verglichen, die auf repräsentativen Erhebungen unter verschiedenen Geburtsjahrgängen beruhen. So zeigte sich in Großbritannien auf der Basis von rund 10.000 Befragungen, dass bei Menschen Mitte zwanzig, die 1970 geboren sind, Depressionserkrankungen bereits doppelt so häufig auftreten wie bei einer früheren Befragung von Menschen dieser Altersgruppe, die 1958 geboren sind.[13]

Aus verschiedenen Untersuchungen ergibt sich ein deutlicher Anstieg von Depressionen und Ängsten in vielen entwickelten Ländern. Bei den Jugendlichen ist dieses Phänomen begleitet von zunehmenden Verhaltensstörungen – bis hin zu Straftaten, Alkohol- und Drogenmissbrauch.[12, 14] Das betrifft junge »Männer und Frauen, in allen sozialen Schichten und in jeder Familienform«.[13]

Bevor wir uns dem Zusammenhang zwischen Ungleichverteilung und Zunahme der Ängste zuwenden, sollten wir uns über ihre Ursachen im Klaren sein. Wir behaupten nicht, dass Ängste eine direkte Folge zunehmender Ungleichheit sind; das kann schon deshalb ausgeschlossen werden, weil sich die Einkommensschere in vielen Ländern erst im letzten Viertel des 20. Jahrhunderts stark öffnete, Ängste und Depressionen aber schon lange zuvor zunahmen. Gleichwohl ist denkbar, dass die zunehmende Einkommensungleichverteilung diese Trends zwischen den 1970er und 1990er Jahren verstärkt hat.

Selbstachtung und Unsicherheit

Was zu dieser Entwicklung im Bereich der psychischen Gesundheit führte, zeigen Erhebungen, die einen erstaunlichen gleichzeitigen Anstieg eines Phänomens anzeigen, das man zunächst unter dem Begriff der »Selbstachtung« gefasst hat. Bei Langzeituntersuchungen (ähnlich wie in Abb. 3.1) erwies sich im Vergleich von Repräsentativbefragungen eine deutlich aufwärts zeigende Kurve des Selbstwertgefühls. Zwar nahmen die Ängste zu, aber zugleich schienen die Menschen sich selbst positiver wahrzunehmen. Viele erklärten, sie seien stolz auf sich; Aussagen wie »Ich bin etwas wert« konnten sie zustimmen. Offenbar hatten sie ihre Selbstzweifel ebenso abgelegt wie das Gefühl, »nutzlos« oder »zu nichts zu gebrauchen zu sein«. Wie Jean M. Twenge feststellte, hatten in den 1950er Jahren 12 Prozent der Teenager der Behauptung zugestimmt: »Ich bin eine wichtige Person.« Ende der 1980er Jahre bejahten das 80 Prozent.

Wie ist diese Veränderung zu erklären, dass Menschen gleichzeitig mehr Ängste und Depressionen haben und mehr Selbstbewusstsein entwickeln? Die Erklärung ist komplex: Offenbar haben unsere wachsenden Ängste in Bezug auf die Wahrnehmung und Einschätzung durch andere auch eine Art Gegenreaktion bewirkt, nämlich den Versuch, diesen Ungewissheiten mit mehr Selbstvertrauen zu begegnen. Zu dieser Verteidigungsstrategie gehört eine Form von Eigenwerbung, ein unsicherer Egoismus, den man leicht mit einem starken Selbstbewusstsein verwechseln kann. Da es uns hier um allgemeine Trends in der Bevölkerung geht, sind solche Phänomene nur schwer zu erfassen, aber das Bild wird deutlicher, wenn wir einen Blick auf die Entwicklung werfen, die seit der Tendenz zu mehr Selbstwertgefühl in den 1980er Jahren zu verzeichnen sind.

Über lange Zeit haben sich zahlreiche Forscher zu unterschiedlichen Zeiten mit den verschiedenen Ausprägungen individueller Selbstachtung befasst (aber weniger mit der repräsentativen Entwicklung in einer Gesellschaft), und dabei kristallisierten sich zwei typische Gruppen mit hohem Selbstwertgefühl heraus. In der einen Gruppe war dieses Gefühl verknüpft mit Erfolg, mit Glück und Vertrauen, mit Kritikfähigkeit und der Fähigkeit, Freunde zu gewinnen. In anderen Untersuchungen zeigte sich, dass noch eine weitere Gruppe ein hohes Maß an Selbstachtung vorweisen konnte, nämlich Menschen, die zu Gewalt neigten, die rassistische Vorurteile hatten, kein Mitgefühl zeigten und kaum freundschaftliche Beziehungen aufgebaut hatten.

Man entwickelte folglich psychologische Tests, um die unterschiedlichen Ausprägungen des Selbstwertgefühls zu unterscheiden. Die positivere Variante war offenbar geprägt von einem grundehrlichen Selbstvertrauen, einer angemessenen Einschätzung der eigenen Stärken in unterschiedlichen Lebenssituationen und der Fähigkeit, auch die eigenen Schwächen zu erkennen. Die andere Variante war geprägt von einer starken Abwehrhaltung, von der Unfähigkeit, eigene Schwächen einzugestehen, von dem Wusch, sich selbst stark zu reden und ein positives Selbstbild auch bei schwindendem Selbstwertgefühl aufrechtzuerhalten. Diese Art des Selbstbewusstseins war (und ist) offenbar fragil und muss jede Kritik zurückweisen – eine Art Pfeifen im dunklen Wald. Menschen mit diesem unsicheren hohen Selbstwertgefühl zeigen wenig Mitgefühl mit anderen, sie sind vor allem mit sich selbst beschäftigt, mit ihrem Erfolg, mit ihrer Wirkung auf andere und dem Bild, das diese sich von ihnen machen. Man fasst diese Ausprägungen auch in Begriffen wie »krankhafter Egoismus«, »unsicheres Selbstbewusstsein« oder »Narzissmus« zusammen. In dem relativ kurzen Zeitraum, den Twenge zum Vergleich der Entwicklung von Narzissmus, bei klarer Abgrenzung von wirklicher Selbstachtung, nutzen konnte, macht sie eine deutlich ansteigende Tendenz aus: 2006 lagen die Werte von zwei Dritteln der amerikanischen College-Studenten über dem Durchschnittswert für Narzissmus von 1982. Inzwischen gilt es weithin als gesichert, dass wir es hier, vor allem unter jungen Menschen, nicht mit einem Anstieg sozialen Selbstwertgefühls zu tun haben, sondern mit zunehmendem Narzissmus.

Bedrohungen des sozialen Selbst

Die Vorstellung, dass zugleich mit den Ängsten auch das Selbstbewusstsein wächst, ist also falsch. Dass die zunehmenden Ängste von gesteigertem Narzissmus begleitet sind und beide Phänomene gemeinsame Ursachen haben, scheint relativ sicher: Entscheidend ist die Zunahme des gesellschaftlichen Bewertungsdrucks. Wir kennen heute die wichtigsten Quellen von Stress in modernen Gesellschaften. Da hoher Stress als gesundheitsschädlich gilt, hat sich die Forschung nicht nur eingehend mit den körperlichen Reaktionen auf Stress beschäftigt, sondern auch mit den hauptsächlichen Stressauslösern in der Gesellschaft. In den meisten Untersuchungen geht es um das Stresshormon Kortisol, das im Speichel oder im Blut leicht nachzuweisen ist. Das Gehirn löst die Kortisolausschüttung immer dann aus, wenn man sich in Gefahr oder in einer Notsituation befindet. In zahlreichen Experimenten setzten sich freiwillige Testpersonen einer stressigen Situation oder Aufgabe aus, während ihr Kortisolspiegel gemessen wurde. Dabei ging es um ganz unterschiedliche Stressoren: In manchen Tests hatten die Versuchspersonen Rechenaufgaben zu lösen, während ihre Leistungen öffentlich mit den Ergebnissen anderer verglichen wurden; weitere Probanden wurden Lärm ausgesetzt, andere mussten über eine unangenehme Erfahrung schreiben oder wurden bei der Bewältigung einer Aufgabe gefilmt. Die Vielzahl der Stressoren ermöglichte den Psychologinnen Sally Dickerson und Margaret Kemeny von der University of California, Los Angeles (UCLA), eine Vergleichsstudie mit dem Ziel, die Stressoren zu identifizieren, die besonders deutlich und regelmäßig zu einem erhöhten Kortisolspiegel führten.[16]

Bei ihrer Auswertung von 208 Publikationen über Versuche, bei denen die Kortisolwerte von unter Stress gesetzten Testpersonen gemessen wurden, klassifizierten sie die Stressoren und kamen zu folgendem Ergebnis:

> Aufgaben, die einen gesellschaftlichen Bewertungsdruck erzeugten (etwa eine Gefährdung der Selbstachtung oder des sozialen Status), die also eine mögliche negative Bewertung der Leistung durch andere einschlossen, vor allem bei Aufgaben, deren Bewältigung nicht absehbar war, erzeugten höhere und gleichmäßigere Veränderungen der Kortisolwerte als Stressoren ohne diesen spezifischen Druck.[16]

Die beiden Wissenschaftlerinnen kamen zu dem Schluss, dass »Menschen ihr soziales Selbst schützen müssen und darum auf alles achten, was ihren sozialen Status und die Wertschätzung durch andere gefährden könnte«.[16] Als solche Gefährdungen (Bewertungsdruck) galten alle Situationen, die zu einem Ansehensverlust führen konnten: die Anwesenheit von Publikum bei einem Test; die Möglichkeit, im Vergleich mit anderen schlecht abzuschneiden; eine Bild- oder Tonaufzeichnung während der Tests zwecks späterer Bewertung der Leistungen. Am höchsten waren die Kortisolwerte, wenn gesellschaftlicher Bewertungsdruck mit einer unlösbaren Aufgabe kombiniert wurde – z. B. weil die Aufgabe gar nicht zu bewältigen war, weil zu wenig Zeit vorgegeben wurde oder weil den Probanden unabhängig von ihrer tatsächlichen Leistung bedeutet wurde, sie hätten versagt. Demnach sind solche Aspekte gesellschaftlichen Bewertungsdrucks die stärksten Stressfaktoren, und das passt zu den Befunden, dass die Zunahme von Ängsten einhergeht mit gesteigerter narzisstischer Verteidigung eines ungesicherten Selbstbilds. Nach Dickerson und Kemeny drückt jenes »soziale Selbst«, das wir zu schützen versuchen, »den Status und das Ansehen des Einzelnen aus und beruht damit weitgehend auf der Einschätzung durch andere«.[16]

Ergebnisse aus einem ganz anderen Bereich der Gesundheitsforschung bestätigen und ergänzen dieses Bild. Zu den wichtigsten Erkenntnissen der jüngeren Zeit bezüglich der entscheidenden Einflüsse auf die Gesundheit der Bevölkerung in reichen Ländern gehört die Neubewertung psychologischer Stressfaktoren. In Kapitel 6 werden wir im Einzelnen darlegen, welche körperlichen Folgen häufiger und/oder anhaltender Stress haben kann. Stress beeinträchtig verschiedene physiologische Systeme, darunter das Immunsystem und das Herz-Kreislauf-System. Entscheidend ist jedoch, dass der die Gesundheit besonders stark gefährdende Stress eindeutig gesellschaftliche Ursachen hat: geringes Ansehen, mangelnde Freundschaften und Stress in jungen Jahren. Sorgfältig durchgeführte Untersuchungen belegen, dass diese drei Faktoren einen sehr negativen Einfluss auf Gesundheit und Lebenserwartung haben.

Für das häufige Auftauchen genau dieser Stress-Indikatoren in der heutigen Gesellschaft scheint uns die plausibelste Erklärung darin zu bestehen, dass sie Unbefangenheit und Vertrauen, die wir im Umgang mit anderen Menschen brauchen, so stark beeinträchtigen. Jene Verunsicherung, die aus Stress in jungen Jahren resultiert, weist durchaus Ähnlichkeiten mit der Unsicherheit auf, die Folge eines geringen sozialen Status ist. Trifft beides zusammen, können sich die negativen Effekte wechselseitig verstärken. Wer Freunde hat, fühlt sich geschützt und geschätzt; man hat das Gefühl, dass die anderen die gemeinsamen Unternehmungen und einen selbst mögen. Wer keine Freunde hat und glaubt, dass er gemieden wird, droht in Selbstzweifel zu versinken. Nicht allen Menschen ist es gleichgültig, wenn andere sie für unattraktiv und langweilig, für beschränkt oder gar für Versager halten.

Stolz, Scham und Status

Der Psychoanalytiker Alfred Adler schrieb in *Der Sinn des Lebens*[397]: »Menschsein heißt, ein Minderwertigkeitsgefühl zu besitzen, das ständig nach seiner Überwindung dräng.« Heute hätte er vielleicht formuliert: ›Menschsein heißt, sehr empfindlich darauf zu reagieren, dass man als minderwertig gilt.‹ Denn diese Sensibilität erklärt, warum ein geringer sozialer Status eine derart negative Wirkung auf das Selbstvertrauen des Einzelnen hat. Es geht allein darum, wie man von den anderen gesehen wird. Natürlich kann auch ein Angehöriger der Oberschicht Minderwertigkeitsgefühle haben, und einer aus der Unterschicht kann großes Selbstvertrauen besitzen, doch das sind Ausnahmen. Wer oben auf der sozialen Stufenleiter steht, erhält in der Regel mehr Anerkennung durch die anderen, und das schützt vor Selbstzweifeln. In der sozialen Hierarchie sehen viele eine Rangordnung der Menschen nach ihren Fähigkeiten, was zählt, sind die äußeren Zeichen von Erfolg bzw. Scheitern: der Job, das Einkommen, die Ausbildung, die Wohnung, das Auto, die Kleidung …

Der soziale Status lässt sich kaum ignorieren, eben weil er zum großen Teil bestimmt, wie wir uns selbst und wie andere uns einschätzen. Sich weiterzuentwickeln oder erfolgreich zu sein ist praktisch gleichbedeutend mit sozialem Aufstieg. Ein hoher sozialer Status wird meist assoziiert mit Überlegenheit, Kompetenz und Erfolg. Je höher man in der sozialen Rangordnung aufsteigt, umso leichter fällt es, Stolz, Würde und Selbstvertrauen zu entwickeln. Welche Kriterien man auch zugrunde legt – ob Vermögen, Ausbildung, berufliche Position, Wohnort, Ferienziele oder andere Zeichen des Erfolgs –, im sozialen Vergleich steht man immer besser da.

Die Werbung nutzt die starken Reaktionen der Menschen auf soziale Vergleiche, um ihnen Dinge zu verkaufen, die sie in den Augen anderer besser erscheinen lassen. In Kapitel 10 werden wir zeigen, dass dieser Impuls einer der häufigsten Gründe für Gewalttaten ist und auch erklärt, warum Gesellschaften mit mehr Ungleichheit sich auch durch eine höhere Kriminalitätsrate auszeichnen. Auslöser vieler Straftaten sind Ehrverlust und Erniedrigung, das Gefühl, nicht geachtet zu werden. Indem die Werbung diese Ängste vor Minderwertigkeit gezielt anspricht, kann sie durchaus auch zum Anstieg der Gewalt in einer Gesellschaft beitragen.

Glaubt man Thomas Scheff, emeritierter Professor der Soziologie an der University of California, Santa Barbara, dann ist Scham *die* entscheidende soziale Emotion.[17] Scheff meint in etwa das, was sich in der Untersuchung von Dickerson und Kemeny zeigte: Der gesellschaftliche Bewertungsdruck entscheidet, welche Stressoren zu erhöhter Ausschüttung von Stresshormonen führen. Scham besteht für Scheff aus einer Reihe von Gefühlen: Man fühlt sich dumm, lächerlich, minderwertig, gestört, inkompetent, peinlich, ausgeliefert, verwundbar und unsicher. Scham und Stolz sind die wesentlichen Aspekte in dem psychischen Prozess, in dem wir unsere Vorstellungen davon internalisieren, wie andere uns sehen. Wir erfahren uns dabei aus Sicht der anderen, und das Feedback bei dieser sozial bewertenden Betrachtung sind eben Stolz und Scham. Schon als Kinder lernen wir, uns sozial angemessen zu verhalten: Stolz verschafft Freude, Scham bedeutet Schmerz. Diese Sozialisation endet natürlich nicht mit der Kindheit, die Schmerzreaktion auf beschämende Situationen sorgt auch im Erwachsenenalter kontinuierlich für Anpassung. Vielen Menschen ist schon ein kleiner Verstoß gegen die sozialen Normen so peinlich, dass sie am liebsten im Boden versinken würden.

Der Befund von Dickerson und Kemeny, dass vor allem der Vergleichsdruck die Ausschüttung von Stresshormonen stimuliert, sagt uns allerdings noch nichts darüber, wie häufig Menschen genau diese Ängste erleben. Kommt das nur manchmal vor? Oder ist es eine alltägliche Erfahrung? Wissenschaftliche Untersuchungen geben Aufschluss: Menschen mit geringem sozialem Status, mit wenigen Freunden und einer problematischen Kindheit sind in der heutigen Gesellschaft besonders häufig psychischem Stress ausgesetzt. Wenn wir die drei genannten Faktoren richtig interpretiert haben, dann folgt daraus, dass diese Formen sozialer Ängste und Unsicherheiten die wesentliche Ursache für Stress in der heutigen Gesellschaft sind.

Die Psychoanalytikerin Helen Lewis berichtete in ihrer Studie, dass ihre Patienten im Gespräch häufig beschämt oder peinlich berührt wirkten, was sich aber nur als unsicheres Lachen, Stocken im Redefluss oder leichte Nervosität äußerte.[18]

Von der Gemeinschaft zur Massengesellschaft

Twenges Untersuchung zeigt, dass soziale Ängste und fragiler Narzissmus immer häufiger werden. Wie erklärt sich diese dramatische Zunahme in den vergangenen 50 Jahren? Warum ist der Anpassungsdruck so stark geworden? Eine plausible Erklärung könnte das Verschwinden traditioneller Siedlungsgemeinschaften sein. Früher wuchsen die Menschen in der Gewissheit auf, dass sie die meisten Menschen in ihrer Nachbarschaft ein Leben lang kennen und dass diese sie kennen würden. Die räumliche Mobilität hat zwar seit Generationen schon stetig zugenommen, aber in den vergangenen 50 Jahren ist sie besonders drastisch angestiegen. Vor dieser Zeit war es nichts Ungewöhnliches, wenn Dorf- oder Stadtbewohner ihr Leben lang am gleichen Wohnort lebten. Geschwister, Ehegatten, Eltern und Großeltern – alle lebten in der Nachbarschaft: Die Siedlungsgemeinschaft bestand überwiegend aus Menschen, die sich kannten und fast ihr ganzes Leben miteinander Umgang hatten. Heute verlassen viele den Ort, an dem sie aufgewachsen sind, und das bedeutet, dass man mit den neuen Nachbarn selten oder nur flüchtig Bekanntschaft schließt. Früher gewannen die Menschen ihre Identität aus der Gemeinschaft, der sie seit dem Kindesalter angehörten, aus Beziehungen, die auf wechselseitiger Kenntnisnahme, auf wirklicher Bekanntschaft beruhten. In der Anonymität der Massengesellschaft ist das nicht mehr so einfach: Man sieht viele Fremde, aber kaum noch bekannte Gesichter. Unsere Identität, also die Frage, wer wir sind, bleibt damit offen und ungewiss.

Das Problem zeigt sich auch darin, dass wir nicht mehr zu unterscheiden wissen, was »Selbstachtung« ist und was die Achtung ausmacht, die uns andere entgegenbringen. Unsere empfindlichen Reaktionen auf den gesellschaftlichen Bewertungsdruck und die von Jean Twenge festgestellte Zunahme von Ängsten und Narzissmus zeigen, dass wir – verglichen mit den gesellschaftlichen Verhältnissen früherer Zeiten – wesentlich unsicherer geworden sind: Wir machen uns ständig Gedanken, wie wir wohl in den Augen anderer erscheinen; wir haben Angst, als unattraktiv, langweilig oder dumm gesehen zu werden. Und ständig begleitet uns die Sorge, einen schlechten Eindruck zu hinterlassen. Bei jeder Begegnung mit Fremden beschäftigt uns die Frage, wie diese uns sozial bewerten und vergleichen. Wie werden wir eingestuft? Haben wir uns gut verkauft? Diese Verletzlichkeit, die heute typisch für die psychische Befindlichkeit der Menschen ist, trägt übrigens erheblich zu dem weit verbreiteten Konsumdenken bei.

Die Probleme zeigen sich bekanntlich vor allem bei Heranwachsenden, die sich noch unsicher fühlen und sich daher ständig beweisen müssen. Der Druck in den Peergroups kann so groß werden, dass manche ihr Aussehen nicht mehr ertragen können, sich Verletzungen zufügen oder in Depression verfallen.

Ungleichheit verstärkt die sozialen Ängste

Auch wenn eine Zunahme von Ängsten aufgrund gesellschaftlicher Bewertung schon vor der sich weiter öffnenden Einkommensschere festzustellen war, liegt es auf der Hand, dass verschärfte Ungleichheit und größere Statusunterschiede einen gravierenderen Einfluss auf den Einzelnen haben können. Welchen Status und welches Wohlstandsniveau ein Mensch erreicht (von ungelernter, schlecht bezahlter Arbeit bis zu Erfolg, hohem Einkommen und Führungsposition), ist kein isoliertes Phänomen, es prägt nicht nur das Selbstgefühl, sondern eben auch das Bild, das sich andere – selbst Freunde und die eigene Familie – von einer Person machen. Jeder möchte sich in seinem Umfeld als einen wertvollen und fähigen Mitmenschen anerkannt wissen, und dieses starke Bedürfnis nach Bestätigung durch andere lässt uns auf ihre Kritik häufig mit Verärgerung reagieren. Der Prozess sozialer Mobilität gilt vielen auch als ein Ausleseverfahren, in dem die Menschen nach ihren Fähigkeiten eingestuft werden; nichts bringt Überlegenheit oder Unterlegenheit so deutlich zum Ausdruck, wie der soziale Status. Und nicht von Ungefähr sind ja auch bei Bewerbungen oder Beförderungen Benachteiligungen wegen Alter, Geschlecht, ethnischer Zugehörigkeit oder Religion gesetzlich untersagt; die

Entscheidung für oder gegen eine Person soll tatsächlich nur deren Eignung berücksichtigen.

Weil mehr Ungleichverteilung dem sozialen Status größeres Gewicht verleiht, steigert sie offenbar auch die Ängste der Menschen bezüglich ihrer sozialen Bewertung: Je größer die Statusunterschiede, umso wichtiger wird es für uns, wie wir uns gegenseitig einschätzen. Der soziale Rang wird zu einem entscheidenden Merkmal der Identität, vor allem dann, wenn sich Fremde begegnen. Nur unter der Bedingung von mehr Gleichheit könnten wir uns gegenseitig auch als gleichwertige Menschen anerkennen. Schon der amerikanische Philosoph Ralph Waldo Emerson (1803–1882) war überzeugt: »Ganz gewiss trägt jeder Mensch in seinem Auge die genaue Bezeichnung des Ranges, den er auf der ungeheueren Stufenleiter der Menschheit einnimmt, und wir lernen unaufhörlich, diese Bezeichnungen zu lesen.«[19] Aus psychologischen Versuchen ergibt sich in der Tat, dass wir bereits während der ersten Sekunden einer Begegnung den sozialen Status des Gegenübers einschätzen.[20] Kein Wunder, dass »der erste Eindruck entscheidet«, und kein Wunder, dass uns solche sozialen Bewertungen Angst machen.

Wenn die Ungleichverteilung so extrem wird, dass einige privilegierte Schichten praktisch alles gelten und die große Masse der Habenichtse fast nichts gilt, dann wird die soziale Einstufung zum alles entscheidenden Kriterium. Mit anderen Worten: Größere Ungleichheit bedeutet verschärfte Statuskonkurrenz und mehr soziale Ängste. Wir machen uns mehr Gedanken um unser Fortkommen, weil der Einsatz höher ist, und wir messen auch in der wechselseitigen Einschätzung dem sozialen Status mehr Gewicht bei, wie neuere Untersuchungen gezeigt haben: Mit zunehmender Ungleichverteilung in einem Land treten bei der Wahl eines Ehepartners die Kriterien Zuneigung und Liebe immer stärker hinter den Kriterien Status, Einkommensaussichten und Karrierechancen zurück.[21]

Selbstbestätigung statt Zurückhaltung und Bescheidenheit

Vergleichende Studien zwischen Japan und den USA, das heißt zwischen den reichen Industrienationen mit der niedrigsten und einer der höchsten Ausprägungen von Ungleichverteilung (siehe Abb. 2.1), haben gezeigt, dass sich die Menschen in den beiden Ländern sehr unterschiedlich verhalten, wenn es darum geht, wie sie einander sehen oder wie sie sich selbst darstellen. In Japan tritt man wesentlich zurückhaltender und selbstkritischer auf als in den USA, wo ostentatives Selbstbewusstsein typisch ist. Amerikaner sind eher überzeugt, dass ihre Erfolge auf ihre Fähigkeiten und ihre Misserfolge auf äußere Umstände zurückzuführen sind; in Japan verhält es sich genau umgekehrt.[22] In mehr als 20 Studien über die japanische Gesellschaft fand sich keine nennenswerte Ausprägung jener amerikanischen Bereitschaft zur Selbstgerechtigkeit. Die Japaner neigen dazu, den Erfolg eher als Glücksfall denn als Resultat ihrer Entscheidungen zu sehen, den Misserfolg dagegen erklären sie sich aus ihrer Unfähigkeit. Dieses Verhaltensmuster fand sich auch in Studien über Taiwan und China.

Wir sollten diese Unterschiede nicht nur in den Kategorien der Psychologie fassen. Es zeigen sich hier typische Verhaltensmuster, die darauf verweisen, wie wichtig den Menschen Bescheidenheit und die sozialen Bindungen sind und ob sie bereit wären, ihren Erfolg anderen gegenüber als persönliche Überlegenheit darzustellen. Mehr Ungleichheit führt zu mehr Statuskonkurrenz und mehr sozialem Bewertungsdruck, deshalb braucht es Strategien der Selbstdarstellung und Selbstbestätigung, die das Ego stützen sollen. Die Bescheidenheit kommt dabei unter die Räder. Der Mensch zeigt sich nach Außen immer härter und stärker, um seinen Versagensängsten zu begegnen. Wie die Arbeiten zum Narzissmus vermuten lassen, wird der Mensch innerlich unsicher und kritikunfähig, ihm geht die Einsicht in die eigenen Fehler ebenso verloren wie die Fähigkeit, persönliche Beziehungen zu unterhalten.

Freiheit, Gleichheit und Brüderlichkeit

Dass die Fragen, die wir hier untersuchen, nicht erst von uns gestellt wurden, belegt schon die Parole der Französischen Revolution: »Freiheit, Gleichheit, Brüderlichkeit«. Diese Forderungen machten deutlich, um welche Themen und um welche Größenordnung der sozialen Beziehungen es gehen muss, wenn wir eine bessere Gesellschaftsordnung und echte Veränderungen in unserem Alltag erreichen wollen. »Freiheit« stand damals für die Befreiung von feudalen Bindungen, aus der Abhängigkeit von Hochadel und lokalen Grundherren – das heißt, Befreiung aus einem niederen Status. »Brüderlichkeit« drückte den Wunsch nach mehr Gegenseitigkeit und Anerkennung in den sozialen Beziehungen aus, und darum geht es uns auch heute, wenn wir über Gemeinschaft, sozialen Zusammenhalt und Solidarität reden. Dass diese Werte für das Wohlergehen der Menschen wesentlich sind, wird mit jeder neuen Studie deutlich, die belegt, dass die Pflege von Freundschaften und soziales Engagement in der Gemeinschaft die Gesundheit des Einzelnen direkt tangieren. Und »Gleichheit« ist die Voraussetzung, um die beiden anderen Forderungen einlösen zu können. Soziale Ungleichheit ist die Ursache für alle Probleme, die sich aus den sozialen Unterschieden und den damit verbundenen Vorurteilen und Feindschaften zwischen sozialen Schichten ergeben. In den folgenden Kapiteln wird gezeigt, dass diese Ungleichheit auch zum Verfall von Gemeinschaften, zu Vertrauensverlust und der Zunahme von Gewalt führt.

II

Die Kosten der Ungleichheit

HIMMEL

Geschlossene Wohnanlage

4.

Leben in der Gemeinschaft und soziale Beziehungen

> Von all dem Neuen, das während meines Aufenthalts in den Vereinigten Staaten meine Aufmerksamkeit auf sich zog, hat mich nichts so lebhaft beeindruckt wie die Gleichheit der gesellschaftlichen Bedingungen. Alsbald wurde mir der erstaunliche Einfluss klar, den diese bedeutende Tatsache auf das Leben der Gesellschaft ausübt.
>
> *Alexis de Tocqueville, Über die Demokratie in Amerika*[23]

Im August 2005 traf der Hurrikan Katrina auf die Golfküste im Süden der USA und verwüstete Städte in Mississippi und Louisiana. Die Deiche brachen, 80 Prozent des Stadtgebiets von New Orleans wurden überflutet. Einen Tag vor Eintreffen der Sturmfront war die Evakuierung der Stadt angeordnet worden, aber zu dieser Zeit funktionierte der öffentliche Verkehr schon nicht mehr, es gab kein Benzin und Mietwagen waren nicht zu bekommen. Für die Menschen, die New Orleans nicht mehr verlassen konnten, richteten die kommunalen Behörden Notlager ein, beispielsweise im Superdome, der riesigen Sportarena, deren Dach der Sturm bereits schwer beschädigt hatte. Dort fanden 26.000 Menschen Zuflucht. Nach offiziellen Angaben forderte der Hurrikan 1836 Todesopfer; 700 Personen galten als vermisst.

Nach der Katastrophe richtete sich das weltweite Medieninteresse nicht nur auf die Bilder der Zerstörung – eingestürzte Häuser, überflutete Straßen, unterspülte Autobahnen und beschädigte Ölanlagen –, sondern auch auf die offensichtlichen Probleme infolge des Zusammenbruchs der sozialen Ordnung in der Stadt. In der Woche nach dem Sturm kam es zu Schießereien und Verhaftungen, und in den

Nachrichten sah man verzweifelte Einwohner, die um Hilfe flehten, um Medikamente und Nahrung für die Kleinkinder. Gezeigt wurden aber auch schwer bewaffnete Soldaten, die in ihren Booten durch die überfluteten Straßen patrouillierten, nicht um Menschen zu evakuieren oder zu versorgen, sondern um Plünderer aufzuspüren.

Dieser Umgang mit dem Chaos in New Orleans rief in den USA eine Welle der Empörung hervor. Viele sahen das Misstrauen, das zwischen der armen, überwiegend schwarzen Bevölkerung und den Polizei- und Militärkräften herrschte, als Ausdruck grundlegender Probleme zwischen Menschen unterschiedlicher ethnischer und sozialer Zugehörigkeit. Während eines Benefizkonzerts für die Opfer, das von vielen Fernsehstationen übertragen wurde, machte der Rap-Musiker Kanye West seiner Empörung Luft: »Es ist abscheulich, wie wir in den Medien dargestellt werden. Zu den Bildern einer weißen Familie heißt es: ›Sie suchen etwas zu essen.‹ Sieht man eine schwarze Familie, heißt es: ›Sie plündern‹.« Kathleen Blanco, die Gouverneurin von Louisiana, kommentierte den Einsatz der Nationalgarde in der Stadt mit den Worten: »Die Truppen sind mit M16-Gewehren ausgerüstet und kampfbereit. Sie wissen, wie man schießt und tötet, und ich erwarte, dass sie es tun werden.«

Auch international stand diese feindselige Haltung während der Rettungsmaßnahmen in New Orleans in der Kritik. Viele Länder boten Hilfe und Unterstützung an, während ihre Medien ein negatives Bild der offiziellen Maßnahmen zeichneten. In New Orleans war das Militär offenbar nur im Einsatz, um die Bevölkerung in Schach zu halten. Dass es auch anders geht, hat ausgerechnet China gezeigt: Nach dem schweren Erdbeben von 2008 kamen ebenfalls sofort Soldaten zum Einsatz, allerdings unbewaffnet und nur in Rettungs- und Hilfsmissionen; dafür gab es Beifall von der internationalen Gemeinschaft.

Die Gleichheit der sozialen Verhältnisse

Ein ganz anderes Bild von Amerika hatte einer der ersten Berichterstatter aus der Neuen Welt gezeichnet, Alexis de Tocqueville. Er bereiste 1831 alle damaligen Bundesstaaten, sprach mit dem Präsidenten und ehemaligen Präsidenten, mit Bürgermeistern und Richtern, aber auch mit den einfachen Bürgern. Er war beeindruckt von der »Gleichheit der gesellschaftlichen Bedingungen«, die er überall antraf, und stellte fest, dass sich »die Stände vermengen und die Privilegien aufgehoben« sind (zumindest unter den Weißen), bis die Gesellschaft »eine einzige Masse darstellt«, dass die »Amerikaner jeden Alters, jeden Ranges, jeder Geistesrichtung sich fortwährend zusammenschließen«, dass »einander fremde Menschen an einem Ort zusammenkommen und einander ohne an Vorteil oder Nachteil zu denken, ihre Ansichten mitteilen«, dass die Amerikaner »sich natürlich, offen und vorbehaltlos geben«.[23] Tocqueville hebt vor allem den Beistand hervor, den sich die Amerikaner in harten Zeiten leisten:

> »Ereignet sich ein Unfall auf einer öffentlichen Straße, so eilen die Menschen von allen Seiten herbei, um dem Opfer zu helfen; und gerät eine Familie durch eine plötzliche Katastrophe ins Unglück, so werden tausende von Fremden bereitwillig ihre Geldbörse öffnen ...«[23]

Tocqueville war überzeugt, dass die Gleichheit der Verhältnisse den Amerikanern half, Vertrauen zu entwickeln und zu bewahren.

Welche Rolle spielt gegenseitiges Vertrauen?

Untergräbt die Ungleichheit das Vertrauen? Treibt sie einen Keil zwischen die Menschen? Ist sie der Grund für die Gegensätze zwischen Regierung und Bürger, Reich und Arm, Minderheit und Mehrheit? In diesem Kapitel werden wir zeigen, dass die sozialen Beziehungen umso mehr verfallen, je stärker eine Gesellschaft von Ungleichheit geprägt ist.

Dass Ungleichheit ein potenziell trennender Faktor ist, kann kaum überraschen. Wir alle neigen dazu, Statusunterschiede am Lebensstandard zu messen, und wir suchen uns Freunde unter unseresgleichen mit etwa gleichem Lebensstandard. Mit viel reicheren Menschen oder solchen, die viel ärmer sind als wir, haben wir wenig zu tun. Es fällt uns schwer, Menschen zu vertrauen, mit denen wir kaum Kontakt haben, und wenig oder keinen Kontakt haben wir mit Menschen, die anders leben als wir. Wen wir der eigenen Schicht oder Gruppe – »wir« – und wen wir der Fremdgruppe – »die anderen« – zurechnen, hängt von unserer eigenen Position innerhalb der sozialen Hierarchie ab. Ob wir uns mit anderen identifizieren und Mitgefühl zeigen können, hängt von diesem Prinzip ab. In den folgenden Kapiteln wird noch zu zeigen sein, dass Ungleichverteilung nicht nur die Herablassung gegenüber jenen schürt, die weniger haben als wir, sondern auch anderen Formen der Diskriminierung wie Rassismus und Sexismus Vorschub leistet. Eine solche Haltung gegenüber Mitmenschen wird oft einfach mit der Behauptung legitimiert: »Die sind nicht wie wir.«

Tocqueville, Zeit seines Lebens ein überzeugter Gegner der Sklaverei, hatte genau diesen Punkt erkannt: Die Freiheit und Gleichheit in Amerika, berichtet er, blieb den Afroamerikanern und den Ureinwohnern Amerikas verwehrt. Nach seiner Ansicht konnte die Sklaverei nur Bestand haben, weil die Afroamerikaner so sehr als »anders« galten, dass »der Unterschied zwischen dem Europäer und anderen Rassen wie der Unterschied zwischen Mensch und Tier erscheint«. Mitgefühl empfinden die Menschen nur für jene, die sie als gleichgestellt erachten: »Zwischen den verschiedenen Gesellschaftsschichten besteht dieses Gefühl füreinander nicht.« Nach Tocqueville sind Vorurteile die »imaginäre Ungleichheit«, die »aus der wirklichen Ungleichheit der Vermögen und vor dem Gesetz entsteht«.[23]

Die Frühsozialisten und andere sahen die materielle Ungleichheit als Hindernis auf dem Weg zur allgemeinen Harmonie der Menschheit, zu einer universellen Brüderlichkeit, Schwesterlichkeit oder Genossenschaftlichkeit. Unsere Befunde werden zeigen, dass sie damit nicht falsch lagen: Ungleichheit trennt die Menschen, so sehr, dass ihnen selbst geringe Differenzen als große Unterschiede erscheinen.

Einkommensungleichheit und Vertrauen

Aus den in den Abbildungen 4.1 und 4.2 dargestellten statistischen Erhebungen ergibt sich, dass das Vertrauen unter den Menschen in dem Maße abnimmt, je weiter die Einkommensschere in ihrem Land (bzw. US-Bundesstaat) geöffnet ist. Die Korrelation ist eindeutig und nicht zufallsbedingt. In Abbildung 4.1 werden die Ergebnisse des European Values Survey und des World Values Survey veranschaulicht, einer internationalen vergleichenden Studie zu gesellschaftlichen Werten und Normen.[5] In jedem Land wurden Zufallsstichpro-

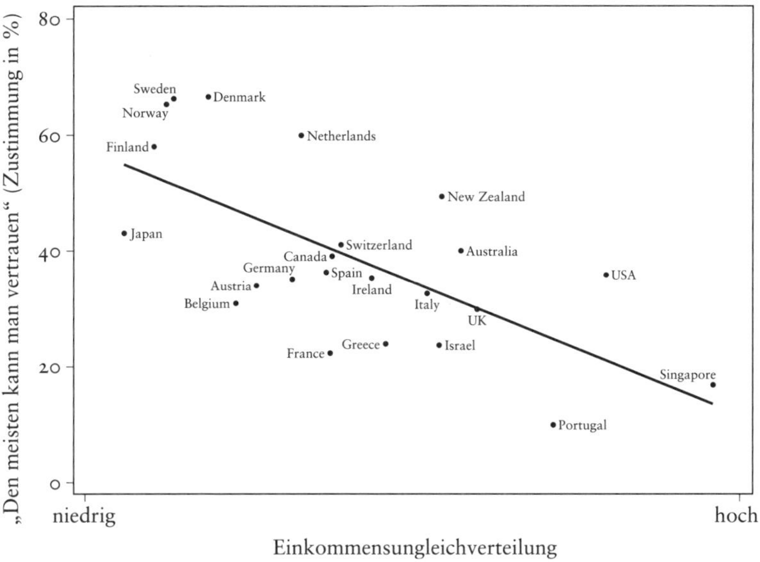

Abb. 4.1 *In Ländern mit mehr Gleichheit sind auch mehr Menschen bereit, ihren Mitbürgern zu vertrauen.*

ben zu der Aussage erhoben: »Den meisten Menschen kann man trauen.« Zustimmung und Ablehnung der Befragten variierten deutlich von Land zu Land. In den skandinavischen Ländern und in den Niederlanden war das Vertrauensniveau hoch, am höchsten in Schweden, wo 66 Prozent der Befragten der Aussage zustimmten. Die niedrigsten Zustimmungswerte ergaben sich in Portugal, wo nur 10 Prozent der Bevölkerung glaubten, den meisten Menschen trauen zu können. Allein im Vergleich dieser reichen marktwirtschaftlichen Demokratien zeigte sich eine Differenz von mehr als dem Sechsfachen im Vertrauensniveau. Kein Zweifel also, dass weniger Ungleichverteilung mehr Vertrauen zwischen den Menschen bedeutet.

Die Daten für den internen Vergleich der US-Bundesstaaten in Abbildung 4.2 stammen aus dem *General Social Survey* der US-Bundesregierung, einer Erhebung, die seit einem Vierteljahrhundert regelmäßig durchgeführt wird, um die sozialen Veränderungen in den USA zu erfassen.[24] Wie in den vergleichenden internationalen Studien bat man auch hier die Befragten um Zustimmung oder Ablehnung der Aussage: »Den meisten Menschen kann man trauen.«

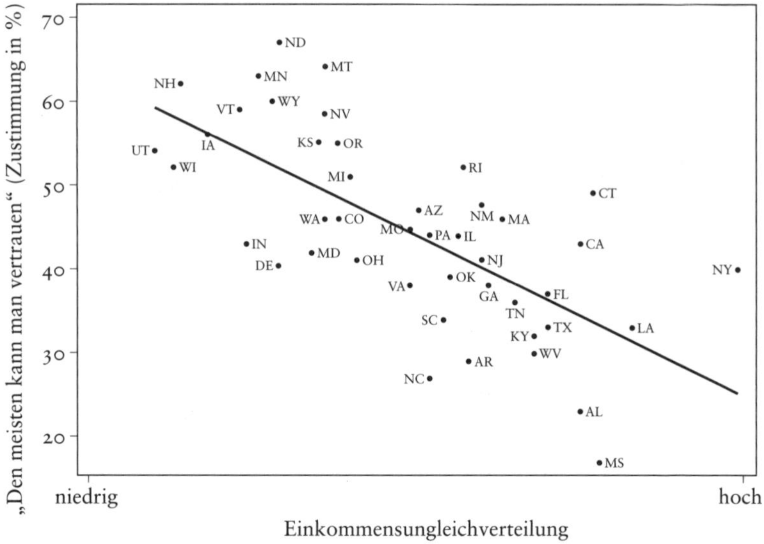

Abb. 4.2 *In den US-Bundesstaaten mit größerer Gleichheit stimmen auch mehr Menschen der Aussage zu, dass die meisten Mitmenschen vertrauenswürdig sind (Daten aus 41 Bundesstaaten).*

Zwischen den US-Bundesstaten ergaben sich Unterschiede im Vertrauensniveau bis zum Vierfachen. Während etwa in North Dakota das Vertrauen ein ähnlich hohes Niveau wie in Schweden erreicht (62 Prozent), glauben in Mississippi nur 17 Prozent der Bevölkerung, anderen Mitbürgern trauen zu können. Und ebenso wie im internationalen Vergleich ergibt sich auch in den USA eine eindeutige Korrelation zwischen steigender Ungleichverteilung und schwindendem Vertrauen.

Die entscheidende Aussage der hier ausgewerteten Daten zum Verhältnis von Vertrauen und Ungleichverteilung lässt uns ahnen, wie unterschiedlich das Lebensgefühl in den erfassten Gesellschaften sein muss. Was mag es im Alltag bedeuten, in einem Land zu leben, in dem 90 Prozent der Menschen dem anderen nicht über den Weg trauen? Wie geht man in dieser Gesellschaft miteinander um – bei der Arbeit, auf der Straße, beim Einkaufen, in der Schule? In Norwegen haben die meisten Cafés, die Tische und Stühle auf die Straße stellen, dort auch Decken für die Gäste bereitgelegt, damit man nicht frieren muss, wenn man seinen Kaffee im Freien trinkt. Offenbar sorgen sich die Besitzer nicht, dass Kunden oder Passanten die Decken stehlen könnten. Viele Menschen erinnern sich noch an die Zeiten, als sie ihre Haustür nicht abzuschließen brauchten und sicher sein konnten, dass ihnen eine verlorene Brieftasche zurückgebracht würde. Unter den amerikanischen Großstädten gehört New Orleans mit zu den Kommunen mit der höchsten Ungleichverteilung – und das ist sicher eine Erklärung für die sozialen Spannungen und das allgemeine Misstrauen während der chaotischen Lage nach dem Hurrikan Katrina.

Die Henne oder das Ei?

1960 lag die Vertrauensquote in den USA noch bei 60 Prozent, 2004 waren es weniger als 40 Prozent.[24] Führte die Ungleichverteilung zu diesem Vertrauensverlust oder sorgte das allgemeine Misstrauen für die Ungleichheit? Es scheint die berühmte Frage zu sein, was zuerst kam: Die Henne oder das Ei? Der Politologe Robert Putnam von der Harvard University hat in seinem Buch *Bowling Alone* die Zusammenhänge zwischen Ungleichheit und »sozialem Kapital« aufgezeigt. Der Begriff »soziales Kapital« meint die Teilnahme der Bürger am gesellschaftlichen Leben. Putnam schreibt:

> »Gemeinschaft und Gleichheit verstärken sich gegenseitig … Fast das ganze 20. Jahrhundert lang entwickelten sich wirtschaftliche Gleichheit und soziales Kapital parallel. Was die Verteilung von Vermögen und Einkommen angeht, herrschten in Amerika in den 1950er und 1960er Jahren egalitärere Verhältnisse als in den hundert Jahren zuvor … und in diesen Jahrzehnten zeigten auch soziale Bindungen und öffentliches Engagement der Bürger die besten Werte. Damals erreichten Gleichheit und soziales Kapital zur gleichen Zeit einen Höhepunkt. Das letzte Drittel des 20. Jahrhunderts dagegen war eine Periode zunehmender Ungleichheit, in der auch das soziale Kapital schwand … Die zeitliche Konvergenz der beiden Trends ist unübersehbar: Etwa zwischen 1965 und 1970 fand in Amerika ein Kurswechsel statt, die wirtschaftliche Ungleichheit nahm zu und zugleich verringerte sich die soziale und politische Vernetzung.«[25]

In einer anderen Studie kommt Putnam zu dem Ergebnis:

> »Die Kausalpfeile scheinen in beide Richtungen zu weisen. In den Staaten mit hohem Sozialkapital sind die Bürger offenbar eher bereit, etwas gegen die Ungleichheit zu unternehmen, und zugleich scheinen die Ungleichheiten eine sozial spaltende Wirkung zu haben.«[26]

Eric Uslaner, Politologe an der Universität von Maryland, bezieht in seinem Buch *The Moral Foundations of Trust* deutlicher Position: Nach seiner Ansicht beeinflusst die Ungleichheit das Vertrauen – und nicht umgekehrt.[27] Ein Leben in einer Gesellschaft mit mehr sozialem Kapital bedeutet, dass wir mehr Menschen als Freunde und Nachbarn kennen, und das wiederum könnte unser Vertrauen in all die Menschen stärken, die wir kennen lernen und als unseresgleichen betrachten. Uslaner weist aber auch darauf hin, dass in den bekannten Studien (z. B. dem European Values Survey und dem World Values Survey) nur das Vertrauen gewertet wird, das man Fremden entgegenbringt, also Menschen, die wir in der Regel nicht als unseresgleichen betrachten. Gestützt auf viele unterschiedliche Erhebungen kommt Uslaner zu dem Ergebnis, dass Menschen, die optimistisch sind und ihr Leben im Griff haben, auch bereit sind, anderen zu vertrauen, und dass diese Haltung von den Erfahrungen im eigenen Elternhaus abhängt.

In einer gemeinsam mit Bo Rothstein durchgeführten Studie, der ein statistischer Kausalitätstest zugrunde liegt, zeigt Uslaner ebenfalls die Auswirkungen der Ungleichheit auf das Vertrauen und gibt zugleich zu bedenken: »Es gibt keinen direkten Einfluss des Vertrauens auf die Ungleichheit, vielmehr beginnt die Kausalkette mit der Ungleichheit.«[28] Weiter heißt es, dass »Vertrauen in einer ungleichen Welt nicht wachsen kann« und dass die Einkommensungleichverteilung der »entscheidende Faktor« sei – wichtiger als Arbeitslosenquote, Inflation oder Wirtschaftswachstum.[27] Nicht das Durchschnittsniveau des wirtschaftlichen Wohlergehens schafft Vertrauen, sondern nur die wirtschaftliche Gleichheit. In Abbildung 4.3 sind Uslaners Befunde grafisch veranschaulicht: In den USA ist der Vertrauensrückgang genau in dem Zeitraum zu beobachten, in dem die Ungleichheit deutlich zunahm. Die Jahreszahlen im Schaubild zeigen für jedes Jahr des Zeitraums von 1960 bis1998 die jeweilige Relation von Vertrauen und Ungleichheit.

Der Zusammenhang zwischen Ungleichheit und Vertrauen besteht

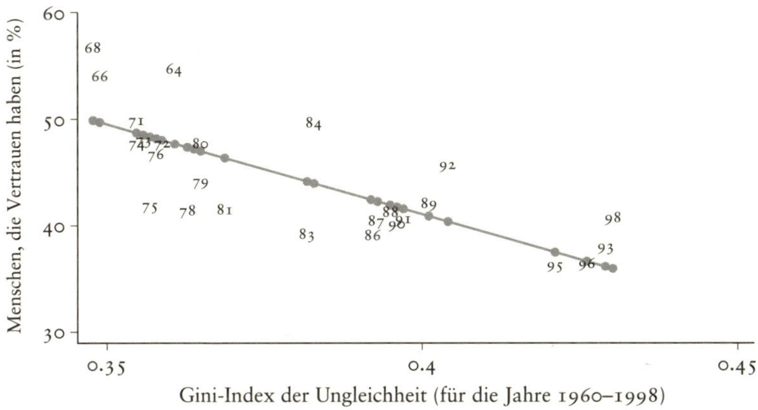

Abb. 4.3 *Mit zunehmender Ungleichheit schwindet auch das Vertrauen.*[27]

über den gesamten Zeitraum: Wächst die Ungleichheit, dann sorgen sich die Menschen weniger um einander, es gibt weniger gleichberechtigte Beziehungen, weil jeder schauen muss, wo er bleibt; zwangsläufig sinkt auch das Niveau des Vertrauens. Schon Alexis de Tocqueville hatte erkannt, dass wir mit Menschen, die wir nicht als unseresgleichen erachten, kaum Mitgefühl zeigen. Materielle Ungleichheit reißt soziale Gräben auf.

Vertrauen ist wichtig

Putnam und Uslaner, beide betonen, dass Vertrauen die Voraussetzung für die Kooperationsbereitschaft der Menschen ist. Uslaner zeigte für die USA, dass Menschen, die Vertrauen zu anderen haben, auch eher bereit sind, Zeit und Geld aufzuwenden, um anderen zu helfen. Die »Vertrauensvollen«, die Trusters, haben mehr Zuversicht, dass Amerika von gemeinsamen Werten getragen wird, dass eine gemeinsame Kultur möglich ist und dass jedem Bürger mit Toleranz und Respekt zu begegnen sei; außerdem treten sie für die Rechtsordnung ein.

Vertrauen ist nicht nur wichtig für das Wohlergehen des Einzelnen, Vertrauen ist ebenso ein entscheidender Faktor für das Funktionieren der Zivilgesellschaft. Ein hohes Vertrauensniveau bedeutet, dass sich die Menschen sicher fühlen, sich weniger Sorgen um sich selbst machen und lieber einen kooperativen als einen konkurrierenden Umgang mit ihren Mitmenschen pflegen. In den USA gab es einige überzeugende Untersuchungen zum Zusammenhang von Vertrauen und Gesundheit, die klar belegen: Menschen mit viel Vertrauen leben länger.[29] In Gemeinschaften mit hohem Vertrauensniveau profitieren die Menschen, die anderen vertrauen, besonders viel, während die misstrauischen Menschen in dieser sozialen Gemeinschaft eher schlecht wegkommen.[30]

In der chaotischen Lage nach der Hurrikan-Katastrophe in New Orleans war Vertrauen für manche Einwohner eine Frage des Überlebens. Ebenso war Vertrauen während der großen Hitzewelle von 1995 in Chicago für viele Menschen überlebenswichtig – und Misstrauen bedeutete oft den Tod, wie der Soziologe Eric Klinenberg in seinem Buch[31] über diese Hitzewelle berichtet: Die Afroamerikaner in den armen Stadtvierteln Chicagos mit hoher Verbrechensrate und geringem Vertrauensniveau trauten sich nicht, Fenster und Türen zu öffnen oder ihre Behausungen zu verlassen, um einen der gekühlten Räume in den von der Stadt eingerichteten Nothilfezentren aufzusuchen. Die Nachbarn kümmerten sich nicht umeinander, und so starben Hunderte alter und schwacher Menschen in ihren vier Wänden in der Hitze. In den ebenfalls armen hispanischen Stadtvierteln, die aber ein intaktes Gemeinschaftsleben und ein hohes Vertrauensniveau aufweisen, gab es deutlich weniger Hitzetote.

Raiders und Outlanders

Als ein Anzeichen für den Verfall der sozialen Beziehungen und den Mangel an Vertrauen kann auch der enorme Erfolg so genannter Sports Utility Vehicles (SUV) in den 1980er und 1990er Jahren gelten. Diese Autos werden in Großbritannien gern abschätzig »Chelsea-Traktoren« genannt – eine Anspielung auf das Londoner Wohnviertel der Reichen und die Absurdität, solche urwaldtauglichen Geländewagen durch den Stadtverkehr zu steuern. Die Namen dieser Modelle sollen an die Jagd und das Leben in der Wildnis erinnern – Outlander, Pathfinder, Cherokee, Wrangler – oder gar an Soldaten und Krieger: Trooper, Defender, Shogun, Raider, Crossfire usw. Es handelt sich aber um Autos für den »Großstadtdschungel«, nicht den wirklichen Dschungel.

Dieser Trend beim Autokauf verweist auf das wachsende Misstrauen: Man will Stärke zeigen, sich gegen die anderen wappnen. Josh Lauer hat in seiner Studie »Driven to extremes« die Frage gestellt, warum statt Geschwindigkeit und Eleganz immer mehr die Robustheit im Stil von Militärfahrzeugen zum Kaufargument wurde und was der Erfolg dieser SUVs über die amerikanische Gesellschaft aussagt.[32] Sein Fazit: Dieser Trend spiegelt das Verhältnis der US-Amerikaner zu Verbrechen und Gewalt, er entspricht ihrem Hang zu unbeugsamem Individualismus und ihrem Wunsch, sich von anderen abzuschotten – also Misstrauen. Trotz ihrer Größe handelt es sich ja nicht um Fahrzeuge, die dazu einladen, sie zusammen mit anderen zu nutzen oder Anhalter mitzunehmen. Das Trampen ist ohnehin schon in den 1970er Jahren aus der Mode gekommen, parallel zum Anstieg der Ungleichheit in dieser Zeit. Der Anthropologe Keith Bradsher meinte in einem Artikel der *New York Times*, die Menschen versuchten, sich vor den Bedrohungen in einer groben und vertrauenslosen Gesellschaft zu schützen, »indem sie sich in ihre wie gepanzert wirkenden SUVs setzen – sie wollen auf jeden potenziellen Angreifer möglichst furchtlos wirken.«[33] In einer Studie über die unterschiedlichen Wertvorstellungen in den USA und Kanada hat der Meinungsforscher Michael Adams darauf hingewiesen, dass in Kanada etwa doppelt so viele Kleinbusse wie SUVs verkauft werden. In den USA ist dieses Verhältnis genau umgekehrt – und das kann auch nicht überraschen, da in Kanada mehr Gleichheit herrscht als in den USA.[34] Der Verkaufserfolg der SUVs war nicht das einzige Anzeichen dafür, dass sich die US-Amerikaner zunehmend unsicher fühlten und einander misstrauten; auch die Zahl der »gated communities«,[35] der abgeriegelten und bewachten Wohnanlagen, nahm ebenso zu wie der Absatz von Sicherheitssystemen für Eigenheime.[32] In den letzten Jahren war der Verkauf von SUVs wegen der stark gestiegenen Benzinpreise wieder rückläufig, aber an der Vorliebe für das starke Image hat sich nichts geändert: Es werden heute kleinere, aber robust aussehende Wagen immer beliebter.

Die soziale Stellung der Frau

Gesellschaften mit hoher Ungleichheit scheinen in vieler Hinsicht männlich determiniert, jedenfalls mit Blick auf die klassischen Stereotype. Wir fanden bei unserer Überprüfung solcher Befunde heraus, dass sich Ungleichheit nicht nur auf die zwischenmenschlichen Beziehungen und das gegenseitige Vertrauen auswirkt, sondern auch auf den sozialen Status der Frau.

Unter Verwendung der vom amerikanischen Institute for Women's Policy Research erstellten Kriterien zur Messung des sozialen Status der Frau konnte eine Forschergruppe an der Harvard University für die US-Bundesstaaten nachweisen, dass dieser Status mit dem Grad der Einkommensungleichverteilung korreliert.[36] Drei der Untersuchungskriterien waren: Politisches Engagement, Beschäftigungs- und Einkommensniveau sowie die soziale und wirtschaftliche Selbständigkeit von Frauen. Kombiniert man in einem Bundesstaat die drei Kenngrößen und bezieht sie auf den Grad der Einkommensungleichverteilung, dann zeigt sich, dass die Frauen in den Bundesstaaten mit höherer Ungleichheit sozial schlechter gestellt sind. Ein solcher Zusammenhang ist erkennbar, wenn auch nicht sehr ausgeprägt, wie Abbildung 4.4 zeigt. Dass die Erhebungsdaten um die gemittelte Linie relativ stark streuen, weist auf Einflüsse weiterer Faktoren hin, aber die Tendenz aufgrund der Ungleichheit ist kein Zufallsergebnis: In den US-Staaten mit größerer Ungleichheit gehen weniger Frauen zur Wahl; es werden weniger Frauen in politische Ämter gewählt, die Frauen verdienen weniger und machen weniger häufig den Abschluss am College.

Wie Abbildung 4.5 zeigt, findet sich im internationalen Vergleich der gleiche Trend. Fasst man den Anteil von Frauen im Parlament, die Einkommenslücke zwischen Männern und Frauen und den Anteil von Frauen unter den Absolventen weiterführender Schulen zu einem Index des sozialen Status zusammen, dann schneiden hier die Länder mit vergleichsweise geringer Ungleichheit eindeutig besser ab.

Auffällig sind die Ergebnisse für Japan, denn nach den Werten des Landes auf der Skala der Gleichheit müssten die Werte für den Status der Frau eigentlich viel besser sein. Ein ähnliches Bild ergibt sich für

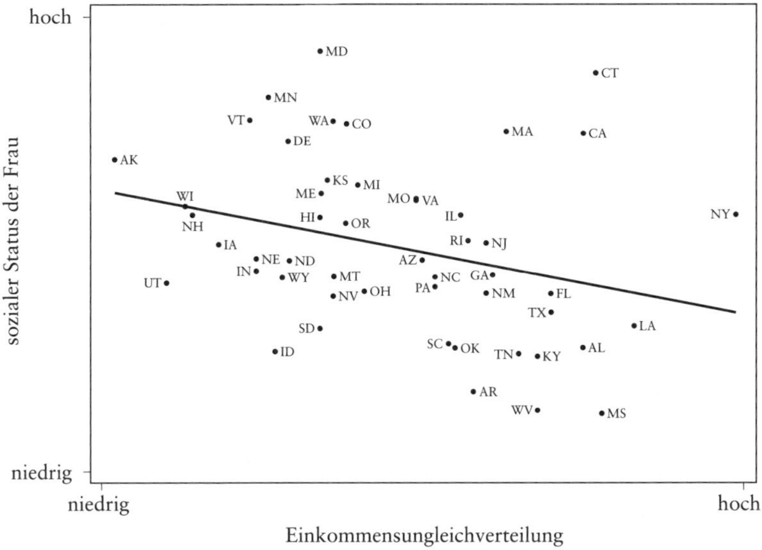

Abb. 4.4 *Einkommensungleichverteilung und Status der Frauen in den US-Bundesstaaten.*

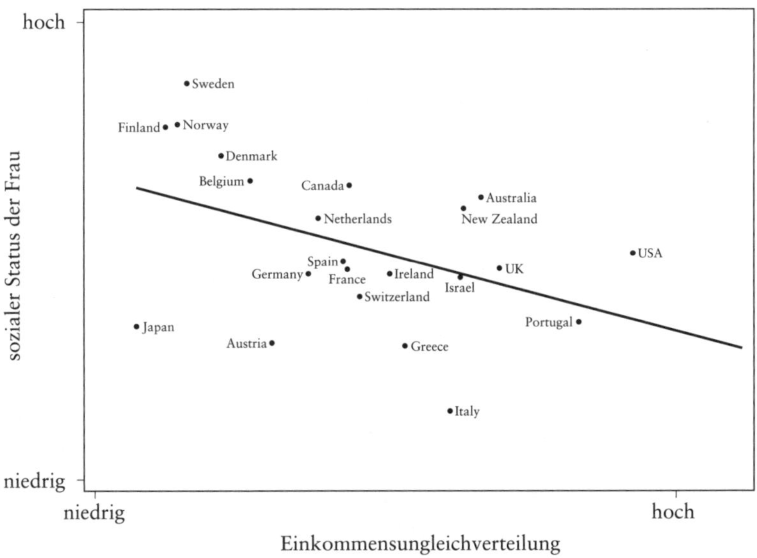

Abb. 4.5 *Status der Frau und Ungleichheit in den reichen Ländern.*

Italien, was den sozialen Status der Frau anbelangt, während Schweden unter den Ländern mit sehr hoher Gleichheit überdurchschnittlich gut abschneidet. Entsprechend dem Vergleich der US-Bundesstaaten deutet die Streuung der Daten um die gemittelte Linie auf den Einfluss weiterer Faktoren. In Japan wie in Italien haben Frauen traditionell weniger Rechte als Männer, während in Schweden seit langem für die rechtliche und gesellschaftliche Gleichstellung der Frau gekämpft wurde. In jedem Fall aber sind zufällige Korrelationen zwischen Ungleichheit und Frauenrechten auszuschließen: Es zeichnet sich klar ab, dass die Länder mit mehr Gleichheit auch eine bessere soziale Stellung der Frau aufweisen.

Epidemiologische Studien belegen auch, dass in den US-Bundesstaaten mit einem höheren sozialen Status der Frauen die Sterbeziffer für Männer wie für Frauen geringer ist[36] und dass in diesen Ländern alle Frauen, ob aus wohlhabenden oder armen Schichten, den Frauenrechten besondere Bedeutung beimessen.[37]

Vertrauen über die Grenzen hinweg

Menschen, die anderen trauen, sind eher bereit, für wohltätige Zwecke zu spenden, und entsprechend zeigen sich auch Länder mit höherer Gleichheit freigiebiger gegenüber ärmeren Ländern. Die Vereinten Nationen fordern, dass jedes Land 0,7 Prozent des nationalen Bruttoeinkommens für Entwicklungshilfe aufbringt. Nur Norwegen, Schweden, Dänemark und die Niederlande werden dieser Vorgabe gerecht, sie übertreffen sie sogar. Abbildung 4.6, die auf Angaben der OECD basiert,[38] macht im Übrigen deutlich, dass Länder mit höherer Ungleichheit einen deutlich geringeren Prozentsatz des Nationaleinkommens für die Entwicklungshilfe ausgeben. Japan und Großbritannien erscheinen hier als interessante statistische Ausreißer: Japan hatte sich ja nach dem Zweiten Weltkrieg aus der internationalen Politik zurückgezogen und Großbritannien war aufgrund alter Bindungen zu seinen früheren Kolonien bereit, etwas mehr für die Entwicklungshilfe zu tun.

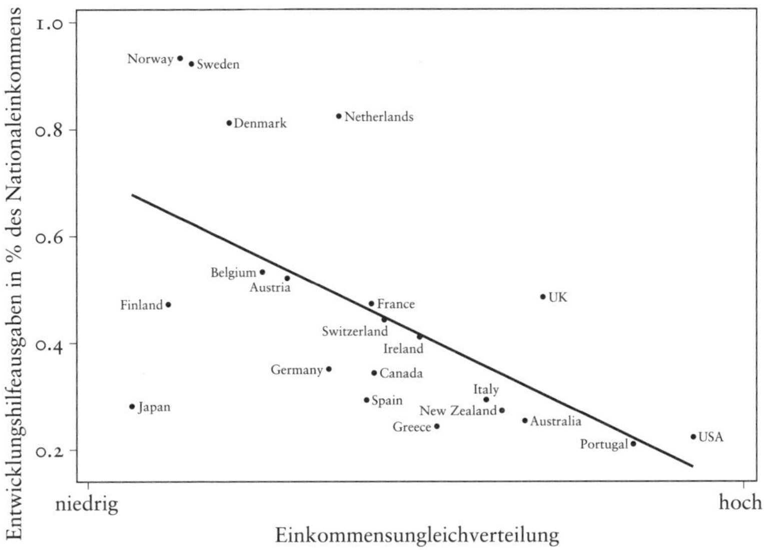

Abb. 4.6 *Ungleichheit und Ausgaben für Entwicklungshilfe in den reichen Ländern.*

Erste Erkenntnisse

In diesem Kapitel haben wir dargelegt, dass eine Korrelation zwischen sozialem Vertrauensniveau und Einkommensungleichverteilung besteht; aber eine Korrelation behauptet natürlich nicht einen direkten Wirkungszusammenhang. Gleichwohl glauben wir, die Annahme begründen zu können, dass Gleichheit die Vorbedingung für Vertrauen ist, wobei auch von einer Rückkopplung zwischen den beiden Phänomenen auszugehen ist. Einen Hinweis sehen wir in der Deutlichkeit der Korrelation, die im Gefälle der gemittelten Linien in den Abbildungen 4.1 und 4.2 zum Ausdruck kommt: Ganz anders als in Portugal sind die Bürger in Schweden viel eher bereit, ihren Mitmenschen zu vertrauen. Sollte es andere Erklärungen für dieses Ergebnis geben, dann müssten diese eine mindestens ebenso deutliche Korrelation zeigen. Nach unseren statistischen Verfahren kommen weder Armut noch der Lebensstandard als Erklärung für diese Resultate in Frage. Andererseits aber können wir auf die offenbar stabilen Bezüge zwischen den Daten aus den US-Bundesstaaten und den entwickelten Staaten verweisen. Wie schon erwähnt, ergab das statistische Modell, das Uslaner und Rothstein zur Bestimmung des Bezugs von Ungleichheit und Vertrauen anwandten, folgendes Ergebnis: Ungleichheit hat Einfluss auf das Vertrauen, nicht umgekehrt. In unserer Annahme bestätigt fühlen wir uns auch durch die signifikanten Korrelationen zwischen Ungleichheit und sozialem Status der Frau sowie zwischen Ungleichheit und Entwicklungshilfe. Offensichtlich führt Ungleichheit zur Distanznahme zwischen den sozialen Gruppen: Die Menschen sind weniger geneigt, andere als »ihresgleichen« anzuerkennen.

Zusammenfassend lässt sich behaupten: Vertrauen können wir als einen entscheidenden Schritt auf dem Weg sehen, der über mehr materielle Gleichheit zu mehr Zusammenhalt und zu einer kooperativen Gemeinschaft führen könnte, die allen Gesellschaftsmitgliedern Vorteile bringt.

5.

Seelische Gesundheit und Drogenkonsum

Es ist kein Zeichen geistiger Gesundheit, gut angepasst an eine zutiefst kranke Gesellschaft zu sein.

Jiddu Krishnamurti

Psychische Erkrankungen in Großbritannien und den USA

Mit Schlagzeilen wie »Die verstörte Generation« (in der britischen *Daily Mail*) kommt das Thema der psychischen Verfassung von Kindern inzwischen schon auf die Titelseiten. Nach Schätzungen leiden allein in Großbritannien etwa eine Million Kinder – also jedes zehnte Kind zwischen 5 und 16 Jahren – an psychischen Störungen.[39] In einer Hauptschule mit 1000 Schülern gibt es durchschnittlich 50 Schüler mit schweren Depressionen, 100 Schüler, die unglücklich sind, 10 bis 20, die an einer Zwangsneurose leiden, und 5 bis 10 Mädchen mit Essstörungen.[40] Zu ähnlichen Befunden kommt auch der Report 2008 der Good Childhood Inquiry, einer unabhängigen Untersuchungskommission im Auftrag der Children's Society.[41] Aus ihrer Erhebung, die Tausende von Kindern erfasste, ergibt sich, dass die Zahl der Kinder mit psychischen Problemen zunimmt: Mehr als ein Viertel fühlt sich häufig niedergeschlagen, zumeist wegen familiärer Zerwürfnisse und wegen des Konkurrenzdrucks unter Gleichaltrigen.

In den USA wurde bei sechs Prozent der Kinder das ADHS-Syndrom (Aufmerksamkeitsdefizit/Hyperaktivität) festgestellt, eine Verhaltensstörung, die durch Impulsivität, Unruhe und Ablenkbarkeit gekennzeichnet ist.[42] Eine andere nationale Studie zeigte, dass fast 10 Prozent der Kinder zwischen 3 und 17 Jahren mittlere bis ernste

» Wir sind hier alle auf der gleichen Wellenlänge – jeder hat sein Antidepressivum genommen. «

Probleme damit hatten, »ihre Gefühle zu beherrschen, sich zu konzentrieren, sich angemessen zu verhalten oder mit anderen Menschen zurechtzukommen«.[43]

Und wie steht es um die Erwachsenen? Eine im Jahr 2000 in Großbritannien durchgeführte landesweite Erhebung ergab, dass 23 Prozent der Erwachsenen an Neurosen oder Psychosen litten oder alkohol- bzw. drogenabhängig waren. Etwa 4 Prozent hatten gleich mehrere dieser Probleme.[44] Im Jahr 2005 stellten die Ärzte in England 29 Millionen Rezepte für Antidepressiva aus, die das staatliche Gesundheitswesen mehr als 400 Millionen Pfund kosteten.[45] In den USA litt im Jahr 2008 jeder vierte Erwachsene an psychischen Störungen, ein Viertel davon hatte ernsthafte Erkrankungen. Mehr als die Hälfte der US-Amerikaner werden im Verlauf ihres Lebens psychisch krank.[46] Allein im Jahr 2003 wurden 100 Milliarden Dollar für die Behandlung dieser Patienten aufgewendet.[47]

Psychisches Wohlbefinden

Bevor wir uns dem Vergleich psychischer Erkrankungen in anderen Ländern zuwenden, sollte kurz geklärt werden, was man unter seelischer Gesundheit zu verstehen hat. Die britische National Association for Mental Health (MIND) gibt eine Broschüre mit dem Titel »Wie Sie Ihr psychisches Wohlbefinden steigern« heraus, in der gleich zu Anfang klargestellt wird:

> »Psychische Gesundheit ist nicht etwas, das man hat, sondern etwas, für das man sorgt. Um seelisch gesund zu bleiben, muss man sich selbst respektieren und akzeptieren.«[48]

Psychisch gesunde Menschen sind also in der Lage, gut für sich zu sorgen, sich selbst wertzuschätzen und auch realistisch einzuschätzen. Menschen mit geringer Selbstachtung fürchten die Zurückweisung durch andere, sie halten sich auf Distanz und geraten so immer tiefer in die Isolation.

Was in diesem Zusammenhang noch erwähnt werden sollte: Bei psychisch kranken Menschen lassen sich manchmal Veränderungen in der Ausschüttung biochemischer Stoffe im Gehirn nachweisen. Bislang ist jedoch ungeklärt, ob diese Veränderungen die Ursache für

Depressionen sind, oder ob nicht umgekehrt eine Depression solche Veränderung erst hervorruft. Auch lässt sich der enorme Anstieg psychischer Erkrankungen in den vergangenen Jahrzehnten durch mögliche genetische Faktoren nicht erklären, denn so rasch verändern sich Gene nicht.

Ein Vergleich von Äpfeln und Birnen?

Darf man das Ausmaß psychischer Erkrankungen in verschiedenen Ländern einfach miteinander vergleichen? Schließlich haben die unterschiedlichen Kulturen in Bezug auf seelische Erkrankungen je eigene Vorstellungen davon, was noch als »normal« toleriert wird und was bereits als »krankhaft« gilt. Und außerdem sind die Menschen in verschiedenen Kulturkreisen auch in unterschiedlicher Weise bereit, über emotionale Probleme, Drogenmissbrauch oder andere stigmatisierende Verhaltensformen zu sprechen und diese sich einzugestehen.

Vergleichbare Daten über die Zahl psychisch kranker Menschen aus verschiedenen Ländern zu bekommen war nie einfach. In den 1980er Jahren wurde die Methode der diagnostischen Befragung entwickelt, und mit diesen Fragebögen konnten auch durch Interviewer, die nicht psychologisch oder psychiatrisch geschult waren, im großen Maßstab relevante Daten zu verschiedenen Formen psychischer Erkrankungen erhoben werden.

1998 richtete die Weltgesundheitsorganisation das WHO World Mental Health Survey Consortium ein. Diese WHO-Abteilung sollte in möglichst vielen Ländern die Zahl psychisch kranker Menschen erfassen sowie die Schwere der Erkrankungen und die hauptsächlichen Behandlungsmethoden. Aber auch damit war das Problem noch nicht gelöst, wie man bei der Interpretation und bei praktischen Maßnahmen die kulturellen Unterschiede gewichten sollte. Immerhin wurden nun überall nach dem gleichen Verfahren dieselben Fragen gestellt. In neun der reichen Industriestaaten, die wir hier betrachten, hat die WHO umfassende Umfragen durchgeführt: in Belgien, Frankreich, Deutschland, Italien, Japan, den Niederlanden, Neuseeland, Spanien und den USA.[49, 50] Ähnliche, wenn auch nicht ganz vergleichbare nationale Umfragen geben ungefähr Auskunft

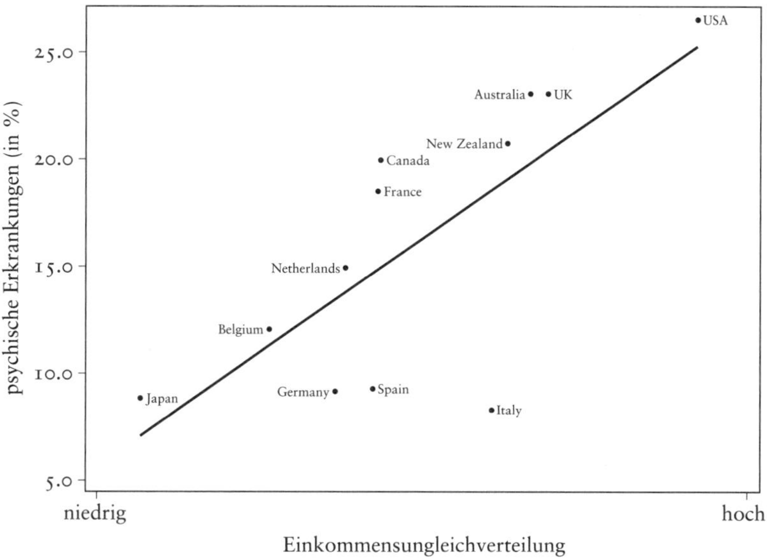

Abb. 5.1 *In den Ländern mit höherer Ungleichheit sind mehr Menschen psychisch krank.*

über den Anteil psychisch Kranker unter der erwachsenen Bevölkerung in drei weiteren Ländern: Australien,[51] Kanada[52] und Großbritannien.[44]

Einkommensunterschiede und psychische Erkrankungen

Abbildung 5.1 veranschaulicht unsere Auswertung dieser Umfragen. Sie zeigt für die reichen Länder den Zusammenhang zwischen der Einkommensungleichverteilung und dem prozentualen Anteil Erwachsener, die in den zwölf Monaten vor der Befragung psychisch krank waren. Die Relation ist deutlich: In Ländern mit größerer Ungleichheit leidet ein viel höherer Anteil der Bevölkerung an psychischen Erkrankungen. Zufallsergebnisse kann man ausschließen, denn die Relation ist bei diesen Ländern fast identisch, nur in Italien ist der Prozentsatz psychisch Kranker niedriger, als es das Niveau der Einkommensungleichverteilung erwarten lässt.

Ähnlich wie beim Vergleich der Vertrauensniveaus (Kap. 4) zeigen sich auch hier erhebliche Unterschiede zwischen den einzelnen Ländern. Der Anteil psychisch Kranker reicht von 8 Prozent (Japan) bis 26 Prozent (USA). Während im Jahr 2008 in Deutschland, Italien, Japan und Spanien weniger als einer von zehn Menschen psychisch krank war (1 : 10), liegt diese Quote in Australien, Kanada, Neuseeland und Großbritannien schon bei mehr als 1 : 5, und in den USA, wie erwähnt, bei mehr als 1 : 4. Das unterschiedliche Maß an Ungleichheit spiegelt sich in den unterschiedlichen Quoten wider. Der Anteil psychisch Kranker an der Bevölkerung differiert im Vergleich der Länder mit unterschiedlicher Ungleichheit um mehr als das Dreifache.

In den neun Ländern, aus denen Befragungsergebnisse der WHO vorliegen, lässt sich das Ergebnis nach verschiedenen psychischen Erkrankungen differenzieren, vor allem mit Blick auf Angstzustände, Stimmungsstörungen, Impulskontrollstörungen, Suchtverhalten und einige schwere psychische Erkrankungen. Während bei Angstzuständen, Störungen der Impulskontrolle und schweren Erkrankungen ein deutlicher Zusammenhang mit der sozialen Ungleichheit erkennbar ist, gilt dies nicht für Stimmungsstörungen. In Kapitel 3 wurde bereits gezeigt, dass in den entwickelten Ländern in den vergangenen Jahrzehnten die Angst stark zugenommen hat. Angstzustände sind heute die insgesamt häufigste Form psychischer Störungen in den reichen Industrienationen, und im Einzelnen betrachtet zeigen sich für diese Gruppe von Erkrankungen in den Ländern mit höherer Ungleichheit auch deutlich höhere Werte. Über psychische Erkrankungen bei Kindern und Jugendlichen liegen leider keine international vergleichbaren Daten vor.

Bei der Betrachtung der 50 US-Bundesstaaten machten wir eine erstaunliche Entdeckung: Unter all den gesundheitlichen und sozialen Problemen, die wir in diesem Buch thematisieren, zeigte sich nur bei den psychischen Erkrankungen von männlichen Erwachsenen keine Abhängigkeit zur Einkommensungleichverteilung. Unsere beiden Quellen für empirische Daten über die psychischen Erkrankungen in den einzelnen US-Bundesstaaten sind die US Behavioral Risk Factor Surveillance Study und der National Survey on Drug Use and Health; aus beiden ergab sich kein signifikanter Zusammenhang zwischen Einkommensungleichheit und psychischen Erkrankungen von Männern.

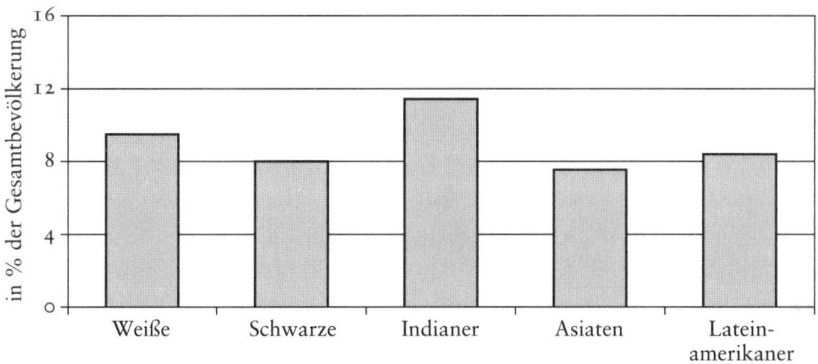

Abb. 5.2 *Erwachsene Bürger in den USA mit häufigen psychischen Problemen, 1993–2001.*[53]

Bei weiblichen Erwachsenen dagegen zeigt sich ein solcher Zusammenhang, zwar nicht sehr ausgeprägt, aber deutlich genug, um Zufallsergebnisse auszuschließen. Und Ähnliches gilt für die psychischen Erkrankungen bei Kindern. Der National Survey of Children's Health (NSCH) veröffentlicht Hochrechnungen, wie viele Kinder pro Bundesstaat »an mittleren bis schweren Störungen in den Bereichen Emotionen, Konzentrationsfähigkeit, Verhalten oder Umgang mit anderen« leiden.[43] Obwohl auch hier die Korrelation mit der Ungleichheit im jeweiligen Staat nicht sehr hoch ist, kann man doch erkennen, dass wie bei den Frauen ein Zusammenhang zwischen Einkommensungleichheit und psychischer Gesundheit besteht.

Für die Gruppe der männlichen Erwachsenen bleibt die Tatsache, dass sich zwischen den verfügbaren Daten zur psychischen Gesundheit und der Ungleichheit kein Zusammenhang erkennen lässt. Dafür gibt es allerdings plausible Erklärungen: Bei allen Problemen, die mit der Ungleichheit zusammenhängen, zeigt sich in der Regel eine zunehmende Häufigkeit in den unteren Gesellschaftsschichten.[8] Allein in den USA lässt sich ein derart eindeutiges soziales Gefälle im Bereich der psychischen Probleme offenbar nicht nachweisen. Das könnte an den Methoden der Datenerhebung liegen, auch daran, dass Männer, anders als Frauen, nicht so schnell bereit sind, psychische Erkrankungen einzugestehen, oder an der erwähnten Widerstandsfähigkeit bestimmter ethnischer Minoritäten gegen psychische Erkrankungen (vgl. Abb. 5.2), oder einfach daran, dass die Folgen zunehmender

Ungleichheit noch nicht in die Statistik eingegangen sind. In jedem Fall bleibt es im internationalen Vergleich bei dem Befund, dass das Niveau psychischer Erkrankungen in den USA genau die Werte aufweist, die dem Grad an Ungleichheit in den USA entsprechen.

Aufstieg um jeden Preis

Warum bekommen Menschen zunehmend psychische Probleme, wenn sich die Ungleichheit verschärft? Der Journalist und Psychologe Oliver James vergleicht das Phänomen mit einer Infektionskrankheit: In den reichen Gesellschaften findet sich häufig eine »Konstellation von Wertvorstellungen, die uns anfälliger für emotionale Störungen macht«; ausgelöst durch materiellen Überfluss breitet sich der »Affluenza-Virus« aus.[54] Typisch für dieses Krankheitsbild ist der starke Wunsch, materiellen Besitz anzuhäufen, vor anderen zu protzen, berühmt zu werden. Wer solche Wertvorstellungen hat, setzt sich einem besonders hohen Risiko aus, in Depressionen und Angstzustände zu verfallen, Persönlichkeitsstörungen zu entwickeln oder drogenabhängig zu werden (vgl. Kap. 3, wo von der Rolle der Werte bereits die Rede war). Der Philosoph Alain de Botton beschreibt in einer seiner jüngeren Publikationen zu diesem Thema die »Statusangst« als eine »quälende Sorge, die lange Phasen in unserem Leben verdüstern kann«. Sobald wir unsere Position in der sozialen Hierarchie nicht mehr halten können, sind wir dazu »verdammt, die Erfolgreichen mit Missgunst zu betrachten und uns für uns selbst zu schämen«.[55]

Auch der Wirtschaftswissenschaftler Robert Frank hat dieses Phänomen beschrieben, er nennt es das »Luxusfieber«.[56] Zunehmende Ungleichheit bedeutet auch, dass die Superreichen an der Spitze der gesellschaftlichen Pyramide immer mehr Geld für Luxusgüter ausgeben. Und der Wunsch, solche Dinge zu besitzen, ergreift dann zunehmend auch die unteren Einkommensschichten. Jeder will mithalten, um keinen Preis will man den Anschluss an die besseren Kreise verlieren. Natürlich arbeitet die Werbung mit solchen Motiven, sie manipuliert die Konsumenten, sich mit denen zu messen, die sich das alles leisten können. Die Werbung redet den Menschen ein, sie hätten nicht genug oder nicht das Richtige. Der Ökonom Richard Layard spricht von der »Einkommenssucht«: Je mehr die Menschen verdienen, desto mehr wollen sie haben und desto mehr Zeit kostet es sie, ihren materiellen Reichtum zu vermehren. Entsprechend weniger oder gar keine Zeit haben sie dann für Familie, Freunde, Bekannte und alles, was wirkliche Lebensqualität ausmacht.[3]

Angesichts der großen Bedeutung, die soziale Beziehungen für die seelische Gesundheit haben, kann es also nicht überraschen, dass Gesellschaften mit niedrigem Vertrauensniveau und schwach ausgeprägtem Gemeinschaftsleben auch schlechtere Werte im Bereich der psychischen Gesundheit ihrer Bevölkerung aufweisen.

Ungleichheit und Drogenkonsum

Ein niedriger sozialer Status ist für die meisten Menschen eine Demütigung. Dass in Gesellschaften mit großer Ungleichheit auch der Konsum illegaler Drogen, wie Marihuana, Kokain oder Heroin, sehr verbreitet ist, scheint nur logisch.

Das Büro der Vereinten Nationen für Drogen- und Verbrechensbekämpfung (UNODC) publiziert einen jährlichen *Welt-Drogen-Re-*

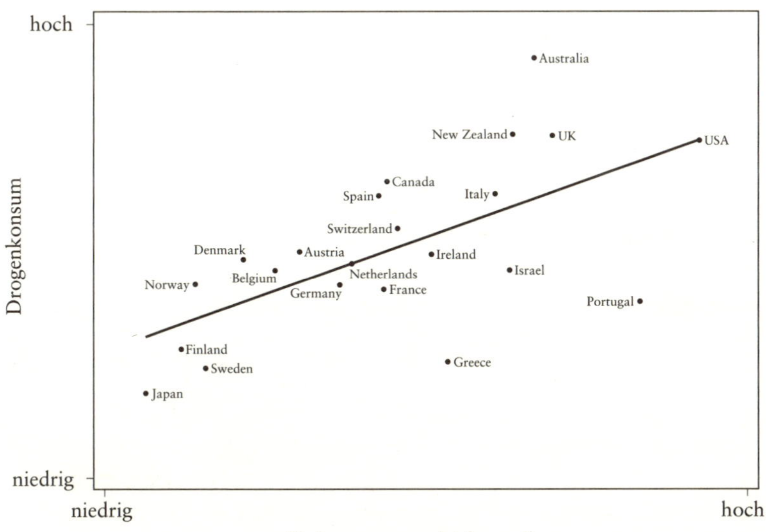

Abb. 5.3 *In Ländern mit mehr Ungleichheit ist der Konsum illegaler Drogen entsprechend stärker verbreitet.*

port,[57] in dem der Gebrauch von Opiaten (wie Heroin), Kokain, Cannabis, Ecstasy und Amphetaminen im Einzelnen dargestellt wird. Auf diese Daten stützen sich unsere Ergebnisse in Abbildung 5.3. Sie zeigen eine klare Tendenz zu höherem Drogenkonsum in Ländern mit größerer Ungleichheit.

Auch im Vergleichsrahmen (den USA) wird deutlich, dass Drogenabhängigkeit und die Zahl der Drogentoten in den Bundesstaaten mit mehr Ungleichheit signifikant höher sind.[58]

Affentheater

Wie wichtig der soziale Status für das psychische Wohlergehen des Menschen ist, lässt sich auch an biochemischen Prozessen im Gehirn ablesen. Botenstoffe wie Serotonin und Dopamin beeinflussen unsere Stimmung; eine Unterversorgung mit diesen Neurotransmittern gilt als Auslöser von Depressionen und anderen psychischen Erkrankungen. Bei Tierversuchen hat sich gezeigt, dass ein geringer sozialer Status die Ausschüttung und Aufnahme bestimmter Botenstoffe im Gehirn verändert – allerdings dürfen diese Resultate nicht einfach auf den Menschen übertragen werden.

Forscher der Wake Forest School of Medicine in North Carolina dachten sich dazu ein besonderes Experiment aus:[59] Sie setzten 20 Makaken für eine bestimmte Zeit in Einzelkäfige, dann schlossen sie die Affen in Vierergruppen zusammen und beobachteten ihr Sozialverhalten, um festzustellen, welche der Tiere sich dominant verhielten und welche sich unterwarfen. Das Gehirn der Affen wurde vor der Aufteilung in Gruppen untersucht und danach. Im nächsten Schritt des Experiments wurde den Tieren beigebracht, dass sie nur einen Knopf drücken mussten, um sich Kokain zu verschaffen – in beliebig hoher Dosis.

Die Ergebnisse waren erstaunlich: Während bei den dominanten Affen eine höhere Dopamin-Ausschüttung festgestellt wurde, blieb die biochemische Gehirnaktivität bei den unterwürfigen Tieren im Vergleich zu ihrer Einzelhaltung unverändert. Die dominanten Affen holten sich auch viel weniger Kokain als die unterlegenen Artgenossen. Die »Verlierer« brauchten offenbar die Droge, um ihren Statusverlust zu ertragen. Man kann darin einen weiteren Beleg für unseren

Befund sehen, dass psychische Krankheiten durch soziale Ungleichheit verursacht werden.

Zu Beginn dieses Kapitels haben wir auf die enorme Zahl von ärztlichen Verschreibungen stimmungsaufhellender Medikamente in Großbritannien und den USA hingewiesen. Aber erst wenn man die Zahlen für die Selbstmedikation mit illegalen Drogen hinzurechnet, zeigt sich das ganze Ausmaß an seelischen Leiden, die ihre Ursache in der Ungleichheit haben.

*»Ich soll ein Magengeschwür haben?
Ich doch nicht, ich sorge dafür, dass andere so was kriegen!«*

6.

Gesundheit und Lebenserwartung

Eine kranke Seele bringt einen rascher um als ein Bazillus.
John Steinbeck, Meine Reise mit Charley[398]

Materielle und psychosoziale Einflüsse auf die Gesundheit

Der zunehmende Reichtum und die Veränderung unserer Lebensumstände haben neue Krankheiten hervorgebracht. Gesund oder krank sind wir heute aus anderen Gründen als früher. In der Geschichte des Gesundheitswesens tauchten immer wieder neue Erklärungen für die Ursachen von Krankheiten auf.[60, 61] Die Gesundheitsreformer des 19. Jahrhunderts stellten erstmals Statistiken auf, die das Elend in den städtischen Armenvierteln belegten. Dort waren die Menschen bei schlechter Gesundheit und sie starben früh. Um dem abzuhelfen, setzte die Gesundheitsbewegung eine Reihe bedeutender Reformen um: Kanalisation, Müllabfuhr, öffentliche Bäder, bessere Wohnbedingungen, Sicherheitsbestimmungen am Arbeitsplatz und Lebensmittelkontrolle trugen zur deutlichen Verbesserung der Volksgesundheit bei. Mit dem höheren Lebensstandard stieg die Lebenserwartung.

Wie bereits in Kapitel 1 dargestellt, löste der Rückgang der Infektionskrankheiten, die die Hauptursache für die kurze Lebenserwartung waren, in den Industrieländern eine große Veränderung aus, den so genannten »epidemiologischen Übergang«. Häufigste Ursache für Krankheit und Tod waren nun nicht mehr Infektionskrankheiten, sondern chronische Erkrankungen wie Krebs oder Herzkrankheiten. Im 20. Jahrhundert glaubte man, die Volksgesundheit vor allem durch Maßnahmen verbessern zu können, die auf bestimmte Lebensgewohnheiten und Risikofaktoren abgestellt waren: Es ging um das

Rauchen, die fettreiche Ernährung, den Alkohol und den Mangel an körperlicher Bewegung.

Gegen Ende dieses Jahrhunderts machte die Forschung allerdings einige überraschende Entdeckungen. Man ging lange Zeit davon aus, dass Stress eine wesentliche Ursache chronischer Erkrankungen sei, vor allem Herzbeschwerden galten als die typische Managerkrankheit, verursacht durch Stress, dem die Führungskräfte in der Geschäftswelt ausgesetzt waren. Das änderte sich durch die Whitehall-I-Studie, eine 1967 begonnene Langzeituntersuchung, die sich den Gründen für Herzkrankheiten und anderen chronischen Erkrankungen bei männlichen Beamten widmete. Entgegen den Erwartungen wurde eine deutliche Korrelation zwischen Sterbeziffern und Position in der Beamtenhierarchie festgestellt, die das Gegenteil aussagte: Bei den männlichen Beamten der unteren Ebene (Boten, Portiers etc.) betrug die Sterbeziffer das Dreifache der Sterbeziffer für leitende Beamte.[62, 63]

Andere Untersuchungen im Rahmen von Whitehall I und die nachfolgende Studie Whitehall II, die auch Beamtinnen einschloss, machten deutlich, dass ein geringer Status in der Beamtenhierarchie nicht nur das Risiko von Herzerkrankungen erhöhte, sondern auch die Anfälligkeit für andere Krankheiten, für bestimmte Formen von Krebs, Lungen- und Magen-Darm-Erkrankungen, für Rückenleiden und Depressionen (bis zum Suizid); hinzu kamen Phänomene wie häufige Krankmeldungen oder das Gefühl, krank zu sein.[64–66] Damit stellte sich die Frage, ob allein der niedrige Status gesundheitliche Probleme bewirkte, oder ob vielleicht auch die unterschiedliche Lebensweise der Beamten auf den verschiedenen Stufen der Diensthierarchie eine Rolle spielte.

Bei den Befragten im unteren Dienst zeigte sich in der Tat eine Tendenz zu Fettleibigkeit und hohem Blutdruck, es fehlte den Beamten an körperlicher Bewegung, und der Anteil der Raucher war höher. Aber diese Risikofaktoren konnten nur etwa zu einem Drittel für die erhöhte Anfälligkeit für tödliche Herzerkrankungen verantwortlich gemacht werden.[67] Faktoren wie extreme Armut oder Arbeitslosigkeit kamen nicht in Frage, denn alle Befragten hatten einen Arbeitsplatz. Aus den langfristigen Whitehall-Studien ergaben sich als entscheidende Einflussgrößen der Stress am Arbeitsplatz und das Gefühl der Menschen, fremdbestimmt zu arbeiten. Inzwischen ist in zahlreichen Studien – in verschiedenen Ländern und mit Blick auf die meisten Formen von Erkrankungen – nachgewiesen worden, dass geringer sozialer Status zu schlechterer Gesundheit führt, und dies gilt nicht nur für die Menschen am unteren Ende der sozialen Hierarchie. Die Whitehall-Studien haben dies zum ersten Mal deutlich gemacht, aber sie haben noch etwas anderes gezeigt: In Gesundheitsfragen besteht ein soziales Gefälle, das auf jeder sozialen Stufe deutlich wird, von ganz unten bis ganz oben. Wo immer wir in der Hierarchie stehen: Die über uns sind gesünder, die unter uns sind kränker.[68] Aus diesem Gefälle erklärt sich, warum leitende Verwaltungsbeamte länger leben als ihre Kollegen im gehobenen oder unteren Dienst.

Nicht nur das Bewusstsein, selbstbestimmt zu leben, beeinflusst unsere körperliche Gesundheit, sondern auch die Frage, ob wir uns glücklich fühlen, ob wir optimistisch oder pessimistisch sind, oder ob wir uns anderen Menschen gegenüber vielleicht feindlich oder aggressiv verhalten. Unser psychisches Wohlbefinden wirkt sich unmittelbar auf die Gesundheit aus, und ein geringer sozialer Status trägt natürlich kaum dazu bei, sich glücklich, optimistisch und selbstbestimmt zu fühlen.

Sozialer Status und psychisches Wohlbefinden sind noch nicht alle Faktoren, die unsere Gesundheit beeinflussen. Die Beziehungen zu anderen Menschen spielen ebenfalls eine Rolle. Das erkannte bereits Emile Durkheim, einer der Begründer der Soziologie: In seinem 1897 erschienenen Werk *Der Selbstmord*[69] zeigte er, dass die Selbstmordraten in verschiedenen Gesellschaften und Bevölkerungsgruppen davon abhingen, wie gut die soziale Integration funktionierte, und auch davon, ob eine Gesellschaft gerade Krisen oder einen raschen Wandel durchmachte. Erst 1970 begannen Epidemiologen mit der systematischen Untersuchung der Zusammenhänge von Gesundheit und sozialer Einbindung. Ihre Arbeit zeigte, dass Menschen umso früher sterben, je weniger Freunde sie haben. Verheiratet zu sein, Freunde zu haben, einer religiösen Gemeinschaft oder anderen Vereinigung anzugehören, sich auf die Unterstützung durch andere verlassen zu können, all das wirkt wie eine Gesundheitsvorsorge.[70, 71]

Auch bei Herz-Kreislauf-Erkrankungen und der Rekonvaleszenz nach Herzanfällen wurde ein Zusammenhang mit dem sozialen Rückhalt dieser Patienten festgestellt. In einem spektakulären Versuch konnten Wissenschaftler sogar nachweisen, dass Menschen mit

Freunden weniger anfällig für Erkältungen sind: Unter den Testpersonen, denen die gleiche Dosis eines Virus verabreicht wurde, zeigten sich die Probanden, die mehr Freunde hatten, entsprechend immuner.[72] Andere Versuche zeigten, dass Wunden von Patienten, die ein gutes Verhältnis zu ihren engsten Mitmenschen haben, schneller heilen.[73]

Heute gelten gesellschaftlicher Status und soziale Integration als wesentliche Faktoren der Volksgesundheit. Und zunehmend kommt die Wissenschaft zu der Erkenntnis, dass auch Stresserfahrungen in frühen Lebensphasen – im Mutterleib, im Säuglingsalter und in der frühen Kindheit – großen Einfluss auf die Gesundheit eines Menschen während seiner gesamten Lebenszeit haben.[74, 75] Stress in jungen Jahren wirkt sich auf das körperliche Wachstum ebenso aus wie auf die Ausbildung emotionaler, kognitiver und sozialer Fähigkeiten und beeinflusst später auch die Gesundheit und den Umgang mit Krankheiten. Der sozioökonomische Status der Familie, in der ein Kind aufwächst, prägt sein Leben als Erwachsener in Hinblick auf Gesundheit und persönliche Entwicklung.[76]

Sozialer Status, soziale Bindungen und Stress in früher Kindheit werden von der Wissenschaft unter dem Oberbegriff »psychosoziale Faktoren« geführt. In den reichen entwickelten Ländern, wo (wie in Kap. 1 gezeigt) der materielle Lebensstandard heute so hoch ist, dass er nicht länger direkten Einfluss auf die Volksgesundheit hat, gewinnen diese psychosozialen Faktoren immer mehr an Bedeutung.

Wo das Leben hart ist, stirbt man früher

Die Evolutionspsychologen Margo Wilson und Martin Daly sind der Frage nachgegangen, ob der Einsatz impulsiverer und riskanterer Strategien sich im Verlauf der Menschheitsentwicklung aus der Anpassung an Bedingungen ergeben hat, die mehr Stress und eine kürzere Lebenserwartung bedeuteten. Nehmen die Bedrohungen zu, dann könnten kühnere Strategien notwendig sein, um kurzfristig Vorteile wie höheren Status und mehr Paarungsmöglichkeiten zu gewinnen. Nur wenn die Bedingungen weniger hart sind und ein längeres Leben in Aussicht steht, würde sich eine langfristige Zukunftsplanung lohnen.[77] Um diese Annahmen zu prüfen, sammelten die

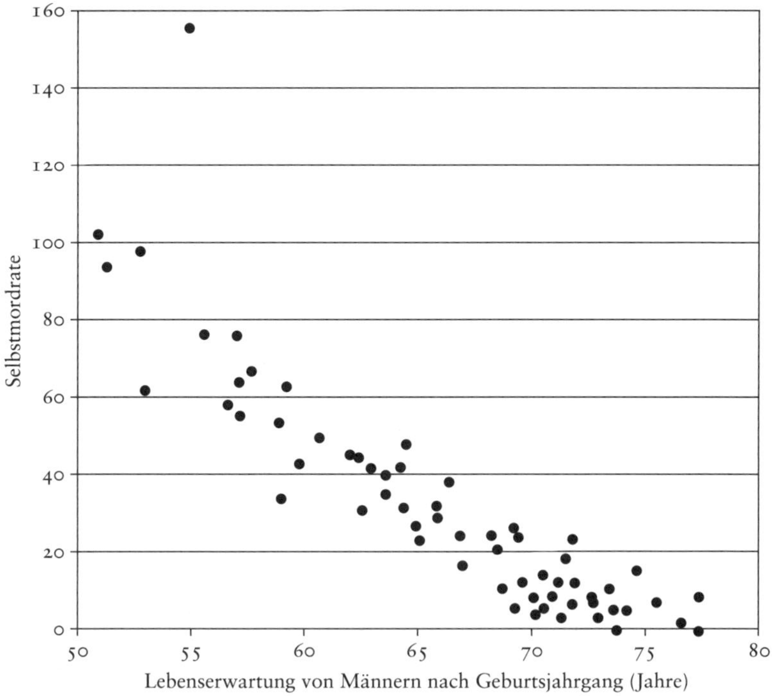

Abb. 6.1 *Korrelation von Selbstmordrate und Lebenserwartung von Männern in 77 Chicagoer Stadtvierteln (die Schätzung der Lebenserwartung schließt alle Todesarten außer Selbstmord ein).*[77]

beiden Wissenschaftler in den 77 Stadtvierteln von Chicago Daten zur Rate der Mordfälle und zur Sterbeziffer (nach Abzug der durch Gewalt umgekommenen Menschen). Im Vergleich der Resultate aus den Vierteln zeigte sich eine bemerkenswerte Ähnlichkeit (vgl. Abb. 6.1): In den Vierteln mit hoher Mordrate starben die Menschen auch sonst früher. Es musste also Faktoren geben, die sowohl die Gewalt förderten als auch der Gesundheit abträglich waren.

In Kapitel 4 haben wir gezeigt, wie unterschiedlich das Vertrauensniveau in verschiedenen entwickelten Ländern und in den US-Bundesstaaten ausfällt; zwischen den Ländern variierten die Werte bis zum Sechsfachen, zwischen den Bundesstaaten bis zum Vierfachen. Es war auch schon die Rede davon, dass diese Vertrauenswerte als Faktoren für die Volksgesundheit gelten. In den vergangenen zehn

Jahren ist das Thema »sozialer Zusammenhalt und Sozialkapital« für die Wissenschaft immer interessanter geworden, mehr als 40 Forschungsarbeiten über den Zusammenhang von Gesundheit und Sozialkapital sind inzwischen erschienen.[78]

In den USA untersuchte ein Team um den Epidemiologen Ichiro Kawachi an der Harvard School of Public Health die Sterbeziffern aus den 39 Bundesstaaten, in denen Ende der 1980er Jahre allgemeine Sozialerhebungen durchgeführt wurden.[79] Diesem Material konnten sie auch entnehmen, wie viele Menschen in einem Bundesstaat freiwilligen Vereinigungen angehörten (etwa Kirchen oder Gewerkschaften), und diese Mitgliedschaftsdaten erwiesen sich als starker Prädiktor für alle Arten von Todesfällen, insbesondere für Tod durch koronare Herzkrankheiten und Krebs sowie die Säuglingssterblichkeit. Je höher der Prozentsatz von Mitgliedschaft in Vereinigungen, desto geringer die Sterbeziffer.

Der Politologe Robert Putnam untersuchte die Bedeutung des Sozialkapitals im Verhältnis zu einem Index von Gesundheitszustand und Gesundheitswesen in den US-Bundesstaaten.[25] In seine Untersuchung fanden auch Daten über den Prozentsatz von untergewichtigen Säuglingen Eingang, von Müttern, die vorgeburtliche Betreuung in Anspruch nahmen, ebenso Sterbeziffern aus verschiedenen Bereichen, die Ausgaben für das Gesundheitswesen, der Anteil von Menschen mit Aids oder Krebserkrankungen, Impfungen, sogar Daten über den Gebrauch von Sicherheitsgurten im Auto und die Zahl der Krankenhausbetten. In dieser Aufstellung von Gesundheitsdaten bezüglich des Sozialkapitals schnitten Minnesota und Vermont auf der Gesundheitsskala besonders gut ab, beide Staaten wiesen auch gute Werte auf der Skala des Sozialkapitals auf. Louisiana und Nevada dagegen schnitten in beiden Belangen schlecht ab. Aus all diesen Befunden ergibt sich, dass die Gesundheit des Menschen nicht nur von seinem sozialen Status abhängt, sondern auch von seiner sozialen Vernetzung.

Gesundheit und Wohlstand

Nehmen wir als Beispiel die gesundheitlichen Chancen zweier Babys, die in unterschiedlichen Gesellschaften geboren werden. Baby A wird in den USA geboren, in einer der reichsten Gesellschaften, in der mehr als die Hälfte der Milliardäre der Welt leben. Auf die USA entfallen 40 bis 50 Prozent der weltweiten Ausgaben für Gesundheit, obwohl die US-Amerikaner nur 5 Prozent der Weltbevölkerung ausmachen. Den höchsten Anteil an den Kosten machen Drogenentzugsprogramme und Computertomographie aus. In den USA verdient ein Arzt durchschnittlich das Doppelte seiner Kollegen in anderen Ländern, und die medizinische Versorgung gilt als eine der besten der Welt.

Baby B kommt in Griechenland zur Welt, in einer der ärmeren westlichen Demokratien, wo das Durchschnittseinkommen kaum mehr als die Hälfte dessen beträgt, was die USA aufweisen. Während die USA jährlich etwa 6000 Dollar an Gesundheitskosten pro Kopf aufbringen, kommt Griechenland hier nicht einmal auf 3000 Dollar (die Angaben sind bereits um den Einfluss der unterschiedlichen Kosten im Gesundheitswesen bereinigt). Und pro Kopf gerechnet steht in Griechenland nur ein Sechstel der modernen Tomographen zu Verfügung, wie sie in den USA eingesetzt werden.

Man sollte also denken, dass Baby B wesentlich schlechtere Aussichten auf ein langes und gesundes Leben hat als Baby A.

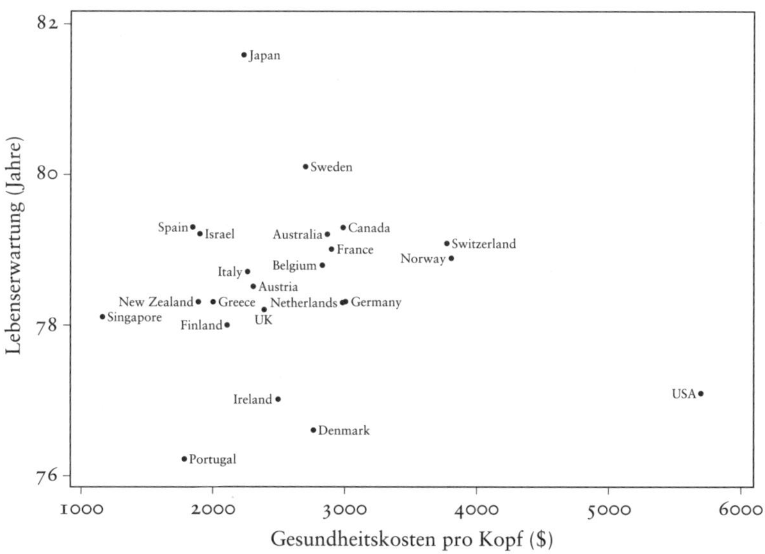

Abb. 6.2 *In den reichen Ländern besteht kein Zusammenhang zwischen Gesundheitsausgaben und Lebenserwartung (die nationalen Währungen sind nach der Kaufkraft angeglichen).*

Tatsächlich liegt aber die Lebenserwartung des in den USA geborenen Babys um 1,2 Jahre unter der des in Griechenland geborenen Kindes. Und auch die Wahrscheinlichkeit, im ersten Jahr nach der Geburt zu sterben, ist bei Baby A um 40 Prozent höher als bei Baby B. Im Vergleich der entwickelten Länder zeigen sich sogar noch deutlichere Unterschiede: So ist die Säuglingssterblichkeit im ersten Lebensjahr in den USA doppelt so hoch wie in Japan, die durchschnittliche Lebenserwartung in den USA liegt drei Jahre niedriger als in Schweden, und zwischen Portugal und Japan beträgt dieser Unterschied sogar mehr als fünf Jahre. Es gibt noch drastischere Vergleichsergebnisse: Colin McCord und Harold Freeman von der Fakultät für Chirurgie an der Columbia University stellten 1990 fest, dass die Chancen, das 65. Lebensjahr zu erreichen, für männliche Schwarze in Harlem schlechter standen als für die männlichen Einwohner von Bangladesch.[80]

Der Vergleich zwischen Baby A und B macht unter anderem deutlich, dass es zwischen den Ausgaben für das Gesundheitswesen bzw. der Verfügbarkeit von moderner Apparatemedizin und der Volksgesundheit keine Korrelation gibt. Wie Abbildung 6.2 zeigt, hängt in den reichen Ländern die Lebenserwartung nicht von der Höhe der Gesundheitsausgaben pro Kopf ab.

Die entscheidende Erkenntnis

Wenn weder das Durchschnittseinkommen noch die Ausgaben für moderne Medizintechnik eine Rolle für die Lebenserwartung in den reichen Ländern spielen, was sind dann die entscheidenden Faktoren? Wir können heute auf eine große Zahl von Studien zu Einkommensungleichheit und Gesundheit zurückgreifen, in denen Vergleiche zwischen Ländern, US-Bundesstaaten und anderen großen Regionen vorgenommen werden, und die meisten dieser Untersuchungen kommen zu dem Ergebnis, dass in den Gesellschaften mit mehr Gleichheit die Menschen gesünder sind.[10] Tatsächlich gab ein Aufsatz über Ungleichheit und Sterbeziffern, den einer der beiden Autoren dieses Buches 1992 im *British Medical Journal* publizierte,[81] einen wichtigen Anstoß für viele nachfolgende Studien zu diesem Thema. In Editorial dieser Zeitschrift, das sich mit der Bestätigung des Zusammenhangs zwischen Einkommensungleichverteilung und Gesundheit durch weitere Studien beschäftigte, schrieben die Herausgeber 1996:

> »Die entscheidende Erkenntnis besteht darin, dass Sterblichkeit und Gesundheit in einer Gesellschaft weniger von ihrem Reichtum insgesamt abhängen, sondern von der Verteilung des Reichtums. Je gleichmäßiger der Reichtum verteilt ist, desto besser die Volksgesundheit.«[82]

Ungleichverteilung führt zu geringerer Lebenserwartung, sie führt auch zu geringerem Geburtsgewicht und höherer Säuglingssterblichkeit. Die Menschen erreichen eine geringere Körpergröße, sie fühlen sich nicht richtig gesund, sie sind anfälliger für Infektionskrankheiten und Depressionen. Die Abbildungen 6.3 bis 6.6 veranschaulichen, in welchem Maß die Lebenserwartung der Erwachsenen bzw. die Säuglingssterblichkeit von der Einkommensungleichverteilung abhängen – einerseits im Vergleich der reichen Länder, andererseits im Vergleich der US-Bundesstaaten.

Durchschnittswerte für die Gesundheit einer Gesellschaft sagen natürlich nichts über die gesundheitlichen Unterschiede innerhalb der Bevölkerung aus, d. h. die internen Unterschiede können durchaus deutlicher ausfallen als die Unterschiede zwischen den Ländern. In Großbritannien sind solche Disparitäten seit mehr als einem Vierteljahrhundert ein gesundheitspolitisches Streitthema, und im jüngsten *National Health Service Plan* heißt es dazu: »Es gibt keine größere Ungerechtigkeit als die Ungleichheiten in der Gesundheit der Bevölkerung, die unserem Land tiefe Verletzungen zufügen.«[83] Ende der 1990er Jahre betrug der Unterschied in der Lebenserwartung zwischen den sozialen Schichten an der Spitze und an der Basis der Einkommenspyramide 7,3 Jahre bei den Männern und 7 Jahre bei den Frauen.[84] Studien aus den USA zeigen hier wesentlich höhere Differenzen: Für 16jährige schwarze und weiße Jugendliche, die jeweils in einer der ärmsten und einer der reichsten Wohngegenden lebten, wurde ein Unterschied in der Lebenserwartung von 28 Jahren errechnet.[85–87] Niemand wird ernsthaft bestreiten wollen, dass es ein Unrecht ist, wenn ein Mensch Jahrzehnte weniger zu leben hat, nur weil er der Arbeiterschicht angehört und keine bessere Ausbildung genossen hat. Hier muss noch einmal daran erinnert werden, dass sich nach den Befunden der Whitehall-Studien solche Differenzen in

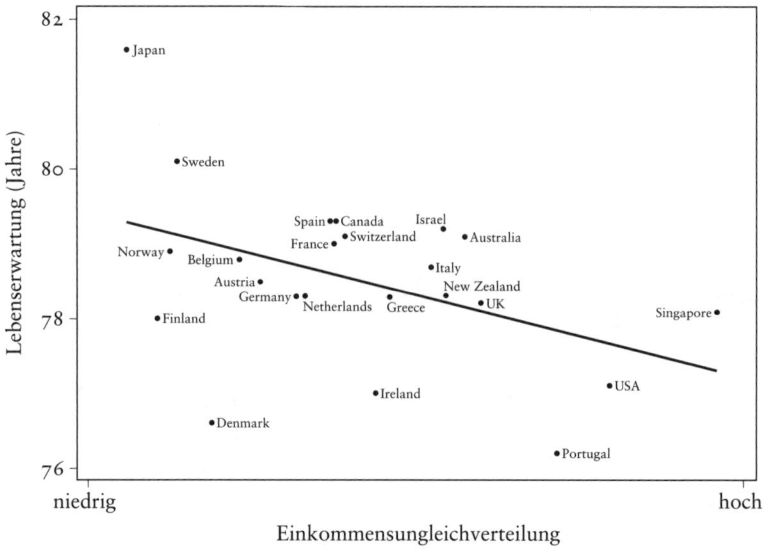

Abb. 6.3 *In den reichen Ländern zeigt sich eine Korrelation von Lebenserwartung und Einkommensungleichverteilung.*

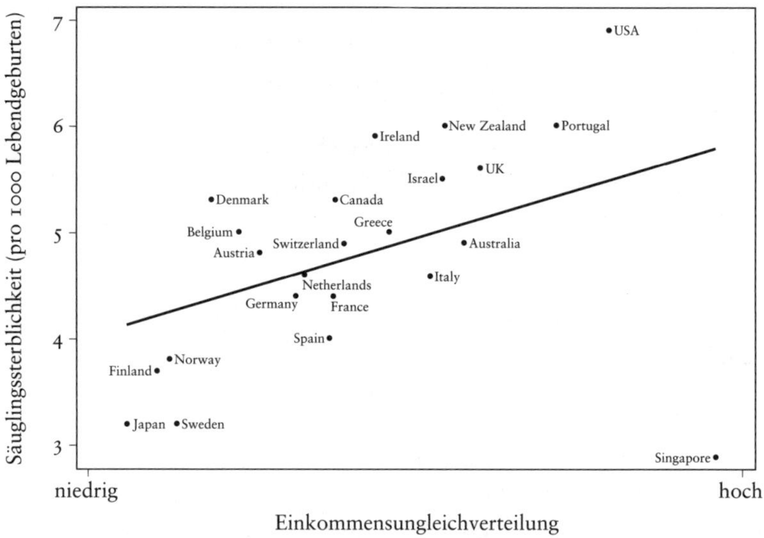

Abb. 6.4 *In den reichen Ländern besteht ein Zusammenhang zwischen Säuglingssterblichkeit und Einkommensungleichverteilung.*

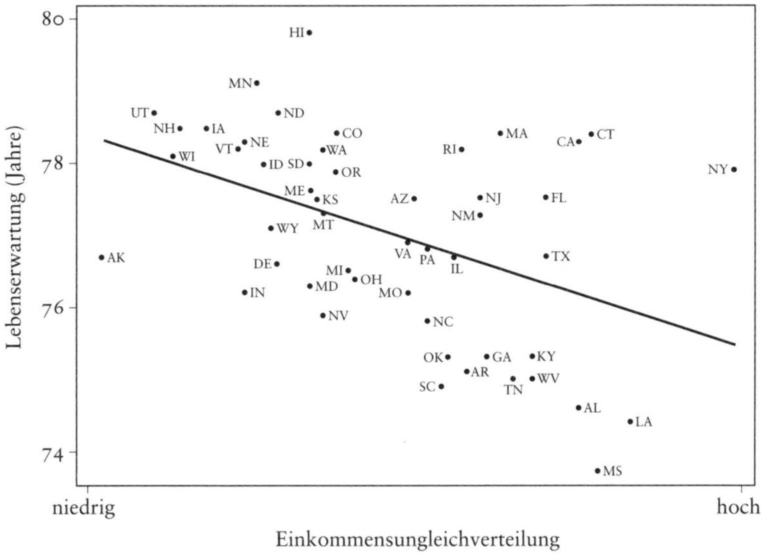

Abb. 6.5 *In den US-Bundesstaaten zeigt sich eine Abhängigkeit zwischen Einkommensungleichverteilung und Lebenserwartung.*

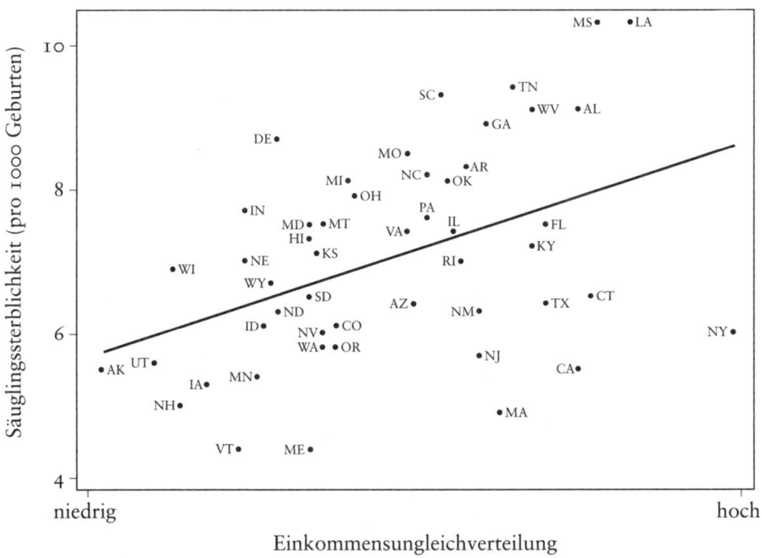

Abb. 6.6 *Auch in den US-Bundesstaaten ist die Säuglingssterblichkeit abhängig von der Einkommensungleichverteilung.*

der Lebenserwartung nicht aus einem weniger sorgsamen Umgang der unteren Schichten mit der eigenen Gesundheit erklären lassen.[88–90] Was schließen wir also daraus, dass diese Ungerechtigkeit sich in einer Verkürzung unserer durchschnittlichen Lebenszeit um drei bis vier Jahre ausdrückt – nur weil wir in einer Gesellschaft mit höherer Ungleichheit leben?

In unserer Untersuchung wurden verschiedene Todesursachen verglichen, um herauszufinden, welche von ihnen den stärksten Einfluss schichtspezifischer Unterschiede im Gesundheitsbereich aufwiesen. Das Ergebnis: Die deutlichsten Unterschiede zeigten sich bei Erwachsenen im erwerbsfähigen Alter, und zwar bei den Todesursachen Herzkrankheit und gewaltsamer Tod. Dagegen wies die Todesursache Prostatakrebs nur geringe und Brustkrebs gar keine schichtspezifische Signifikanz auf. Im nächsten Schritt betrachteten wir den Zusammenhang mit der Einkommensungleichverteilung und stellten fest, dass die Todesursachen mit schichtspezifischer Häufigkeit auch einen deutlichen Bezug zur Ungleichheit zeigten.[8] Außerdem wurde klar, dass das Leben in einer Gemeinschaft mit hoher Gleichheit allen Mitgliedern Vorteile brachte, nicht nur den Armen. Man muss an dieser Stelle noch einmal darauf hinweisen, dass die Disparitäten im Gesundheitsbereich keineswegs nur den Kontrast von schlechter Gesundheit der Armen und besserer Gesundheit aller anderen Schichten ausdrücken. Dieses Gefälle wird auf jeder Stufe der gesellschaftlichen Hierarchie deutlich: Die Lebenserwartung der relativ wohlhabenden ist immer noch geringer als die der reichen Mitglieder einer Gesellschaft. Und umgekehrt kommt mehr Gleichheit der gesamten Gesellschaft zugute: Alle sind gesünder, nicht nur die am unteren Ende der Stufenleiter. Kurz gesagt: In Verhältnissen mit mehr Gleichheit zu leben ist für praktisch alle Einkommensstufen von Vorteil.

Ein besonders deutliches Beispiel dafür, wie eine Verringerung der Ungleichheit sich unmittelbar in besserer Volksgesundheit niederschlägt, sind die Jahre in Großbritannien während des Ersten und Zweiten Weltkriegs.[91] In dieser Zeit stieg die Lebenserwartung der Zivilbevölkerung auf das Doppelte der Werte, die im gesamten 20. Jahrhundert erreicht wurden – um sechs bis sieben Jahre. In den Jahrzehnten vor, zwischen und nach den Kriegen stieg die Lebenserwartung nur um ein bis vier Jahre. Die Lebensmittelrationierung im

Zweiten Weltkrieg trug letztlich zur besseren Ernährung der Bevölkerung bei (dies galt allerdings nicht im Ersten Weltkrieg). In beiden Kriegen sank zwar der materielle Lebensstandard, aber zugleich herrschte Vollbeschäftigung und die Einkommensunterschiede verringerten sich – eine Folge der staatlichen Maßnahmen zur Verteilung der Lasten, die sich aus dem Krieg ergaben. So stieg das Durchschnittseinkommen der Arbeiter im Zweiten Weltkrieg um neun Prozent, während das Einkommen der Mittelschicht um sieben Prozent zurückging; die Armutsquote fiel auf die Hälfte. Als Folge des allgemeinen Gefühls von Kameradschaft und sozialem Schulterschluss verbesserte sich nicht nur die Volksgesundheit, es sank zugleich die Verbrechensrate.

Was uns innerlich trifft

Auf welche Weise führen Stressfaktoren wie Verletzungen in der Kindheit, niedriger sozialer Status und mangelnde soziale Einbindung dazu, dass wir krank werden?[92] Die Wissenschaft kann sehr genau beschreiben, wie einerseits Stress das Krankheitsrisiko erhöht und andererseits Glücksgefühle zu unserem Wohlbefinden beitragen. Die Psyche wirkt direkt auf das Nervensystem und damit auch auf das Immunsystem: Sobald wir gestresst, niedergeschlagen und der Welt feindlich gesinnt sind, erhöht sich unser Risiko, krank zu werden; wir sind dann anfälliger für Infektionen und Herzbeschwerden, und wir altern schneller.[93] Stress stört das physiologische Gleichgewicht, das ist der Zustand, in dem man sich befindet, wenn alles gut läuft und alle Körperfunktionen im normalen Bereich sind.

Aber wenn wir in eine Stresssituation geraten oder eine traumatische Erfahrung machen, dann reagiert unser Körper, indem er sich auf den Flucht-Kampf-Mechanismus einstellt:[93] Energiereserven werden mobilisiert, die Blutgefäße verengen sich, Blutgerinnungsstoffe werden ausgeschüttet, um möglichen Verletzungen zu begegnen, das Herz und die Lungen erhöhen den Takt. Unsere Sinne werden geschärft, die Gedächtnisleistung und das Immunsystem erreichen ein höheres Niveau. Damit sind wir gerüstet, uns der stressauslösenden Situation zu stellen oder ihr zu entfliehen. Solange es sich nur um eine kurzzeitige Notsituation handelt, bedeuten diese physiologischen Re-

Der menschliche Körper ist bestens dafür gerüstet, kurzzeitigen Stress auszuhalten; typische Situationen waren einst die Verfolgung eines Beutetiers oder der Angriff eines Raubtiers. Kreislauf, Nervensystem und Immunsystem werden dabei gestärkt, auf Kosten des Verdauungstrakts und der Fortpflanzungsorgane. Sobald Stress chronisch wird, kann die wiederholte Auslösung der physischen Reaktionen zu schweren Gesundheitsschäden führen.

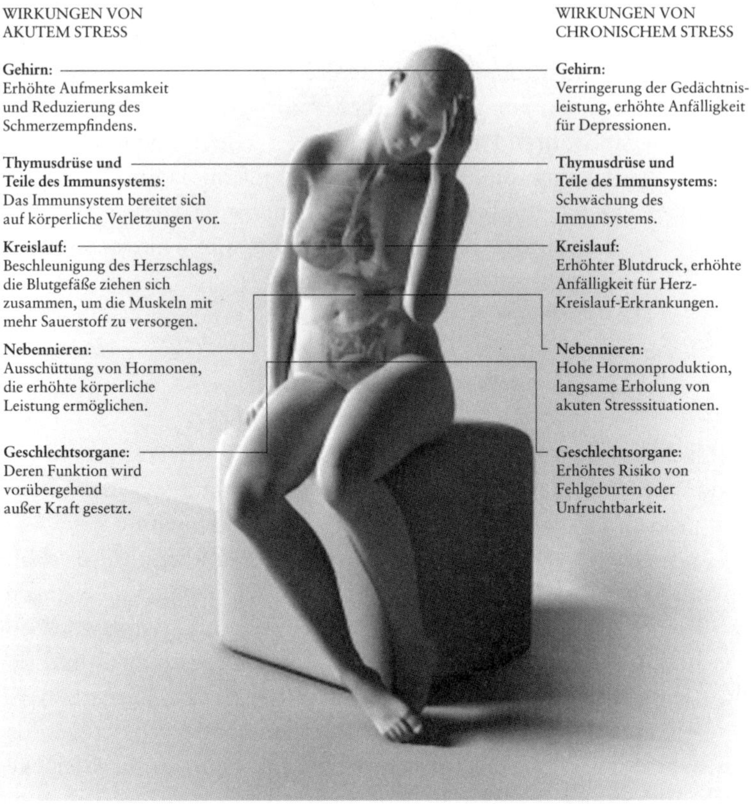

Abb. 6.7 *Biologische Wirkungen von Stress*[92]

aktionen einen perfekten Schutz, aber wenn der Stress andauert, wenn wir Wochen und Monate in diesem panischen Zustand bleiben, dann ergeben sich aus der Fortdauer der Erwartung von Angriff und Bedrohung und dem daraus folgenden Dauer-Alarmzustand unseres Körpers negative Folgen.

Der ständige Energieaufwand in Form der Erzeugung von Glukose im Blut kann zu unerwünschtem Gewebewachstum (Adipositas) und Diabetes führen; chronische Verengung der Blutgefäße und hohe Ausschüttung von Gerinnungsstoffen kann Bluthochdruck und Herzkrankheiten bewirken. Der kurzzeitige Stress aktiviert unser Immunsystem, der chronische Stress schwächt es. Mögliche Folgen sind Wachstumsstörungen bei Kindern, Unfruchtbarkeit bei Frauen, Erektionsstörungen bei Männern und Verdauungsprobleme. In bestimmten Bereichen des Gehirns werden Neuronen zerstört, die kognitiven Fähigkeiten lassen nach, wir schlafen schlecht; chronischer Stress macht uns fertig.

In diesem Kapitel sollte deutlich geworden sein, dass zwischen Ungleichheit und einer Reihe von gesundheitlichen Problemen ein enger Zusammenhang besteht, ein Befund, der jedenfalls in den USA wie in den entwickelten Ländern außer Frage steht. Wir sind überzeugt, dass die sehr konsistenten Ergebnisse der Forschung zu psychosozialen Determinanten der Gesundheit und die empirischen Daten zum sozialen Gefälle bei der Volksgesundheit in den entwickelten Ländern unsere Annahme bestätigen, dass hier eine kausale Verknüpfung vorliegt. Das Gefälle lässt sich keineswegs durch soziale Verhaltensweisen erklären – etwa durch höheren Tabakkonsum der armen Schichten. Inzwischen ist aus zahlreichen Studien deutlich geworden, dass sich die Einkommensungleichverteilung direkt auf die Gesundheit auswirkt.[94] Drastische Veränderungen zu mehr Einkommensgleichheit hatten in Großbritannien während der beiden Weltkriege eine deutliche Erhöhung der Lebenserwartung zur Folge. Ein ähnlicher Effekt zeigte sich in Japan: Dass die siegreichen Alliierten dem Land nach 1945 unter dem Besatzungsregime Demokratie, Demilitarisierung und eine Umverteilung von Macht und Reichtum aufzwangen, führte zu einer mehr egalitären Wirtschaftsstruktur und auch zu einer merklichen Verbesserung der Volksgesundheit.[95] Und Russland kann als Gegenbeispiel dienen: Aus dem seit Anfang der 1990er Jahre vollzogenen Übergang von der Planwirtschaft zur Marktwirtschaft, der eine rasche Steigerung der sozialen Ungleichheit bedeutete, ergab sich auch ein dramatischer Rückgang der durchschnittlichen Lebenserwartung.[96] Die biologischen Aspekte chronischer Stresssituationen scheinen einen durchaus plausiblen Zugang zur Klärung der Frage zu bieten, warum Gesellschaften mit hoher Ungleichheit fast immer auch ungesunde Gesellschaften sind.

Paris verbirgt seine Schande
Nächtliche Verhaftung fetter Französinnen

7.

Fettleibigkeit: Mit der Ungleichheit wachsen die Pfunde

Essen ist die primitivste Form, sich zu trösten.

Sheila Graham

Überall in den Industrieländern nimmt die Fettleibigkeit der Menschen zu, in einigen Ländern hat sich der Anteil der Übergewichtigen innerhalb weniger Jahre verdoppelt. Gemessen wird Fettleibigkeit nach dem Körpermasseindex (KMI), der Gewicht (Kilogramm) und Körpergröße (Meter) in Relation setzt, damit Menschen nicht aufgrund ihrer Körpergröße als übergewichtig gelten (berechnet wird der Index: Körpergewicht dividiert durch Körpergröße zum Quadrat). Die Vorgaben der Weltgesundheitsorganisation zu diesem Index lauten: KMI $<18,5$ untergewichtig, KMI $18,5-24,9$ normales Gewicht, KMI $25-29,9$ übergewichtig und KMI >30 fettleibig. Ende der 1970er Jahre waren nach diesen Standards fast die Hälfte der US-Bevölkerung übergewichtig und 15 Prozent fettleibig; heute sind drei Viertel übergewichtig und fast ein Drittel fettleibig. In Großbritannien wurde 1980 etwa 40 Prozent der Bevölkerung als übergewichtig und weniger als 10 Prozent als fettleibig eingestuft, heute gelten zwei Drittel der Erwachsenen als übergewichtig und mehr als ein Fünftel als fettleibig.[97–100] Man muss hier von einer ernsten Fehlentwicklung ausgehen, denn die Fettleibigkeit ist äußerst gesundheitsschädlich: Sie erhöht das Risiko, an Bluthochdruck, Diabetes Typ 2, Herz-Kreislauf-, Gallenblasenerkrankungen und einigen Formen von Krebs zu erkranken. Unter Kindern nimmt die Übergewichtigkeit inzwischen so stark zu, dass eine insgesamt sinkende Lebenserwartung die Folge sein dürfte. Es wäre für viele Industriestaaten die erste Umkehr eines Trends zu höherer Lebenserwartung, der seit Beginn der staatlichen Statistiken im 19. Jahrhundert Bestand hatte.[101]

Fettleibigkeit schadet nicht nur der Gesundheit, sondern auch dem emotionalen und sozialen Wohlbefinden. Übergewichtige und fettleibige Menschen haben sehr zu leiden. Eine 17jährige aus Illinois, die 185 Kg wiegt, beschreibt ihre körperlichen Schmerzen: »Ich spüre, wie mir das Herz in der Brust weh tut, ich habe Schmerzen in den Armen und solche Sachen, und es macht mir immer mehr Angst.« Aber sie fühlt sich ebenso verletzt, wenn sie daran denkt, wie die anderen Kinder in der Schule sie verspotten, wie eingeschränkt ihre Kontakte zu anderen sind; sie hat das Gefühl, dass ihr »Körper fast wie ein Gefängnis ist«.[102]

Die britische Boulevardzeitung *Sun* berichtete im Frühjahr 2007 über drei extrem fettleibige Kinder.[103–105] Das jüngste, ein achtjähriger Junge, wog 99 Kilo. In der Schule wurde er verspottet, sofern er überhaupt dort auftauchte, denn wegen seines Gewichts schaffte er oft den Schulweg nicht. Man hatte ihn auch von der Pflicht einer Schuluniform befreit – keine Größe passte. Seine neunjährige Schwester wog 89 Kilo, auch sie musste sich von Erwachsenen und Kindern Spott und Erniedrigung gefallen lassen. Sie erzählte, dass sie »manchmal kaum atmen« könne, dass sie es hasse, »hässliche Kleidung tragen zu müssen« und im Vergnügungspark nicht in die Karussellsitze zu passen. Besonders fettleibig war der älteste Junge, der im Alter von zwölf Jahren bereits 127 Kilo wog – ein äußerst unglückliches Kind. Von zwei Schulen war er bereits verwiesen worden, in der dritten vom Unterricht suspendiert, weil er Kinder angegriffen hatte, die ihn verspotteten.

Die adipogene Umwelt

Dass Fettleibigkeit genetisch bestimmt sei, ist eine verbreitete Ansicht. Aber obwohl die Gene bei der Neigung zu Übergewicht zweifellos eine Rolle spielen, so lässt sich doch der plötzliche Anstieg der Fettleibigkeit in vielen Ländern nicht aus genetischen Faktoren erklären. Die Gründe für diese epidemische Ausbreitung des Phänomens liegen in den Veränderungen unserer Lebensweise. Häufig angeführt wird in diesem Zusammenhang, dass energiereiche Nahrungsmittel heute billiger, einfacher zu erhalten und leichter zuzubereiten sind, dass die Menschen das Kochen verlernen, weil sich Mikrowelle und Fast-Food-Restaurants durchgesetzt haben. Ein weiteres Argument ist der fortschreitende Bewegungsmangel während der Arbeit und in der Freizeit. Wir benutzen immer häufiger das Auto; in den Schulen wird auf den klassischen Sportunterricht immer weniger Wert gelegt. Offenbar macht uns das moderne bequeme Leben fett.

Eigentlich müsste Fettleibigkeit typisch für die Wohlhabenden sein, für jene Menschen (und Gesellschaften), die sich eben Nahrung im Überfluss, Autos und jede Bequemlichkeit leisten können. Aber heute zeigt sich ein anderes Bild. Während des »epidemiologischen Übergangs« (vgl. Kap. 1 und 6) lösten die chronischen Krankheiten die Infektionskrankheiten als häufigste Ursache für vorzeitiges Ableben ab, und es änderte sich auch die soziale Verteilung der Fettleibigkeit. Früher waren die Reichen fett und die Armen mager, heute verhält es sich in den Industrienationen genau umgekehrt.[106] Aus einer WHO-Studie, die seit den 1980er Jahren in 26 Ländern die Entwicklung im Bereich der Herz-Kreislauf-Erkrankungen verfolgte und unter den Risikofaktoren auch Übergewicht verzeichnete, wird deutlich, dass mit den zunehmenden Prozentzahlen dieses Faktors auch das soziale Gefälle seines häufigen Auftretens steiler wurde.[107] Anfang der 1990er Jahre waren in allen 26 Ländern mehr arme als reiche Frauen übergewichtig, und in 21 Ländern galt dies auch für die Männer. Die Journalistin Polly Toynbee fasste es 2004 im *Guardian* in der Formel »Übergewicht ist eine Klassenfrage« zusammen.[108] Sie verwies darauf, dass der hohe Anteil Fettleibiger in den USA und ihr niedriger Anteil in Skandinavien jedenfalls widerlegten, dass es sich um ein Phänomen aller reichen Industriegesellschaften handele. Und sie vermutete, die Einkommensungleichverteilung könne ein wichtiger Faktor bei der Häufigkeit der Fettleibigkeit sein.

Übergewicht und Ungleichverteilung der Einkommen

Aus Abbildung 7.1 ergibt sich, dass der Anteil der Fettleibigen an der Gesamtbevölkerung in Ländern mit geringeren Einkommensunterschieden niedriger ausfällt. Die Daten für diese Statistik stammen von der International Obesity Task Force (einer international ver-

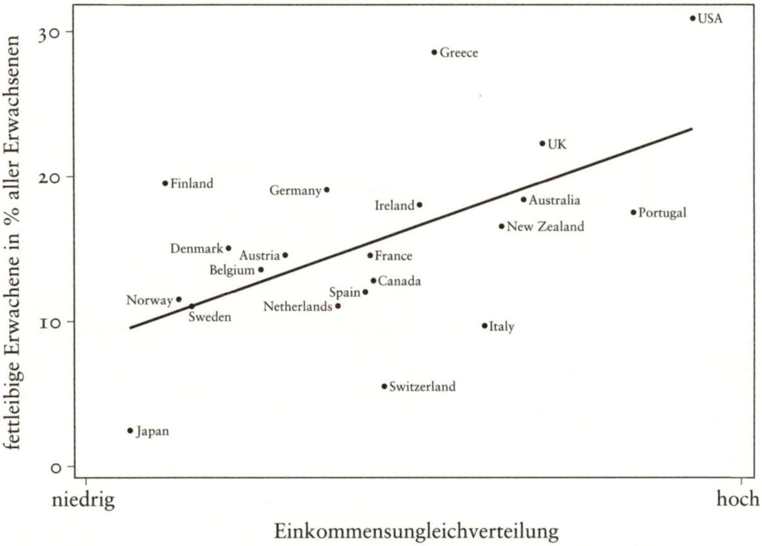

Abb. 7.1 *In Ländern mit größerer Ungleichheit liegt auch der Anteil fettleibiger Erwachsener höher.*

netzten NGO); sie zeigen den Anteil der Männer und Frauen an der Erwachsenenbevölkerung, die einen Körpermasseindex (KMI) von mehr als 30 aufweisen.[109]

Zwischen den Ländern bestehen erhebliche Unterschiede. In den USA müssen über 30 Prozent der Erwachsenen als fettleibig gelten, mehr als das Zwölffache der Resultate für Japan, wo nur 2,4 Prozent der Erwachsenen unter diese Kategorie fallen. Da sich die Zahlen auf den KMI-Standard beziehen, spielen Unterschiede in der durchschnittlichen Körpergröße keine Rolle.

Das gleiche Bild ergibt sich beim internationalen Vergleich der Übergewichtigkeit bei Jugendlichen, wie Abbildung 7.2 zeigt. Unsere Zahlen bezüglich übergewichtiger Jugendlicher zwischen 13 und 15 Jahren wurden ursprünglich von einer WHO-Studie über das Gesundheitsverhalten von Schulkindern ermittelt,[110] dann in den UNICEF-Report 2007 zum Wohlergehen von Kindern übernommen. Für Australien, Neuseeland und Japan bietet diese Erhebung keine relevanten Daten, aber die Korrelation mit der Ungleichheit ist insgesamt klar genug, um Zufallsergebnisse auszuschließen. Bei den

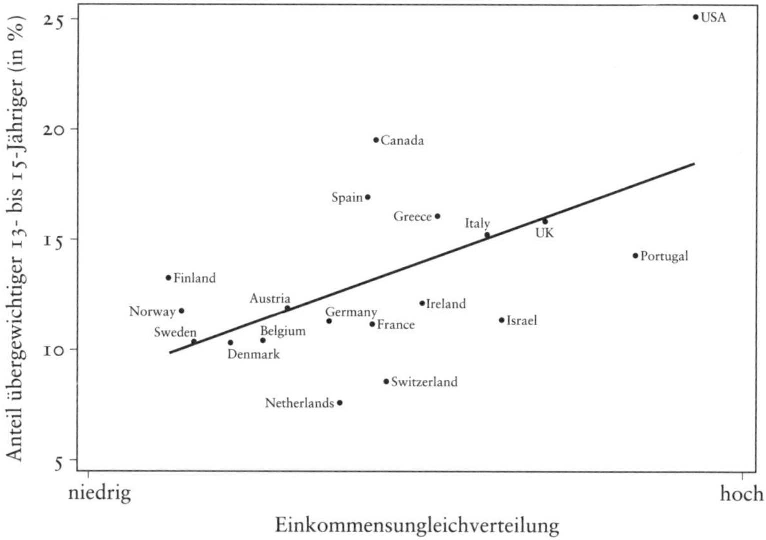

Abb. 7.2 *In Ländern mit größerer Ungleichheit ist der Anteil übergewichtiger Jugendlicher entsprechend höher.*

übergewichtigen Jugendlichen zeigen sich weniger deutliche Unterschiede zwischen den Ländern als bei den fettleibigen Erwachsenen. In den Niederlanden, dem Land mit dem geringsten Anteil, sind nur 7,6 Prozent der Jugendlichen zwischen 13 und 15 Jahren übergewichtig, das ist ein Drittel der Rate in den USA, wo 25,1 dieser Altersgruppe von Übergewicht betroffen sind. Allerdings ist zu bedenken, dass diese Zahlen nicht auf objektiven Erhebungen beruhen, sondern auf den Angaben, die die befragten Jugendlichen selbst über ihre Größe und ihr Gewicht machten. Insofern ist das Problem der Übergewichtigkeit unter Jugendlichen wahrscheinlich in allen Ländern noch gravierender (aber an der Korrelation von Übergewicht und Ungleichheit dürfte das nichts ändern).

In den USA findet sich kein Bundesstaat, in dem die Rate der Fettleibigen weniger als 20 Prozent beträgt. Colorado schneidet mit 21,5 Prozent noch am besten ab, Texas erreicht mit 34 Prozent die Höchstmarke.[399] In jedem Fall besteht eine so deutliche Korrelation mit der Ungleichheit, dass Zufallsergebnisse auszuschließen sind. Andere Forscher haben ähnliche Abhängigkeiten verzeichnet. In

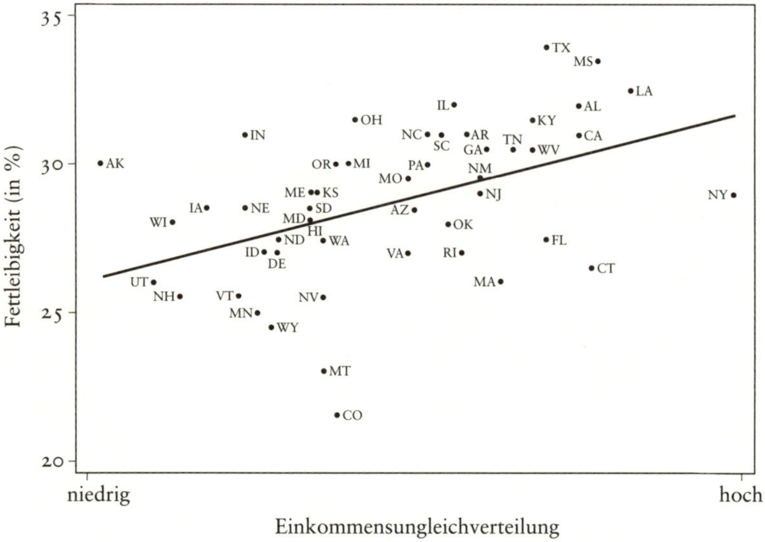

Abb. 7.3 *In den US-Bundesstaten mit größerer Ungleichheit liegt der Anteil fettleibiger Erwachsener höher.*[113]

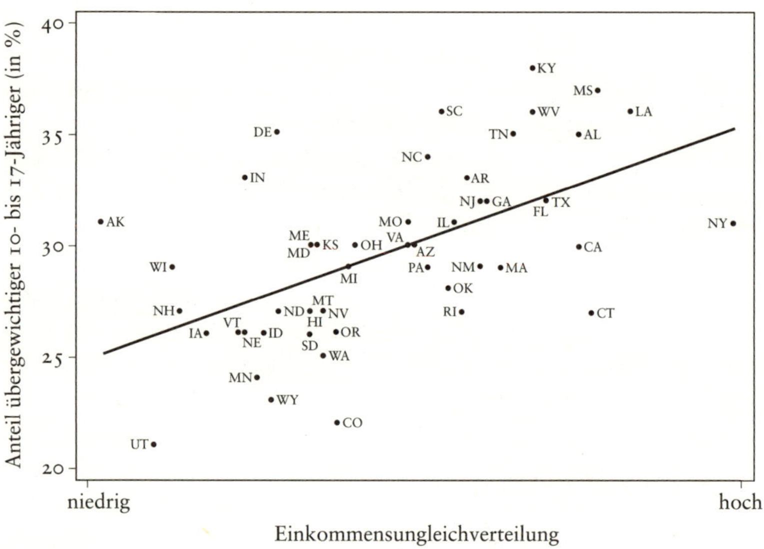

Abb. 7.4 *In den US-Bundesstaten mit größerer Ungleichheit ist der Anteil übergewichtiger Kinder und Jugendlicher höher.*

einer Studie wurde festgestellt, dass in Staaten mit größerer Einkommensungleichverteilung die Männer im Bauchbereich stärker zunahmen,[111] eine andere Arbeit stellt fest, dass mit mehr Ungleichheit die Tendenz zur Vernachlässigung körperlicher Aktivitäten steigt.[112] Besonders deutlich zeigt sich der Zusammenhang (vgl. Abb. 7.3) zwischen Einkommensungleichverteilung und Übergewicht in den armen Schichten.

Die in Abbildung 7.4 dargestellte Häufigkeit von übergewichtigen Kindern und Jugendlichen in den US-Bundesstaaten basiert auf Daten, die wir vom National Survey of Children's Health bekamen. Wie in der Darstellung der internationalen Ergebnisse für Jugendliche geht es hier um die Anteile für übergewichtige (nicht fettleibige) Kinder und Jugendliche zwischen 10 und 17 Jahren. Angaben zu Größe und Gewicht der Kinder und Jugendlichen machten die jeweiligen Eltern oder ein Erwachsener, der das beurteilen konnte. Für die US-Bundesstaaten zeigt sich, dass in dieser Gruppe ein noch deutlicherer Zusammenhang von Übergewicht und sozialer Ungleichheit besteht.

Essen zum Trost

Im Zusammenhang von Einkommensungleichverteilung und Fettleibigkeit müssen noch zwei Faktoren berücksichtigt werden: Kalorienaufnahme und sportliche Betätigung. Aus unseren Untersuchungen ergab sich eine höhere Pro-Kopf-Kalorienaufnahme in Ländern mit mehr Ungleichheit, was die Korrelation von Ungleichheit und Fettleibigkeit teilweise erklärt, allerdings weniger deutlich bei Frauen als bei Männern.[114] Andere Studien haben für die US-Bundesstaaten einen Zusammenhang zwischen mangelnder körperlicher Bewegung und der Einkommensungleichverteilung belegt.[112] Offenbar wird in Ländern mit höherer Ungleichheit mehr gegessen und weniger Sport getrieben. Untersuchungen aus Australien, Großbritannien und Schweden zeigten jedoch, dass in diesen Ländern die schichtspezifischen Unterschiede in Bezug auf Gewichtszunahme und Fettleibigkeit nicht vollständig aus Essgewohnheiten und sportlicher Betätigung zu erklären waren.[115–118]

Tatsächlich geht es um mehr als Kalorienaufnahme und Sport. Menschen, die über lange Zeit unter Stress gestanden haben, scheinen Nahrung anders zu verarbeiten als ihre ungestressten Mitmenschen. Im Körper chronisch gestresster Menschen wird Fettgewebe vor allem in der Körpermitte, im Bauchbereich, aufgebaut, weniger an den Hüften und Schenkeln.[119, 120] Wie schon in Kapitel 6 erwähnt, bewirkt Stress die Ausschüttung des Hormons Kortisol. Aus Untersuchungen weiß man auch, dass Männer wie Frauen mit viel Fett um den Bauch andere Kortisolwerte aufweisen und auf Stresstests mit deutlicherer psychischer Instabilität reagieren. Und diese Menschen sind besonders anfällig für Krankheiten, die durch Übergewicht entstehen.

Durch die Stressreaktion des Körpers entsteht noch ein weiteres Problem: Sie lässt uns nicht nur an den unpassendsten Stellen dicker werden, sondern kann auch zu erhöhter Nahrungsaufnahme und Veränderung der Vorlieben für bestimmte Speisen führen; man kennt diese Verhaltensmuster als »Stressessen« oder »Trostessen«. Versuche mit Ratten haben gezeigt, dass die Tiere mehr Zucker und Fett zu sich nehmen, wenn sie unter Stress gesetzt werden. Chronisch gestresste Menschen essen entweder zu viel (und nehmen zu) oder zu wenig (und nehmen ab). Eine Studie aus Finnland zeigte, dass Menschen unter Stress mehr Würstchen, Hamburger, Pizza und Schokolade aßen und mehr Alkohol tranken als sonst.[121] Allmählich versteht die Wissenschaft besser, warum das Trostessen eine Antwort auf die physiologischen Veränderungen sein kann, die unter chronischem Stress und den damit verbundenen Angstgefühlen auftreten.[122]

Für die drei fettleibigen Kinder aus der *Sun*-Reportage war das Trostessen offenbar die Reaktion auf den Zerfall ihrer Familie. Das neunjährige Mädchen erklärte: »Schokolade ist alles, was mich noch interessiert – dafür lebe ich ... Wenn ich traurig bin und Sorgen habe, dann esse ich eben.« Und ihr älterer Bruder nahm in den fünf Jahren nach der Scheidung der Eltern 95 Kg zu.

Vor einigen Jahren gab es im *Wall Street Journal* eine Artikelserie über Ernährungsprobleme in den Zentren amerikanischer Städte. Der Titel lautete: »Tod durch Essen«. Die Reporter führten Interviews mit zahlreichen übergewichtigen Menschen, unter anderen mit einem 13jährigen Mädchen, das in einer Sozialbausiedlung mit hoher Kriminalitätsrate lebte. Sie erklärte, Essen und Fernsehen brauche sie, um sich zu beruhigen. Eine arbeitslose Frau, die sehr wohl wusste, dass ihre Ess- und Trinkgewohnheiten ihre Gesundheit schädigten, war der Meinung, so lange es noch gehe, wolle sie wenigstens »ordentlich reinhauen«. Und eine Großmutter, die ihre Enkel großzog, weil die Tochter cracksüchtig war, erzählte:

> »Dass meine Tochter auf Crack war, hat mich so aufgeregt, dass ich gar nichts mehr essen konnte. Ich habe angefangen, Pepsi-Cola zu trinken. Das war dann meine Droge, ohne die ich nicht mehr auskam. Ich bin morgens mit der Pepsi-Flasche in der Hand aufgewacht. Drei Liter waren meine Tagesration.«

Aus neueren Untersuchungen weiß man, dass Essen bei chronisch Esssüchtigen im Gehirn ähnliche Prozesse auslöst wie die Suchtstoffe bei Drogensüchtigen.[124–126] Messungen der Gehirnaktivitäten bei fettleibigen Menschen zeigten, dass sie auf Nahrungsaufnahme und Sättigungsgefühl völlig anders reagieren als magere Menschen.[127]

Essen oder fasten für den Status

Ernährungsgewohnheiten und -vorlieben hängen aber nicht nur von der individuellen Stimmungslage ab, auch soziale Faktoren prägen diese Präferenzen. Unsere Entscheidung für bestimmte Nahrungsmittel folgt komplexen kulturellen Einflüssen: Wir mögen bestimmte Gerichte, weil wir sie aus der Kindheit kennen und weil sie für uns das alte Zuhause bedeuten; oder wir entscheiden uns für bestimmte Gerichte, die für einen Lebensstil stehen, den wir anstreben. Wir bewirten andere mit besonderen Gerichten, um ihnen unsere Wertschätzung zu zeigen oder auch um deutlich zu machen, wie kultiviert wir sind und was wir uns leisten können. Diese Rolle spielt das Essen von alters her, es ist der unverzichtbare Bestandteil einer Festlichkeit mit all ihren sozialen Bedeutungen. Dass energiereiche Nahrung heute überall billig zu haben ist, macht allerdings einen Unterschied: Der soziale Gewinn, den häufige Festmahle vermeintlich bringen, wird gewissermaßen aufgefressen durch die nachteiligen Folgen.

In der Artikelserie »Tod durch Essen« des *Wall Street Journal* kommt auch eine aus Puerto Rico eingewanderte Frau zu Wort. Sie erzählt, dass ihre Familie früher immer dasselbe aß: Reis, Bohnen, Gemüse, Schweinefleisch und Trockenfisch. Dann kam sie nach Chicago, und seither gab es so tolle Sachen wie Brausegetränke,

Pizza, Hamburger, süße Cornflakes, Hotdogs und Eiskrem. »Den Kindern teure Schuhe oder Kleidung zu kaufen, das kann ich mir nicht leisten. Aber sie dürfen essen, was sie wollen – das ist billiger.« Zweimal im Monat geht die Familie essen, in ein Fast-Food-Restaurant natürlich. Aber alle sind begeistert, und die Kinder würden das gerne noch öfter genießen. »Wenn wir da hingehen, fühlen wir uns großartig – wie richtige Amerikaner. Wir haben das Gefühl, angekommen zu sein und akzeptiert zu werden.«

Eine 17-Jährige aus New Jersey erzählt im Interview, dass sie im Fast-Food-Restaurant auch zeigen will, was sie sich leisten kann: Wer hier bestellt, hat noch Geld und muss nicht auf die Überweisung vom Sozialamt am Monatsende warten.

Ein 37jähriger Mann verrät, dass er die Hälfte seines Einkommens für Fast-Food ausgibt. Am Tag des Interviews ist er schon drei Mal bei McDonalds gewesen, für den Abend plant er einen Besuch bei Kentucky Fried Chicken und einem chinesischen Imbiss. Es geht ihm dabei keineswegs nur um billiges Essen. Er hat einen Job, aber keine eigene Wohnung – diese Billigrestaurants sind eine Art Zuflucht für ihn. Er hat kein Zuhause, übernachtet mal bei seiner Tante in Brooklyn, dann wieder in der Wohnung eines Freundes, in einer Sozialbausiedlung in Harlem. Während unseres Gesprächs in einem Hamburger-Restaurant erzählt er, dass er die Atmosphäre möge, den blank geputzten Fußboden, das große Bild von George Washington Carver (einem berühmten afroamerikanischen Wissenschaftler des 19. Jahrhunderts) an der Wand. Die dezente Hintergrundmusik lässt ihn für einen Moment einnicken, dann sagt er:

> »Hier ist es angenehm, ich fühle mich entspannt und kann auch länger bleiben. … Das ist hier nicht so vulgär, nicht so'n Hip-Hop-Ding. Das Bild da, die Pflanzen, wie sie alles sauber halten – da hat man das Gefühl, ein kultivierter Mensch zu sein.«

Und ein Mitglied einer hispanischen Streetgang erzählt, dass er immer nur in Fast-Food-Restaurants isst. Er ist stolz darauf, seit seinem 16. Lebensjahr keine Mahlzeit im Elternhaus eingenommen zu haben:

> »Die Kids wollen nicht bei Mama essen. Das haben sie alle satt – immer nur Reis und Bohnen. Ich wollte leben wie ein Mann. Fast-Food verschafft mir Ansehen und Respekt.«

Sind Frauen dicker?

In unseren Untersuchungen und denen anderer Wissenschaftler wird deutlich, dass die Korrelation von Einkommensungleichverteilung und Fettleibigkeit bei Frauen klarer erkennbar ist als bei Männern. Die WHO-Studie weist in den 26 beobachteten Ländern ein steileres soziales Gefälle bei der Fettleibigkeit von Frauen als bei der von Männern aus. Auch die staatliche Gesundheitserhebung National Health Survey for England (HSE) von 2003 zeigt einen Zusammenhang von sozioökonomischem Status und Fettleibigkeit nur bei Frauen, nicht bei Männern.[128]

Dieses Muster könnte sich daraus ergeben, dass Fettleibigkeit die soziale Mobilität von Frauen deutlicher einschränkt als die von Männern. Vor allem junge Frauen dürften bei der Suche nach einem Arbeitsplatz und auf dem Heiratsmarkt stärker diskriminiert sein als junge Männer. Denkbar ist auch, dass ein geringer sozialer Status bei Frauen eher Fettleibigkeit bewirkt als bei Männern. Einige Hinweise finden sich in zwei britischen Studien, die, mit großen Grundgesamtheiten, Geburtsjahrgänge untersuchten, also über Menschen mit dem gleichen Geburtsjahr Daten seit ihrer Geburt erhoben. Die Untersuchung des Geburtsjahrgangs 1946 ergab, dass Fettleibigkeit unter Männern und Frauen, die sozial aufgestiegen waren, weniger häufig war als unter jenen, die von Kindheit an bis ins Erwachsenenalter in ihrer sozialen Schicht verblieben waren.[129] Im Jahrgang 1970 hatten übergewichtige Frauen geringere Aussichten als übergewichtige Männer, eine bezahlte Arbeit zu bekommen oder einen Lebenspartner zu finden.[130]

In den USA und in Großbritannien wurde bei Frauen ein Zusammenhang zwischen Fettleibigkeit in der Adoleszenz und geringerem Einkommen im Erwachsenenalter festgestellt.[131, 132] Eine neuere Umfrage unter mehr als 2000 Personalsachbearbeitern zeigt, dass 93 Prozent der Befragten einem normalgewichtigen Bewerber, bei gleicher Qualifikation, den Vorzug vor einem übergewichtigen Arbeitsuchenden geben würden (bei der Befragung wurde allerdings nicht nach Männern und Frauen differenziert). Fast die Hälfte der Probanden waren der Meinung, übergewichtige Menschen seien weniger leistungsfähig, rund 33 Prozent hielten Fettleibigkeit für einen Grund, jemanden nicht einzustellen, und 40 Prozent glaubten, dass es den Übergewichtigen nur an Selbstdisziplin mangele.[133]

Dass Übergewicht die soziale Mobilität beeinträchtigt, steht außer Frage. Aus unserer Untersuchung der Trends bei Frauen des Jahrgangs 1970 in Großbritannien ergibt sich jedoch, dass dieser Aspekt noch nicht das soziale Gefälle in der Verteilung der weiblichen Fettleibigkeit erklärt; sie zeigt auch, dass bei Frauen mittleren Alters Gewichtszunahme häufiger in den unteren sozialen Schichten vorkommt.[117]

Reich und schlank, arm und dick

Eine weitere Erklärung für das soziale Gefälle bei der Fettleibigkeit könnte das Verhältnis zum eigenen Körper bieten: Wie wichtig die Frauen ihr Körpergewicht nehmen und welches Körperideal sie anstreben, ist offenbar schichtspezifisch verschieden. In früheren Zeiten brachten üppige Körperformen den Frauen Bewunderung ein, aber in den meisten reichen Gesellschaften gilt heute ein schlanker Körper als attraktiv und als Ausweis der Zugehörigkeit zur Oberschicht. In Großbritannien achten die Frauen aus den oberen Schichten mehr als die der unteren Schichten auf ihr Gewicht und halten Diät; sie finden auch mehr an ihrem Körper auszusetzen.[134] Frauen, die sozial abgestiegen sind, ist es nicht so wichtig, dünn zu sein, sie finden sich mit ihren üppigen Körperformen schnell ab. Auch Heirat oder Scheidung spielen eine Rolle: Eine Studie aus den USA hat gezeigt, dass verheiratete Frauen stärker zunehmen als Frauen, die alleinstehend oder geschieden sind oder in Trennung leben.[135] Und nicht alle Frauen wollen unbedingt abnehmen; in den städtischen afroamerikanischen Gemeinschaften zum Beispiel gilt Magerkeit als Zeichen von Armut, Hunger, Abhängigkeit von Sozialhilfe, Drogensucht oder Aids. Eine 19-Jährige sagte im Interview:

> »Ich war mein Leben lang eine üppige Frau. Wenn ich jetzt stark abnehmen würde, dann hätten alle den Eindruck, dass ich Drogen nehme … Hier im Ghetto darf man einfach nicht mager sein.«

Diese Bemerkung verweist auch auf die Beziehung von Schichtzugehörigkeit und Körpergewicht in den Entwicklungsländern, wo es sich nur die Wohlhabenden leisten können, dick zu sein. In den reichen Ländern streben die Frauen der höheren sozialen Schichten offenbar eher die Magerkeit als Schönheitsideal an, und sie sind darin auch erfolgreicher.

Auch wenn soziale Faktoren vor allem beim Körpergewicht der Frauen eine Rolle spielen, bei den Männern zeigen sich ähnliche Trends. Eine neuere Langzeitstudie (über 12 Jahre) aus den USA kam zu dem Ergebnis, dass Männer im arbeitsfähigen Alter dicker werden, wenn sie ihren Job verlieren.[136] Im Durchschnitt nahmen sie um 2,5 Kg zu, sobald ihr Jahreseinkommen sank.

Der »sparsame Phänotyp«

Einen ursächlichen Zusammenhang zwischen größerer Ungleichheit und höherem Körpergewicht in einer Gesellschaft legt auch die so genannte Hypothese des »sparsamen Phänotyps« nahe. Vereinfacht dargestellt besagt dieses Theorem, dass eine Mutter, die während der Schwangerschaft unter Stress gerät, ihrem Kind Erbinformationen mitgibt, die es besser auf ein Leben unter schwierigen Bedingungen vorbereiten sollen. Noch ist unklar, ob dieser Effekt direkt durch Stresshormone ausgelöst wird, ob der Fötus unter Stressbedingungen schlechter ernährt wird oder ob beide Faktoren zusammenwirken; jedenfalls ist zu beobachten, dass die Neugeborenen des sparsamen Phänotyps ein geringeres Geburtsgewicht und eine höhere Nährstoffverwertung aufweisen. Mit anderen Worten: Die Babys sind kleiner und brauchen weniger Nahrung, sind also angepasst an eine Umwelt, in der Nahrungsmittelknappheit herrscht. In der Evolutionsgeschichte kamen wiederholt Situationen vor, für die eine solche Anpassung Sinn macht, aber in der heutigen Welt ist Nahrungsmittelmangel kein typischer Stressfaktor während der Schwangerschaft, und Babys, die in den entwickelten Ländern geboren werden, sind damit für die dort geltenden Lebensbedingungen schlecht gerüstet. Unter den Bedingungen von Nahrungsmittelüberfluss werden die Kinder vom »sparsamen Phänotyp« besonders anfällig für Fettleibigkeit, Diabetes und Herz-Kreislauf-Erkrankungen sein. Wir zeigen in unserem Buch, dass in Gesellschaften mit größerer Einkommensungleichverteilung auch Misstrauen, Krankheit, Statusangst, Gewalt und andere Stressfaktoren vermehrt auftreten. Also könnte sich die hohe Rate Fettleibiger unter anderem aus der Hypothese des »sparsamen Phänotyps« erklären.

Gleichheitsdiät

Fettleibigkeit und Übergewicht sind eindeutig nicht nur ein Problem der Armen. In den USA fallen etwa 12 Prozent der Bevölkerung unter die Armutsgrenze, aber mehr als 75 Prozent sind übergewichtig. Und in Großbritannien zeigt sich das soziale Gefälle bei der Fettleibigkeit durchgehend, von ganz unten bis ganz oben auf der sozialen Stufenleiter. Unter den Frauen in »leitenden Positionen und qualifizierten Tätigkeiten« beträgt der Anteil der Übergewichtigen nur 16 Prozent, doch bereits eine Stufe tiefer, bei den Frauen in untergeordneten Funktionen und weniger qualifizierten Tätigkeiten, sind es 20 Prozent. Solche Daten widersprechen der Annahme, dass die rapide Zunahme der Fettleibigkeit allein auf die schlechten Ernährungsgewohnheiten der ungebildeten Schichten zurückzuführen sei. Eine Umfrage unter Frauen mittleren Alters in Großbritannien[137] ergab, dass 84 Prozent sehr wohl wussten, dass der tägliche Verzehr von fünf Stück Obst oder Gemüse empfohlen wird; und aus einer anderen Studie ergab sich, dass übergewichtige Menschen den Kaloriengehalt von kleinen Leckereien sehr viel besser einschätzen konnten als schlanke Menschen.[138]

Einen weiteren Beleg für die These, dass nicht die absolute, sondern die relative Einkommenshöhe ein Faktor zunehmender Fettleibigkeit ist, bieten Untersuchungen, in denen Menschen aufgefordert wurden, ihren sozialen Status nach eigener Einschätzung zu beschreiben. Die Interviewer zeigten den Befragten das Schema einer sozialen Stufenleiter von »ganz unten« bis »ganz oben« und forderten sie auf, ihren eigenen gesellschaftlichen Status durch ein Kreuz zu markieren. Dabei kam heraus, dass es das Maß des subjektiv zugeordneten eigenen Status ist, das deutlich mit ungesunder Verteilung von Körperfett[139] und mit Fettleibigkeit[140] korreliert. Mit anderen Worten: Fettleibigkeit ist eindeutiger korreliert mit der subjektiven Einschätzung des eigenen gesellschaftlichen Status als mit dem tatsächlichen Bildungsniveau oder dem tatsächlichen Einkommen des Befragten.

Wenn wir also insgesamt feststellen können, dass Veränderungen in der Einkommensungleichverteilung einer Gesellschaft Veränderungen der Fettleibigkeit in der Bevölkerung bewirken, dann darf man wohl auf einen kausalen Zusammenhang schließen. Paradebeispiel einer Gesellschaft, die in kurzer Zeit eine erhebliche Zunahme der Ungleichheit erfahren hat, ist Deutschland nach der Wiedervereinigung. Im ehemaligen Ostdeutschland nahm die Ungleichheit nach dem Fall der Mauer zu,[141] und einige Langzeitstudien haben inzwischen gezeigt, dass dieser soziale Umbruch dort zu einem erhöhten Körpermasseindex bei Kindern, jungen Erwachsenen und bei Müttern führte.[142]

Sozial- und gesundheitspolitische Maßnahmen zur Prävention und Behandlung von Fettleibigkeit zielen zumeist auf die einzelnen Betroffenen: Man versucht, den Menschen die Konsequenzen klarzumachen und sie zur Änderung ihrer Ernährungsgewohnheiten zu bewegen. Doch die grundsätzlichen Fragen bleiben bei diesem Ansatz unberücksichtigt: Warum bewegen sich die Menschen so wenig und ernähren sich so ungesund? Wie verhilft ihnen dieses Verhalten zu Statusvorteilen und weshalb finden sie dabei Trost? Was bedeutet das soziale Gefälle, das sich in der Verteilung der Fettleibigkeit zeigt? Welche Rolle spielen Stress und Depressionen während der Schwangerschaft? Menschen, die sich wohl fühlen und ihr Leben im Griff haben, fällt es leichter, ihre Gewohnheiten zu ändern: Darum wäre die Verringerung der materiellen Ungleichheit ein wichtiger Beitrag zur Bekämpfung der Fettleibigkeit.

»Jetzt, wo Jesse Caldwell mit seiner Familie weggezogen ist, bin ich in der Spielplatz-Hackordnung aufgerückt.«

8.

Schulische Leistungen

Unsere Fortschritte als Nation hängen von den Fortschritten im Bereich der Bildung ab. … Der menschliche Geist ist unsere wichtigste Ressource.

John F. Kennedy,
Rede zu Fragen der Bildung
vor dem Kongress, 20.2.1961

Dass Bildung wichtig ist, scheint überall in den Industrienationen und bei jeder politischen Gruppierung unstreitig. Bildung nützt nicht nur dem einzelnen Bürger, sondern der gesamten Gesellschaft. Gut ausgebildete Arbeitskräfte steigern die Produktivität und erhöhen das Steueraufkommen. Menschen, die gebildet und gut ausgebildet sind, verdienen mehr, sie sind zufriedener mit ihrer Arbeit, haben mehr von ihrer Freizeit, ihnen wird weniger häufig gekündigt, sie erfreuen sich einer besseren Gesundheit, werden seltener straffällig, sind eher bereit, sich sozial zu engagieren, und gehen häufiger zur Wahl.[143]

Nach den Angaben des US-Arbeitsministeriums von 2006 lag der Wochenlohn von Menschen, die auf der High School waren, sie aber nicht abgeschlossen hatten, bei durchschnittlich 419 Dollar. Ein High-School-Abschluss erhöhte diesen Wert auf 595 Dollar, und wer das College mit einem Bachelor-Abschluss absolviert hatte, kam auf 1039 Dollar; ein abgeschlossenes Universitätsstudium brachte 1200 Dollar und mehr.[144]

Heimvorteil

Gute Schulen sind natürlich wichtig, aber der entscheidende Faktor für gute schulische Leistungen der Kinder ist die Familie. In einer Studie zur Bildungsentwicklung in Großbritannien kommen Melissa Benn und Fiona Miller zu folgender Einschätzung:

> »Das größte Problem in den britischen Schulen besteht im Abstand zwischen Arm und Reich, in der gewaltigen Disparität von familiärer Unterstützung und sozialem und kulturellem Kapital, die Kinder schon beim Eintritt in das Bildungssystem trennt.«[145]

Kinder zeigen bessere Leistungen, je höher Einkommen und Bildungsniveau der Eltern sind, ebenso förderlich ist eine Wohnsituation, die ihnen einen ruhigen Platz für die Schularbeiten bietet, und insgesamt ein Elternhaus, in dem Bildung geschätzt wird, wo es Nachschlagewerke und Zeitungen gibt.[146] Große Bedeutung hat auch die Anteilnahme der Eltern am schulischen Fortkommen der Kinder.

Wenn also alle reichen Industrieländer zumindest theoretisch für die Chancengleichheit im Bildungssystem eintreten, warum versagen dann, ganz gleich wie gut das Schulsystem funktioniert, die unterprivilegierten Kinder in der Schule und können die vielfältigen Vorteile einer besseren Bildung nicht nutzen? Im Weiteren wird sich zeigen, dass zwischen den Ländern deutlich Unterschiede in der Chancengleichheit bestehen.

Leistungsunterschiede

Aus Abbildung 8.1 ergibt sich, dass im internationalen Ländervergleich ein enger Zusammenhang zwischen schulischen Leistungen und der Einkommensungleichheit besteht. Abbildung 8.2 bestätigt diesen Befund für die US-Bundesstaaten. In den Ländern mit größerer Ungleichheit liegt auch der durchschnittliche Bildungsabschluss entsprechend niedriger – und auch das gilt ebenso für die US-Bundesstaaten. Die Korrelation zwischen Ungleichheit und Bildungsniveau ist also eindeutig, Zufallsergebnisse sind ausgeschlossen. Daten für

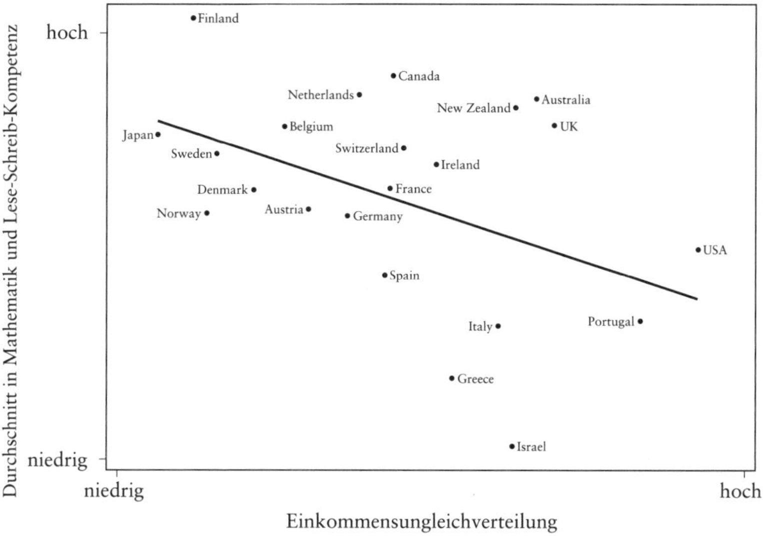

Abb. 8.1 *In den Ländern mit größerer Ungleichheit zeigen die 15-Jährigen schlechtere Ergebnisse in den Bereichen Mathematik und Lese-Schreib-Kompetenz.*[148, 149]

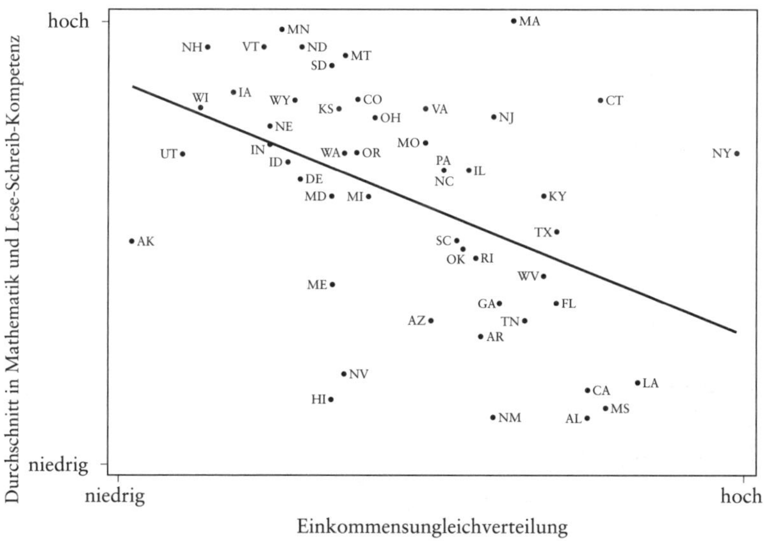

Abb. 8.2 *In den US-Bundesstaaten mit größerer Ungleichheit zeigen die Schüler der 8. Klasse schlechtere Ergebnisse in den Bereichen Mathematik und Lese-Schreib-Kompetenz.*

den internationalen Vergleich liefern die PISA-Studien (Programme for International Student Assessment), die seit ihrer Einrichtung im Jahr 2000 alle drei Jahre 15jährigen Schülern Standardfragebögen vorlegen. In 43 Ländern werden jeweils 4.500 bis 10.000 Kinder einem Test unterzogen, wobei die Auswahl der Schulen nach dem Zufallsprinzip erfolgt. PISA befragt 15-Jährige, weil in diesem Alter in den meisten Ländern die Schulpflicht endet. Themen der Tests sind Lesekompetenz, Mathematik und naturwissenschaftliche Kompetenz; es soll erfasst werden, wie gut die Kinder Kenntnisse und Fertigkeiten anwenden können.

Um den Vergleich mit den USA zu ermöglichen, haben wir in Abbildung 8.1 nur die internationalen Durchschnittswerte für Lesekompetenz und Mathematik zusammengefasst berücksichtigt und in der Grafik mit der Einkommensungleichverteilung in Bezug gesetzt. Tatsächlich ergeben sich kaum Abweichungen, wenn man die Ergebnisse im Bereich naturwissenschaftliche Kompetenz einrechnet. Für 2003 standen keine Daten aus Großbritannien zu Verfügung, weil sich dort zu wenige Schulen bereit fanden, an den PISA-Tests teilzunehmen. Auf der Grundlage der Erhebungen des International Adult Literacy Survey ließ sich international eine ähnlich deutliche Abhängigkeit von Lesekompetenz und Ungleichheit bei Erwachsenen belegen.[147]

Um solche Zusammenhänge in den 50 US-Bundesstaaten aufzuweisen, fassten wir in Abbildung 8.2 den Leistungsdurchschnitt für Mathematik und Lesekompetenz bei Achtklässlern (also etwa 14-Jährigen) zusammen, basierend auf den Daten (von 2003) des National Center for Education Statistics, einer Abteilung des US-Bildungsministeriums. Hier zeigt sich, dass die Werte in Bundesstaaten mit höherer Einkommensungleichheit deutlich niedriger liegen.

Abbildung 8.3 zeigt das Ergebnis eines weiteren Vergleichs: US-Bundesstaaten mit größerer Ungleichheit weisen eine höhere Quote von Kindern auf, die den High-School-Abschluss nicht geschafft haben. Am niedrigsten ist die Rate solcher Schulabgänger in Alaska, Wyoming, Utah, Minnesota und New Hampshire – jeweils etwa 12 Prozent. In drei Bundesstaaten – Mississippi, Louisiana und Kentucky – schaffen mehr als ein Viertel der Schüler den High-School-Abschluss nicht.

Als Erklärung für eine so überdeutliche Relation könnte allerdings

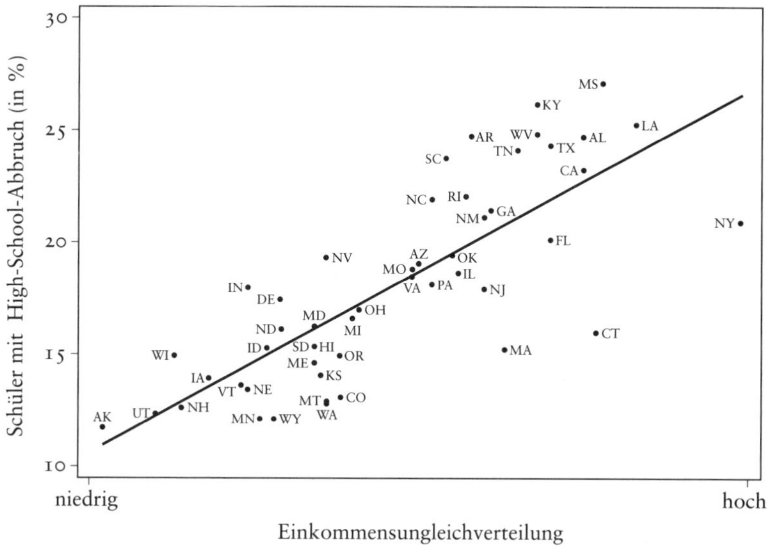

Abb. 8.3 *In den US-Bundesstaaten mit größerer Ungleichheit verlassen mehr Schüler die High School vorzeitig.*

auch die Armut gelten: In den armen Bundesstaaten verlassen viele Kinder die Schule vorzeitig, weil sie durch Arbeit die Familie finanziell unterstützen müssen. Tatsächlich weisen die armen Bundesstaaten höhere Zahlen von High-School-Abgängern auf, aber die Einflüsse von Armut und Ungleichheit sind unterschiedlich. Mit der Armut kann der starke Einfluss der Ungleichheit nicht erklärt werden. In keinem US-Bundesstaat liegt der Anteil der Armen über 17 Prozent, aber in 16 Staaten gehen mehr als 20 Prozent der Schüler vorzeitig von der High School ab – und es sind keineswegs nur die Kinder der Armen.

Nationales Bildungsniveau

Allgemein geht man davon aus, dass die staatlichen Bemühungen, das nationale Leistungsniveau etwa im Bildungsbereich zu erhöhen, nicht unbedingt Anstrengungen zur Verringerung sozialer Ungleichheit einschließen müssen. Vielleicht gilt aber gerade das Gegenteil: Vieles spricht dafür, dass ein höheres Bildungsniveau nur durch den

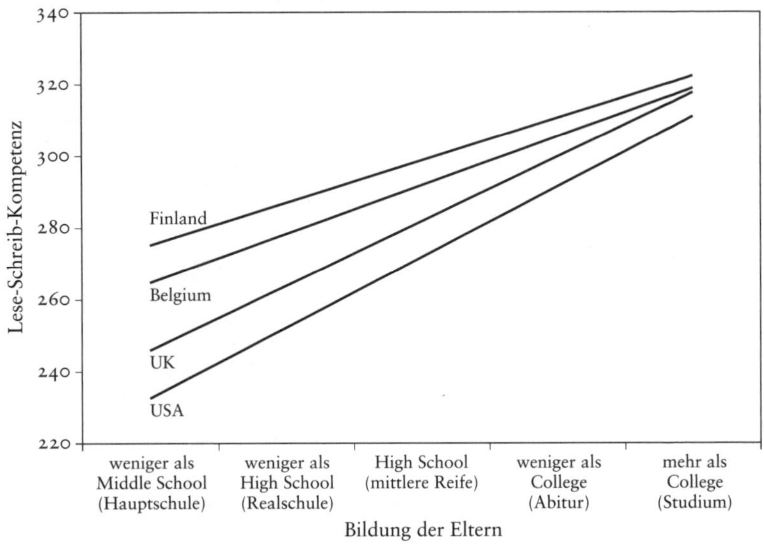

Abb. 8.4 *Vergleich der Lese-Schreib-Kompetenz in Finnland, Belgien, England und den USA, abhängig vom Bildungsstand der Eltern (Quelle: International Adult Literacy Survey).*

Abbau des sozialen Gefälles in diesem Bereich erzielt werden kann. Eine Reihe deutlicher Belege dafür liefert Douglas Willms, Pädagogikprofessor an der Universität New Brunswick (Kanada).[150] Abbildung 8.4 zeigt (nach Angaben des International Adult Literacy Survey) die Abhängigkeit der Lese-Schreib-Kompetenz bei Erwachsenen vom Bildungsniveau ihrer Eltern für die Länder: Finnland, Belgien, Großbritannien und die USA.

Die Grafik lässt den Schluss zu: Selbst wenn die Eltern ein hohes Bildungsniveau und vermutlich auch einen entsprechend hohen sozialen Status haben, hängt die Bildungskarriere der jüngeren Generation auch noch davon ab, in welchem Land sie lebt. Für die Menschen im unteren Bereich der sozialen Stufenleiter, deren Eltern weniger gebildet sind, ist dieser Faktor noch ausschlaggebender. Im Vergleich dieser vier Länder fällt vor allem der Unterschied in der Steilheit des sozialen Gefälles auf: In den USA und Großbritannien, den Ländern mit großer sozialer Ungleichheit, zeigt sich das Gefälle am deutlichsten; in Finnland und Belgien, den Ländern mit mehr

Gleichheit, verläuft die gemittelte Linie flacher. Es steht außer Zweifel, dass in jedem dieser Länder die Steilheit des sozialen Gefälles die Lese-Schreib-Kompetenz im nationalen Rahmen deutlich beeinflusst. Die USA und Großbritannien zeigen niedrige Durchschnittswerte, die am unteren Ende des Bildungsgefälles besonders schlecht ausfallen.

Douglas Willms hat gezeigt, dass die in Abbildung 8.4 dargestellte Verteilung auch in größerem Rahmen gilt. Seine Untersuchung basiert auf dem Vergleich von zwölf Industrieländern, den Provinzen Kanadas und den US-Bundesstaaten.[131] Er kommt zu der Erkenntnis, dass neben der Divergenz (deutlichere Unterschiede am unteren Ende des Gefälles) vor allem »ein deutlich inverses Verhältnis zwischen dem durchschnittlichen Kenntnisstand und dem Grad des sozioökonomischen Gefälles besteht«.

Der Epidemiologe Arjumand Siddiqi und seine Kollegen haben auf der Grundlage der Erhebungen der PISA-Studie 2000 den Einfluss des sozialen Gefälles auf die Lesekompetenz von 15-Jährigen untersucht.[152] Länder mit einer langen Tradition sozialstaatlicher Leistungen schnitten dabei besser ab, und bei den Ländern mit höheren Durchschnittswerten zeigten sich auch weniger soziale Unterschiede in der Lesekompetenz (wie auch Willms feststellte). Finnland und Schweden liegen bei der durchschnittlichen Lesekompetenz vorn und zeigen in diesem Bereich auch geringe Ungleichheit, während Griechenland und Portugal mit ihren niedrigen Durchschnittswerten eine entsprechend große Ungleichheit aufweisen. Siddiqi und seine Kollegen haben aber auch einige Ausnahmen beschrieben: In Neuseeland und Großbritannien sind die Durchschnittswerte hoch, obwohl auch hier die soziale Ungleichheit bei der Lesekompetenz groß ist; Norwegen dagegen weist durchschnittliche Werte bei geringer sozioökonomischer Ungleichheit im Bereich der Lesekompetenz auf. Eine Erklärung sehen die Wissenschaftler in dem Umstand, dass in Neuseeland und in Großbritannien der Anteil von Kindern höher war, die an den Tests teilnehmen sollten, aber inzwischen abgegangen waren oder die Schule schwänzten.

Staatliche Erziehungsfürsorge

Siddiqi und seine Mitarbeiter betonen, dass sich gute Ergebnisse und geringe soziale Ungleichheit in der Lesekompetenz vor allem in Ländern finden, die sich »durch mehr Sozialfürsorge auszeichnen«. Auf diesen Aspekt werden wir im Kapitel 12 zurückkommen, wo es um das Verhältnis von Einkommensungleichverteilung und staatlichen Aufwendungen für das Bildungssystem geht. Gibt es vielleicht noch weitere Einflüsse der Einkommensungleichheit auf die schulischen Leistungen?

Natürlich wirkt sich die Ungleichheit auf das Familienleben und die sozialen Beziehungen aus. Lange bevor ein Kind in die Schule kommt, ist es durch die soziale Ungleichheit geprägt. Wie entscheidend die frühen Jahre für die spätere Entwicklung sind, weiß man heute schon sehr genau: Menschen lernen seit ihrer Geburt, und für die Entwicklung des Gehirns sind die ersten Jahre entscheidend. Die äußeren Bedingungen, unter denen ein Kind aufwächst, können diese frühen Lernphasen fördern oder stören. Einer britischen Studie ist zu entnehmen, dass Kinder aus problematischen sozialen Verhältnissen bereits im Alter von drei Jahren in ihrer kognitiven Entwicklung um ein Jahr hinter Kindern aus besseren Verhältnissen zurückliegen.[153]

Anregungen aus dem sozialen Umfeld sind entscheidend für die frühen Lernschritte. Neugeborene und Kleinkinder brauchen Fürsorge und Ansprache. Man muss mit ihnen sprechen, sie lieben und auf sie eingehen. Sie wollen spielen, sich artikulieren und ihre Welt erkunden; dazu muss man sie ermutigen und anleiten, sie aber nicht durch Bestrafung in ihren Möglichkeiten einschränken. Das ist für die Eltern und andere Bezugspersonen nicht immer einfach, wenn sie mit Armut zu kämpfen haben, überfordert sind und keine Unterstützung erhalten.

In Kapitel 4 haben wir dargelegt, dass größere Ungleichheit in einer Gesellschaft die Qualität aller sozialen Beziehungen senkt; in den Kapiteln 5 und 6 haben wir gezeigt, wie sich Ungleichheit negativ auf die physische und psychische Gesundheit auswirkt und zu Drogenmissbrauch führt. Es liegt also auf der Hand, auch darüber nachzudenken, welche Folgen es für die intimen Beziehungen, für das Leben in häuslicher Gemeinschaft und für das Familienleben hat, wenn eine Gesellschaft stark hierarchisch und von Misstrauen geprägt ist. Streit und Gewalt in der Familie, psychische Erkrankung eines Elternteils, Zeit- und Geldmangel – all das wirkt sich auf die Entwicklung eines Kindes aus. Welche Folgen solche Stressfaktoren haben, kann man einer Studie der Wirtschaftswissenschaftler Robert Frank und Adam Levine von der Cornell University entnehmen. Ihre Studie über die USA belegt zum Beispiel, dass genau in den Verwaltungsbezirken, in denen sich die Einkommensschere am weitesten öffnete, auch die Scheidungsrate besonders stark anstieg.[154] Kinder in Familien mit geringem Einkommen erleben mehr innerfamiliäre Konflikte; die Wahrscheinlichkeit, dass sich die Eltern trennen, ist höher; die Kinder werden häufiger Opfer oder Zeugen von Gewalt, und sie leben in der Regel in beengten Verhältnissen, in schlechten Wohnungen,[155] in denen es laut zugeht. Das familiäre Umfeld der Kinder ist direkt abhängig vom Einkommen.[156] Der Einfluss der relativen Armut auf die Kinder ist durch die Reaktion der Eltern auf diese Situation vermittelt: In manchen Familien werden solche Probleme gut gelöst, viele Eltern reagieren mit mehr Strafen, manche mit Vernachlässigung oder schwerem Fehlverhalten.[157, 158]

Auch hier noch einmal der ausdrückliche Hinweis: Probleme in der Familie und bei der Kindererziehung treten nicht nur bei den Armen auf. Die Soziologin Annette Lareau hat in den USA die Kindererziehung untersucht, und zwar in der Mittelschicht, in der Arbeiterschicht und bei den Mittellosen. Ihre Studie zeigt große Unterschiede auf, was die Bewältigung des Alltags, den Sprachgebrauch und die soziale Vernetzung der Familien anbelangt.[159] Bei unserer Auswertung der britischen Millenium Cohort Study, einer umfassenden Studie über die Kinder der Jahrgänge 2000 und 2001, zeigte sich Folgendes: Selbst in der zweithöchsten Kategorie der sozialen Schichtung erklärten die Mütter noch deutlich häufiger als in der obersten Kategorie, dass sie mit der Kindererziehung überfordert seien oder ein gestörtes Verhältnis zu ihren Kindern hätten.

Die Gesellschaft kann sehr viel tun, um die Belastung der Familien zu verringern und die Bedingungen der frühkindlichen Entwicklung zu verbessern. Tatsächlich zeichnen sich manche Länder durch soziale Leistungen aus, die bereits den Kleinkindern zugute kommen – etwa indem berufstätigen Müttern bezahlter Mutterschaftsurlaub zusteht, was die Mutter-Kind-Bindung nach der Geburt stabilisieren kann. In Ländern mit mehr Gleichheit ist der Mutterschaftsurlaub länger, das ergab unsere Auswertung der Daten, die uns von Clearinghouse on International Developments in Child, Youth and Family Policies an der Columbia University zu Verfügung gestellt wurden.

Schweden bietet Eltern Erziehungsurlaub bei 80 Prozent Lohnfortzahlung bis zum 18. Lebensmonat des Kindes, weitere drei Monate können zu einem festen Tarif in Anspruch genommen werden, und noch einmal drei Monate unbezahlter Erziehungsurlaub. Mütter wie Väter sind anspruchsberechtigt und können die staatlichen Leistungen untereinander aufteilen. Norwegen bietet Vätern und Müttern ein Jahr bei 80 Prozent Lohnfortzahlung oder 42 Wochen bei 100 Prozent. In den USA und Australien dagegen gibt es für Eltern keinen gesetzlichen Anspruch auf bezahlten Erziehungsurlaub: In Australien dürfen sich Eltern 12 Monate unbezahlten Urlaub nehmen, in den USA gerade mal 12 Wochen.

Gesellschaften können noch auf andere Weise als durch den Erziehungsurlaub zu besseren Bedingungen in der frühen Kindheit beitragen: Familienbeihilfe und Steuererleichterungen, Sozialwohnungen, Gesundheitsversorgung, Programme zum Ausgleich zwischen Arbeits- und Familienleben, Kindergeld, und – vielleicht der wichtigste Aspekt – gute Angebote für die Früherziehung. Solche Programme für die frühkindliche Erziehung fördern nicht nur die körperliche und kognitive, sondern auch die soziale und emotionale Entwicklung,[160–162] sie können den Lebenslauf eines Menschen entscheidend beeinflussen. Unter der Maßgabe einer langfristigen Kosten-Nutzen-Rechnung müssen sie als sehr profitable Investition gelten. Die Feldforschung zeigt, dass unterprivilegierte Kinder, denen eine gute frühkindliche Erziehung zuteil wurde, im späteren Leben keine Nachhilfestunden brauchten, weniger häufig straffällig wurden und als Erwerbstätige ein höheres Einkommen erzielten.[160] Mit anderen Worten: Jede staatliche Aufwendung für solche Programme bringt nicht nur Vorteile für die Benachteiligten, sie zahlt sich auch aus für die Gesellschaft insgesamt.

Ungleiche Bildungschancen

Bislang ging es nur darum, wie sich die Ungleichheit auf das Familienleben und die sozialen Beziehungen auswirkt und damit auch die Entwicklungschancen der Kinder beeinflusst. Es gibt natürlich noch andere, viel direktere Folgen der Ungleichheit für die kognitiven Fähigkeiten und das Lernvermögen der Kinder.

2004 veröffentlichten die Ökonomen Karla Hoff und Priyanka Pandey die Ergebnisse eines ungewöhnlichen Feldversuchs im Auftrag der Weltbank.[163] Sie legten 642 Jungen aus entlegenen Dörfern Indiens einen Test vor, in dem es darum ging, den Weg durch ein Labyrinth zu finden. Die eine Hälfte der 11- bis 13jährigen Probanden stammte aus einer hohen, die andere Hälfte aus einer niedrigen Kaste. Im ersten Durchgang mussten die Kinder die Aufgabe lösen, ohne zu wissen, wer welcher Kaste angehörte. Unter dieser Bedingung schnitten die Jungen aus den niedrigen Kasten knapp besser ab als die aus den höheren Kasten.

Dann wiederholte man das Experiment, aber dieses Mal wurde jeder Junge zuvor aufgerufen, wobei er seinen Namen, sein Dorf, den Namen seines Vaters und Großvaters und seine Kastenzugehörigkeit nannte. Nach dieser öffentlichen Bekanntmachung der Kastenzugehörigkeit hatten die Kinder weitere Labyrinth-Aufgaben zu lösen. Nun zeigten sich erhebliche Unterschiede: Die Leistung der Kinder aus den niedrigen Kasten war deutlich schlechter, wie Abbildung 8.5 veranschaulicht.

Das Experiment liefert einen klaren Beleg, dass Leistung und Verhalten bei einer schulischen Aufgabe in hohem Maße davon abhängen, wie sich die Probanden von anderen gesehen und eingeschätzt fühlen. Wer damit rechnen muss, als unterlegen zu gelten, bringt schlechtere Leistungen.

Dieses Phänomen zeigte sich auch bei Versuchen mit schwarzen und weißen Studenten an amerikanischen High Schools. Besonders überzeugende Ergebnisse erzielten die Sozialpsychologen Claude Steele von der Stanford University und Joshua Aronson von der New York Unversity.[164] Für eine ihrer Untersuchungen benutzten sie einen Standardfragebogen für die Bewerbung um Aufnahme in ein Gra-

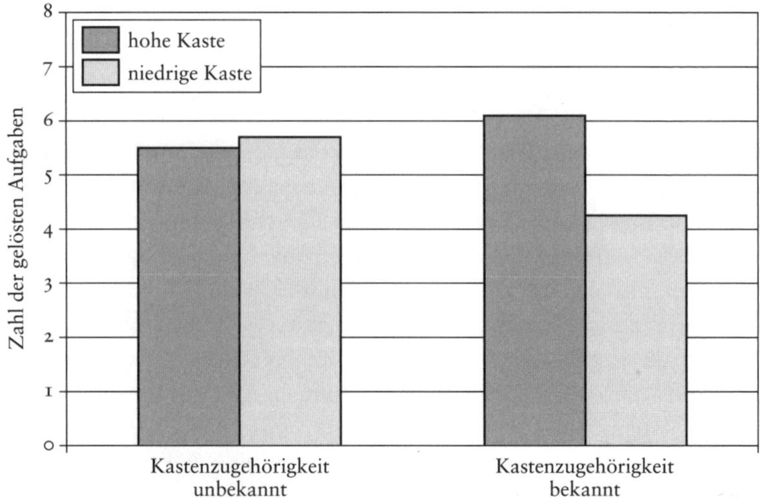

Abb. 8.5 *Auswirkungen der Kenntnis von Kastenzugehörigkeit auf die Leistung bei Schülern in Indien.*[163]

duierten-College. Während der ersten Experimentphase wurde den Probanden erklärt, es handele sich um eine Überprüfung ihrer Fähigkeiten. In der zweiten Phase hieß es vorab, dies sei kein Eignungstest. Während die weißen Studenten unter beiden Bedingungen die gleichen Leistungen zeigten, schnitten die schwarzen Studenten deutlich schlechter ab, sobald sie davon ausgehen mussten, dass ihre Fähigkeiten geprüft wurden. Steele und Aronson nannten diesen Effekt »stereotype threat«: Bedrohung durch Stereotype. Neuere Untersuchungen haben das Phänomen in vielen Bereichen nachgewiesen, etwa im Verhältnis zwischen den Geschlechtern oder zwischen ethnischen Gruppen.[165]

In Kapitel 3 sind bereits einige Untersuchungen über die Statusangst und die Folgen negativer Bewertung durch andere zitiert worden, dennoch mag es hier überraschen, wie einfach sich Klischees und die Furcht vor diesen Stereotypen einstellen und in einer Versuchsanordnung erzeugen lassen. 1968 führte die Lehrerin Jane Elliott in den USA einen Test mit ihren Schülern durch, um deren Einstellungen zu Rassendiskriminierung und Ungleichheit zu ermitteln.[166] Sie erklärte ihren Schülern, Wissenschaftler hätten festgestellt, dass Menschen mit blauen Augen intelligenter seien und bessere Erfolgschancen im Leben hätten als Menschen mit braunen Augen; die seien faul und dumm. Dann sortierte sie ihre Klasse nach Blauäugigen und Braunäugigen und behandelte die Gruppe der Blauäugigen besonders zuvorkommend, lobte sie und gewährte ihnen Vorteile. Es dauerte nicht lange, und diese Gruppe begann die Braunäugigen herablassend zu behandeln, zugleich steigerten sich ihre schulischen Leistungen. Die Braunäugigen fügten sich ebenso schnell in ihr Schicksal, wurden unterwürfig, ängstlich und in ihren Leistungen schwächer. Nach einigen Tagen erklärte die Lehrerin ihren Schülern, sie habe sich geirrt; in Wirklichkeit hätten die Braunäugigen die besseren Voraussetzungen. Die Gruppenbeziehungen in der Klasse verkehrten sich sehr schnell ins Gegenteil.

Neuere Erkenntnisse aus der neurologischen Forschung machen die biologischen Grundlagen für das Phänomen deutlich, dass Gefühle die Lernfähigkeit beeinflussen.[167] Die besten Lernvoraussetzungen finden wir in einem anregenden Umfeld, wenn wir zugleich an unseren Erfolg glauben. So lange wir uns zuversichtlich und glücklich fühlen, profitieren wir von der Ausschüttung des Glückshormons Dopamin, das auch unsere Gedächtnisleistung, unsere Aufmerksamkeit und unsere Fähigkeit zur Problemlösung steigert. Außerdem erhalten wir dann den stimmungsaufhellenden Neurotransmitter Serotonin, und Adrenalin, das unsere Leistungsfähigkeit insgesamt optimiert. Sobald wir unter Druck geraten, uns hilflos oder bedroht fühlen, versorgt uns dagegen der Stoffwechsel mit dem Hormon Kortisol, das unsere Denkfähigkeit und Gedächtnisleistung reduziert. Ungleichheit in der Gesellschaft oder in der Schule sind also Faktoren, die nachweislich unmittelbar auf das Gehirn einwirken und entsprechende Folgen für die Lernfähigkeit und die schulischen Leistungen der Betroffenen haben.

Nach Gusto

Aber die Ungleichheit ist noch auf eine andere Weise unmittelbar entscheidend für die schulischen Leistungen, sie prägt die Normen und Werte der Menschen am unteren Ende der sozialen Hierarchie – und damit auch ihre Hoffnungen. Der Mittelschicht gilt Bildung als der

Königsweg des Aufstiegs aus der Arbeiterschicht oder der Mittellosigkeit, und so sehen es auch die Pädagogen und Politiker. Nur die Betroffenen selber teilen diese Vorstellungen nicht unbedingt.

Die Anthropologin Gillian Evans hat 2006 eine Studie über die Lebensverhältnisse der Arbeiterschicht in Bermondsey, im Osten Londons, veröffentlicht.[168] In den Schulen, schreibt sie, werde von den Kindern ein Verhalten erwartet, das den Vorstellungen der Mittelschicht entspricht. Doch die Eltern aus der Arbeiterschicht sind da anderer Meinung: Sie erwarten andere Verhaltensweisen von ihren Kindern – beim Spielen, in der Familie und gegenüber den Eltern. Die Arbeiterschicht hat sich ein gewisses Widerstandspotenzial gegen den Versuch der Mittelschicht bewahrt, ihr bestimmte Werte und Erziehungsziele aufzuzwingen. Sie fürchten, dass die Kinder mit höherem Bildungsniveau auch tradierte Verhaltenweisen aufgeben. Eine der Befragten erklärte es Gillian Evans so: »Wir einfachen Leute können noch richtig lachen, weil wir eben nicht so eingebildet sind.« Die Frauen, die Evans charakterisiert, reden gern über die Familie, die Gesundheit, die Arbeit und darüber, wie man zu Geld kommt, auch über Hausarbeit, Bekannte, Einkaufen, Sex; Klatsch und Tratsch sind beliebt. Über abstrakte Vorstellungen oder über Bücher und Kultur zu reden gilt als Angeberei, als vornehmes Getue. Für die Kinder dieser Arbeiterfrauen gelten zu Hause nur wenige Regeln. Die Kinder dürfen essen und trinken, was sie wollen und wann sie wollen; sie dürfen zu Hause rauchen, und ob sie ihre Schularbeiten machen, bleibt ihnen überlassen. »Wenn sie lernen wollen, dann lernen sie, und wenn nicht, dann eben nicht.« Natürlich will man in diesen Familien das Beste für seine Kinder, aber dieses »Beste« ist nicht unbedingt »immer nur Bildung, Bildung, Bildung«.

Dass die Kinder der Arbeiterschicht oder der Armen sich gegen Schulbildung und die Werte der Mittelschicht sperren, heißt natürlich nicht, dass sie keine Hoffungen und Ziele haben. Als wir uns zum ersten Mal mit den Daten über die Ziele von Kindern beschäftigten, die ein UNICEF-Report zum Wohlergehen der Kinder zur Verfügung stellte,[110] waren wir überrascht über ihren deutlichen Bezug zur Ungleichheit, wie sich aus Abbildung 8.6 ablesen lässt: In Ländern mit mehr Gleichheit setzen sich Kinder geringere Ziele, in Ländern mit mehr Ungleichheit wollten sie höher hinaus. Zum Teil mag sich das daraus erklären, dass in Ländern mit mehr Gleichheit

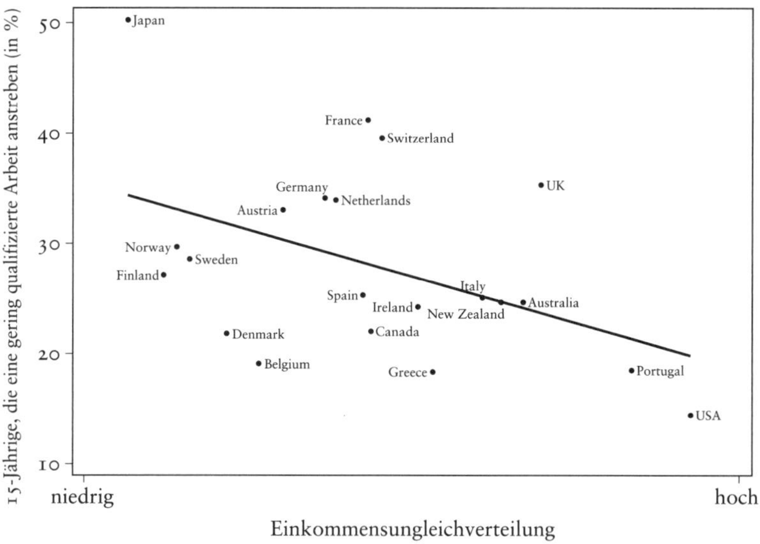

Abb. 8.6 *Berufswünsche von 15-Jährigen in reichen Ländern.*

gering qualifizierte Arbeit gesellschaftlich weniger verachtet ist, in den Ländern mit großer Ungleichheit dagegen sind die Berufswünsche der Kinder häufiger von unrealistischen Fantasievorstellungen bestimmt; sie wollen reich und berühmt werden.

In den Ländern mit mehr Ungleichheit zeigte sich auch ein größerer Abstand zwischen den Wünschen und den realen Möglichkeiten und Erwartungen der Kinder. Vergleicht man die schulischen Leistungen in Mathematik und Lesen in den verschiedenen Ländern (Abb. 8.1) mit den Berufswünschen (Abb. 8.6), wird deutlich, dass gerade in Ländern mit schlechten Werten für die Schulleistungen die angestrebten Ziele der Kinder höher liegen. Mit anderen Worten: Mehr Kinder wünschen sich eine Beschäftigung mit hohem Status, aber weniger Kinder schaffen die dafür nötige Qualifikation. Ungleichheit führt zu unrealistischen Hoffnungen und damit zu herben Enttäuschungen.

Gillian Evans zitiert einen Lehrer an einer städtischen Grundschule, der die niederschmetternde Wirkung der Ungleichheit bei Kindern so zusammenfasst:

> »Die Kinder wissen ja nicht, dass sie zur Arbeiterschicht gehören, das merken sie erst, wenn sie die Schule verlassen und feststellen, dass ihre Kinderträume nicht wahr werden können.«[168]

In den beiden folgenden Kapiteln wollen wir zeigen, wie junge Frauen und junge Männer in den Gesellschaften mit größerer Ungleichheit auf ihren niedrigen sozialen Status reagieren. In Kapitel 12, das sich mit den Auswirkungen der Ungleichheit auf die soziale Mobilität befasst, wird es dann noch einmal um Bildung und Lebenschancen gehen.

9.

Mädchen als Mütter – ein Kreislauf der Entbehrungen

Ein bloßes »Nein« zu den Teenager-Schwangerschaften ist bei ihrer Verhinderung so hilfreich wie ein »Schönen Tag noch« zur Heilung chronischer Depressionen.

Faye Wattleton, Konferenzvortrag, Seattle 1988

Im Sommer 2005 machten drei Schwestern Schlagzeilen in der britischen Boulevardpresse, alle drei waren im Teenageralter Mutter geworden. Als Erste wurde die Jüngste der drei schwanger, sie bekam ihr Kind mit 12 Jahren. »Wir waren bei meiner Mutter zu Hause im Bett und haben so rumgemacht. Das mit dem Sex hat sich irgendwie ergeben«, sagte sie. »Ich habe es niemandem gesagt, weil ich zu viel Angst hatte und nicht wusste, was ich tun sollte ... Wenn mir das bloß nicht passiert wäre.«[169] Kurz darauf bekam ihre ältere Schwester ein Kind, sie war 14 Jahre. »Das war einfach so eine typische Geschichte«, erklärte sie. »Hätte nicht gedacht, dass mir das passiert. Zuerst wollte ich abtreiben, aber ich konnte das nicht durchziehen.« Zuletzt wurde die älteste Schwester schwanger, sie bekam ihr Kind mit 16. Im Unterschied zu ihren jüngeren Schwestern schien sie die Mutterrolle zu akzeptieren. »Ich bin von der Schule abgegangen«, gab sie zu Protokoll. »Hat mich sowieso nicht groß interessiert. Alle meine Freundinnen hatten schon Kinder, und ich wollte auch Mutter sein.«

Als ihre Geschichten in die Medien kamen, wohnten die drei Mädchen bei ihrer Mutter, jeweils mit Kind in einem Zimmer. Die beiden jüngeren versuchten noch, in der Schule weiterzukommen, alle drei waren abhängig von Sozialleistungen. Ohne Unterstützung durch die Väter und ohne Ausbildung sah ihre Zukunft düster aus. In der

»Dauert das noch lange mit dem Geplauder über die Bienchen und Vögelchen? Ich will meinen Kurs zur Geburtsvorbereitung nicht verpassen.«

Medienöffentlichkeit wurden die drei Schwestern und ihre Mutter sofort als dreiste Parasiten dargestellt: »Die drei kleinen Schwestern und die Goldgrube der Sozialleistungen« – »Die Kinder der Mädchen sind die Opfer«.[170, 171] Die Mutter erklärte, in den Schulen fehle es an Aufklärung und Sexualkunde.

Das Thema ist wichtig

Die Pressekampagne machte schlagartig deutlich, welche Ängste und Bedenken die Medien in der Gesellschaft wecken können, »wenn Kinder Kinder kriegen«: Mutterschaft im jugendlichen Alter gilt als schlecht für die Mutter, schlecht für das Kind und schlecht für die Gesellschaft.

Einige Fakten zu diesem Thema sind unbestreitbar. Kinder von Müttern im jugendlichen Alter sind bei der Geburt häufiger untergewichtig, die Rate der Frühgeburten ist höher, ebenso die Säuglingssterblichkeit. Wenn diese Kinder heranwachsen, gelten sie häufiger als unerziehbar, sie werden häufiger straffällig und bekommen häufiger selbst als Jugendliche Kinder.[172, 173] Mädchen, die als Teenager Mutter werden, sind meist arm und ohne Ausbildung. Aber es bleibt die Frage: Liegt der Grund für all diese negativen Folgen des zu frühen Kinderkriegens tatsächlich nur im Alter der Mütter? Welche Rolle spielt das kulturelle Milieu, in dem diese Mädchen leben?

Solche Fragen sind heftig umstritten. Ein Argument geht dahin, dass es sich keineswegs um ein Gesundheitsproblem handele: Kinder von jugendlichen Müttern hätten per se keine schlechteren Entwicklungschancen.[174] Tatsächlich zeigen Erhebungen unter der armen afroamerikanischen Bevölkerung, dass deren Gesundheit durch die fortdauernde und zunehmende Wirkung von Armut und Stress im Laufe eines Lebens immer stärker geschädigt wird; den Kindern ergeht es darum besser, wenn die Mutter bei der Geburt noch sehr jung ist.[175, 176] Man spricht hier von »weathering« (Verwitterung), was heißen soll, dass arme und unterprivilegierte Mütter nicht darauf zählen können, gesündere Kinder zu haben, wenn sie erst später schwanger werden. Andere Studien zeigen, dass die Kinder jugendlicher Mütter als Erwachsene häufiger marginalisiert sind, mehr Probleme mit ihrer physischen und psychischen Gesundheit haben und mehr Entbehrungen erleiden. Dies gilt auch, wenn andere Faktoren in der Kindheit einbezogen werden, etwa die soziale Herkunft, Bildung, der Personenstand (verheiratet oder ledig) und die Persönlichkeit der Eltern usw.[177] Bei solchen Untersuchungen ist es manchmal möglich, den Einfluss des Alters der Mutter und der wirtschaftlichen Bedingungen getrennt darzustellen, im wirklichen Leben sind diese Faktoren aber meist unauflöslich verknüpft. Man sieht die Mutterschaft im Teenageralter als einen generationenübergreifenden Kreislauf der Entbehrungen.[178]

Aber wie werden die jungen Frauen in ihren persönlichen Entscheidungen und Erfahrungen tatsächlich von der Gesellschaft geprägt, in der sie leben? Was ist der soziale Anteil an ihrer Entscheidung, mit dem Freund zu schlafen, sich für oder gegen Verhütung oder Abtreibung zu entscheiden, Bildung und Karriere anzustreben oder nicht? Wie bei den Themen, die in vorigen Kapiteln diskutiert wurden, zeigt sich auch bei der Teenager-Schwangerschaftsrate ein Zusammenhang mit der Ungleichheit und der relativen Deprivation.

Ungleichheit ab Geburt

Schichtspezifische Unterschiede zeigen sich bei den Schwangerschaften ebenso wie bei den Geburten im Teenageralter, allerdings deutlicher bei den Geburten. Das liegt daran, dass junge Frauen aus der Mittelschicht häufiger abtreiben. Höhere Geburtenraten weisen Gemeinden auf, in denen auch Scheidungsraten, Arbeitslosigkeit, Armut und Kriminalität höher liegen, während Vertrauen und sozialer Zusammenhalt geringer sind.[173] Einige Studien verstehen die Mutterschaft im Teenageralter als eine Entscheidung von Frauen, die keine andere Möglichkeit sehen, sich die sozialen Merkmale des Erwachsenseins zu verschaffen – also etwa eine stabile Beziehung zu einem Partner oder einen guten Job.[179] Nach Ansicht der Soziologin Kristin Luker sind es die »Entmutigten unter den Benachteiligten«, die im jugendlichen Alter Mütter werden.[180]

Aber das Problem betrifft nicht nur junge Frauen aus den ärmeren Schichten. Wie bei allen Fragen, die bislang verhandelt wurden, ist der Einfluss der Ungleichheit quer durch die Gesellschaft festzustellen. Abbildung 9.1 zeigt für Großbritannien den Prozentsatz jugend-

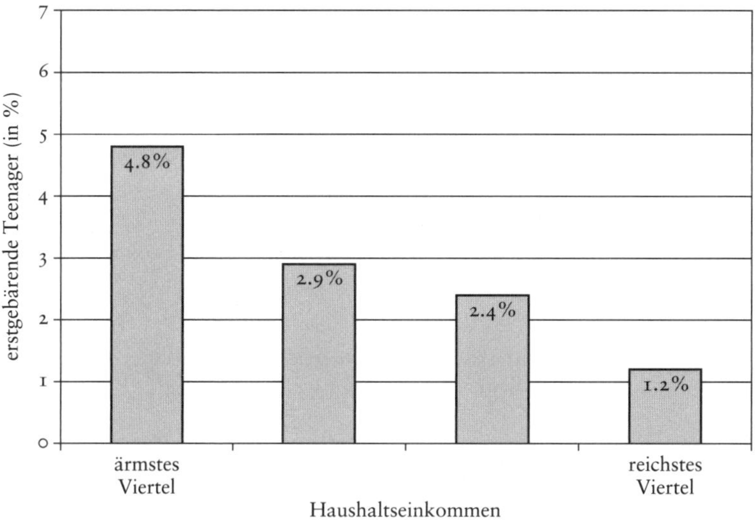

Abb. 9.1 *Die Rate der Teenager-Geburten sinkt mit steigendem Haushaltseinkommen.*[181]

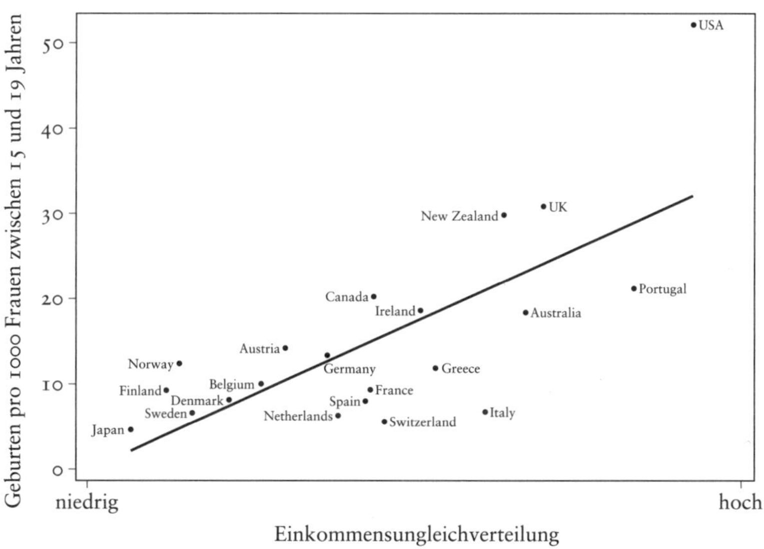

Abb. 9.2 *In Gesellschaften mit größerer Ungleichheit ist die Geburtenrate im Teenager-Alter höher.*[185]

licher Mütter im Verhältnis zum Haushaltseinkommen. Im Viertel der ärmsten Haushalte bringen jährlich fast fünf Prozent der Teenager ihr erstes Kind zur Welt, das sind vier Mal so viele wie im Viertel mit den reichsten Haushalten. Aber auch zwischen dem reichsten und dem zweitreichsten Viertel verdoppelt sich der Wert: von 1,2 Prozent auf 2,4 Prozent. Ähnliche Muster zeigen sich in den USA. Obwohl die meisten Geburten in der Gruppe der älteren Teenager (18 bis 19 Jahre) vorkommen, ist das Muster deutlich, und es zeigt sich noch deutlicher in der Gruppe der 15- bis 17-Jährigen.

Aus Abbildung 9.2 ergibt sich, gestützt auf Daten der UNICEF,[182] dass auch international die Geburtenrate unter Teenagern in Bezug zur Einkommensungleichverteilung steht. Und in Abbildung 9.3 ist dieser Zusammenhang auch unter den 50 US-Bundesstaaten erkennbar, hier gestützt auf Erhebungen des US National Vital Statistics System[183] und des Alan Guttmacher Institute.[184] Die reichen Länder und die US-Bundesstaaten mit jeweils größerer Ungleichheit weisen höhere Teenager-Geburtenraten auf – ein klarer Trend, der Zufallsergebnisse ausschließt. Aus dem UNICEF-Report geht hervor, dass in

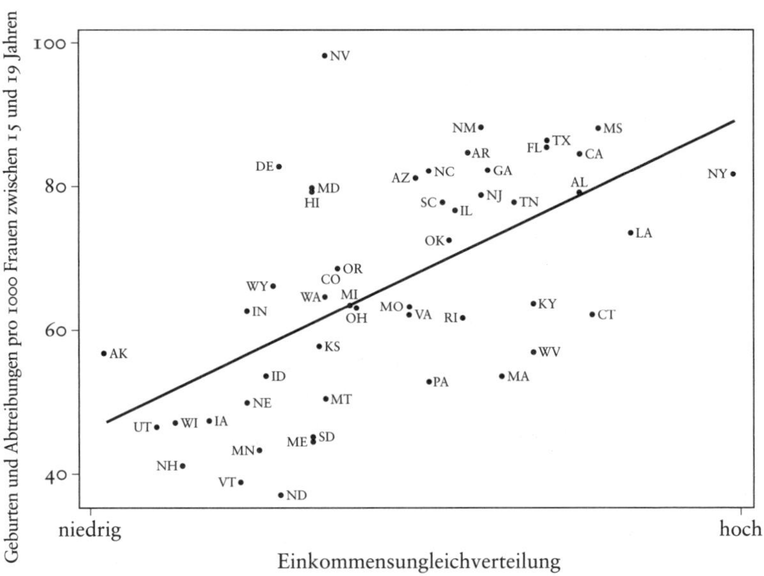

Abb. 9.3 *Die US-Bundesstaaten mit größerer Ungleichheit weisen eine höhere Geburtenrate bei Teenagern auf.*

den reichen Mitgliedsländern der OECD jährlich mindestens 1,25 Millionen Teenager schwanger werden und etwa eine Dreiviertelmillion dann tatsächlich Mütter im jugendlichen Alter sind.[182] Die Länderunterschiede bei den Geburtenraten sind erheblich. Ganz oben in der Statistik finden sich die USA und Großbritannien: In der Vergleichsgruppe der reichen Länder führen die USA, mit einer Geburtenrate von 52,1 (pro 1000 Frauen der Altersgruppe 15 bis 19 Jahre). Das ist mehr als das Vierfache des Durchschnittswerts in der Europäischen Union und mehr als das Zehnfache des Werts von 4,6 in Japan.

Rachel Gold und Kollegen haben in einer Studie zur Einkommensungleichverteilung und Geburtenhäufigkeit im Teenageralter belegt, dass die Geburtenraten in den US-Verwaltungsbezirken mit der größten Ungleichheit und den relativ geringsten Entwicklungsmöglichkeiten besonders hoch waren. Dieser Einfluss der Ungleichheit zeigte sich am klarsten in der Gruppe der sehr jungen Mütter, die zwischen 15 und 17 Jahren alt sind.[186] Wir haben in Abbildung 9.3 die Ergebnisse für Geburten und Abtreibungen zusammengefasst. Es zeigen sich zwischen den US-Bundesstaaten erhebliche Unterschiede: Der Wert für Mississippi liegt um fast das Doppelte über dem von Utah.

Wenn es um Schwangerschaft, Abtreibung und Geburt geht, scheint auch der Einfluss von religiöser und ethnischer Zugehörigkeit wahrscheinlich: Man darf etwa vermuten, dass in Ländern mit vorwiegend katholischer Bevölkerung die Abtreibungsraten niedrig und folglich die Geburtenrate unter Teenagern hoch ist. Die Ergebnisse für die katholischen Länder Irland und Portugal passen zu diesem Erklärungsansatz, aber in den ebenfalls katholischen Ländern Spanien und Italien fallen die Werte überraschend gering aus. Innerhalb eines Landes können die verschiedenen ethnischen Gruppen je eigene kulturelle Praktiken und Wertvorstellungen entwickeln, was Sexualität, Empfängnisverhütung, Abtreibung, frühe Heirat oder die soziale Rolle der Frau insgesamt angeht. So ist in den USA die Wahrscheinlichkeit, im jugendlichen Alter Mutter zu werden, bei Mädchen aus der hispanischen und afroamerikanischen Bevölkerung etwa doppelt so hoch wie bei weißen Altersgenossinnen. In Großbritannien zeigen sich die besonders hohen statistischen Werte vor allem in den Gemeinschaften der Einwanderer aus Bangladesch und der Karibik.[182] Auf die Rangordnung der Länder beim Vergleich von Schwangerschaften und Geburten bei Teenagern haben diese Besonderheiten allerdings wenig Einfluss, weil sie nur für Minderheiten gelten; sie spielen daher auch bei unserer Betrachtung der Beziehungen von Ungleichheit und Teenager-Schwangerschaften keine Rolle.

Hinter den augenfälligen Beziehungen, die in den Abbildungen 9.2 und 9.3 gezeigt werden, verbergen sich allerdings komplexe Zusammenhänge: Hier ist nur summarisch erfasst, was es bedeutet, im jeweiligen Land als Teenager Mutter zu werden. So sind in Japan, Griechenland und Italien mehr als die Hälfte der Teenager verheiratet, wenn sie ihr erstes Kind bekommen; in Japan sind es sogar 86 Prozent. Dagegen sind in den USA, Großbritannien und Neuseeland weniger als ein Viertel der jungen Mütter verheiratet.[182] Diese Länder weisen darum nicht nur eine insgesamt höhere Rate von Geburten im Teenageralter auf, sondern die Mütter wie die Kinder sind auch stärker betroffen von den typischen gesundheitlichen und sozialen Problemen, die sich aus der frühen Mutterschaft ergeben. In den USA ist der Prozentsatz verheirateter jugendlicher Mütter in der hispanischen Gemeinschaft höher als in den anderen ethnischen Gruppen, aber diese Frauen gehören auch eher den armen Schichten an.[187, 188] Ein ähnliches Bild ergibt sich für die Gruppe der Bangladescher in Großbritannien.

Wer wird schneller erwachsen?

Sehr interessant ist die geringe Korrelation zwischen der Geburtenrate bei Teenagern und der allgemeinen Geburtenrate in den reichen Ländern. In den USA, Großbritannien, Neuseeland und Portugal, den Ländern mit der größten Ungleichheit, liegt die Geburtenziffer bei Teenagern im Verhältnis zu den Geburten bei älteren Frauen deutlich höher als in Ländern mit geringerer Ungleichheit: In Japan, Schweden, Norwegen und Finnland zeigt sich dieses Verhältnis genau umgekehrt.[182] Ein Anstieg der Geburtenrate bei Teenagern in den Ländern mit mehr Ungleichheit geht also offensichtlich nicht auf jene Faktoren zurück, die einen allgemeinen Anstieg der Geburtenrate bewirken. Sondern das Maß der Ungleichheit in einer Gesellschaft wirkt vor allem auf Schwangerschaft und Geburt bei Teenagern.

Eine Studie der Rowntree Foundation (*Young People's Changing Routes to Independence*) hat die Bedingungen verglichen, unter denen

Kinder der Geburtsjahrgänge 1958 und 1970 aufwuchsen, und kam zu der Erkenntnis, dass sich der »Abstand zwischen denen, die schnell, und denen, die langsamer erwachsen werden, vergrößert hat«.[189] Kinder aus Familien der höheren sozioökonomischen Schichten verbringen mehr Zeit mit Schul- und Berufsausbildung und denken an Heirat und Kinder erst, wenn sie ihre Position im Erwachsenenleben gesichert haben – das ist der langsame Weg. Kinder, die schnell erwachsen werden, brechen die Schule ab und geraten dann oft in einen unseligen Kreislauf von Arbeitslosigkeit, gering bezahlter Beschäftigung und staatlichen Fortbildungsmaßnahmen; ihnen fehlt jede Planung und berufliche Perspektive.

Die Soziologinnen Hilary Graham und Elizabeth McDermott kamen in ihrer Studie zu dem Schluss, dass Mutterschaft für Teenager eine entscheidende Weichenstellung bedeutet: Sie verlieren den Anschluss an die Gesamtheit der Handlungsmöglichkeiten und Beziehungen in ihrer Gesellschaft. Auf diese Weise können ganze Generationen in der Sackgasse der Ungleichheit enden.[190] Aber es ist nicht nur ihre relative Armut, die jungen Menschen die Chancen auf eine bessere Zukunft nimmt. Es gibt offenbar noch weitere Faktoren, die den Einfluss der jeweiligen Ungleichheit in einer Gesellschaft auf die jugendlichen Mütter verstärken.

Frühe Geschlechtsreife und Abwesenheit der Väter

Einer dieser Faktoren wurde bereits in Kapitel 8 genannt, als es um die Auswirkung der Ungleichheit auf das Familienleben und um den Stress in der Kindheit ging. Frühkindliche Erfahrungen können eine ebenso wichtiger Einflussgröße bei der jugendlichen Mutterschaft darstellen wie die ökonomischen Aussichten und Bildungschancen der Jugendlichen. 1991 haben der Psychologe Jay Belsky und seine Kollegen an der University of London eine auf die Evolutionspsychologie gestützte Theorie entwickelt: Aufgrund ihrer Erfahrungen in früher Kindheit gelangen Menschen entweder zu einer quantitativen oder einer qualitativen Fortpflanzungsstrategie, je nachdem wie belastend die frühkindlichen Erlebnisse waren.[191] Wer schon in der Kindheit lernt, »andere als unverlässlich, Beziehungen als bestimmt durch Selbstsucht und Opportunismus und die Versorgung als gering und/

oder ungesichert zu verstehen«, wird demnach früher geschlechtsreif und früher sexuell aktiv, wird eher kurzfristige Beziehungen eingehen und sich um das Wohl der Kinder weniger kümmern. Menschen dagegen, die in der Kindheit »andere als verlässlich, Beziehungen als dauerhaft und bestimmt von gegenseitigem Vorteil und die Versorgung als mehr oder weniger gesichert erlebt haben«, werden später geschlechtsreif und sexuell aktiv, sind besser in der Lage, dauerhafte Beziehungen einzugehen, und kümmern sich mehr um die Entwicklung ihrer Kinder.

Solche Strategien hatten ihren Sinn in früheren Stadien der Menschheitsgeschichte. Wenn kein Verlass auf den Partner und andere war und nur geringe Ressourcen zur Verfügung standen, dann war es besser, sich früh fortzupflanzen und möglichst viele Kinder zu haben – damit wenigstens einige überlebten. Sobald man sich auf Schutz und Zuwendung durch den Partner und die Familie verlassen konnte, erschien es günstiger, weniger Kinder zu bekommen und jedem einzelnen mehr Versorgung und Aufmerksamkeit zukommen zu lassen.

In der Studie von Rachel Gold wird vermutet, dass sich die Abhängigkeit von Ungleichheit und Geburtenrate bei Teenagern in den USA auch durch den Einfluss der Ungleichheit im Bereich des Sozialkapitals erklärt (vgl. Kap. 4).[192] In den US-Bundesstaaten, die geringere Werte für sozialen Zusammenhalt, soziales Engagement und Vertrauen aufweisen – also genau die Bedingungen für eine quantitative Fortpflanzungsstrategie –, sind die Geburtenraten bei Teenagern höher.

Andere Studien machen deutlich, dass Konflikte in der Kindheit und das Aufwachsen der Kinder ohne Vater als Faktoren einer frühen Geschlechtsreife gelten können: Mädchen, die so aufwachsen, bekommen ihre erste Periode früher als Mädchen, die solchen Stressfaktoren nicht ausgesetzt sind.[193, 194] Früher in die Pubertät einzutreten bedeutet auch eine höhere Wahrscheinlichkeit, dass die Mädchen früher Sex haben und schon als Teenager Mutter werden.[195]

Einen besonders wichtigen Einfluss auf Schwangerschaften im jugendlichen Alter könnte die Abwesenheit der Väter haben. Der Psychologe Bruce Ellis und Kollegen haben eine Langzeitstudie mit zwei großen Vergleichsgruppen in den USA und Neuseeland durchgeführt, in der Mädchen von früher Kindheit bis ins Erwachsenenalter beobachtet wurden.[196] In beiden Ländern zeigte sich: Je länger ein Vater nicht bei der Familie war, desto größer war die Wahrscheinlichkeit, dass die Tochter in jungen Jahren Sex haben und als Teenager Mutter werden würde. Diese statistische Korrelation war so deutlich, dass sie auch nicht durch andere Faktoren in Frage gestellt wurde – etwa durch Verhaltensstörungen der Mädchen, Streit in der Familie, Probleme mit der Erziehung, sozioökonomischer Status oder Gewalt in den Wohnvierteln, in denen die Mädchen aufwuchsen. Man darf also von grundlegenden Prozessen der Anpassung ausgehen, um den Zusammenhang von hohen Geburtenraten bei Teenagern, hoher sozialer Ungleichheit, Stressniveau und auch geringem sozialem Status zu erklären. Die Situation eines alleinerziehenden Elternteils zeigt sich in verschiedenen Ländern sehr unterschiedlich. Internationale Daten über Haushalte mit nur einem Elternteil sind zugänglich, aber leider nicht so detailliert, dass deutlich werden würde, wie oft es der Vater ist, der im Leben eines Kindes fehlt.

Was ist mit den Vätern?

In diesem Kapitel ging es stets um die Mütter, wenn das Problem der Elternschaft von Teenagern behandelt wurde. Aber was ist mit den Vätern? Blicken wir noch einmal auf die eingangs erzählte Geschichte der drei Schwestern. Der Vater des Jungen, den die 12-Jährige zur Welt brachte, verließ die Mutter kurz nach der Geburt. Der Junge, den die zweitälteste Tochter als den Vater ihrer Tochter angab, bestritt, mit ihr Sex gehabt zu haben und verlangte einen Vaterschaftstest. Und der Vater des Kindes der ältesten Schwester war 38 Jahre alt und hatte bereits mindestens vier Kinder.

In der Arbeit der Soziologinnen Graham und McDermott werden Studien diskutiert, die auf ausführlichen Interviews mit jungen Frauen über deren Erfahrungen basieren. Es zeigt sich, dass die Erfahrungen der drei Schwestern mit den Vätern ihrer Kinder durchaus typisch sind.[190] Mutterschaft ist für junge Frauen aus unterprivilegierten Verhältnissen ein Weg in die sozialen Netzwerke der Erwachsenen, zu denen in der Regel ihre eigenen Mütter und die Verwandten gehören. Auf diese Weise erhalten sie Unterstützung und können das Stigma, so früh Mutter geworden zu sein, besser aushalten. Graham und McDermott kommen zu dem Schluss, dass den jungen Frauen die Beziehung zu ihrem Kind wichtiger ist als die häufig problematische Beziehung zu dessen Vater, weil sie davon »eine stabilere Form der Intimität erwarten als von ihren bisherigen heterosexuellen Beziehungen«.

In Regionen mit hoher Arbeitslosigkeit und niedrigem Lohnniveau können die jungen Männer ihren Partnerinnen oft nicht viel Stabilität und Unterstützung bieten. Vielmehr haben sie gerade in den Gemeinschaften mit hohen Raten von schwangeren Teenagern selbst mit den Problemen zu kämpfen, die sich aus der Ungleichheit ergeben; die Vaterschaft in jungen Jahren bedeutet für die Jugendlichen nur einen weiteren Stressfaktor.

10.

Gewalt: aus mangelnder Anerkennung

> Wo immer Gerechtigkeit verweigert wird, wo die Armut verschärft wird, wo Unwissenheit herrscht und wo eine soziale Schicht zu der Überzeugung kommen muss, dass die ganze Gesellschaft sich verschworen hat, sie zu unterdrücken, zu berauben und zu erniedrigen – da werden die Rechte der Person und des Eigentums nicht länger gewährleistet sein.
>
> *Frederick Douglass,*
> *Rede zum 24. Jahrestag der Sklavenbefreiung,*
> *Washington DC, 1886*

Als wir mit der Arbeit an diesem Kapitel begannen, gab es bei uns wie jenseits des Atlantiks reichlich Schlagzeilen über Gewalttaten. In Salt Lake City stürmte ein 18jähriger Mann mit einem Gewehr in ein Einkaufszentrum und tötete, ohne ersichtliches Motiv, fünf Menschen und verwundete vier weitere, bevor er von der Polizei erschossen wurde. In Großbritannien hatte es eine Welle von Tötungsdelikten im Süden von London gegeben; innerhalb von knapp zwei Wochen waren drei junge Männer unter zwanzig umgebracht worden. Worum es in diesem Kapitel gehen soll, lässt sich aber vielleicht am besten an einem Vorfall verdeutlichen, der sich im März 2006 ereignete, in einer verschlafenen Vorortsiedlung von Cincinnati, Ohio. Der 66jährige Charles Martin rief die Notrufzentrale an und sagte: »Ich habe gerade einen Jungen umgebracht. Ich habe zweimal mit meiner verdammten 410 Shotgun auf ihn geschossen.«[197] Charles Martin hatte einen 15jährigen Jungen aus der Nachbarschaft erschossen. Und warum? Der Junge war über den Rasen vor Martins Haus gelaufen. »Mit dem hatte ich dauernd Ärger, und er hat die anderen Jungs mitgebracht, die mich immer belästigen.«

UMFRAGE

»Letzte Frage: Würden Sie sagen, dass Ihre Angst vor Verbrechen zugenommen hat?«

Für viele Menschen ist Gewalt ein drängendes Problem geworden. Die jüngste britische Statistik zu Straftaten ergibt, dass 35 Prozent der Befragten erklären, sie seien sehr oder ziemlich besorgt, überfallen zu werden. 33 Prozent haben Angst vor einem körperlichen Angriff, 24 Prozent fürchten eine Vergewaltigung, und 13 Prozent denken an rassistisch motivierte Übergriffe. Mehr als ein Viertel der Befragten erklärte, Belästigungen und Beleidigungen auf offener Straße zu fürchten.[198] Untersuchungen aus den USA und Australien bestätigen diese Befunde. Wahrscheinlich ist die Angst vor Verbrechen und Gewalt ein Problem von nicht geringerem Ausmaß als die tatsächliche Kriminalität. Verhältnismäßig wenige Menschen werden tatsächlich Opfer von Gewalt, aber für viele bedeutet die Angst vor gewaltsamen Übergriffen eine spürbare Verminderung ihrer Lebensqualität. Solche Ängste zeigen sich überproportional häufig bei den besonders verwundbaren sozialen Gruppen: bei den Armen, bei Frauen und den Minoritäten.[199] Frauen fühlen sich in manchen Wohngebieten unsicher, wenn sie abends noch ausgehen oder nachts nach Hause kommen. Alte Menschen verriegeln ihre Wohnungstüren und machen nicht auf, wenn Fremde klingeln. Solche Verhältnisse können als ernste Beschränkung der Persönlichkeitsrechte gelten.

Allerdings ist diese Furcht vor Verbrechen, Gewalt und asozialem Verhalten nicht immer gedeckt durch die Statistik. In den USA zeigte sich in den letzten Jahren ein Rückgang der Mordfälle (der inzwischen wieder gestoppt ist), aber die Angst der Menschen vor Gewalttaten blieb unverändert hoch. Zu den neusten Tendenzen in diesem Bereich kommen wir später, zunächst soll es hier um die Unterschiede und Ähnlichkeiten gehen, die sich bei der Betrachtung der Gewaltstatistik in verschiedenen Ländern zeigen.

In mancher Hinsicht erweisen sich die Muster gewalttätigen Verhaltens als bemerkenswert konsistent in Zeit und Raum. Gewalttaten werden, an verschiedenen Orten und zu verschiedenen Zeiten, überwiegend von Männern verübt, und die Mehrheit der Täter ist im Teenageralter oder Anfang zwanzig. Die Philosophin und Evolutionspsychologin Helena Cronin hat in ihrem Buch *The Ant and the Peacock* dargelegt, wie ähnlich sich Mörder in Bezug auf Alter und Geschlecht sind, auch wenn man Statistiken von räumlich unterschiedlichen Orten vergleicht.[200] Abbildung 10.1 zeigt Cronins Vergleich der Mordrate in Chicago und in England/Wales. Unten wer-

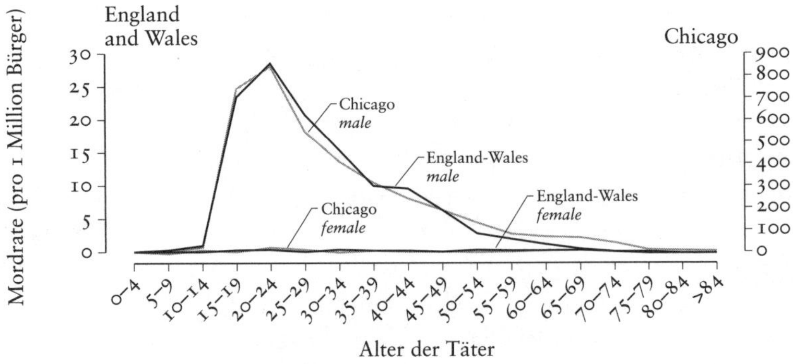

Abb. 10.1 *Mordfälle, dargestellt nach Alter und Geschlecht der Täter, im Vergleich von England/Wales und Chicago.*[200]

den die Altersgruppen gelistet, in der Vertikalen die Mordrate, die Kurven weisen die Ergebnisse getrennt nach Männern (*male*) und Frauen (*female*) aus. Man sieht, dass die Kurve für Männer ihren Gipfelpunkt am Ende des Teenageralters und Anfang zwanzig erreicht, während die Mordrate der weiblichen Täter in allen Altersgruppen deutlich niedriger bleibt. Erstaunlich ist auch die Ähnlichkeit der Verteilung nach Alter und Geschlecht in Chicago und England/Wales. Allerdings gilt es hierbei, die unterschiedliche Skalierung zu beachten: Auf der linken Ordinate sind die Morde in England/Wales pro 1 Million Einwohner auf einer Skala von 0 bis 30 abgetragen; die Skala für Chicago, auf der rechten Seite, geht dagegen von 0 bis 900. Es besteht also, trotz der deutlichen Ähnlichkeit in der Verteilung von Alter und Geschlecht, ein grundlegender Unterschied zwischen den beiden Orten der Erhebung: Die Mordrate lag in der Stadt Chicago dreißig Mal so hoch wie in England und Wales. Den Ähnlichkeiten auf der biologischen Ebene stehen gewaltige Unterschiede der äußeren Lebensbedingungen gegenüber.

In manchen Gesellschaften sind Gewaltverbrechen so gut wie unbekannt. In den USA wird alle drei Stunden ein Kind erschossen. Aber auch Großbritannien muss, obwohl die Verbrechensrate weit hinter der der USA zurückbleibt, im Vergleich mit anderen Ländern als eine gewalttätige Gesellschaft gelten: Allein in dem Zeitraum von 2005 bis 2006 wurden mehr als eine Million Gewaltverbrechen registriert. In allen Gesellschaften neigen vor allem die jungen Männer zur Gewalt, aber zugleich gilt, dass diese Täter überall eine Minderheit bilden. So wie die verzweifelten und unterprivilegierten Mädchen besonders häufig schon als Teenager Kinder bekommen, so sind es die jungen Männer aus den armen und heruntergekommenen Wohngebieten, die als Opfer und Täter besonders häufig in der Statistik der Gewalt auftauchen. Die Frage ist: Warum?

»Unser Stolz ist alles, was wir haben«

Der Psychiater James Gilligan leitet an der Harvard Medical School das Zentrum für die Untersuchung von Gewalt, er arbeitet seit über dreißig Jahren in der Gewaltprävention. Lange Jahre war er zuständig für die Betreuung psychisch Kranker in den Gefängnissen von Massachusetts, und auch während seiner Tätigkeit als klinischer Psychiater hatte er vorwiegend mit besonders gewalttätigen Insassen von Gefängnissen und psychiatrischen Abteilungen von Haftanstalten zu tun. In seinen zwei Büchern, *Violence*[201] und *Preventing Violence*,[202] vertritt Gilligan die Behauptung, dass Gewalttaten »den Versuch bedeuten, ein Gefühl der Erniedrigung und der Schande abzuwehren oder zu tilgen – ein Gefühl, das überwältigend schmerzhaft und unerträglich werden kann – und es durch sein Gegenteil zu ersetzen, durch ein Gefühl des Stolzes«. In seinen Gesprächen mit Männern, die Gewalttaten begangen hatten, stellte Gilligan immer wieder fest, dass es wahre oder vermeintliche Verletzungen des Stolzes waren, die diese Taten auslösten – ein Verhalten anderer, das für die Täter Erniedrigung und Schande bedeutete. In manchen Fällen genügten unglaublich banale Anlässe, aber stets ging es darum, sich nicht beschämen zu lassen: Ein Junge aus der Nachbarschaft, der einfach über den gepflegten Vorgartenrasen trampelt ... die besonders beliebten Jungs in der Schule, die einen als Schwuchtel bezeichnen ... seinen Job zu verlieren ... von seiner Frau wegen eines anderen Mannes verlassen zu werden ... irgendwer, der einen »schräg« anschaut ...

Gilligan behauptet sogar, ihm sei »noch nie ein Fall schwerer Gewaltanwendung untergekommen, bei dem die Tat nicht durch eine Erfahrung der Erniedrigung und Beschämung ausgelöst wurde ... und bei dem es nicht darum ging, diesen ›Gesichtsverlust‹ zu kompensieren«.[201] Vermutlich kennt jeder dieses Gefühl: Der Magen zieht sich zusammen, wenn wir gedemütigt und beschämt werden, die Kränkung nagt an uns, wenn wir uns vor anderen lächerlich gemacht sehen. Wir reagieren nur nicht so extrem, aber wir wissen alle, wie wichtig es ist, respektiert, geschätzt und gemocht zu werden.[203] Warum also kommt es gerade bei jungen Männern zu einer gewaltsamen Reaktion auf solche Gefühle?

Einige Antworten finden sich in den Arbeiten der Evolutionspsychologen Margo Wilson und Martin Daly. In dem 1988 erschienenen Buch *Homicide*[204] und in zahlreichen späteren Veröffentlichungen greifen sie auf statistische, anthropologische und historische Quellen zu, um zu belegen, dass es jungen Männern sehr wichtig ist, einen möglichst hohen sozialen Status zu erreichen und zu halten, denn davon hängt ihr Erfolg in sexuellen Konkurrenzsituationen ab.[77] Während bei Frauen das Aussehen und die körperliche Attraktivität die wichtigste Rolle spielen, hängt bei den Männern der Erfolg im sexuellen Bereich entscheidend von ihrem Status ab. Der Psychologe David Buss hat gezeigt, dass Frauen den finanziellen Status eines möglichen Partners etwa doppelt so wichtig nehmen wie Männer.[209] Frauen versuchen also ihre sexuelle Attraktivität durch Kleidung oder Make-up zu erhöhen, Männer dagegen müssen um ihren Status kämpfen. Das erklärt zum einen, warum Situationen, in denen sich ein Mann erniedrigt oder respektlos behandelt fühlt, die häufigsten Auslöser von Gewalttaten sind, es erklärt auch, warum die meisten Gewalttaten aus Auseinandersetzungen zwischen Männern hervorgehen. Für Männer steht einfach mehr auf dem Spiel, wenn Statusverlust droht oder Statusgewinn winkt. Rücksichtsloses oder offen gewalttätiges Verhalten findet sich bei den jungen Männern aus den untersten sozialen Schichten: Sie können keine Statussymbole vorweisen, sondern sie müssen darum kämpfen, ihr Gesicht zu wahren und ihren geringen Status zu verteidigen; also reagieren sie auf jede Bedrohung extrem heftig.

Doch obwohl es belegbar scheint, dass die Gewaltbereitschaft junger Männer zum Teil aus einer evolutionären psychologischen Anpassung an die Bedingungen der sexuellen Konkurrenz zu erklären ist, sind doch die meisten Männer nicht gewalttätig. Damit stellt sich die Frage, welche Faktoren dazu führen, dass manche Gesellschaften besser als andere in der Lage sind, diese Gewaltimpulse zu kontrollieren.

Ungleichheit ist »strukturelle Gewalt«

Die einfachste Antwort auf diese Frage lautet: Unter den Bedingungen erhöhter Ungleichheit verschärft sich die Statuskonkurrenz, weil der Status des Einzelnen mehr Bedeutung hat. Unter den diversen Folgen der Ungleichheit, die in diesem Buch thematisiert werden, ist ihr Einfluss auf die Gewaltbereitschaft besonders gut gesichert und wissenschaftlich unbestritten.[203] Wir beschäftigen uns in diesem Kapitel mit dem Zusammenhang von Ungleichheit und Gewalt, und zwar mit Blick auf dieselben Länder und Zeiträume wie in den anderen Kapiteln. Ähnliche Darstellungen ihrer statistischen Erhebungen wurden auch von anderen Forschern vorgelegt, mit Blick auf andere Zeiträume und andere Länder. Studien der Weltbank decken sogar den Zeitraum von 1970 bis 1994 in mehr als 50 Ländern ab.[207, 210] Es fehlt nicht an empirischen Daten, um den Zusammenhang zwischen mehr Ungleichheit und höheren Mordraten zu belegen. Bereits 1993 legten die Kriminologen Hsieh und Pugh eine Auswertung von 35 Studien zum Zusammenhang zwischen Einkommensungleichheit und Gewaltverbrechen vor.[211] Mit einer Ausnahme zeigten diese Quellen das gleiche Ergebnis: Zunehmende Ungleichheit ist begleitet von einer Zunahme der Gewaltverbrechen. Bei Mord und Körperverletzung zeigte sich der Zusammenhang deutlicher als bei Raub und Vergewaltigung. Unsere Durchsicht neuerer Studien hat diese Ergebnisse bestätigt.[10] In den Stadtvierteln mit hoher Ungleichheit – ob in Manhattan oder Rio de Janeiro – sind die Mordraten höher, und das gilt ebenso für die US-Bundesstaaten und Städte und die kanadischen Provinzen mit hoher Ungleichheit.

Aus Abbildung 10.2, die auf der UN-Studie *Surveys on Crime Trends and the Operations of Criminal Justice Systems* beruht,[212] lässt sich entnehmen, dass die Mordraten auch international mit der Einkommensungleichverteilung korrelieren. Und Abbildung 10.3, basierend auf den Erhebungen des FBI,[213] zeigt die nämliche Abhängigkeit für die US-Bundesstaaten. In Abbildung 10.2 sind sehr große Unterschiede zwischen den Länder erkennbar; die USA finden sich erneut an der Spitze der reichen Ländern, was diese Werte angeht: Die Mordrate der USA liegt bei 64 pro einer Million Einwohner, das

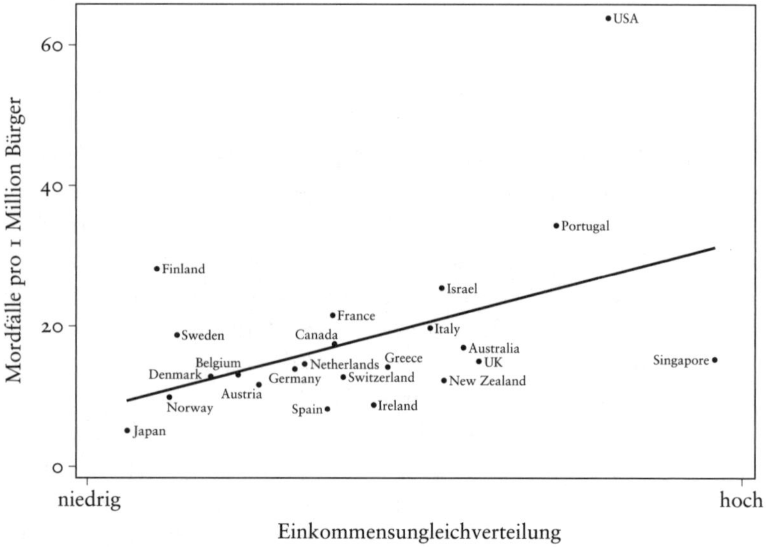

Abb. 10.2 *In den Ländern mit größerer Ungleichheit gibt es mehr Mordfälle.*

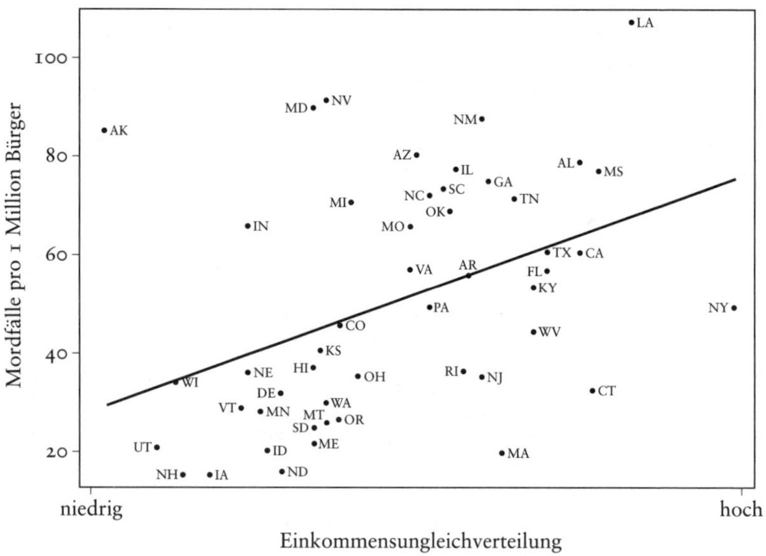

Abb. 10.3 *In den US-Bundesstaaten mit größerer Ungleichheit gibt es mehr Mordfälle.*

ist mehr als das Vierfache der Werte in Großbritannien (15 pro eine Million) und mehr als das Zwölffache der Werte Japans (das lediglich 5,2 pro eine Million verzeichnet). Zwei Länder erscheinen hier als statistische Ausreißer, wenn man ihre Position in den Vergleichen bedenkt, die wir in anderen Kapiteln ziehen: In Singapur ist die Mordrate deutlich geringer als zu erwarten war, und in Finnland deutlich höher. Bedeutsam ist hier sicher die Auskunft einer UN-Studie, die internationale Waffengesetze vergleicht: Nach dieser Erhebung gibt es in Finnland die höchste Zahl von Haushalten, in denen Waffen vorgehalten werden, in Singapur ist diese Quote am geringsten.[215] Allerdings sind die Beziehungen zwischen Waffenbesitz und Gewalttaten problematisch; so wird der Waffenbesitz nur mit Tötungsdelikten an Frauen, nicht an Männern korreliert.[214] Aber davon abgesehen zeigt sich eine klare Tendenz, dass die Länder mit größerer Ungleichheit auch eine höhere Mordrate aufweisen.

Auch wenn für Wyoming keine Daten verfügbar waren, so zeigt sich doch in den USA insgesamt eine deutliche Abhängigkeit zwischen Ungleichheit und Mordraten; die Unterschiede zwischen den US-Bundesstaaten sind ähnlich groß wie die zwischen den Ländern im internationalen Vergleich. Die Mordrate in Louisiana beträgt mit 107 pro eine Million mehr als das Siebenfache der Raten in New Hampshire und Iowa, die (mit 15 pro eine Million) am unteren Ende rangieren. Angesichts der relativ geringen Ungleichheit in Alaska ist die Mordrate in diesem Bundesstaat erstaunlich hoch, sie liegt weit über den Werten von New York, Connecticut oder Massachusetts. Bei zwei von drei Morden in den USA wird eine Schusswaffe benutzt, entsprechend sind die Mordraten in jenen Staaten höher, in denen mehr Menschen eine Waffe besitzen.[216] In unserer Auflistung ist Alaska der Bundesstaat mit den meisten Waffen in privater Hand; New York, Connecticut und Massachusetts gehören zu den Bundesstaaten mit der geringsten Verbreitung von Waffen. Rechnet man den Waffenbesitz ein, erhöht sich die Abhängigkeit zwischen Ungleichheit und Mordrate noch etwas.

Zufluchtsorte in einer herzlosen Welt

Einige der Aspekte, die den Zusammenhang von Gewalt und Ungleichheit erklären können, sind bereits erläutert worden: Offensichtlich gehören dazu die Familie, die Schule und das Wohnviertel, aber auch die Statuskonkurrenz spielt eine Rolle.

In Kapitel 8 wurde eine Untersuchung erwähnt, die einen Zusammenhang zwischen Scheidungsraten und Ungleichheit in amerikanischen Verwaltungsbezirken feststellt. Der Soziologe David Popnoe führt in seiner Studie *Life Without Father* aus, dass in den USA 60 Prozent der Vergewaltiger, 72 Prozent der Mörder im jugendlichen Alter und 70 Prozent der zu hohen Haftstrafen verurteilten Gefängnisinsassen ohne Vater aufgewachsen sind.[218] Dass diese Personen aus ärmeren Familien kamen, kann den Einfluss der Vaterlosigkeit auf die Straffälligkeit und Gewaltbereitschaft nicht ausreichend erklären. Warum also sind die Väter so wichtig?

In einer Studie wird das Verhalten von Jungen und jungen Männern, die vaterlos aufwachsen, als »hypermaskulin« bezeichnet. Sie üben sich im »harten, überkompensatorisch maskulinen Auftreten«, heißt es,[219] und das bedeutet Eigentumsdelikte, Körperverletzung, Aggression und Ausnutzung anderer, kurzfristige sexuelle Erfolge. Man könnte darin die männliche Variante jener quantitativ statt qualitativ orientierten Strategie der menschlichen Beziehungen sehen, die wir im Kapitel 9 mit Blick auf die Teenager-Mütter diskutiert haben. Manche jungen Männer fühlen sich durch die Abwesenheit des Vaters vielleicht veranlasst, eine andere Fortpflanzungsstrategie zu wählen: Langfristige Beziehungen verlieren an Bedeutung, die Statuskonkurrenz wird wichtiger.

Natürlich kann der Vater die positive Rolle eines Vorbilds spielen: Er zeigt den Söhnen, allein durch seine Anwesenheit in der Familie, was es bedeutet, ein Mann zu sein, wie man sich zum anderen Geschlecht verhält, wie man als Erwachsener Verantwortung übernimmt, selbständig und durchsetzungsfähig auftritt und dabei doch Zugehörigkeit und Nähe zu anderen Menschen beweist. Besonders wichtig ist die Funktion des Vaters als Autoritätsperson, die den Teenagern Disziplin abverlangt. Ohne diesen Rückhalt wird der Einfluss ihrer Altersgenossen stärker, die jungen Männer zeigen dann eher das typische »antisoziale« Verhalten, das sich in der Gruppe einstellt. Freilich kann der Vater auch ein schlechtes Vorbild abgeben. Aus einer Studie geht hervor, dass Kinder zwar eher verhaltensauffällig wurden, wenn sie weniger Lebenszeit mit dem Vater verbrachten, dies aber nicht galt, wenn der Vater selbst Verhaltensstörungen zeigte.[220] Die Kinder waren sogar stärker gefährdet, je länger sie mit einem asozialen Vater zusammen lebten.

Vielleicht der wichtigste Aspekt: Untersuchungen haben auch deutlich gemacht, dass Stiefeltern ihre Kinder nicht in der gleichen Weise lieben wie die leiblichen Väter. Das soll natürlich nicht heißen, dass Stiefväter nicht in der Lage wären, angenommene Kinder liebevoll großzuziehen. Aber die statistischen Durchschnittswerte sind eindeutig: Kinder, die mit ihrem leiblichen Vater aufwachsen, sind weniger häufig Opfer von Kindesmisshandlung, werden weniger häufig straffällig, verlassen weniger häufig vorzeitig die Schule und zeigen weniger häufig Anzeichen emotionaler Verwahrlosung. James Gilligan berichtet aus seiner Arbeit mit gewalttätigen Männern:

> »Sie waren als Kinder in einer Weise misshandelt worden, die meine bisherigen Vorstellungen von diesem Begriff überstieg. Einige waren fast zu Tode geprügelt, wiederholt vergewaltigt, zur Prostitution gezwungen oder in lebensbedrohender Weise vernachlässigt worden – von Eltern, die mit der Sorge für die Kinder völlig überfordert waren. Bei anderen, die nicht solche extremen physischen Erfahrungen von Misshandlung und Vernachlässigung machen mussten, stellten meine Kollegen und ich jedoch fest, dass ihre emotionale Schädigung ebenso schlimme Folgen hatte ... Sie dienten als Sündenbock: Die Eltern versuchten, ihre Erfahrungen von Schmach und Erniedrigung loszuwerden, indem sie sie auf die Kinder übertrugen – diese waren einer dauernden und systematischen Prozedur der Erniedrigung ausgesetzt, sie wurden beschämt, verspottet und lächerlich gemacht.«[202]

In den Gesellschaften mit hoher Ungleichheit führt der zunehmende Zerfall der Familienstrukturen also nicht nur zu einem generationenübergreifenden Wiederholungsschema bei den Teenager-Schwangerschaften, sondern auch zu einer ebensolchen Tradition der Gewalttätigkeit.

Aber nicht nur die Familien können der Ursprung von Beschämung, Erniedrigung und Gewalt sein, die Kinder machen auch in der Schule und in ihrem Wohnviertel solche Erfahrungen, die sie eher gewalttätig werden lassen, sobald ihr Status bedroht scheint. Welche Rolle die Rangordnung auf dem Schulhof als Auslöser von Gewalt spielen kann, haben die Massaker an amerikanischen High-Schools gezeigt.[221, 222]

Im UNICEF-Report von 2007 zum Wohlergehen der Kinder in den reichen Nationen finden sich auch Angaben, wie oft junge Menschen im jeweiligen Land sich prügelten, von anderen eingeschüchtert wurden oder ihre Altersgenossen nicht »freundlich und hilfsbereit« fanden.[110] Wir haben in Abbildung 10.4 diese drei Datensätze zu einer Darstellung der Konflikterfahrungen von Kindern zusammengefasst, aus der sich ein deutlicher Zusammenhang mit der Ungleichheit ergibt: In Gesellschaften mit größerer Ungleichheit erleben die Kinder mehr Streit, Einschüchterung und körperliche Auseinandersetzungen. Und Gewalterfahrung in der Kindheit ist ein sicherer Indikator für spätere Gewaltbereitschaft.

Dass der Einfluss des sozialen Umfelds eine wichtige Rolle bei der

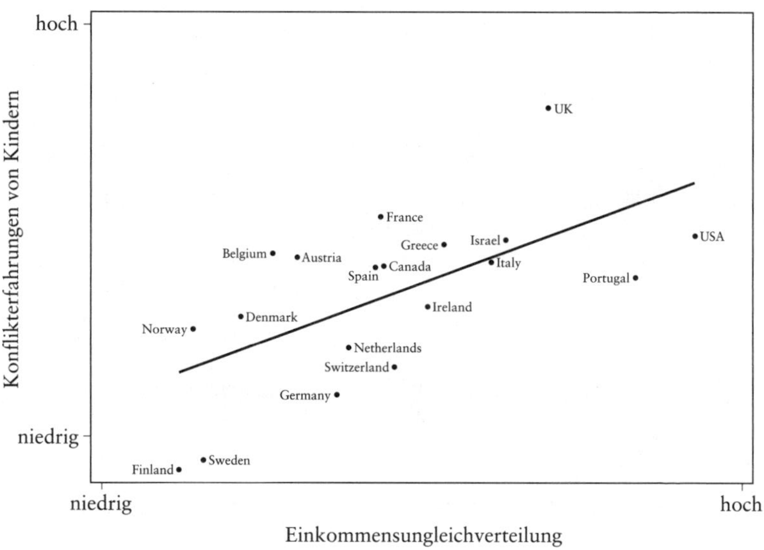

Abb. 10.4 *In den Ländern mit größerer Ungleichheit gibt es mehr Konflikte zwischen Kindern (Statistik auf der Grundlage der prozentualen Anteile von Prügeleien, Einschüchterung und schlechten Erfahrungen in der Gruppe der Gleichaltrigen).*

Häufigkeit von Gewalttaten spielt, weiß man schon seit langem. In den 1940er Jahren haben Soziologen der Chicago School das Phänomen untersucht, dass bestimmte Stadtviertel über Jahre ihren Ruf als besonders gefährliche Gegenden behielten. Obwohl im Laufe der Zeit verschiedene Bevölkerungsgruppen abwanderten und andere zuzogen, schien sich an der Zahl der Gewalttaten in diesen Armenvierteln nichts zu ändern.[223] In Chicago, das sollte man wissen, wurden Stadtviertel zumeist bestimmten ethnischen Gruppen zugeordnet. Eine Wohngegend, die einst die Domäne irischer Einwanderer und ihrer Nachkommen war, konnte später von polnischen Einwanderern geprägt sein, und danach vielleicht von Latinos; aber nach den Erkenntnissen der Soziologen änderte das nichts an der Armut und Unterprivilegierung vor Ort. In solchen Vierteln, in denen die Menschen einander nicht trauen, wo Angst herrscht und die Straßenecken der Treffpunkt der arbeitslosen Jugendlichen sind, wird sich kaum ein Anwohner für öffentliche Belange einsetzen. Angesichts der Verwahrlosung, des Drogenhandels, der Prostitution und dem Müll und den Graffiti, die das Straßenbild prägen, fühlen sich alle überfordert. Eine Forschungsgruppe um den Soziologen Robert Sampson von der Harvard University fand heraus, dass in den Vierteln, die enge nachbarschaftliche Beziehungen aufweisen und in denen sich die Anwohner für das Gemeinwohl engagieren, die Rate der Gewalttaten geringer ausfällt, selbst wenn die Wohngegend arm ist, früher von Gewalt geprägt war, viele Einwanderer und wenig soziale Mobilität aufweist.[224] In den USA sind die Armenviertel heute Ghettos, abgeschottete Bezirke, aus denen sich alle zurückziehen, die es sich leisten können.[225]

Die Anwohner in Vierteln mit geringem Vertrauensniveau (vgl. Kap. 4) zeigen wenig Engagement für das öffentliche Wohl, dafür sind sie besonders streitlustig. In seinem Buch *Bowling Alone* hat Robert Putnam das Niveau von Aggression und Sozialkapital in den US-Bundesstaaten verglichen. Bei einer Umfrage sollten die Probanden mit Ja oder Nein auf folgende Vorgabe antworten: »Bei einer Prügelei würde ich ziemlich gut abschneiden.« Nach Putnam sind die Bürger der Bundesstaaten mit geringem Sozialkapital »eher bereit, sich zu prügeln (vielleicht, weil ihnen nichts anderes übrig bleibt), und zeigen eine Neigung in Schwierigkeiten zu geraten«.[25] Betrachten wir diese Aussagen zur Streitlust im Verhältnis zur Ungleichheit

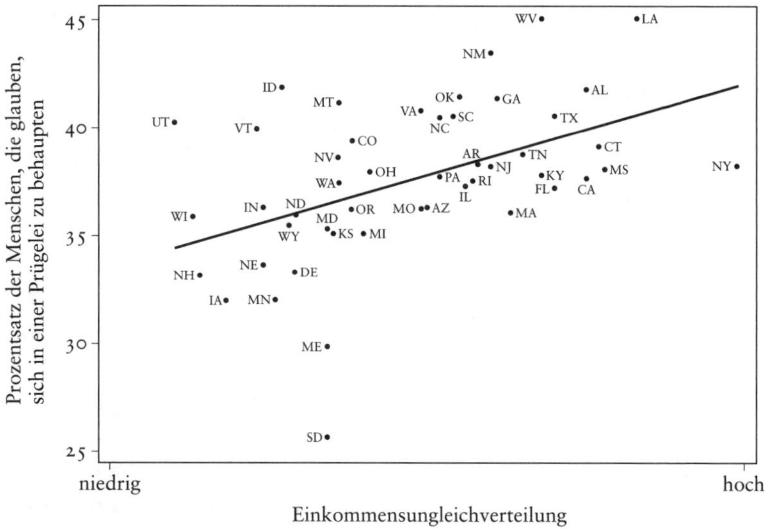

Abb. 10.5 *In den US-Bundesstaaten mit größerer Ungleichheit ist auch der Prozentsatz der Menschen höher, die von sich glauben, in einer Schlägerei nicht den Kürzeren zu ziehen.*

im Vergleich der US-Bundesstaaten, wie in Abbildung 10.5 gezeigt, dann ergibt sich eine ebenso deutliche Relation, wie sie Putnam für das Sozialkapital festgestellt hat.

Gewalt ist also zumeist eine Reaktion auf Verachtung, Erniedrigung, Respektlosigkeit und Gesichtsverlust, und es sind in der Regel junge Männer, die mit Gewalt auf diese Auslöser reagieren. Aber selbst in besonders gewalttätigen Gesellschaften verhält sich die Mehrheit nicht so: Die Menschen verfügen über andere Möglichkeiten, Selbstachtung und Statusgefühl zu erwerben und zu erhalten. Vielleicht weil sie mehr Merkmale eines höheren Status vorweisen können, wie eine gute Ausbildung, ein schönes Haus, ein großes Auto, einen tollen Job, neue Kleidung. Sie haben eine Familie, Freunde und Kollegen, von denen sie geachtet werden, sie sind stolz auf ihre Qualifikationen, auf Fähigkeiten, die gesucht und geschätzt sind, oder auf einen Bildungsstatus, der ihnen Zukunftshoffnung gibt. Jeder kennt Situationen, in denen man respektlos oder beleidigend behandelt wird, aber nicht jeder wird dann gewalttätig: Wir können einen Gesichtsverlust aushalten, ohne gleich jemanden zu erschießen. In den Gesellschaften mit größerer Ungleichheit gibt es aber mehr Menschen, denen solche Schutzzonen fehlen. Je hierarchischer eine Gesellschaft ist, desto wichtiger wird der soziale Status, und in der schärferen Statuskonkurrenz bleiben mehr Menschen auf der Strecke; sie können sich die Symbole des sozialen Erfolgs nicht leisten. Wenn also der makellos gepflegte Rasen der ganze Stolz eines Menschen ist, dann wird er natürlich mehr als ärgerlich, wenn jemand achtlos darauf herumtrampelt.

Trends: abwärts und aufwärts

Anfang der 1990er Jahre erreichte die Zahl der Morde in den USA, nach jahrzehntelangem Anstieg, ihren Höhepunkt; danach fiel sie wieder, bis auf ihren historischen Tiefststand Anfang der 2000er Jahre. 2005 zeigte sich erneut eine Zunahme der Tötungsdelikte.[226] Einen ähnlichen Verlauf boten die Teenager-Schwangerschaften und Teenager-Geburten: Anfang der 1990er erreichten sie den Höchststand, danach gingen sie zurück, besonders deutlich in der Gruppe der Afroamerikaner.[227] 2006 stiegen die Werte wieder an, und die Trendwende zeigte sich am stärksten bei den afroamerikanischen Frauen.[228]

Den Rückgang der Gewalttaten versuchte man unter anderem mit Verweis auf die neuen Gesetze im Bereich von Drogenmissbrauch und Waffenbesitz zu erklären, manche behaupteten sogar, es seien durch die Liberalisierung der Abtreibungsmöglichkeiten ganze Jahrgangsstufen junger Männer gar nicht erst geboren worden. Für den Rückgang der Geburtenrate bei Teenagern wurden vor allem der zunehmende Gebrauch von Verhütungsmitteln und Veränderungen im Sexualverhalten als Gründe genannt. Das lässt einige Fragen offen: Was bringt die Jugendlichen dazu, Drogen zu nehmen oder auch nicht, Waffen zu kaufen, Sex zu haben und sich für oder gegen Verhütung zu entscheiden? Warum steigt die Rate der Tötungsdelikte und der Geburten im jugendlichen Alter jetzt wieder an? Wieso zeigen sich in diesen Bereichen parallele Tendenzen? Haben diese Trends etwas mit Veränderungen der strukturellen Ungleichheit zu tun?

Um genauere Antworten zu finden, braucht es natürlich neuere Angaben zu kurzfristigen Veränderungen der Einkommensungleichverteilung in den USA. Als unsere beste Quelle erwies sich die Arbeit einer Gruppe von Forschern aus den USA, China und Großbritannien, die eine Reihe jährlicher Prognosen zu diesem Thema erstellt haben.[229] Hier wird deutlich, dass die Ungleichheit während der 1980er Jahre zunahm und ihren Höhepunkt Anfang der 1990er erreichte, dann ging sie zehn Jahre lang zurück, um seit 2000 wieder eine steigende Tendenz zu zeigen. Es scheint also einen Zusammenhang zwischen den neueren Entwicklungen von Tötungsdelikten und Teenager-Geburten einerseits und der zunehmenden Ungleichheit anderseits zu geben: In allen drei Kategorien steigen die Werte in den frühen 1990er Jahren, gehen dann etwa ein Jahrzehnt lang zurück, um in jüngster Zeit wieder anzusteigen.

Obwohl Gewalt und Teenager-Geburten komplexe Themen sind und die jeweiligen statistischen Daten noch von einer Reihe anderer Faktoren bestimmt werden, zeigt sich doch ein klarer Zusammenhang zwischen dem Rückgang dieser Trends in den 1990ern und einer relativen Einkommensverbesserung der unteren Einkommensschichten in diesem Zeitraum. Die Einkommensverteilung ist eine besonders flexible Kategorie: So kann eine Gesellschaft an Ungleichheit zunehmen, weil der Abstand der Armen zur Mittelschicht größer wird, aber ebenso, wenn die Reichen den Abstand zur Mittelschicht vergrößern. Wer die Nachteile eines geringen sozialen Status erfährt, das stellt sich in jeder Gesellschaft anders dar. In Gesellschaften mit dem gleichen Ungleichheitsniveau sind es im einen Fall die älteren Menschen, die besonders benachteiligt werden, im anderen Fall vielleicht ethnische Minderheiten.

Seit den frühen 1990er Jahren erlebten in den USA vor allem die jungen Menschen aus den untersten sozialen Schichten eine dramatische Verschlechterung ihrer Situation in den Bereichen Arbeitslosigkeit und Einkommen. Aber obwohl die Reichen in diesen Jahren immer mehr Abstand zum Rest der Bevölkerung gewannen, zeigte sich doch zugleich eine relative Verbesserung der Lage der Ärmsten.[230, 231] Dass sich zwischen Gewalt und Teenager-Geburten und der Unterprivilegierung ein so deutlicher Zusammenhang ergibt – und dies vor allem in den Wohnvierteln der Armen –, lässt den Schluss zu, dass die Entwicklungen am unteren Ende der sozialen Rangordnung ganz entscheidend sind. Und so könnten sich die Trends bei Gewalt und Teenager-Geburten erklären.[232]

Diese Entwicklung in den 1990er Jahren scheint dem Trend in den Jahren zuvor zu widersprechen. In den vorangehenden Jahrzehnten zeigte sich in den USA wie in Großbritannien ein dauerhafter Niedergang der Jobchancen und Statushoffnungen junger Menschen aus der Unterschicht. Seit etwa 1970 bis Anfang der 1990er verschlechterten sich die Einkommensaussichten junger Männer, und wer die High School nicht abgeschlossen oder nach dem High-School-Abschluss nicht die Universität besucht hatte, konnte immer weniger auf eine Anstellung rechnen.[233] Zugleich stiegen die Zahlen von Gewaltdelikten und Geburten im Teenageralter. Eine Forschergruppe um die Demographin Cynthia Colen hat kürzlich belegt, dass sich in den 1990er Jahren 85 Prozent des Rückgangs der Erstgeburten in der Gruppe der 18- bis 19jährigen Afroamerikanerinnen aus der sinkenden Arbeitslosigkeit in diesem Zeitraum erklären lassen.[234] Diese Gruppe wies den deutlichsten Rückgang der Geburten im Teenageralter auf, aber die Reformen im System der sozialen Absicherung und die liberaleren Abtreibungsmöglichkeiten spielten dabei offenbar kaum eine Rolle.

In Großbritannien hinterließ die Rezession und die Zunahme der Einkommensungleichheit während der 1980er Jahre auch ihre Spuren in der Statistik der Tötungsdelikte. Danny Dorling, Experte für Gesundheitsgeografie, kommentiert diese Entwicklungen so:

> »Es gibt keine normale Mordrate ... Wenn an irgendeinem Ort die Rate der Tötungsdelikte ansteigt, dann heißt das, die Menschen fühlen sich wertloser ... Daraus folgt, dass sie eher bereit sind, sich zu streiten und zu prügeln, Flaschen und Messer werden eingesetzt und junge Männer kommen zu Tode. Diese jungen Männer durften mitverfolgen, wie viele ihrer Altersgenossen aus besseren Verhältnissen und in anderen Gegenden des Landes zur Universität gingen oder gute Jobs bekamen – eine Generation, die mehr Geld verdiente als je eine Altersgruppe in der Geschichte Großbritanniens.«[235]

Zusammenfassend kann man sagen, dass sich der Zusammenhang zwischen Ungleichheit und Gewalt sehr deutlich und dauerhaft zeigt; es gibt dafür Belege aus unterschiedlichen Zeiträumen und Umständen. Die jüngsten Daten zum Abwärts- und Aufwärtstrend der Ungleichheit und der Gewalt lassen keinen Zweifel, dass die Gewaltrate sinkt, sobald die Ungleichheit abnimmt. Und wenn wir bedenken, welche Kräfte die Erfahrung von Erniedrigung und Beleidigung freisetzt, dann haben wir eine gute Erklärung dafür, warum Gesellschaften mit mehr Ungleichheit auch mehr Gewalttaten zeitigen.

»Verdächtiges Rumhängen auf der Straße mit einem Kumpel. Und du?«
»Rumstehen in bedrohlicher Haltung.«

11.

Gefängnis und Bestrafung

Den Grad der Kultur in einer Gesellschaft kann man ermessen, wenn man ihre Gefängnisse betritt.

Fjodor M. Dostojewski,
Aufzeichnungen aus einem Totenhaus

Seit Anfang der 1970er Jahre ist die Zahl der Gefängnisinsassen in den USA kontinuierlich gestiegen. 1978 saßen 450.000 Menschen im Gefängnis, 2005 waren es bereits mehr als zwei Millionen – vier Mal so viele. In Großbritannien verdoppelte sich die Zahl der Häftlinge in dem Zeitraum von 1990 bis 2007 von etwa 46.000 auf 80.000. Im Februar 2007 waren die britischen Gefängnisse so überfüllt, dass der Innenminister eine Empfehlung an die Richter aussprach, nur bei besonders schweren Verbrechen Gefängnisstrafen zu verhängen.

Einige andere reiche Länder zeigen eine völlig abweichende Entwicklung: Während der 1990er Jahre blieb die Zahl der Gefängnisinsassen in Schweden unverändert, in Finnland ging sie zurück, in Dänemark stieg sie um 8 Prozent und in Japan um 9 Prozent.[236] Neuere Daten zeigen, dass diese Werte auch in Irland, Österreich, Frankreich und Deutschland zurückgegangen sind.[237]

Verbrechen oder Bestrafung?

Drei Faktoren entscheiden, wie viele Menschen im Gefängnis sitzen: die Verbrechensrate, die Entscheidungen der Richter, für welche Straftaten sie Gefängnisstrafen verhängen, und die Strafdauer. Veränderungen bei einem dieser drei Faktoren können natürlich auch den Prozentsatz der Bevölkerung verändern, der gerade in Haft ist. In Kapitel 10 wurde bereits deutlich, dass Gesellschaften mit größerer Ungleichheit auch mehr Gewaltverbrechen aufweisen. Wie hat sich also die Verbrechensrate in den USA und Großbritannien entwickelt, wo die Zahl der Gefangenen so extrem gestiegen ist?

Auskunft gibt eine Studie der Kriminologen Alfred Blumenstein und Allen Beck, die sich mit der wachsenden Zahl von Gefängnisinsassen in den USA beschäftigt.[238] Zwischen 1980 und 1996 waren demnach nur 12 Prozent dieses Anstiegs auf eine Zunahme der Kriminalität zurückzuführen (als wichtigster Faktor zeigte sich ein Anstieg der Drogenkriminalität), die übrigen 88 Prozent erklären sich daraus, dass die Gerichte mehr Urteile mit Freiheitsentzug und längere Haftstrafen verhängten. Das höhere Strafmaß ist der entscheidende Grund für die steigenden Gefangenenzahlen in den Staatsgefängnissen. Die Strafverschärfung für Wiederholungstäter (»Three-Strikes«-Gesetze), die Einführung von Mindeststrafen für bestimmte Delikte, keine Strafverkürzung auf Bewährung (»Truth-in sentencing«-Gesetze) – all das führt dazu, dass manche Täter für kleine Delikte lange Strafen absitzen müssen. 2004 gab es in kalifornischen Gefängnissen 360 Häftlinge, die wegen Ladendiebstahls eine lebenslängliche Strafe verbüßten.[239]

Auch in Großbritannien haben längere Haftstrafen und vor allem die zunehmende Verhängung von Freiheitsentzug für Vergehen, die noch vor einigen Jahren mit Geldstrafen oder gemeinnütziger Arbeit abgegolten wurden, die Gefängnisse gefüllt.[240] Jeden Tag werden in Großbritannien etwa 40 Gefängnisstrafen für Ladendiebstahl ausgesprochen. Die Verbrechensrate fällt dort ebenso stetig, wie die Gefangenenzahlen steigen.

Der Kriminologe David Downes, emeritierter Professor für Sozialverwaltung an der London School of Economics, hat sich ausführlich mit dem Strafvollzug in den Niederlanden beschäftigt.[241] Er fand heraus, dass die Differenz zwischen den niedrigen Gefangenenzahlen in den Niederlanden und den hohen Werten in Großbritannien zu zwei Dritteln aus der jeweiligen Praxis der Verhängung von Haftstrafen und ihrer Höhe resultiert – und nicht aus unterschiedlichen Verbrechensraten.

Marc Mauer vom Sentencing Project[242] hat in einer vergleichenden Studie gezeigt, dass in den USA bei Eigentums- und Drogendelikten häufiger Gefängnisstrafen (mit höherem Strafmaß) verhängt werden als in Kanada, Westdeutschland, England und Wales. So betrug das durchschnittliche Strafmaß für Einbruchsdiebstahl in den USA 16 Monate, in Kanada nur 5 Monate. Und auch bei entsprechenden Vergleichsstudien über Australien, Neuseeland und einige europäische Länder wird deutlich, dass die unterschiedlichen Verbrechensraten nur zu einem geringen Teil die Unterschiede in der Zahl der Gefängnisinsassen erklären können. Wenn also die Verbrechensrate nicht zur Erklärung taugt, dann vielleicht das Niveau der Ungleichheit?

Gefängnisstrafen und Ungleichheit

Zu diesem Aspekt haben wir auf eine Erhebung der Vereinten Nationen zurückgegriffen, die für eine Reihe von Ländern angibt, wie hoch der Anteil der in Haft befindlichen Personen an der Bevölkerung ist.[212] Abbildung 11.1 macht deutlich, dass die Länder mit größerer Ungleichheit eine höhere Rate von Gefängnisinsassen aufweisen.

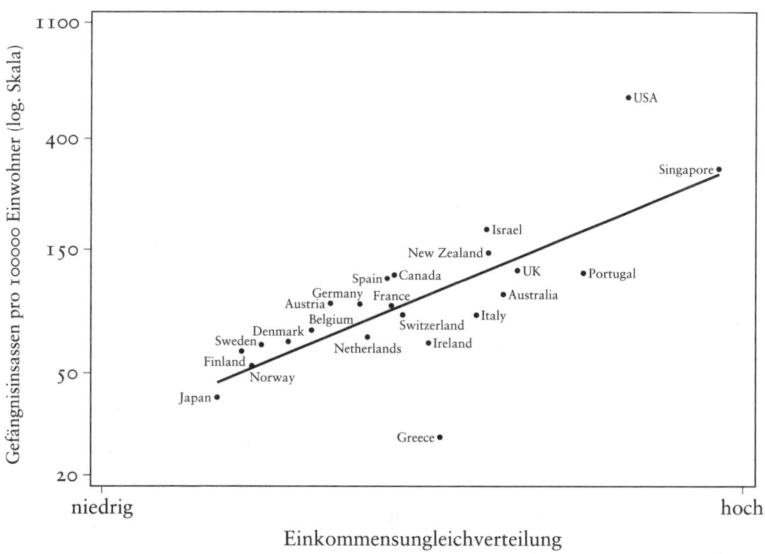

Abb. 11.1 *In Ländern mit mehr Ungleichheit sitzen mehr Menschen im Gefängnis.*[149]

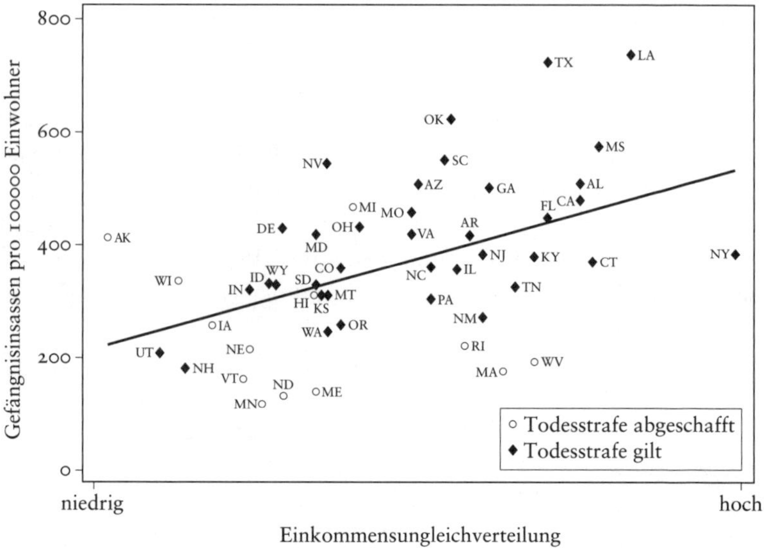

Abb. 11.2 *In den US-Bundesstaaten mit größerer Ungleichheit sitzen mehr Menschen im Gefängnis.*[149]

In den USA sitzen 576 von 100.000 Einwohnern im Gefängnis, das sind viereinhalb Mal so viele wie in Großbritannien (124 pro 100.000) und vierzehn Mal so viele wie in Japan (40 pro 100.000, die niedrigste Quote). Selbst wenn man die USA und Singapur als statistische Ausreißer aus der Vergleichsstudie herausrechnet, zeigen die übrigen Länder immer noch eine deutliche Korrelation zwischen der Zahl der Inhaftierten und der Ungleichheit der Einkommen.

Die Zahl der Gefängnisinsassen in den 50 US-Bundesstaaten entnehmen wir den Statistiken (1997–1998) des US-Justizministeriums.[243] Auch Abbildung 11.2 zeigt einen klaren Zusammenhang zwischen Ungleichheit und der Belegung der Gefängnisse. Interessant sind hier die erheblichen Unterschiede zwischen den einzelnen Bundesstaaten: Bezogen auf die Gesamtbevölkerung hat Louisiana sechs Mal mehr Menschen im Gefängnis sitzen als Minnesota. In Abbildung 11.2 werden die einzelnen Staaten außerdem durch zwei Symbole markiert, um deutlich zu machen, wo die Todesstrafe noch gilt und wo sie abgeschafft wurde.

Wie wir bereits im Kapitel 2 gezeigt haben, treten solche Korrelationen mit der Ungleichheit immer bei Problemen auf, die innerhalb einer Gesellschaft ein deutliches soziales Gefälle aufweisen. Die Zahl der Gefängnisinsassen ist ein solcher Fall: Menschen aus den unteren sozialen Schichten, mit entsprechend geringerem Einkommen und Bildungsniveau, landen häufiger im Gefängnis als Menschen mit höherem sozialen Status. Wie selten Menschen aus der Mittelschicht im Gefängnis sitzen, lässt sich schon daran ablesen, dass zwei Soziologen am California State Polytechnic ein Forschungspapier für veröffentlichungswürdig hielten, in dem es um die Erfahrungen eines Häftlings aus der Mittelschicht ging.[244]

Das Risiko, einmal im Gefängnis zu landen, lässt sich auch nach der ethnischen Zugehörigkeit differenzieren. In den USA zeigen sich solche Unterschiede klar in den Anteilen Weißer und Schwarzer an den Gefängnisinsassen.[245] Lediglich im Bundesstaat Hawaii spielt dieser Faktor kaum eine Rolle, dort kommen Schwarze nur 1,34 Mal häufiger in Haft als Weiße. Aber in allen anderen Bundesstaaten liegt dieses Verhältnis über dem Faktor 2; den Spitzenwert erreicht New Jersey mit 13,15. Für die USA insgesamt ergibt sich ein durchschnittlicher Faktor von 6,04: In US-Gefängnissen kommen auf einen Weißen sechs Schwarze. Nicht viel anders sieht es in Großbritannien aus, wo die Mitglieder ethnischer Minderheiten besonders häufig im Gefängnis landen.[246] Es stellt sich also die Frage, ob diese Unterschiede zwischen den ethnischen Gruppen eine Entsprechung in der Kriminalitätsstatistik finden.

Neuere Untersuchungen zur Straffälligkeit von Amerikanern im jugendlichen Alter belegen das nicht:[247] Etwa 25 Prozent der weißen Jugendlichen haben bis zum 17. Lebensjahr ein Gewaltdelikt begangen, bei den Afroamerikanern sind es 36 Prozent. Die Prozentzahlen bei Eigentumsdelikten sind etwa gleich, Weiße begehen mehr Drogendelikte. Aber die Afroamerikaner werden deutlich häufiger festgenommen, eingesperrt, nach dem Erwachsenenstrafrecht angeklagt und ins Gefängnis geschickt. Dieses Muster zeigt sich auch bei afroamerikanischen und hispanischen Erwachsenen: Sie werden auf jeder Ebene der Strafverfolgung härter angefasst als Weiße.[248] Bei gleichem Tatvorwurf erleben weiße Angeklagte weit häufiger, dass die Anklage reduziert wird oder man ihnen »Diversion« anbietet, das heißt die Aussetzung oder Einstellung des Verfahrens unter Auflagen, etwa der Teilnahme an einem Drogenentzug.

Unterschiede im Strafvollzug

Das Datenmaterial über Gefängnisinsassen zeigt, dass in Gesellschaften mit mehr Ungleichheit schärfere Strafen verhängt werden. Diesem Muster folgt auch der Umgang mit den Tätern im jeweiligen Strafvollzug. Aus Abbildung 11.2 ergibt sich für die US-Bundesstaaten ein klarer Zusammenhang zwischen Ungleichheit und dem Festhalten an der Todesstrafe. Aber auch in der Art und Weise, wie die Gefangenen behandelt werden, lassen sich Unterschiede erkennen.

In seiner Studie über die Niederlande berichtet David Downes von der Initiative zur Reform des Gefängniswesens, die eine Gruppe von Strafrechtlern, Kriminologen und Psychiatern unternahm. Sie beruhte auf folgender Überzeugung:

> »Ein Straftäter muss als denkender und fühlender Mitmensch behandelt werden, der ... mit therapeutischer Unterstützung in einen Dialog eintreten und dabei Einsichten gewinnen kann.«[241]

Nach diesem Grundsatz entstand ein Strafvollzugssystem, das auf Betreuung und Resozialisierung setzt: Freigang und Unterbrechung des Vollzugs gehören ebenso dazu wie großzügiger Gebrauch der Begnadigung oder Entlassung auf Bewährung. Die Gefangenen sind in Einzelzellen untergebracht, ihr Verhältnis untereinander und zum Gefängnispersonal ist allgemein gut, man legt viel Wert auf Bildungs-, Ausbildungs- und Freizeitangebote. Seit den 1980er Jahren hat das System einiges an Liberalität verloren – eine Reaktion auf den Anstieg der Drogenkriminalität und die zunehmenden Aktivitäten des internationalen organisierten Verbrechens in den Niederlanden –, aber nach wie vor sind Menschlichkeit und Anständigkeit seine Merkmale.

Auch Japan zeichnet sich durch sehr niedrige Zahlen von Gefängnisinsassen aus. Elmer H. Johnson hat die japanischen Haftanstalten einmal als »Orte der Ruhe und Gelassenheit« bezeichnet.[249] In Strafverfolgung und Strafvollzug zeigt sich das japanische Rechtswesen bemerkenswert flexibel. Straftäter, die ein Geständnis ablegen, Reue zeigen und Besserung geloben, können von der Polizei, den Richtern und auch der Öffentlichkeit Verständnis und einen Vertrauensvorschuss erwarten. Ein Kriminologe bemerkt dazu:

»Die große Mehrheit der Angeklagten legt ein Geständnis ab, zeigt Reue, bittet ihre Opfer um Vergebung und unterwirft sich den Strafbehörden. Im Gegenzug dürfen sie mit sehr nachsichtiger Behandlung rechnen.«[250]

In Japan werden viele Haftstrafen zur Bewährung ausgesetzt, selbst bei schweren Verbrechen, die in anderen Ländern langjährigen Gefängnisaufenthalt bedeuten würden. Und die meisten Gefängnisinsassen scheinen ihr Strafmaß zu akzeptieren. Die Gefangenen leben in Gruppen von bis zu acht Personen, sie teilen sich einen Schlafraum und nehmen auch die Mahlzeiten gemeinsam ein. Bei der Gefängnisarbeit gilt die 40-Stunden-Woche, es werden Bildungsmöglichkeiten und Freizeitaktivitäten angeboten. Zwar herrscht strenge Disziplin, aber diese genauen Verhaltensregeln wecken offenbar nicht Aggressionen, sondern tragen zu einer ruhigen Atmosphäre in den Haftanstalten bei. Vom Gefängnispersonal wird erwartet, dass es nicht nur Wachdienst leistet, sondern den Gefangenen auch als Erzieher und Lebensberater dient.

In den Gefängnissen der USA geht es wesentlich härter zu. Internationale Menschenrechtsorganisationen wie Amnesty International,[251, 252] Human Rights Watch[253, 254] und der UN-Ausschuss gegen Folter (CAT)[255] haben die Zustände im US-Strafvollzug (auf bundesstaatlicher, einzelstaatlicher und kommunaler Ebene) wiederholt verurteilt. Die Kritik richtete sich gegen eine Reihe verwerflicher Praktiken: die Einlieferung von Kindern in Gefängnisse für Erwachsene, den Umgang mit psychisch kranken und lernbehinderten Gefangenen, die Häufigkeit sexueller Übergriffe in den Anstalten, die Praxis, weibliche Gefangene sogar bei der Geburt eines Kindes in Fesseln zu halten, den Einsatz von Elektroschock-Waffen gegen aufsässige Gefangene, die Verbringung in Isolationshaft über lange Zeit und ganz allgemein die Brutalität und die Übergriffe von Polizei und Gefängniswärtern, denen vor allem Angehörige ethnischer Minderheiten, Migranten und Homosexuelle ausgesetzt sind.

Der renommierte amerikanische Kriminologe John Irwin hat sich in einer Studie mit den Hochsicherheitsgefängnissen in den USA befasst, aber auch mit kleinen Haftanstalten auf der Ebene der Regierungsbezirke. Sein besonderes Interesse galt dem Solano State Prison in Kalifornien, einer Anstalt der mittleren Sicherheitsstufe mit etwa

6000 Insassen, die in sehr beengten Räumlichkeiten leben und kaum Zugang zu Bildungs-, Ausbildungs- und Freizeitangeboten oder Drogenentzugsprogrammen haben.[256] Irwin beschreibt, für alle Anstalten, die er inspizierte, welche gravierenden psychischen Schäden die Gefangenen davontragen und wie dies ihnen das Leben nach ihrer Entlassung erschwert.

In manchen Gefängnissen dürfen die Insassen nicht einmal Sport treiben oder fernsehen, in anderen müssen sie für jede Form von Gesundheitspflege zahlen, oft sogar für »Kost und Logis«. Auch die klassische schwarzweiß gestreifte Gefängnisuniform wurde wieder eingeführt, und es gibt sogar wieder die Arbeitstrupps aneinander gefesselter Sträflinge – die »chain gangs«. Ein gewisser Joe Arpaio, der sein Bezirksgefängnis in die Wüste von Arizona verlegte, ist berüchtigt als »härtester Sheriff von Amerika«: Die Gefangenen vegetieren in einer »Zeltstadt« bei Temperaturen über 50°C, und sie werden mit Mahlzeiten versorgt, die pro Kopf weniger als 20 Cent kosten.[257, 258]

Der UN-Ausschuss gegen Folter kritisiert vor allem die »Supermax«-Gefängnisse,[201] eine neue Form der Haftanstalt in den USA, die speziell zur dauerhaften sozialen Isolation von Gefangenen erdacht wurde. Diese Einrichtungen, manchmal neu gebaut, aber zumeist als Sondertrakt innerhalb einer Anstalt geführt, erlauben es, einen Häftling 23 Stunden pro Tag in Isolationshaft zu halten: Die Häftlinge verlassen ihre Zelle nur zum Duschen oder um allein Gymnastik zu treiben. Die Anthropologin Lorna Rhodes, die in einem dieser Supermax-Gefängnisse gearbeitet hat, beschreibt die typische Situation der Häftlinge als geprägt von »Bewegungsarmut, Mangel an geistiger Anregung und sozialem Austausch«.[259] Die gesundheitlichen Folgen: Diese Häftlinge sind (oder werden) oft psychisch krank, sie können keine sinnvolle Tätigkeit ausüben, sie haben keinen Zugang zu Bildungs- oder Ausbildungsprogrammen, und das mindert ihre Chancen, nach einer Haftentlassung im Leben zurechtzukommen. Nach Schätzungen sind bereits 40.000 Menschen unter solchen Bedingungen inhaftiert, und weitere Supermax-Gefängnisse werden gebaut.

Aber auch in den USA sind natürlich deutliche Unterschiede in der Verwaltung der Gefängnisse zu verzeichnen. Wo die Probleme liegen, macht ein aktueller und umfassender Bericht einer staatlichen Untersuchungskommission deutlich,[260] der auch über humanere Ansätze informiert. So gibt es in Massachusetts eine Organisation, die Häftlinge im Gefängnis und auch nach ihrer Entlassung gesundheitlich betreut. Maryland hat ein beispielhaftes Programm zur Früherkennung psychischer Erkrankungen bei Gefängnisinsassen. In Vermont bietet man den Häftlingen einen Billigtarif für Telefonanrufe, damit sie den Kontakt zur Außenwelt nicht verlieren. Und in Minnesota gibt es ein Hochsicherheitsgefängnis, in dem Wert darauf gelegt wird, dass die Gefangenen genügend menschliche Kontakte, Tageslicht und sensorische Reize erhalten, dass sie regelmäßig körperliches Training absolvieren und mit Respekt behandelt werden. Ein Blick auf Abbildung 11.2 macht deutlich, dass diese positiven Beispiele vor allem in US-Bundesstaaten mit mehr sozialer Gleichheit zu verzeichnen sind.

Halten wir fest: Die höhere Zahl der Gefängnisinsassen in den Gesellschaften mit mehr Ungleichheit geht auf schärfere Strafen und nicht etwa auf höhere Kriminalitätsraten zurück; größere Ungleichheit bedeutet härtere Verhältnisse in den Strafanstalten und die häufigere Anwendung der Todesstrafe.

Sind Gefängnisstrafen sinnvoll?

Wenn die Verhängung von Gefängnisstrafen nachweislich zur Eindämmung der Kriminalität und zum Schutz der Bevölkerung dienen würde, dann könnte man ja die hohe Zahl von Häftlingen und den harten Strafvollzug vielleicht noch für sinnvoll halten.

John Irwin erinnert daran, dass es für die Verhängung von Haftstrafen vier »offizielle« Ziele gibt: Vergeltung für die begangene Tat, Abschreckung, Sicherheitsverwahrung gefährlicher Straftäter, aber auch ihre Resozialisierung. Irwin weist jedoch darauf hin, dass in den USA Strafmaß und Vollzugsbedingungen von drei ganz anderen Kriterien bestimmt werden. Diese »inoffiziellen« Ziele lauten: Soziale Vorherrschaft (es geht darum, die braven Bürger der Mittelschicht vor den gefährlichen Individuen aus der Unterschicht zu schützen), Sündenbockpolitik (es soll von den ernsten sozialen Verwerfungen abgelenkt werden – hier verweist Irwin auf die zunehmende Einkommensungleichheit) und politischer Vorteil (den man aus dem Schreckgespenst der gefährlichen Unterschicht ziehen kann).[256] Aber weltweit sind sich die Experten einig, dass diese Methode nicht besonders gut funktioniert.[261–264] Der Gefängnispsychiater James Gilligan erklärt: »Um einen harmlosen Menschen zum Gewalttäter zu machen, muss man ihn nur ins Gefängnis stecken.«[202] In den USA zeigen sich längst die Schwächen: Entscheidenden Anteil an der Zunahme der Gefangenenzahlen haben inzwischen Verhaftungen wegen Verletzung der Bewährungsauflagen und Wiederholungstaten. Von 1980 bis 1996 stieg der Anteil derer, die wegen Verstoßes gegen Bewährungsauflagen ins Gefängnis kamen, von 18 Prozent auf 35 Prozent.[238] Die Verhängung hoher Haftstrafen scheint noch weniger abschreckend zu wirken als die zunehmende Zahl der Verurteilungen; je länger ein Straftäter im Gefängnis war, desto schwieriger wird es für ihn, sich in Freiheit zurechtzufinden. Gilligan meint dazu:

> »Strafjustiz und Strafvollzug sind von einer erheblichen Fehleinschätzung ausgegangen. Man war überzeugt, dass sich Gewalt durch Bestrafung eindämmen oder verhindern und sich die Täter abschrecken ließen, doch nach heutigem Erkenntnisstand muss Bestrafung als die stärkste Förderung von Gewalttaten gelten.«[202]

Tatsächlich ist bei manchen Bestrafungssystemen nicht nur kein abschreckender Effekt zu erkennen, sondern sie steigern sogar die Verbrechensrate. In Großbritannien wurden sehr umstrittene Verordnungen (ASBO) gegen das asoziale Verhalten Jugendlicher eingeführt. Die neuen Vorschriften führten nicht nur zur Kriminalisierung bislang straffreier Verhaltensweisen, inzwischen gilt es unter manchen Jugendlichen geradezu als Initiationsritus und Ehrenzeichen, eine Verurteilung wegen solcher Vergehen vorweisen zu können.[265, 266]

Unter Experten ist die Ablehnung des Gefängnissystems bereits weitgehend unstrittig, aber es erweist sich als schwierig, solide, vergleichbare Angaben über die Rate der Wiederholungstäter in den verschiedenen Ländern zu bekommen. Je weniger Menschen in einem Land im Gefängnis sitzen, desto höher ist – im Vergleich zu Ländern mit schärferer Strafjustiz – die Wahrscheinlichkeit, dass nur die »Berufsverbrecher« einsitzen. In Ländern mit geringeren Gefangenenzahlen müsste also eigentlich die Quote der Wiederholungstäter höher sein. Aber die Statistik zeigt, dass gerade die Länder mit strenger Strafjustiz die höhere Quote aufweisen (in den USA und

Großbritannien liegt sie nach den meisten Schätzungen zwischen 60 und 65 Prozent), während die Länder mit weniger strengen Verfahren besser abschneiden (Schweden und Japan kommen nur auf 35 bis 40 Prozent).

Verhärtete Fronten

Es sollte also deutlich geworden sein, dass die Zahl der Gefängnisinsassen in einem Land weniger von der Verbrechensrate abhängt, als vielmehr von der jeweiligen Haltung des Staates zur Praxis der Bestrafung oder Resozialisierung. Gesellschaften mit größerer Ungleichheit weisen auch stärkere soziale Gegensätze auf; die Haltung, zwischen »uns« und den »anderen« zu unterscheiden, ist deutlicher ausgeprägt; Angst vor Verbrechen und Misstrauen gegen andere sind typische Phänomene. Unter solchen Umständen wächst die Bereitschaft der Öffentlichkeit wie auch der Politiker, sich der »kriminellen Elemente« durch Bestrafung zu entledigen und Menschen ins Gefängnis zu schicken. In Gesellschaften mit größerer Ungleichheit ist das Leben härter und unfreundlicher. Da sich die Gefängnisse aber als kein besonders wirksames Mittel gegen die Kriminalität erweisen und auch die Resozialisierung nicht fördern, bleibt solchen Gesellschaften nur, sich mit hohen Zahlen von Gefängnisinsassen (und den daraus erwachsenden Kosten) abzufinden, auch wenn das System insgesamt nichts bringt.

Gesellschaften, in denen mehr Menschen im Gefängnis sitzen, geben auch weniger Geld für die Sozialfürsorge aus. Das gilt für die US-Bundesstaaten und die OECD-Staaten gleichermaßen.[267, 268] Die Kriminologen David Downes und Kirstine Hansen haben festgestellt, dass sich dieses Phänomen der gleichzeitigen »Verschärfung der Strafjustiz und Verkürzung der Sozialleistungen« seit Jahrzehnten immer deutlicher zeigt. Der Soziologe Elliott Currie hat in seinem Buch *Crime and Punishment in America* (1998) darauf verwiesen, dass der Staat Kalifornien seit 1984 nur ein neues College gebaut hat, aber 21 neue Gefängnisse.[264] Gesellschaften mit großer Ungleichheit wenden viel Geld für Justiz und Strafvollzug auf, das dann in der Bildung und im Sozialsystem fehlt. In der Gruppe reicher Länder, die wir untersuchen, zeigt sich eine deutliche Korrelation zwischen Einkommensungleichheit und der Zahl von Polizei- und Sicherheitskräften pro 100.000 Einwohnern.[212] Schweden beschäftigt 181 Polisten pro 100.00 Einwohner, Portugal 450.

Unser Eindruck ist, dass in den Staaten und Gesellschaften mit mehr Gleichheit im Rechtswesen, in der Strafverfolgung, bei Gericht und im Strafvollzug die Meinung von Experten (Kriminologen, Rechtsanwälten, Gefängnispsychiatern und Psychologen) mehr Gewicht hat, dass also theoretische und evidenzbasierte Einsichten zu den Problemen der Verbrechensbekämpfung und Resozialisierung von Straftätern eher berücksichtigt werden. Die Länder und US-Bundesstaaten mit größerer Ungleichheit richten ihre Rechtspraxis und ihr Strafvollzugssystem offenbar nach populistischen Kriterien aus: Sie interessiert nicht, welche Methoden am besten funktionieren, ihnen geht es nur darum, in der Medienöffentlichkeit Härte bei der Verbrechensbekämpfung zu zeigen. John Silverman hat in einem Bericht für den britischen Economic and Social Research Council festgestellt, dass die Gefängnisse »nur dazu dienen, unter dem dauernden Beschuss durch die Medien eine Show der Stärke vorzuführen«.[269] Abschließend sollen Downes und Hanson noch einmal mit einer ausführlichen Bewertung zu Wort kommen:

> »Die wachsende Furcht vor der Kriminalität und das sinkende Vertrauen in die Strafjustiz hat die Öffentlichkeit geneigt gemacht, härtere Maßnahmen in der Strafrechtspolitik zu akzeptieren. In manchen Ländern, vor allem in den USA und etwas weniger deutlich auch in Großbritannien, wurden darum Forderungen nach schärferen Urteilen mit höherem Strafmaß zum Wahlkampfthema – man konnte mit harten Positionen zu diesem Thema ein Parlamentsmandat erobern. In anderen Ländern, etwa in Schweden oder Finnland, in denen ›die Regierung so direkt weder auf den Stand der ewigen Auseinandersetzung zwischen Toleranz und Intoleranz, noch auf emotionale Trends reagiert, die aus moralischer Kurzsichtigkeit resultieren‹,[270] zeigten sich auch die Bürger weniger engagiert für eine Verschärfung der Strafjustiz, und die politische Führung verzichtete auf solche Maßnahmen.«[268]

12.

Soziale Mobilität: Chancenungleichheit

… alle Leute gleich uns sind Wir
und alle anderen Die.

Rudyard Kipling, Wir und Die[400]

Es gab und gibt Gesellschaften, in denen soziale Mobilität beinahe ausgeschlossen ist. Wenn die soziale Stellung durch ein religiöses oder rechtliches System definiert ist – wie im hinduistischen Kastensystem, im Feudalismus des europäischen Mittelalters oder in einer Sklavenhaltergesellschaft –, dann besteht für den Menschen kaum Gelegenheit, sich in der sozialen Rangordnung nach oben oder unter zu bewegen. In den marktwirtschaftlichen Demokratien von heute dagegen ist für die Menschen eine solche Bewegung noch innerhalb der eigenen Lebenszeit möglich (intragenerationale Mobilität), oder die Nachkommen verändern ihre Position relativ zu der ihrer Eltern (intergenerationale Mobilität). Diese Möglichkeit der sozialen Mobilität ist gemeint, wenn wir von Chancengleichheit sprechen: Es geht darum, dass jeder durch harte Arbeit und eigene Leistungen eine bessere soziale oder wirtschaftliche Position für sich und seine Familie erreichen kann. Aber statt eine insgesamt größere Gleichheit zu fordern, sprechen sich die Vertreter alle politischen Lager lediglich für mehr Chancengleichheit aus – zumindest im Grundsatz. Auch wenn für die soziale Mobilität nichts getan wird, findet sich doch kaum ein Politiker, der die Chancengleichheit öffentlich ablehnen würde. Wie steht es also um die soziale Mobilität in unseren reichen marktorientierten Demokratien?

Soziale Mobilität zu messen ist nicht einfach. Um feststellen zu können, wo Beginn und Ende einer biografischen Entwicklung liegen, braucht man Erhebungsdaten über längere Zeiträume. Ein gän-

Antisozialer Mobilitätsbescheid

giges Verfahren besteht darin, die Einkommensmobilität als Indikator für soziale Mobilität zu werten: Man erfasst die Veränderungen des Einkommens im Laufe des Lebens, oder man betrachtet, wie viel ein Mensch im Vergleich zu seinen Eltern verdient. Um die intergenerationale Mobilität zu erfassen, müssen solche Langzeitstudien wenigstens 30 Jahre umfassen; so lange dauert es im Allgemeinen, bis die nächste Generation ihre Position in der Einkommenshierarchie gefunden hat. Aus der Korrelation der Daten für Eltern und Kinder erhält man ein Maß der sozialen Mobilität: Hohe Korrelation bedeutet, dass die Kinder vermögender Eltern später ebenfalls reich sind bzw. dass die Kinder bedürftiger Eltern später arm sind; ein niedriger Wert bedeutet, dass das Einkommen der Kinder kaum oder gar nicht davon abhängt, ob ihre Eltern reich oder arm sind. (Bei solchen Vergleichen wird natürlich berücksichtigt, dass die Durchschnittseinkommen in der Zwischenzeit gestiegen sind.)

Wie der Vater, so der Sohn?

Nur für wenige der reichen Länder liegen Daten vor, die einen internationalen Vergleich der intergenerationalen Mobilität ermöglichen. Unsere Zahlen stammen aus einer umfassenden repräsentativen Längsschnittstudie.[271] Eine Forschungsgruppe um die Wirtschaftswissenschaftlerin Jo Blanden von der London School of Economics erhob Daten in acht Ländern und bewertete die soziale Mobilität aus der Korrelation zwischen Einkommen eines Vaters zum Zeitpunkt der Geburt seines Sohnes und dem Einkommen des Sohnes in dessen 30. Lebensjahr. Trotz der Beschränkung auf acht Länder ergibt sich für uns eine sehr deutliche Abhängigkeit zwischen intergenerationaler sozialer Mobilität und Einkommensungleichheit. Aus Abbildung 12.1 wird deutlich, dass Länder mit größeren Einkommensunterschieden in der Regel geringere soziale Mobilität aufweisen. Unter den acht Ländern zeigen die USA die geringste Mobilitätsrate – und gerade das stellt man sich eben nicht unter dem amerikanischen Traum vor. Auch für Großbritannien ergibt sich ein niedriger Wert, Westdeutschland liegt in der Mitte, Kanada und die skandinavischen Länder zeigen deutlich höhere Mobilitätsraten.

Auf der Grundlage so weniger Länder wollen wir aber keine weit

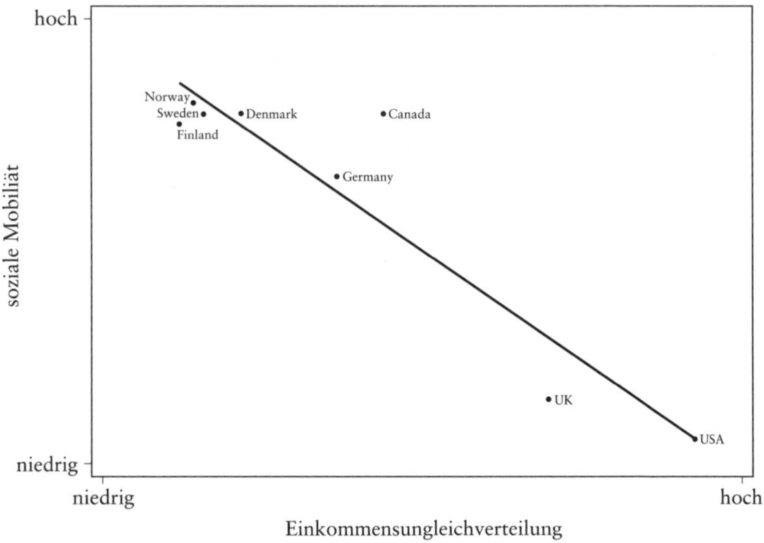

Abb. 12.1 *In Ländern mit größerer Ungleichheit ist die soziale Mobilität geringer.*[149]

reichenden Schlüsse ziehen, zumal wir kein Datenmaterial haben, das einen Abgleich mit der sozialen Mobilität je US-Bundesstaat ermöglicht. Aber es gibt genügend andere Quellen, die das in Abbildung 12.1 dargestellte Gefälle plausibel machen: Historische Untersuchungen zum Wandel der sozialen Mobilität, der sozialräumlichen Segregation, der Veränderungen bei den Bildungsausgaben, soziologische Studien zur Veränderung von Sitten und Moden sowie Arbeiten von Psychologen, die sich mit den gesundheitlichen Folgen verdrängter Aggression und des so genannten Gruppendichte-Effekts befassen.

Wichtig ist die Beobachtung, dass die soziale Mobilität in den USA von 1950 bis 1980 langsam anstieg, um dann deutlich zu sinken, weil in den letzten Jahrzehnten des 20. Jahrhunderts die Einkommensunterschiede drastisch zunahmen.

Unser Säulendiagramm in Abbildung 12.2 stützt sich auf den Bericht *The State of Working America 2006/7*. An der Höhe der Säule lässt sich ablesen, in welchem Maße das väterliche Einkommen die Höhe des Einkommens der Söhne beeinflusst. Niedrigere Säulen bedeuten also mehr soziale Mobilität: Denn die Höhe des väterlichen

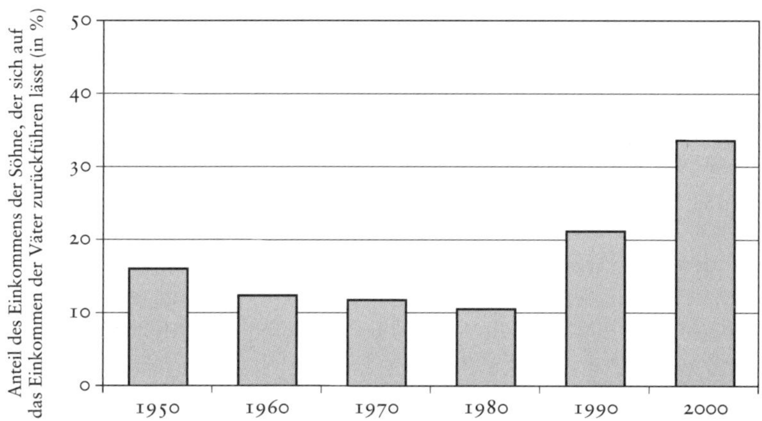

Abb. 12.2 *Bis 1980 steigt die soziale Mobilität in den USA allmählich, danach ging sie stark zurück.*[272]

Einkommens spielt hier nur eine geringere Rolle für das Einkommen des Sohnes. Umgekehrt lässt sich also aus den höheren Säulen schließen: Reiche Väter haben reiche Söhne, arme Väter haben arme Söhne – also eine geringe soziale Mobilität der jüngeren Generation.

Die Daten aus den 1980er und 1990er Jahren zeigen, dass etwa 36 Prozent der Kinder aus Familien, die im unteren Fünftel der Einkommensverteilung rangierten, als Erwachsene ebenfalls in diesem unteren Fünftel erschienen. Und umgekehrt waren 36 Prozent der Kinder der Familien aus dem oberen Einkommensfünftel als Erwerbstätige ebenfalls in diesem Fünftel zu finden.[272] Ganz oben schafft man es also bequem, Reichtum und Status zu wahren, von ganz unten kommt man nur mühsam die Einkommensstufen hinauf, aber in der Mitte ist etwas Raum für Bewegung. Auch in Großbritannien zeigt sich exakt in den Jahren zunehmender Einkommensunterschiede auch ein signifikanter Rückgang der intergenerationalen sozialen Mobilität.[271]

Weitere Belege für unsere Behauptung, dass größere Einkommensungleichheit die soziale Mobilität einschränkt, ergeben sich aus der Entwicklung der Bildungsausgaben. Bildung und Ausbildung gelten als wichtigste Antriebskräfte sozialer Mobilität in modernen Gesellschaften: Ein höherer Bildungsgrad führt zu mehr Einkommen und besserem sozialen Status. In Kapitel 8 wurde bereits beschrieben, welchen Einfluss die Ungleichheit auf die persönlichen Ziele und Leistungen in Schule und Ausbildung haben kann; hier soll noch einmal darauf hingewiesen werden, dass sich in den acht Ländern, über deren soziale Mobilität uns Daten zur Verfügung stehen, ein deutlicher Zusammenhang zwischen Einkommensungleichheit und den staatlichen Ausgaben für Grundschulen und weiterführende Schulen zeigte. In Norwegen, dem Land mit der geringsten Ungleichheit unter den acht Staaten, werden fast alle Mittel für die Schulbildung (97,8 Prozent) von der öffentlichen Hand aufgebracht, während dieser Anteil in den USA, dem Land mit der höchsten Ungleichheit, nur etwa zwei Drittel (68,2 Prozent) beträgt. Solche Faktoren spielen eine erhebliche Rolle in der Erklärung des sozialen Gefälles beim Zugang zu universitärer Fortbildung.

Wer aufsteigt, zieht um

Weitere Belege für die Korrelation von Einkommensungleichheit und sozialer Mobilität erhalten wir aus Studien, die die Umsetzung von mehr sozialer Distanz in mehr räumliche Distanz zwischen Arm und Reich zum Untersuchungsgegenstand haben.

In den USA hat seit den 1970er Jahren mit der Ungleichheit auch die sozialräumliche Segregation von Armen und Reichen zugenommen.[274] Eine Auswertung der Volkszählungen von 1970, 1980 und 1990 brachte den Wirtschaftpolitiker Paul Jargowsky zu der Erkenntnis, dass sich in diesem Zeitraum die Armut immer stärker in bestimmten Wohngebieten konzentrierte.[275, 276] Dies weist zugleich auch darauf hin, welcher Anteil der armen Bevölkerung einer Stadt in den ärmsten Wohngebieten lebt. Nach Jargowskys Schätzung lebte 1970 jeder vierte arme schwarze Amerikaner in einem solchen Armenviertel, 1990 war es schon jeder dritte. Auch in der weißen Bevölkerung wuchsen in diesen beiden Jahrzehnten die Einkommensunterschiede, und die räumliche Verdichtung der Armut verdoppelte sich. Wo immer besonders viele Arme leben, müssen die Menschen nicht nur mit der eigenen Armut zurechtkommen, sondern auch mit den Folgen der Armut ihrer Nachbarn. Für den Zeitraum von 1990 bis 2000 stellte Jargowsky einen Rückgang der Armutskonzentration fest, insbesondere bei den Afroamerikanern in den Innenstädten. Dies dürfte eine Folge der relativen Verbesserung der Lage der Ärmsten gewesen sein, die wir am Ende von Kapitel 10 erwähnt haben.[277] Dem Rückgang der Armutskonzentration in den Stadtzentren entsprach jedoch eine Verdichtung in den nahen Vorstädten. Jargowsky glaubt, dass die kleinen Verbesserungen in den 1990er Jahren durch den jüngsten wirtschaftlichen Abschwung längst in ihr Gegenteil umgeschlagen sind.

In Großbritannien lässt sich ein ähnliches Muster der räumlichen Segregation von Arm und Reich im Zuge wachsender Einkommensungleichverteilung beobachten.[278] Wer es sich leisten kann, will nicht mehr mit den Armen zusammen leben.[279] Während der 1980er und 1990er Jahre begannen sich die Wohngebiete immer deutlicher nach dem wirtschaftlichen Status ihrer Anwohner zu unterscheiden.[280] Heute ist »sink estate«, die Bezeichnung für einen völlig heruntergekommenen Wohnblock, das Äquivalent für »Ghetto« oder »Barrio« in den USA – der Ort, wo die chancenlosen Angehörigen der Unterschicht leben.

In den USA wie in Großbritannien sind sich die Wissenschaftler einig, dass diese Segregation von Arm und Reich auf die zunehmende Einkommensungleichheit zurückgeht.[281–283] Wo immer mehr arme Menschen in Elendsvierteln leben, nehmen Stress, Entbehrung, Schwierigkeiten und Probleme zu: Wer vor Ort keine Arbeit findet, muss als Pendler lange Wege zum Arbeitsplatz in Kauf nehmen, in den sozial vernachlässigten Gebieten kommt es zu mehr Verkehrsunfällen, die Schulen werden immer schlechter, es fehlt an Infrastruktur, die Umweltverschmutzung ist hoch, die Bandenkriminalität wächst usw. In seinem viel zitierten Buch über Armut in den Städten nennt der Soziologe William Julius Wilson die Armen in den Elendsvierteln die »wahrhaft Unterprivilegierten«.[225] Zwei Studien aus den USA haben belegt, dass die Aufspaltung der Wohnviertel nach dem Einkommen das Todesrisiko der Einwohner erhöht. Eine andere Untersuchung zeigt, dass die ökonomische Segregation in denjenigen Städten besonders deutlich wird, die auch eine hohe soziale Ungleichheit aufweisen.[284, 285] Immer weiter abnehmende soziale Mobilität ist die Folge solcher selbstverstärkender Prozesse.

Die feinen Unterschiede

Gesellschaften mit höherer Ungleichheit weisen also weniger soziale Mobilität und eine deutlichere sozialräumliche Segregation auf; die Ungleichheit scheint die Gesellschaft undurchlässiger zu machen und Bewegungen auf der sozialen Stufenleiter zu erschweren.

Dass und wie die soziale Mobilität in stärker hierarchisch organisierten Gesellschaften eingeschränkt wird, zeigen auch die Forschungen des französischen Soziologen Pierre Bourdieu.[286] Er hat untersucht, auf welche Weise die materiellen Unterschiede zwischen Menschen, also Geld und Besitz, überlagert werden von kulturellen Distinktionsmerkmalen, auf die sich wiederum Vorurteile und Snobismus gründen. Wir sind es gewohnt, andere nach typischen Merkmalen sozial einzuschätzen, nach ihren Vorlieben, nach ihrem »Geschmack«: Wie reden sie, wie sind sie angezogen, was lesen sie, welche Fernsehsendungen sehen sie, was essen sie, welchen Sport treiben sie, welche Musik hören sie, lieben sie Kunst, und wenn ja, welche?

Die Angehörigen der Mittel- und Oberschicht sprechen dialektfrei und wissen, wie man sich in der »feinen Gesellschaft« zu benehmen hat. Ihnen ist bewusst, dass Bildung und Ausbildung sie voranbringen können, und sie geben diese Haltungen und Werte an ihre Kinder weiter, damit diese Erfolg in der Schule und im Beruf haben, standesgemäß heiraten und gut bezahlte Jobs finden. Auf diese Weise bilden sich Eliten heraus und sichern ihren privilegierten Status ab.

Zum einen können Menschen sich solcher schichtspezifischer Distinktionsmerkmale bedienen, können zeigen, dass sie einen »guten Geschmack« haben, um ihre gehobene Position zu dokumentieren. Aber über die gesamte soziale Stufenleiter werden auch Vorurteile und Diskriminierung gegen die jeweils niedrigeren Schichten und Gruppen eingesetzt, um sie am sozialen Aufstieg zu hindern. Zwar reden heute alle von Chancengleichheit, doch nach wie vor werden Menschen, die aufsteigen wollen, durch gewisse Zuschreibungen auf Distanz und unten gehalten, womit ihnen die Zuversicht genommen wird, den Aufstieg zu schaffen. Die in Kapitel 8 beschriebenen Versuche mit der »Stereotypen-Angst« machen deutlich, wie stark dieser Effekt die Leistung eines Menschen mindern kann. Bourdieu nennt die Handlungen, durch die sich eine Elite ihren Sonderstatus zu erhalten versucht, »symbolische Gewalt«; in der Praxis kann man wohl von Diskriminierung und Snobismus sprechen. Während Rassenvorurteile allgemein kritisiert werden, ist – trotz der offensichtlich ähnlichen Struktur – von Vorurteilen gegen Gruppen- und Schichtzugehörigkeit kaum die Rede.

Diese sozialen Prozesse der Geschmacksbildung definieren unentwegt, was als Hochkultur gilt und was Massengeschmack ist, allerdings mit ständig neuen Inhalten. Bourdieus Beispiele aus den 1960er Jahren sind zwar Schnee von gestern, aber immer noch erhellend. Zum Beispiel Musik: Bourdieu stellte fest, dass die Befragten aus den unteren Schichten den eingängigen Donauwalzer bevorzugten, während die Oberschicht sich für das anspruchsvollere »Wohltemperierte Klavier« entschied. Mitglieder der oberen Schichten bevorzugten abstrakte Kunst und experimentelle Literatur, die Unterschicht mochte lieber gegenständliche Bilder und spannende Geschichten. Würden plötzlich alle sich für Bach, Picasso und James Joyce begeistern, dann müsste die Oberschicht sich andere Vorlieben suchen. Nur durch die immer neue Abgrenzung erhält sie ihren elitären Status. Bourdieu spricht von einer »Ökonomie der Kulturgüter«, und die Ungleichheit in diesem Bereich hat auf die Menschen eine fast ebenso starke Wirkung wie die Einkommensungleichheit.

In ihrem Buch *Watching the English* zeichnet die Anthropologin Kate Fox ein Sittenbild der sozialen Distinktion in Großbritannien; es geht um den Konversationsstil, die Wohnungseinrichtung, das Auto, die Kleidung, das Essen und manches mehr.[287] Joseph Epstein hat in *Snobbery: The American Version* einen ähnlichen Blick auf die USA geworfen.[288] Beide Bücher sind äußerst kenntnisreich und zugleich sehr amüsant. Man kann sich das Lachen kaum verkneifen: Was haben die anderen doch für einen unmöglichen Geschmack und wie angeberisch kommen wir selbst daher.

In Großbritannien kann man die Angehörigen der Arbeiterschicht, der Mittelschicht und der Oberschicht an ihrer Wortwahl unterscheiden: Nennen sie ihr Abendessen »tea«, »dinner« oder »supper«? Nennen sie ihre Mutter »mam«, »mum« oder »mummy«? Und wenn sie abends ausgehen, geht es dann zu einem »do«, einer »function« oder einer »party«? Epstein schreibt:

> »Snobismus, das ist, wenn man in seinem BMW 740i an der Ampel steht und sich so viel selbstsicherer und besser fühlt als dieser traurige Angeber mit seinem knalligen Cadillac in der zweiten Spur. Das ist auch die stille Befriedigung, mit der man reagiert, wenn eine Frau, der man gerade vorgestellt wurde, davon erzählt, dass ihr Sohn jetzt seinen Abschluss in Fotojournalismus an der Arizona State University macht, während doch die eigene Tochter Kunstgeschichte in Harvard studiert …«

Aber Snobismus und feiner Geschmack sind ein Nullsummenspiel. Epstein vergisst nicht zu erwähnen, dass eines Tages, an einer anderen Ampel, ein Bentley neben unserem mickrigen BMW stehen wird und wir irgendwann einer Frau vorgestellt werden, deren Sohn Altphilologie in Oxford studiert.

Im Alltag sind diese Versuche, Menschen in ihre Schranken zu weisen, indem man sie herablassend behandelt und behauptet, den feineren Geschmack und die bessere Herkunft zu besitzen, vor allem eines: Formen der Diskriminierung und der sozialen Ausgrenzung. 1972 beschrieben die Soziologen Richard Sennett und Jonathan Cobb in ihrem Buch *The Hidden Injuries of Class*, welche psychischen Schädigungen Männer aus der Arbeiterschicht in Boston davontrugen, die überzeugt waren, dass sie es aus eigenem Unvermögen im Leben nicht weiter gebracht hatten: Sie waren feindselig, verbittert und fühlten sich erniedrigt.[289] Ähnliches berichtet der Soziologe Simon Charlesworth: In einem Interview mit einem Arbeiter aus Rotherham, in den britischen Midlands, erzählt der Mann von einem Zusammentreffen mit einer Frau aus der Mittelschicht. Noch bevor zwischen den beiden ein Wort gewechselt war, fühlte er sich unterlegen, er wurde unsicher, schließlich unfreundlich und wütend:

> »Neulich war ich beim Sozialamt … Im Warteraum war nur ein Stuhl neben so einer eingebildeten Tussi frei – Sie wissen schon: schlank, gut aussehend, Mittelschicht. Da wollte ich mich nicht hinsetzen, fand ich irgendwie nicht richtig … Ich wurde ganz unsicher, weil ich so dick bin. Ich fühlte mich zu dick, begann zu schwitzen und fing an, ganz ungeschickt zu schlurfen. Ich dachte einfach: ›Nein, da setze ich mich nicht hin, ich will sie nicht verärgern.‹ Wollte einfach nicht das Gefühl haben, dass ich sie verärgere, man will die Leute ja nicht stören … für die ist das ja eine Beleidigung … und wenn sie dich dann so mit Abscheu anschauen … so als ob du in ihr Gebiet eingedrungen

bist ... wissen Sie, einfach so ... man hat das Gefühl ›Ich sollte nicht hier sein‹ ... man möchte am liebsten nirgendwo mehr hingehen. Was ist das? Das ist doch eine Form von Gewalt ... genau, das ist wie eine Schranke, mit einem Schild ›Ihr mieses Pack, kommt mir bloß nicht zu nahe! (*er wird lauter, Wut und Schmerz in der Stimme*) Was habt ihr hier zu suchen ... Wir bezahlen doch dafür, dass wir mit solchem Dreck wie euch nichts zu tun haben ...‹ So was ist verdammt anstrengend, man hat irgendwann keine Kraft mehr ... das passiert ja ständig. Also ich hab' sie abgecheckt (*gemustert*), so wie die uns immer abchecken ... und dann hab' ich gedacht: ›Scheiße, ich werd' mich da erst gar nicht hinsetzen.‹ Sie wird sich unwohl fühlen, und das ist mir dann peinlich (*er wird wieder lauter*). Bloß weil ich da sitze, verstehen Sie, was ich meine? Das ist wie eine gegenseitige Abmachung, man weiß, wie sie sich fühlen, man fühlt es selbst, glauben Sie mir ... Man ist bloß ein Furz, man hat gar nichts – bloß dieses Getue, wissen Sie ... Die haben den richtigen Körper, die Klamotten und alles, das Selbstvertrauen, die Haltung, verstehen Sie, was ich meine ... Wir haben so was nicht (*seine Stimme wird traurig und leise*), wir kriegen's nie hin. Wir treten immer auf wie Verlierer, trauen uns kaum irgendwo rein ... wir möchten uns am liebsten verstecken.«[290]

Nach oben buckeln und nach unten treten

Statusunterschiede werden umso wichtiger, je größer die materielle Ungleichheit ist. Entsprechend gewinnen in Gesellschaften mit größerer Ungleichheit auch die Vorurteile gegen die sozial Schwächeren an Bedeutung. Der Abstand zwischen den Wohlhabenden ganz oben und den Habenichtsen ganz unten ist größer. Tatsächlich nehmen die sozialen Vorurteile der oberen Schichten gegen die unteren Schichten mit wachsender Ungleichheit weiter zu. Die Vermögenden sichern ihren sozialen Status, indem sie den Schwächeren ihre Überlegenheit zeigen. Diejenigen, die auf diese Weise einen Statusverlust hinnehmen müssen, versuchen sich dann an denen schadlos zu halten, die noch tiefer im Elend stecken. »Wenn der Kapitän den Schiffsjungen prügelt«, sagt ein englisches Sprichwort, »gibt der Schiffsjunge der Katze einen Tritt.« Und in Amerika kennt man die geflügelten Worte, dass in Boston »die Lowells nur mit den Cabots reden, und die Cabots nur mit Gott«. Erduldete Aggression und Verachtung gibt man nach unten weiter und orientiert sich an denen, die über einem rangieren. So funktioniert der Snobismus der Aufsteiger.

Reagieren Menschen auf die Beleidigung durch jemanden mit höherem sozialen Status, indem sie jemanden mit niedrigerem sozialen Status angreifen, nennt die Psychologie dies Aggressionsverschiebung.[291] Zum Beispiel: Ein Mann komm nach Hause und brüllt Frau und Kinder an, weil er von seinem Vorgesetzten einen Verweis erhalten hat. Aus diesem Prinzip erklären sich eine Reihe von Szenarien: Die höhere Rate von Streitigkeiten in Betrieben, in denen die Vorgesetzten die Arbeiter ungerecht behandeln,[292] die Reaktion von Menschen in Armenvierteln auf den Zuzug von Immigranten,[293, 294] die Art, wie drangsalierte Gefängnisinsassen ihre Wut an anderen – vor allem Sexualstraftätern – auslassen, die in der Gefängnishierarchie unter ihnen rangieren.[295]

Pete Earley erzählt in seinem Buch *The Hot House*, worin er seine Erfahrungen in einem amerikanischen Hochsicherheitsgefängnis schildert, die Geschichte des Häftlings Bowles, der wegen Mord lebenslänglich einsaß. Bowles kam mit 15 zum ersten Mal hinter Gitter, in eine Besserungsanstalt für Jugendliche. Am Tag seiner Ankunft stellte sich ihm ein älterer und stärkerer Jugendlicher in den Weg:

> »›He, was ist deine Schuhgröße?‹, fragte der Junge.
> ›Weiß ich nicht‹, sagte Bowles.
> ›Zeig mir einen‹, bat der Junge, ganz freundlich.
> Bowles setzte sich auf den Boden und zog einen Schuh aus. Der ältere Junge zog einen seiner Schuhe aus und zog den von Bowles an.
> ›Lässt du mich auch den anderen mal probieren?‹
> ›Ich zog den anderen Schuh aus und gab ihn ihm‹, erinnerte sich Bowles. ›Den zog er auch an, und dann ging er rüber zu seinem Tisch, und alle anderen Jungs fingen an zu lachen. Da merkte ich, dass ich verarscht worden war.‹«[296]

Bowles griff sich ein Billardqueue und ging auf den Jungen los, was ihm eine Woche Zwangsarbeit einbrachte. Eine Woche darauf kam ein neuer Junge in der Besserungsanstalt an, »und auch er traf auf einen, der seine Schuhe haben wollte. Diesmal war es Bowles, der den Neuankömmling über den Tisch zog. ›Ich war an der Reihe‹, erinnerte sich Bowles, ›das stand mir zu.‹«

Earley erzählt noch eine andere Begebenheit, die nach dem gleichen Muster abläuft. Diesmal geht es um einen jungen Mann, der mit 16 in ein Bezirksgefängnis eingeliefert und schon in der ersten Nacht vergewaltigt wird. Sechs Jahre später kommt er in einer anderen Stadt ins Gefängnis und wird zusammengesperrt mit »einem Jungen, der so um die siebzehn war. Und weißt du, was ich gemacht habe? Ich habe ihn gevögelt«.[296]

Aus der Primatenforschung stammt der Begriff des »Radfahrens« für dieses Verhalten. Der Anthropologe und Primatologe Volker Sommer erklärt die Analogie so: Auf dem Rennrad macht man einen Buckel nach oben und tritt nach unten in die Pedale. Sommer erwähnt das im Zusammenhang mit seiner Beobachtung, dass Tiere in einer strengen sozialen Hierarchie sich demütig gegen die dominanten Tiere verhalten, aber die schwächeren angreifen. Die Psychologen Jim Sidanius und Felicia Pratto sind überzeugt, dass sich Gruppenkonflikte und Unterdrückung, wie Rassismus und Sexismus, aus der Ungleichheit erklären lassen: Ungleichheit ist verantwortlich für die Entstehung individueller oder offizieller Diskriminierung, sie bestimmt das Maß, in dem Menschen die Herrschaft einer bestimmten sozialen Gruppe über die anderen akzeptieren oder ablehnen.[297] In Gesellschaften mit höherer Ungleichheit sind mehr Menschen dominanzorientiert, in egalitäreren Gesellschaften neigen mehr Menschen zu Empathie und Integration.

Unseren abschließenden Beleg dafür, dass die Einkommensungleichheit geringere soziale Mobilität bewirkt, beziehen wir aus einem Forschungsbereich, in dem untersucht wird, warum es stigmatisierten Gruppen in Gesellschaften mit großer Ungleichheit manchmal besser geht, wenn sie abseits der Menschen leben, von denen sie verachtet werden. Die Forschung kann hier eindrucksvoll deutlich machen, wie sehr Diskriminierung und Vorurteile dem Wohlergehen abträglich sind. Ihre Ergebnisse zeigen, dass ethnische Minderheiten oft weniger Gesundheitsprobleme haben, wenn sie nur mit ihresgleichen zusammenleben, während es anderen, die es sich leisten können, in besseren Vierteln mit einem höheren Anteil einer dominanten ethnischen Gruppe zu leben, schlechter geht.[298] Dieser so genannte Gruppendichteeffekt wurde zuerst in der Psychiatrie entdeckt. So zeigten etwa Studien in London, dass unter ethnischen Minderheiten, die in gemischten Wohngebieten lebten, mehr Fälle von Schizophrenie auftraten;[299] vergleichbare Resultate gibt es für Selbstmord und Selbstverletzung.[300, 301] Neuere Arbeiten aus den USA bestätigen diesen Effekt in den Bereichen Herzkrankheiten und Untergewicht bei der Geburt.[302–308] Im Allgemeinen geht man davon aus, dass Menschen, die in armen Wohnvierteln leben, mehr gesundheitliche Probleme haben. Angehörige ethnischer Minderheiten, die in einer besseren Gegend leben, die mehrheitlich von anderen Gruppen bewohnt wird, sind in der Regel wohlhabender als die Bewohner von Vierteln mit hoher Dichte ihrer Minderheit. Es überrascht, dass diese ethnisch stärker isolierten Menschen manchmal mehr gesundheitliche Probleme haben. Die plausibelste Erklärung dürfte darin liegen, dass ihnen unter Beobachtung durch die Mehrheit in ihrem Viertel stärker bewusst wird, zu einer Minderheit mit geringem Sozialstatus zu gehören, dass sie häufiger Vorurteile und Diskriminierung erleben und ihnen gleichzeitig der Rückhalt der eigenen Gemeinschaft fehlt. Dass also in bestimmten Fällen die psychologische Wirkung der Stigmatisierung stark genug ist, die Vorteile gestiegenen Wohlstands zu neutralisieren, sagt viel über die Wirkungsmacht der Ungleichheit. Grund genug, sich daran zu erinnern (vgl. Kap. 3), wie wichtig sozialer Status, sozialer Rückhalt und Freundschaften sind und welche Rolle Sozialangst und Stigmatisierung spielen können.

Zunehmende Einkommensunterschiede tragen also offensichtlich dazu bei, die sozialen Strukturen zu verhärten und die Chancen für einen sozialen Aufstieg zu verringern. Wo der soziale Erfolg ungleicher verteilt ist, kann man entsprechend geringere Hoffnungen auf die Chancengleichheit setzen.

III

Eine bessere Gesellschaft

»Es ist eine zyklische Bewegung, mein Sohn.
Manchmal werden die Reichen reicher und die Armen ärmer.
Und manchmal werden die Reichen reicher
und bei den Armen ändert sich nichts.«

13.

Fehler im sozialen System

> Kein Mensch ist eine Insel, begrenzt in sich selbst; jeder Mensch ist ein Stück vom Kontinent, ein Teil aus dem Ganzen. *John Donne, Meditation XVII*

In den vorhergehenden neun Kapiteln hat sich im Vergleich der reichen Industriestaaten und der 50 US-Bundesstaaten gezeigt, dass die meisten ernsten gesundheitlichen und sozialen Probleme in den reichen Ländern dort stärker auftreten, wo mehr soziale Ungleichheit herrscht. Die Korrelationen sind eindeutig genug, um Zufallsergebnisse auszuschließen. Man kann die Bedeutung solcher Abhängigkeiten gar nicht genug betonen. Zum einen weil deutlich wird, wie groß die Unterschiede zwischen den Gesellschaften mit geringerer oder höherer Ungleichheit ausfallen – in den ungleicheren Gesellschaften treten die Probleme drei bis zehn Mal so häufig auf –, zum anderen geht es hier nicht um Unterschiede zwischen mehr oder weniger stark betroffenen Risikogruppen, die vielleicht zusammen nur einen geringen Teil der Bevölkerung ausmachen, oder ausschließlich um die Armen: Es geht um die Unterschiede zahlreicher und häufiger Probleme, die jeweils eine ganze Bevölkerung betreffen.

Gesellschaften können versagen

Aus den Kapiteln 4 bis 12 kann man unter anderem ersehen, dass manche Länder in fast allen sozialen Bereichen gut abschneiden, während andere in vielen völlig versagen. Diese Gegensätze sind so augenfällig, dass man aus den Befunden in einem bestimmten Bereich auf den Zustand in anderen Bereichen schließen kann: Stellt man fest, dass ein Land im Bereich Gesundheit versagt hat, ist es sehr wahrscheinlich, dass in diesem Land auch der Prozentsatz von Gefängnisinsassen und der Anteil von Teenagerschwangerschaften sehr hoch ist, dass eine geringere Lese-Schreib-Kompetenz festzustellen ist, mehr Fettleibigkeit, mehr psychische Probleme usw. Ungleichheit bewirkt offenbar soziale Funktionsstörungen in vielen Bereichen zugleich.

Im internationalen Vergleich finden sich offensichtlich stets die skandinavischen Länder und Japan am besseren Ende der Skala, während die USA, Portugal und Großbritannien die Schlusslichter sind, weil sie bei den meisten gesundheitlichen und sozialen Problemen sehr viel schlechtere Werte aufweisen. Ein ähnliches Bild ergibt sich beim Vergleich der 50 US-Bundesstaaten: New Hampshire, Minnesota, North Dakota und Vermont zeigen in allen Bereichen eher gute Ergebnisse, Mississippi, Louisiana und Alabama finden sich meist am unteren Ende.

Abbildung 13.1 zeigt unsere Ergebnisse aus allen Bereichen noch einmal im Überblick (vgl. Kap. 2, Abb. 2.2). Hier wird die Korrelation zwischen Ungleichheit und allen sozialen sowie gesundheitlichen

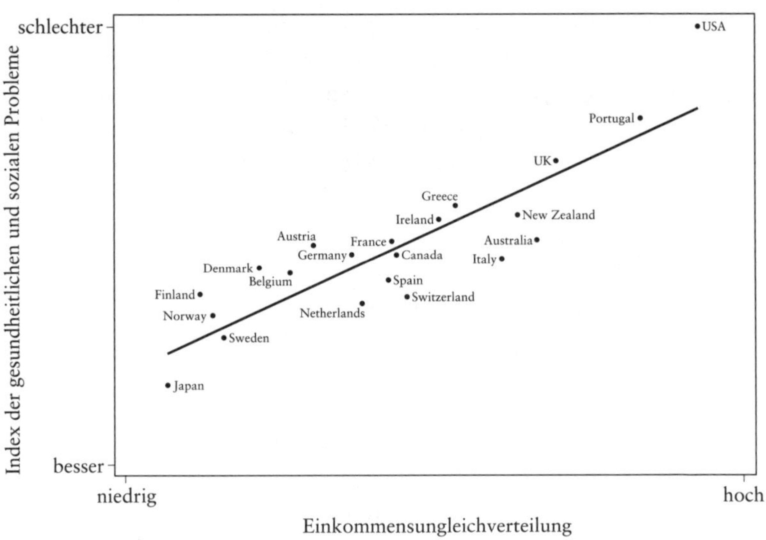

Abb. 13.1 *Gesundheitliche und soziale Probleme treten in Ländern mit größerer Ungleichheit häufiger auf.*

Problemen deutlich; vor allem aber zeigt sich, dass dieser Zusammenhang nicht nur für eine bestimmte Gruppe von Ländern gilt – etwa nur für jene, die am unteren oder oberen Ende der Skala rangieren –, die Korrelation zeigt sich stabil über die ganze Bandbreite der Ungleichheit in den marktwirtschaftlichen Demokratien. Bei der Betrachtung der US-Bundesstaaten waren gelegentlich weniger deutliche Abhängigkeiten zu verzeichnen, aber im internationalen Vergleich zeigten die USA insgesamt genau die Werte, die nach ihrem hohen Maß an Ungleichheit zu erwarten waren.

Natürlich gibt es Unterschiede zwischen den Ländern, was die Genauigkeit der statistischen Erhebung angeht, aber man kann sich ja nicht nur die besten Datenkränze heraussuchen: Wir haben bei allen Analysen stets dieselben statistischen Angaben zur Ungleichheit benutzt, entnommen den Publikationen der Vereinten Nationen, und für die US-Bundesstaaten die offiziellen Angaben der Volkszählungen. Aber selbst wenn man gegen das Zahlenmaterial aus der einen oder anderen Gesellschaft begründete Einwände erheben würde, das in Abbildung 13.1 gezeigte Gesamtbild bliebe davon unberührt. So sind wir auch mit den Primärdaten zu allen sozialen und gesundheitlichen Problembereichen verfahren: Wir haben sie ohne Wenn und Aber aus den Quellen übernommen.

Als einziges soziales Problem, dessen Häufigkeit mit mehr Gleichheit in einer Gesellschaft zunimmt (allerdings nicht signifikant im Feld der US-Bundesstaaten), erwies sich die Selbstmordrate. Das mag überraschen, aber es gibt dafür zwei Erklärungen: Zum einen zeigt sich, dass in einigen Ländern die Unterschichten durchaus keine höhere Selbstmordrate aufweisen; in Großbritannien z. B. hat sich erst seit einigen Jahrzehnten ein erkennbares soziales Gefälle in diesem Problembereich entwickelt. Zum anderen besteht oft ein umgekehrt proportionaler Zusammenhang zwischen Selbstmord und Mord. Scheinbar ist die psychologische Binsenweisheit, dass manche Menschen ihre Wut nach innen richten und andere nach außen, gar nicht so falsch. Es geht darum, ob man anderen oder sich selbst die Schuld gibt, wenn Probleme auftreten. Wir haben uns schon in Kapitel 3 damit beschäftigt, warum immer mehr Menschen andere für ihre Schwierigkeiten verantwortlich machen (»narzisstisch defensive Störung«) und warum sich gerade in dieser Frage so deutliche Unterschiede zwischen den USA und Japan zeigen. In einer unveröffentlichten Studie zur Gesundheit der Bevölkerung in Harlem (New York) wird festgestellt, dass dort der Selbstmord die einzige Todesursache ist, die unter dem statistischen Durchschnitt der USA liegt.[80]

Liegt es nur an der Ungleichheit?

Manche Gesellschaften kommen offensichtlich mit einer Reihe von sozialen Problembereichen sehr viel besser zurecht als andere. Woran liegt das? Ist wirklich die Ungleichheit der entscheidende Faktor? Werfen wir noch einen Blick auf ganz andere Erklärungsansätze, bevor wir den Wirkungszusammenhang mit der Ungleichheit diskutieren.

Gelegentlich wird behauptet, die anglophonen Länder zeigten besonders schlechte Werte, aber aus dem Datenmaterial lässt sich das kaum erhärten. Nehmen wir das Problem der psychischen Gesundheit: Unter den Ländern, für die es Vergleichsdaten gibt, schneiden in diesem Bereich die anglophonen Länder tatsächlich besonders schlecht ab. In Kapitel 5 wurde deutlich, dass dies vor allem für die USA gilt, gefolgt von Australien, Großbritannien, Neuseeland und Kanada. Doch auch für diese Länder lässt sich eine sehr deutliche Korrelation zwischen der Häufigkeit psychischer Erkrankungen und der Ungleichheit nachweisen. In der Ungleichheit liegt also der Grund für das schlechte Abschneiden der anglophonen Länder und auch für die Unterschiede zwischen ihnen.

Es sind nicht nur die USA und Großbritannien, zwei Länder mit vielen Gemeinsamkeiten, die in den meisten Bereichen sehr schlechte Werte zeigen, sondern etwa auch Portugal; dessen miserables Ergebnis passt zu seinem hohen Maß an Ungleichheit, aber mit den USA hat das Land ansonsten wenig gemein.

Am anderen Ende des Verteilungsdiagramms sieht man, dass vor allem die skandinavischen Länder gut abschneiden. An der Spitze liegt jedoch Japan, und dieses Land ist wiederum in anderen Aspekten von Schweden, das auf dem zweiten Platz rangiert, äußerst verschieden. Man denke nur an die Familienstruktur und die Stellung der Frau – und genau in diesen Bereichen erscheinen die beiden Länder an den entgegengesetzten Enden der Verteilung. Schweden hat einen hohen Anteil nichtehelicher Geburten, und Frauen sind in der Politik fast gleichrangig mit den Männern repräsentiert; für Japan gilt das Gegenteil, auch der Anteil berufstätiger Frauen zeigt sich hier proportional umgekehrt. Ebenso unterschiedlich sind aber auch die Gründe für die gute Platzierung der beiden Länder auf der Gleichheitsskala. Schweden betreibt eine Umverteilungspolitik durch Steuern und Sozialleistungen – anders in Japan: Was das Verhältnis von Sozialetat zu Nationaleinkommen angeht, liegt das Land in der Gruppe der großen Industriestaaten auf einem der hinteren Plätze. Japan setzt also nicht auf Umverteilung, sondern erreicht mehr Gleichheit durch geringere Unterschiede der Einkommen vor Steuern. Trotz solcher Unterschiede erzielen Schweden wie Japan ein gutes Ergebnis, was allerdings einzig mit Blick auf die geringen Einkommensunterschiede in beiden Ländern zu erwarten war.

Das bringt uns zu einem weiteren wichtigen Aspekt: Mehr Gleichheit kann entweder durch Umverteilung sehr ungleicher Einkommen (also eine Politik der Höherbesteuerung und der Steuererleichterungen) erreicht werden oder durch Angleichung der Bruttoeinkommen (was weniger Umverteilungsbedarf bedeutet). Um die Vorteile einer Gesellschaft mit mehr Gleichheit zu gewinnen, braucht es also nicht unbedingt massive staatliche Eingriffe. Das gilt auch für andere Bereiche der staatlichen Ausgabenpolitik. Bei der Auswertung der OECD-Daten zum Anteil der Sozialausgaben am Bruttoinlandsprodukt (für den internationalen Ländervergleich) stellten wir keine Korrelation mit unserem Index der sozialen und gesundheitlichen Probleme fest. Eher gegen unsere Erwartung zeigte sich auch kein Einfluss auf den Bezug zwischen dem Index und der Ungleichheit. Das liegt zum Teil daran, dass die Regierungen diese Mittel entweder zur Prävention sozialer Probleme aufwenden oder um die Folgen zunehmender Einkommensunterschiede zu begrenzen.

Beispiele für diese gegensätzlichen Ansätze zur Erlangung von mehr Gleichheit finden sich auch im Datenmaterial aus den 50 US-Bundesstaaten. Unter den Staaten, die gut abschneiden, liegen diejenigen vorn, die besonders viel für die Sozialfürsorge ausgeben, aber die Spitzenposition nimmt New Hampshire ein, dessen Sozialetat zu den geringsten im Feld gehört. Genau wie Japan scheint dieser US-Bundesstaat soziale Gleichheit durch ungewöhnlich geringe Unterschiede bei den Bruttoeinkommen zu erzielen. Forschungsarbeiten, die sich mit der Frage beschäftigten, ob die besseren Werte der Staaten mit höherer Gleichheit durch deren bessere Sozialdienstleistungen zu erklären seien, kamen zu dem Ergebnis, dass die Sozialfürsorge (im Rahmen der US-Bundesstaaten) zwar eine Einflussgröße darstellt, die deutlich besseren Resultate der Staaten mit mehr Gleichheit aber nicht vollständig erklären kann.[309] Daraus darf man vor allem eines folgern: Auf welchem Weg eine Gesellschaft zu mehr Gleichheit gelangt, ist nicht so wichtig – Hauptsache, es gelingt ihr.

Ungleichheit und ethnische Zugehörigkeit

Eine weitere Frage lautet: Könnte sich die Korrelation zwischen Ungleichheit und der Häufigkeit sozialer und gesundheitlicher Probleme auch durch das Ausmaß ethnischer Konflikte in einer Gesellschaft erklären? Zwei Gründe für diese Annahme werden häufig angeführt. Zum einen: Es zeigten sich bei manchen ethnischen Gruppen spezifische Defizite und deshalb sei die Zahl ihrer Problemfälle höher. Dieses Argument kann man getrost als Ausdruck von Vorurteilen verwerfen. Etwas seriöser scheint die Überlegung, dass diesen Minderheiten häufig die Bildungschancen und beruflichen Angebote versagt bleiben und sie deshalb statistisch schlecht abschneiden. Demnach wären Vorurteile gegenüber Minderheiten ein Grund für die Ausgrenzung von Ethnien, dies wiederum hätte Auswirkung auf die Einkommensunterschiede und bewirkte somit letztlich auch schlechtere Ergebnisse im Bereich Gesundheit und mehr soziale Probleme. Für die Abhängigkeit zwischen Einkommensungleichheit und der Position eines Landes in unserem Index macht dies allerdings keinen Unterschied: Solche Prozesse sind grundsätzlich und in jedem Kontext verantwortlich für diese Korrelation. Auch wenn die ethnische Spaltung einer Gesellschaft die Ausgrenzung und Diskriminierung von Minderheiten verstärkt, bleibt es bei dem allgemeinen Befund, dass gesundheitliche und soziale Probleme um so häufiger auftreten, je mehr relative Benachteiligung die Menschen erfahren – unabhängig von ihrer ethnischen Zugehörigkeit.

Menschen am unteren Ende der sozialen Stufenleiter sind fast immer Vorurteilen und der Diskriminierung durch die über ihnen rangierenden Schichten ausgesetzt. Aber es besteht ein bedeutender Unterschied zwischen den schichtspezifischen Vorurteilen in Gesellschaften ohne ethnische Spaltung und den rassistischen Vorurteilen in Gesellschaften, die ethnische Konflikte aufweisen. Die kulturellen Distinktionen der Schichtzugehörigkeit leiten sich aus den relativen Statusunterschieden ab – Unterschiede etwa der Hautfarbe sind aber ein weit weniger flexibler Faktor. Wenn also ethnische Zugehörigkeit, Religion oder Sprache als Merkmale eines geringen Sozialstatus gelten und Anlass für Vorurteile geben, dann kann die soziale Spaltung und Diskriminierung zunehmen.

In den US-Bundesstaaten zeigt sich ein enger Zusammenhang zwischen dem Niveau der Einkommensungleichheit und dem Anteil der Afroamerikaner. Staaten mit höheren Einkommensunterschieden weisen meist auch einen größeren afroamerikanischen Bevölkerungsanteil auf, und sie schneiden bei den Ergebnissen etwa im Gesundheitsbereich (sowohl für die schwarze wie für die weiße Bevölkerung) schlechter ab. Die ethnische Spaltung fördert Vorurteile und trägt damit zu den Einkommensunterschieden bei. Das schadet allen ethnischen Gemeinschaften: Es ist keineswegs so, dass es den Weißen Vorteile bringt, sich gegen eine zahlreichere und schlechter bezahlte schwarze Bevölkerung abzusetzen – unter solchen Bedingungen sinkt die Lebenserwartung der schwarzen wie der weißen Bevölkerung.

Wir können damit eine Antwort auf die Frage geben, ob bestimmte Auswirkungen der Ungleichheit in Wahrheit auf die ethnischen Spaltungen in einer Gesellschaft zurückgehen: Für die Ungleichheit wie die ethnischen Probleme sind letztlich die gleichen sozialen Entwicklungen verantwortlich, es handelt sich also nicht um alternative Erklärungsansätze. Die Folgen der Ungleichheit können durch die Vorurteile verstärkt werden, die häufig Teil eines ethnischen Konflikts sind. Vor allem wenn solche Auseinandersetzungen mit deutlichen Statusunterschieden einhergehen, kann der ethnische Faktor als Indikator der Bandbreite von Statusdifferenzierung ebenso gut taugen wie die Einkommensungleichheit. Es gibt dazu sogar die Behauptung, in den USA hätten die ethnischen Unterschiede weit mehr Gewicht in der Statistik als die Einkommensunterschiede.[310] Andere Untersuchungen zu diesem Thema widersprechen dieser Ansicht.[311–313] Letztlich sind die USA mit ihren ethnischen Konflikten aber nur einer von vielen sozialen Zusammenhängen, in denen der Einfluss der Einkommensungleichheit überprüft wurde. Wir haben allein 168 veröffentlichte Forschungsberichte zur Auswirkung der

Ungleichheit auf die Gesundheit untersucht, inzwischen liegen insgesamt ungefähr 200 Studien zu diesem Thema vor.[10] In vielen dieser Arbeiten (etwa zu Portugal) ist völlig auszuschließen, dass ethnische Konflikte als Einflussgröße in Frage kommen. Eine international vergleichende Studie, die auch den Anteil verschiedener Ethnien in einem Land berücksichtigte, kam zu dem Ergebnis, dass dieser Faktor keinen Einfluss auf die schlechteren Werte der besonders ungleichen Gesellschaften im Gesundheitsbereich hatte.[314]

Vorgeschichten

Eine weitere alternative Erklärung des Zusammenhangs zwischen Einkommensungleichheit und der Häufigkeit sozialer und gesundheitlicher Probleme besteht in der Annahme, dass nicht die Ungleichheit an sich, sondern ihre Vorgeschichte den entscheidenden Faktor bildet. Ausschlaggebend wären demnach historische Entwicklungen, die in einer Gesellschaft mehr oder weniger Ungleichheit hervorbrachten, etwa so, als sei die Ungleichheit das statistische Zeugnis einer Geschichte der Konflikte. Dieses Argument wird vor allem in Bezug auf die USA vorgebracht: Es ist nicht zu übersehen, dass die US-Bundesstaaten mit höherer Ungleichheit in der Regel (aber nicht ausnahmslos) jene sind, die einst zur Konföderation der Südstaaten gehörten, in der die Plantagenwirtschaft auf der Grundlage von Sklavenarbeit vorherrschte. Natürlich hat das Maß an Gleichheit oder Ungleichheit in einer Gesellschaft seine je eigene Geschichte. Man muss sich nur einmal vergegenwärtigen, wie in Schweden mehr Gleichheit eingeführt wurde oder wie in Großbritannien und einigen anderen Ländern die Ungleichheit in den letzten Jahren zunahm, wie in bestimmten Regionen Russlands oder Chinas die Ungleichheit zunahm oder abnahm. Jedes Land hat seine Besonderheiten. Und zweifellos sind diese Vorbedingungen auch wichtig zum Verständnis der heutigen Unterschiede zwischen den Ländern und Regionen, was ihr Gleichheitsniveau angeht. Aber die Häufigkeit sozialer und gesundheitlicher Probleme in diesen Gesellschaften fügt sich in ein Muster, sie kann nicht nur aus der jeweiligen Geschichte erklärt werden. Es ist vielmehr die geschichtlich gewordene Ungleichheit, die nun dieses Muster hervorbringt. Also geht es (was das Maß der Ungleichheit angeht) nicht darum, wie Gesellschaften zu dem wurden, was sie heute sind, sondern um ihre aktuelle Verfassung.

Andererseits ist klar, dass die heutigen Abhängigkeiten zwischen sozialen Problemen und Ungleichheit nicht für alle Zeiten bestehen werden. Als entscheidender Faktor kann dabei das Niveau der wirtschaftlichen Entwicklung gelten. Wir haben in diesem Buch nur die reichen Industrienationen in den Blick genommen, aber einige unserer Ergebnisse, etwa zur Gesundheit und zum Gewaltproblem, gelten auch für die Folgen der Ungleichheit in weniger entwickelten Ländern. Im Verlauf der wirtschaftlichen Entwicklung kann sich bei manchen Problemen die Richtung des sozialen Gefälles umkehren, was wiederum ihre Relation zur Ungleichheit verändert. So traten in ärmeren Gesellschaften sowohl Fettleibigkeit wie Herzkrankheiten zunächst häufiger in den reichen Schichten auf, aber sobald eine Gesellschaft reicher wird, verändert sich die soziale Verteilung dieser Probleme und sie treten dann häufiger bei den Armen auf. Wir können darum feststellen, dass in der Gruppe der ärmeren Länder mehr Ungleichheit mehr untergewichtige Menschen bedeutet – genau das Gegenteil des Musters in der Gruppe der reichen Länder, das wir in Kapitel 7 vorstellten. Auch die soziale Verteilung des Alters, in dem Mädchen ihre Menarche (erste Regelblutung) haben, ändert sich im Verlauf wirtschaftlicher Entwicklung. So lange ein größerer Anteil der Armen unterernährt ist, werden die Mädchen in dieser Schicht später geschlechtsreif als die Mädchen in den reicheren Familien. Der steigende Lebensstandard hat auch dieses Verteilungsmuster verkehrt – was sich vielleicht auch im sozialen Gefälle bei den Teenagerschwangerschaften zeigt, von dem in Kapitel 9 berichtet wurde. Wirtschaftswachstum und Statusunterschiede erscheinen insgesamt als die stärksten Einflüsse auf viele Bereiche unseres Lebens.

Vorteile für alle

Auf die Ergebnisse sozialwissenschaftlicher Forschung reagieren viele Menschen erst einmal mit der Bemerkung, das sei doch nichts Neues, und vielleicht fügen sie noch etwas abschätzig hinzu, die Mühe und die Kosten hätte man sich sparen können, wenn dabei doch nur das herauskommt, was man schon weiß. Dieses Gefühl, Bescheid zu wissen, stellt sich aber häufig erst dann ein, wenn Forschungsergebnisse bereits öffentlich geworden sind. Sobald man Menschen auffordert, Vorhersagen zu treffen, wird sofort klar, dass so gut wie alles als sehr wahrscheinlich gelten kann. Wir hoffen natürlich, dass unsere in den Kapiteln 4 bis 12 aufgeführten Belege für den Einfluss der Ungleichheit auf die Häufigkeit so vieler Probleme ein Bild ergeben, das den meisten Lesern intuitiv richtig erscheint. Dass Probleme, die sich aus der relativen Unterprivilegierung ergeben, in Gesellschaften mit mehr Ungleichheit häufiger vorkommen, ist ja durchaus einleuchtend. Aber auf die Frage, warum mehr Gleichheit diese Probleme reduziert, lautet die gängige Antwort: Weil es in Gesellschaften mit mehr Gleichheit weniger Arme gibt. Man geht also davon aus, dass zunehmende Gleichheit vor allem den Menschen am unteren Ende der sozialen Stufenleiter hilft. Diese Vorstellung trifft nur sehr eingeschränkt zu, sie zeigt aber vor allem, wie wenig wir über soziale Prozesse wissen, die erheblichen Einfluss auf unser Leben und auf die ganze Gesellschaft haben. Denn in Wahrheit schadet zunehmende Ungleichheit der Mehrheit einer Bevölkerung.

Einen Hinweis darauf bieten schon die erheblichen Unterschiede zwischen den Gesellschaften, was die Häufigkeit der in den Kapiteln 4 bis12 diskutierten Probleme angeht. Wir waren davon zunächst selbst überrascht: Psychische Erkrankungen treten in den Gesellschaften mit besonders hoher Ungleichheit fünf Mal so häufig auf wie in denen mit besonders geringer Ungleichheit – und dies im Durchschnitt der Bevölkerung. Ebenso liegt die Häufigkeit von Gefängnisstrafen fünf Mal so hoch, bei krankhafter Fettleibigkeit sechs Mal so hoch und bei den Mordraten noch um ein Vielfaches höher. Der Grund für diese enormen Unterschiede liegt auf der Hand: Die Auswirkungen der Ungleichheit treffen nicht nur die Ärmsten, sondern die große Mehrheit der Bevölkerung. So beträgt in den USA die durchschnittliche Lebenserwartung 4,5 Jahre weniger als in Japan, aber das liegt nicht etwa daran, dass dort die ärmsten 10 Prozent der Bevölkerung um das Zehnfache früher sterben (durchschnittlich mit 45 Jahren) als der Rest, dessen Lebenserwartung auf dem Niveau der Japaner liegt. Der Epidemiologe Michael Marmot hat in diesem Zusammenhang wiederholt darauf hingewiesen, dass sich die Ergebnisse zur Ungleichheit im Gesundheitsbereich kaum verändern, wenn man alle gesundheitlichen Probleme der Armen herausrechnet. Selbst wenn man nur die Sterbeziffer weißer Amerikaner betrachtet, schneiden die USA immer noch schlechter ab als die meisten anderen Industriestaaten (darauf kommen wir noch zurück).

Vergleicht man die Gesundheitsdaten einzelner Bevölkerungsgruppen in Gesellschaften mit höherer und geringerer Ungleichheit, ergibt sich zweifelsfrei, dass mehr Gleichheit in vielen Bereichen Vorteile bringt. Eine kürzlich im *Journal of the American Medical Association*[315] erschienene Studie verglich den Gesundheitszustand von Männern mittleren Alters in den USA und in England (nicht in ganz Großbritannien). Um die Vergleichbarkeit zu verbessern, beschränkte sich die Erhebung auf die weiße (unter Ausschluss der hispanischen) Bevölkerung in beiden Ländern. Die Probanden wurden nach Einkommen und Bildungsstand gruppiert. Abbildung 13.2 zeigt die Häufigkeit von Diabetes, Bluthochdruck, Krebs, Lungen- und Herzkrankheiten, jeweils differenziert nach dem Grad der Bildung von niedrig, mittel bis hoch. Die Ergebnisse für die USA sind in den dunkleren Säulen im Hintergrund dargestellt, die helleren Säulen im Vordergrund zeigen die Resultate für England. Insgesamt ergeben sich deutlich höhere Werte für die USA, und zwar auf allen Bildungsstufen. Bei der Sterbeziffer und einer Reihe biologischer Indikatoren, wie Blutdruck, Cholesterin und Stress, zeigte sich ein ähnliches Ergebnis.

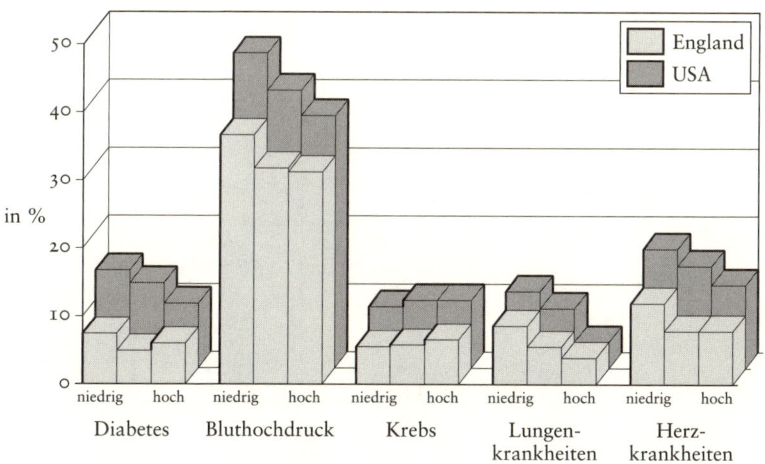

Abb. 13.2 *In England liegt die Erkrankungsrate auf jeder Bildungsstufe niedriger als in den USA.*[315]

Obwohl hier nur der erste Anschein gilt, bestehen die Autoren der Studie darauf, dass die schichtspezifischen Unterschiede im Gesundheitsbereich in den USA deutlicher ausfallen als in England, und zwar in beiden Klassifizierungen – Einkommen wie Bildung.[316]

Aus diesem Vergleich ging also England als Sieger hervor, was Gleichheit und Gesundheit anbelangt. Aber es gibt auch andere Vergleichsstudien, etwa zwischen Schweden und England/Wales. Um die Vergleichbarkeit zu sichern, ordneten die schwedischen Forscher eine große Zahl von Todesfällen in Schweden nach dem britischen Modell der Berufsgruppeneinteilung, dessen Skala von ungelernter Arbeit bis zu den akademischen Berufen reicht. Abbildung 13.3 zeigt für die jeweiligen Berufsgruppen die unterschiedlichen Todesraten für Männer im arbeitsfähigen Alter.[317] Schweden, das Land mit mehr Gleichheit, weist in allen Gruppen eine deutlich geringere Sterbeziffer auf als England/Wales; selbst Schwedens höchste Sterbeziffer in der untersten Kategorie liegt noch unter der niedrigsten Sterbeziffer in der höchsten Kategorie von England/Wales.

In einer ähnlichen Studie wurde ein Vergleich der Säuglingssterblichkeit zwischen Schweden und England/Wales gezogen.[318] Die Vergleichsgröße war hier der Beruf des Vaters, abermals wurde in beiden Ländern die gleiche Berufsgruppeneinteilung verwendet. Abbildung 13.4 zeigt die Ergebnisse (die Resultate für Kinder allein-

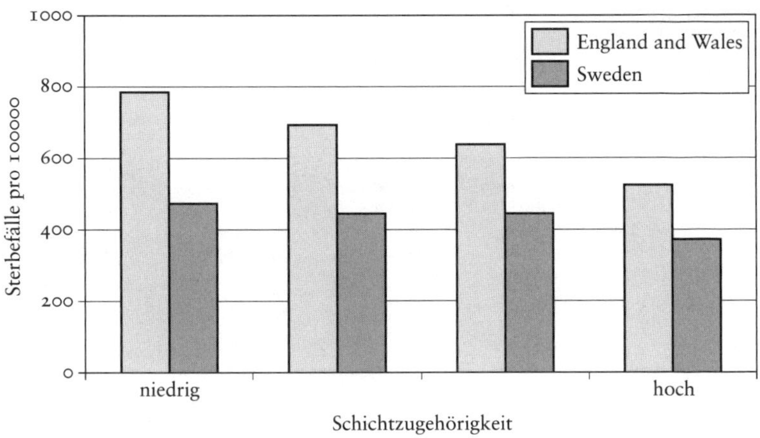

Abb. 13.3 *Die Sterbeziffer für Männer im arbeitsfähigen Alter liegt in Schweden bei allen Berufsgruppen niedriger als in England/Wales.*[317]

stehender Mütter, bei denen der Beruf des Vaters nicht zu ermitteln war, wurden gesondert ausgewiesen): Abermals zeigt Schweden die deutlich geringeren Sterbeziffern in allen Bereichen (und dabei gilt es noch zu berücksichtigen, dass beide hier zitierten Arbeiten schon älter sind, die heutigen Werte für Schweden dürften noch niedriger liegen).

Ähnliche vergleichende Studien bezogen sich auf die Ungleichheit in den 50 US-Bundesstaaten, und auch hier zeigte sich, dass offenbar die geringeren Einkommensunterschiede in den Staaten mit mehr Gleichheit allen Einkommensgruppen zugute kommen. In einer Arbeit wird festgestellt, dass »die Einkommensungleichheit in allen Untergruppen der Bevölkerung einen vergleichbaren Effekt zeigt«, unabhängig davon, ob die Bevölkerung nach Ethnien, Bildung oder Einkommen klassifiziert wird. Dieser Effekt war so deutlich, dass die Autoren daraus den Schluss zogen, die Ungleichheit wirke wie ein alles durchdringender Schadstoff in allen Bereichen der Gesellschaft.[319] Wir haben in einer Studie die Abhängigkeit zwischen dem mittleren Einkommen und der Sterbeziffer in allen Landkreisen (County) der USA untersucht.[8] Dabei verglichen wir jeweils mittleres Haushaltseinkommen und Sterbeziffer in einem Landkreis, und zwar einmal für die 25 US-Bundesstaaten mit mehr und einmal für die 25 mit weniger Gleichheit. Aus Abbildung 13.5 ist zu entnehmen, dass –

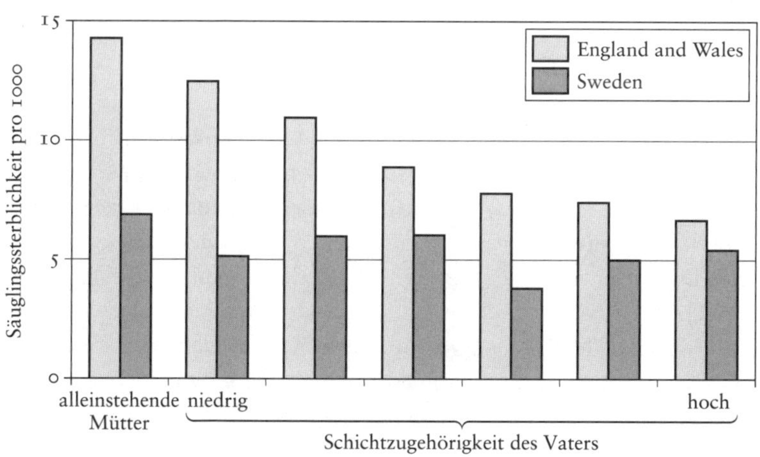

Abb. 13.4 *Die Rate der Säuglingssterblichkeit liegt bei allen Berufsgruppen in Schweden niedriger als in England/Wales.*[318]

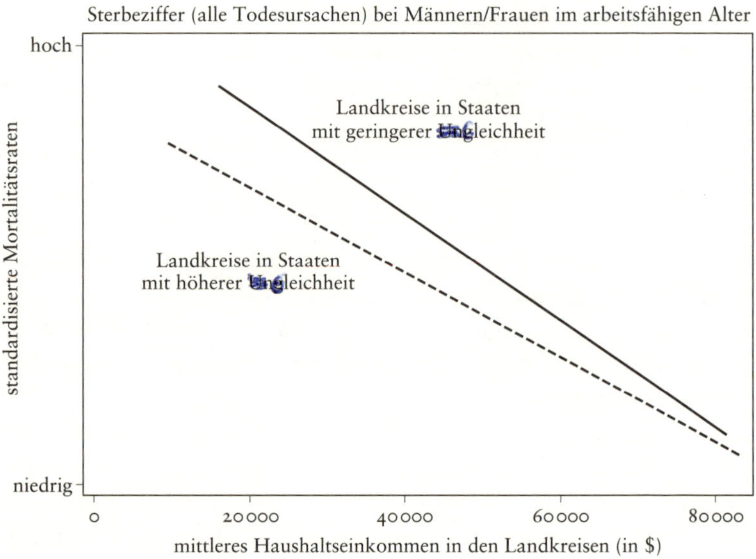

Abb. 13.5 *Abhängigkeit zwischen mittlerem Haushaltseinkommen und Sterbeziffer, bezogen auf die Landkreise in den 25 US-Bundesstaaten mit geringerer Ungleichheit (durchgezogene Linie) und den 25 Staaten mit höherer Ungleichheit (gestrichelte Linie).*

wie erwartet – die ärmeren Landkreise in der Gruppe der Staaten mit höherer wie mit geringerer Gleichheit die höhere Sterbeziffer aufwiesen. Aber die 25 Staaten mit mehr Gleichheit zeigten insgesamt auf jedem Einkommensniveau geringere Sterbeziffern als die Gruppe der anderen 25. Aus dem Vergleich der Landkreise nach ihren Einkommensniveaus ergab sich, dass mehr Gleichheit in den ärmeren Landkreisen mehr Vorteile brachte, sich aber selbst in den reichsten Landkreisen immer noch ein gewisser Vorteil durch Gleichheit ergab. Die wesentlichen Ergebnisse ähneln dem Resultat des Vergleichs zwischen Schweden und England/Wales (Abb.13.3 und 13.4). Wie im Vergleich der US-Landkreise die höhere Gleichheit bessere Ergebnisse in allen Einkommensgruppen ergab, so wirkte Schwedens höhere Gleichheit in allen Schichten positiv, am deutlichsten jedoch in den unteren Schichten.

In Kapitel 8 wurde die Lese-Schreib-Kompetenz junger Menschen in verschiedenen Ländern verglichen (vgl. Abb. 8.4), und zwar in Abhängigkeit vom Bildungsniveau ihrer Eltern (damit also indirekt auch vom sozialen Status ihrer Familie). Erneut zeigte sich, dass mehr Gleichheit der jeweiligen Gesellschaft insgesamt Vorteile bringt. In Finnland und Belgien, den Ländern mit höherer Gleichheit, zeigten sich die Vorteile wieder vor allem am unteren Ende der sozialen Rangordnung deutlicher als in Großbritannien und den USA, den Ländern mit weniger Gleichheit. Doch selbst die Kinder von Eltern mit dem höchsten Ausbildungsniveau schnitten in Finnland und Belgien besser ab als in Großbritannien und den USA.

Nicht selten wird die Frage gestellt, ob tatsächlich auch die Wohlhabenden von mehr Gleichheit profitieren. »Kein Mensch ist eine Insel« – vielleicht gilt diese alte Einsicht von John Donne ja auch für die Konsequenzen der Ungleichheit. In unseren Diagrammen wird die Bevölkerung zumeist in drei oder vier Einkommensgruppen oder Bildungsstufen unterteilt, manchmal auch in sechs Berufsgruppen (vgl. Abb. 13.4). Die Analysen deuten darauf hin, dass auch die reichsten Gruppen einen Gewinn von mehr Gleichheit haben. Wenn wir unter »den Reichen« die Millionäre und Prominenten verstehen, Menschen, die große Unternehmen leiten und in den Schlagzeilen stehen, dann fällt es schwer, sich vorzustellen, wie solchen Leuten mehr Gleichheit nützen könnte. Da sie ständig in den Medien erscheinen, mag es den Anschein haben, als lebten wir in einer Welt voller berühmter Gesichter und Namen, aber die »High Society« stellt nur einen winzigen Bevölkerungsanteil, weniger als ein Prozent – zu gering, um sie als statistische Größe einzurechnen. Und ohne genauere Daten über diese exklusive Minderheit kann man nur vermuten, ob sie von solchen Folgen der Ungleichheit wie zunehmender Gewalt, Drogenmissbrauch und psychischen Erkrankungen verschont bleibt. Es scheint eher nicht der Fall, wenn man auf Leben oder Tod vieler Berühmtheiten blickt: Britney Spears, John Lennon, Kurt Cobain, Marilyn Monroe, die ermordeten Brüder John und Robert Kennedy, Prinzessin Diana oder Prinzessin Margaret. Eines geht aus den von uns ausgewerteten Studien jedoch deutlich hervor: Mehr Gleichheit bringt deutliche Vorteile auch für die Menschen in der obersten Berufsgruppe, auch für das reichste und am besten gebildete Viertel oder Drittel einer Gesellschaft, zu dem dann auch die kleine Minderheit der Superreichen gehört. Ob wir Länder oder die US-Bundesstaaten vergleichen, es zeigt sich immer die Tendenz, dass mehr Gleichheit einer großen Mehrheit der Bevölkerung zugute kommt. Nur aus dieser Verteilung der positiven Effekte erklären sich die erheblichen Unterschiede zwischen Gesellschaften in bestimmten Problembereichen.

Als im Laufe der Jahre immer mehr Forschungsergebnisse auf diese breite Verteilung hindeuteten, löste das zunächst Überraschung aus; es schien alle Annahmen zu widerlegen. Aus verschiedenen Studien internationaler Forschungsgruppen, die Länder in Bezug auf die Ungleichheit im Gesundheitsbereich verglichen, ergab sich, dass keine erheblichen Unterschiede festzustellen waren. Das schien nicht zu der belegten Feststellung zu passen, dass die Menschen in Ländern mit mehr Gleichheit insgesamt gesünder sind. Wenn mehr Gleichheit mehr Gesundheit bedeutet, müssten dann nicht auch die Unterschiede zwischen Arm und Reich in diesem Bereich geringer sein? Heute ist dieses Problem gelöst, wir wissen, wie die beiden scheinbar widersprüchlichen Forschungsresultate zusammenpassen. Geringere Einkommensunterschiede heben den Gesundheitszustand aller in einer Gesellschaft, aber sie wirken sich bei den Armen stärker aus als bei den Reichen. Wenn also die Reduktion der Einkommensunterschiede in allen Schichten einer Gesellschaft ungefähr den gleichen prozentualen Rückgang der Sterbeziffer bewirkt, dann bleiben die Relationen unverändert. An den Unterschieden der Sterbeziffer zwischen Arm und Reich ändert sich nichts. Nehmen wir ein Verhältnis von 60 : 100.000 in der untersten und nur von 20 : 100.000 in der obersten sozialen Schicht an. Wenn wir nun in allen Schichten einen Rückgang um 50 Prozent berechnen, kommen wir auf minus 30 ganz unten und minus 10 ganz oben. Bei den Armen zeigt sich absolut die größte Verringerung, aber das Verhältnis der Sterbeziffer von 1 : 3 zwischen der obersten und untersten Schicht bleibt unverändert.

Damit wird klar, dass die scheinbar widersprüchlichen Studien uns tatsächlich eine wichtige Einsicht in die Wirkung zunehmender Gleichheit erlauben. Ihre Ergebnisse – dass im Bereich der Gesundheit innerhalb von Gesellschaften unterschiedlicher Gleichheit ein ähnlicher relativer Abstand zwischen den Schichten bestehen kann – bedeuten nichts anderes, als dass mehr Gleichheit jedem Mitglied der Gesellschaft etwa den gleichen Anteil an Verbesserung bringt. Inzwischen liegen eine Reihe von Arbeiten zu diesem Thema vor, die sich auf Daten aus den US-Bundesstaaten stützen,[8, 319, 320] sowie fünf internationale Vergleichsstudien. Es kann als belegt gelten, dass mehr Gleichheit nicht nur den Armen hilft, sondern der Gesellschaft insgesamt.[152, 315, 317, 318, 321]

Ursachen

Die Korrelationen zwischen der Ungleichheit und den gesundheitlichen wie sozialen Problemen sind deutlich genug, um Zufallsergebnisse auszuschließen. Klare Abhängigkeiten zeigen sich in unseren beiden Vergleichsfeldern, und gerade die Korrelationen zwischen Ungleichheit einerseits und Gewalt und Gesundheit andererseits sind vielfach durch Daten aus Erhebungen in unterschiedlichen Kontexten belegt. Aber eine Korrelation bedeutet noch keinen kausalen Zusammenhang und sagt vor allem nichts darüber, was Ursache und was Wirkung ist.

Unsere Diagramme sind ausnahmslos Querschnitte; wir zeigen Abhängigkeiten zu einem bestimmten Zeitpunkt, und nicht etwa ihre Veränderung in der Zeit. Dass solche Querschnitte zu verschiedenen Zeiten immer wieder diese Abhängigkeiten aufweisen, kann allerdings nur heißen, dass diese über die Zeit stabil bleiben: Wenn sich Gesundheit und Ungleichheit ganz unterschiedlich entwickeln und sich ihre Wege gewissermaßen nur zufällig kreuzen, wie erklärt es sich dann, dass wir sie immer wieder in enger Abhängigkeit sehen? Daten für den internationalen Vergleich über die Zeit sind kaum zu bekommen, aber Längsschnitte zur Veränderung in den Bereichen Ungleichheit und Gesundheit waren immer wieder möglich. So kam eine Studie zu dem Ergebnis, dass zwischen 1975 und 1985 die Veränderung des Anteils der Menschen, die in den (damals zwölf) Mitgliedstaaten der Europäischen Union von weniger als der Hälfte des nationalen Durchschnittseinkommens lebten, einen deutlichen Bezug zu Veränderungen in der Lebenserwartung aufwies.[81] Auch für die osteuropäischen Länder ließ sich zeigen, dass der Rückgang der Lebenserwartung in den sechs Jahren nach dem Zusammenbruch des Sowjetsystems (1989–1995) dort am deutlichsten verlief, wo sich die Einkommensunterschiede am schnellsten vergrößerten. Ein besonders erhellendes Beispiel für Veränderungen der Einkommensverteilung und im Gesundheitsbereich bietet die internationale Rangordnung der Industriestaaten in Bezug auf die Lebenserwartung. Hier tauschten die USA und Japan im Verlauf eines längeren Zeitraums die Plätze. In den 1950er Jahren wiesen im Gesundheitsbereich nur wenige Länder bessere Werte auf als die USA; Japan dagegen lag weit hinten. In den 1980er Jahren hatte Japan die höchste Lebenserwartung aller Industriestaaten, während die USA deutlich abgerutscht und schon fast auf ihrem heutigen Platz 30 angelangt waren. Entscheidend dabei war die Verringerung der Einkommensunterschiede in Japan in den vier Jahrzehnten nach dem Zweiten Weltkrieg, zugleich verbesserte sich die Gesundheit der Bevölkerung rapide (in diesem Bereich wurde ein Land nach dem anderen in der Rangordnung überholt) und Japan wies (fast als einzige Industrienation) eine sinkende Verbrechensrate auf. In den USA dagegen wuchsen seit etwa 1970 die Einkommensunterschiede.

In Kapitel 3 gaben wir einige allgemeine Erklärungen für die starken Reaktionen der Menschen auf Ungleichheit, und in den Kapiteln 4 bis 12 diskutierten wir kausale Beziehungen zwischen einzelnen sozialen und gesundheitlichen Problemen. Außerdem haben wir nach anderen deutlichen kulturellen Gemeinsamkeiten in der Gruppe der Länder gesucht, die gut abschneiden, und ebenso unter jenen, die schlecht abschneiden. Könnte es überhaupt eine andere Erklärung für die Korrelationen geben, außer einem kausalen Zusammenhang? Vielleicht einen unbekannten Faktor, der die Abhängigkeiten zwischen der Ungleichheit und den einzelnen sozialen Problemen bestimmt?

Schwache Korrelationen erweisen sich manchmal als Signatur eines anderen, verborgenen Faktors, aber bei so engen Abhängigkeiten, wie wir sie hier sehen, kommt das kaum in Frage. Da unser Gesamtindex weder im internationalen Feld noch im Vergleichsfeld der US-Bundesstaaten eine deutliche Korrelation mit den Durchschnittseinkommen aufweist, kann man einen verborgenen Faktor mit direktem Einfluss auf den materiellen Lebensstandard gewiss ausschließen. Wie weiter oben in diesem Kapitel bereits ausgeführt, kommen auch staatliche Sozialausgaben als alternative Erklärung nicht in Frage. Was könnte es noch geben? Es ist kaum anzunehmen, dass sich plötzlich ein bislang unbekannter Faktor zeigt, der nicht nur einerseits die Entwicklung der Ungleichheit bestimmt, sondern überdies verantwortlich ist für alle negativen Problementwicklungen – vom Gesundheitsbereich bis zur Fettleibigkeit oder der Zahl der Gefängnisinsassen.

Bleibt die Frage der Wirkungsrichtung in der Kausalbeziehung. Bei Vorträgen hören wir manchmal den Einwand, das Ganze könne doch auch umgekehrt funktionieren: Vielleicht sei nicht die Ungleichheit der Grund für alles andere, sondern die gesundheitlichen und sozialen Probleme führten zu größeren Einkommensunterschieden. In der sozialen Realität gibt es natürlich keine eindeutigen Abfolgen, aus denen man immer schließen könnte, welches Ereignis ein anderes bewirkt. Was wir aus den Teilergebnissen ersehen, die uns Längsschnittstudien bieten, sind nur Tendenzen gemeinsamer Veränderung. Wäre es denkbar, dass Menschen wegen ihrer sozialen oder gesundheitlichen Probleme einen Einkommensverlust erleiden und auf diese Weise zur Ungleichheit beitragen? Vielleicht weil Menschen, die krank oder sehr übergewichtig sind, schlechtere Chancen auf dem Arbeitsmarkt haben oder den beruflichen Aufstieg nicht schaffen? Könnte man daraus erklären, weshalb Länder, in denen mehr soziale und gesundheitliche Probleme auftreten, auch eine höhere soziale Ungleichheit aufweisen?

Die einfache Antwort lautet: nein – oder allenfalls zu einem sehr geringen Teil. Zum einen, weil auf diese Weise nicht zu verstehen ist, dass Länder mit schlechten Werten in einem bestimmten sozialen oder gesundheitlichen Bereich in der Regel auch schlechte Werte in allen diesen Bereichen zeigen. Warum sollten in Ländern, die eine hohe Rate von Fettleibigkeit aufweisen, zugleich auch besonders viele Menschen im Gefängnis sitzen, wenn es dafür nicht wenigstens teilweise gemeinsame Ursachen gäbe? Zum anderen führen manche der sozialen und gesundheitlichen Probleme wohl kaum zu merklichen Einkommensverlusten. Wir haben anhand des UNICEF-Index dargelegt, dass es in Ländern mit größerer Ungleichheit den Kindern in einer Reihe von Belangen besonders schlecht geht, aber das Wohlergehen von Kindern hat keinen großen Einfluss auf die Einkommensungleichheit der Erwerbstätigen. Und auch eine wachsende Zahl von Gefängnisinsassen führt nicht zu höherer Einkommensungleichheit – eher das Gegenteil ist der Fall, denn die Erhebung von sozialer Ungleichheit beruht zumeist auf den Angaben zum Haushaltseinkommen, und in dieser Statistik werden Menschen in staatlicher Unterbringung nicht erfasst. Ein weiteres Argument: Eltern im Teenageralter könnten zur Ungleichheit beitragen, weil sie häufig alleinstehend und arm sind. Dagegen spricht, dass einige der Länder mit mehr Gleichheit einen hohen Anteil alleinerziehender Eltern aufweisen, die aber – wegen der besseren Sozialfürsorge – zu einem deutlich geringeren Teil in Armut leben als in den Ländern mit weniger Gleichheit. Sobald die Arbeitslosen und die Kinder alleinerziehender Eltern nicht in Armut leben müssen, sind sie auch vor den individuellen Schädigungen geschützt, die aus der Mittellosigkeit folgen können.

Es gibt aber auch noch ein grundsätzliches Argument gegen die Vorstellung, Ungleichheit sei die Folge sozialer Probleme. In diesem Kapitel wurde bereits dargelegt, dass es in Gesellschaften mit größerer Ungleichheit nicht nur den Armen, sondern Menschen in fast allen Einkommensgruppen schlechter geht. Selbst ein Vergleich zwischen Gruppen gleichen Einkommens zeigt, dass in Gesellschaften größerer Ungleichheit die Menschen einer bestimmten Einkommensgruppe schlechter abschneiden. In manchen stärker ungleichen Gesellschaften liegt der Bevölkerungsanteil der Armen höher, aber die Korrelation mit der Ungleichheit wird nicht allein durch die Armen, sondern durch eine Vielzahl von Einwirkungen bestimmt. Selbst wenn Krankheit und soziale Probleme zu Einkommensverlust führen, ist damit nicht ansatzweise zu erklären, weshalb es Menschen mit stabilem gutem Einkommen in stärker ungleichen Gesellschaften häufiger schlecht geht.

Ein weiterer Alternativansatz geht davon aus, dass statt der Einkommensverteilung eine Art ideologischer Wandel den entscheidenden Faktor bildet – eine Hinwendung zu stärker individualistischen Wirtschafts- oder Gesellschaftsauffassungen, etwa im Stil der so genannten »neoliberalen« Schule. Natürlich spielen Ideologien eine Rolle bei den Entscheidungen der Regierung und auch in den wirtschaftlichen Institutionen einer Gesellschaft. Damit sind sie einer der vielen Faktoren, die das Ausmaß der Einkommensunterschiede bestimmen; aber auch wenn ein Ideologiewechsel die Einkommensverteilung beeinflussen mag – für die hier diskutierten gesundheitlichen und sozialen Probleme (die nicht an die Einkommensverteilung gebunden sind) kann man ihn schlichtweg nicht verantwortlich machen. Die neoliberalen Konzepte mögen zur Ausweitung der Einkommensunterschiede beigetragen haben (vgl. Kap. 16), aber keine Regierung hatte den Plan, den sozialen Zusammenhalt zu schwächen, die Gewalt zu fördern, mehr Fettleibigkeit, Teenagerschwangerschaften, Drogenmissbrauch oder was auch immer zu bewirken. Eine veränderte ideologische Ausrichtung der politischen Führung kann zu Veränderungen in der Einkommensverteilung beitragen, aber natürlich kommt sie nicht als eine konzertierte Politik zur Verschärfung sozialer Probleme daher. Diese Verschärfung ist vielmehr erst eine ungewollte Folge der zunehmenden Einkommensunterschiede. Die Regierungen wären gut beraten, nicht die ursächliche Rolle der Ungleichheit zu bestreiten, sondern sich mit den Folgen der Einkommensungleichheit genauer zu befassen, nur so könnten sie den Anstieg sozialer und gesundheitlicher Probleme eindämmen.

In den volkswirtschaftlichen Theorien ist keine Rede davon, dass die Einkommensungleichheit in Wahrheit eine Folge mangelnder Gesundheit und sozialer Probleme der Bevölkerung sei. Die Ökonomen haben sich stets auf Faktoren wie Steuern und staatliche Leistungen konzentriert, auf den internationalen Wettbewerb, die technologische Entwicklung und den Bedarf der Industrie an angemessen ausgebildeten Arbeitskräften. Keiner dieser Aspekte zeigt einen direkten Zusammenhang mit der Häufigkeit gesundheitlicher und sozialer Probleme. Im Kapitel 16 wird von den einzelnen Faktoren noch die Rede sein, die in einigen Ländern deutliche Veränderungen des Ungleichheitsniveaus bewirkt haben.

Die kausalen Zusammenhänge ließen sich besser beweisen, wenn wir in einem Experiment die Ungleichheit in der Hälfte der untersuchten Länder halbieren und in der anderen Hälfte unverändert lassen könnten – dann müsste man nur noch die weitere Entwicklung beobachten. Aber wie uns die Astronomie zeigt, kann auch die nur beobachtende Wissenschaft beeindruckende Ergebnisse vorweisen. Es gibt aber tatsächlich auch einige experimentelle Studien, die unsere Vorstellung von den kausalen Zusammenhängen stützen; einige sind in den vorangehenden Kapiteln bereits erwähnt worden. In Kapitel 8 zum Beispiel wurde von Versuchen im Bildungsbereich berichtet, die deutlich machten, wie die diskriminierende Einstufung durch andere das Leistungsvermögen der betroffenen Person negativ beeinflusst. Indische Schüler aus unteren Kasten konnten Aufgaben genauso gut lösen wie die Probanden aus höheren Kasten; sie versagten erst, als ihre Kastenzugehörigkeit vorab bekannt gegeben wurde. Und Versuche in den USA machten deutlich, dass afroamerikanische

Schüler an der High-School (im Unterschied zu den weißen Schülern) bei einer Prüfungsaufgabe schlechter abschneiden, wenn man ihnen zuvor mitteilt, es handele sich um einen Eignungstest für ein Stipendium. Außerdem wird dort der berühmte »Blauäugigen-Test« an einer amerikanischen Schule referiert, der ebenfalls die Folgen der Statusangst belegt.

Manchmal lassen sich Zusammenhänge, die bei Menschen nur beobachtbar sind, in Tierversuchen auf ihren Wirkungszusammenhang testen. Eine Studie unter Beamten zeigte, dass Statusverlust mit einer Zunahme kardiovaskulärer Erkrankungen einherging. Allerdings ist damit die Frage nicht beantwortet, ob diese gesundheitliche Folge vom Statusverlust oder den damit verbundenen materiellen Nachteilen bewirkt wurde. Die Antwort gaben Experimente mit Makaken. Diese Affen bilden deutliche soziale Hierarchien aus, aber in Gefangenschaft kann man sie unter identischen Bedingungen isolieren: Sie leben in gleichen Käfigen und erhalten das gleiche Futter. Damit wird ein Experiment möglich, indem man Tiere aus einer Gruppe in eine andere versetzt. Tiere mit geringem Status aus verschiedenen Gruppen müssen, sobald sie zusammengesperrt sind, eine neue Hierarchie bilden, indem einige einen höheren Status erringen, und umgekehrt werden in einer Gruppe von Tieren mit hohem Status einige degradiert. Bei den Affen, die unter diesen Bedingungen einen Statusverlust erlitten, stellte man rasch zunehmende Arteriosklerose (eine Gefäßerkrankung) fest.[322] Ähnliche Versuche stellen einen Zusammenhang zwischen geringem sozialem Status und Fettanlagerung im Bauchbereich fest.[323] In Kapitel 5 haben wir ein weiteres Tierexperiment angeführt: Affen erhielten unter den oben beschriebenen Bedingungen Zugang zu Kokain: Nur die Tiere mit geringem Sozialstatus machten Gebrauch davon und kompensierten auf diese Weise ihre niedrigere Ausschüttung des Botenstoffs Dopamin.[59]

Von Experimenten, die den Wirkungszusammenhang zwischen sozialer Ungleichheit und Gewalt belegen könnten, ist uns nichts bekannt, aber das ließe sich leicht nachholen – vielleicht indem sich ein paar Wissenschaftler in ein armes Stadtviertel begeben und dort wahllos Passanten beleidigen …

Wir haben nun zwar aus verschiedenen Perspektiven erörtert, warum wir unsere Kausalitätsvermutungen für begründet halten, aber der Erfolg einer Theorie – so sagen Wissenschaftsphilosophen wie Sir Karl Popper – bemisst sich ganz entscheidend daran, ob sie zutreffende Voraussagen machen kann. Es geht darum, bislang unbekannte Phänomene oder Zusammenhänge aufzuzeigen, die es in der Folge zu belegen gilt. Unser Postulat, dass in Gesellschaften mit mehr Gleichheit die Bürger weniger gesundheitliche Probleme haben, ergab sich zunächst aus nur einer Auswertung international erhobener Daten. Inzwischen ist die Annahme wiederholt (etwa 200 Mal) unter verschiedenen Voraussetzungen überprüft worden und – abgesehen von Studien, die sich nur auf lokal begrenzte Phänomene der Ungleichheit bezogen – überwiegend bestätigt worden. Wenn wir es also hier tatsächlich mit einem Kausalzusammenhang zu tun hatten, dann musste auch ein Wirkungsmechanismus benannt werden können – und die Suche nach diesem Mechanismus führte uns zu der Einsicht, dass die sozialen Beziehungen (gemessen am sozialen Zusammenhalt, am Vertrauen, am sozialen Engagement und am Auftreten von Gewalt) in den Gesellschaften mit mehr Gleichheit besser sind. Damals fand die Bedeutung des Zusammenhangs zwischen sozialen Beziehungen und Gesundheit erst allmählich Anerkennung. Auch die Annahme, dass schlechte Gesundheit nur eines von vielen Problemen mit sozialem Gefälle darstellt, die auf die soziale Ungleichheit zurückgehen, ist wiederholt überprüft worden (anfänglich, wie erwähnt, in Bezug auf Sterbeziffern und Todesursachen) und hat sich, wie wir in den Kapiteln 4 bis 12 gezeigt haben, in zwei Feldern bestätigt. Die Korrelationen zwischen Gesundheit und Gleichheit brachten uns auf den Gedanken, dass psychosoziale Prozesse im Zusammenhang mit sozialer Differenzierung einen Mechanismus darstellten, durch den Ungleichheit zur Ursache gesundheitlicher Probleme wurde. Damals dachte man noch nicht über psychosoziale Wirkungen der Ungleichheit nach, inzwischen ist der Zusammenhang mit der Qualität sozialer Beziehungen und einer Reihe von Verhaltensweisen belegt. Auch das haben wir in den vorangehenden Kapiteln dargestellt.

Die extremen Unterschiede zwischen Gesellschaften, was die Häufigkeit von Problemen angeht, die mit geringem sozialem Status zu tun haben, dürften ohne die Einsicht kaum zu erklären sein, dass dabei die Ungleichheit der entscheidende gemeinsame Nenner ist – mit gewaltiger Zerstörungskraft.

»Ich schließe daraus, dass die Primaten zweifelsfrei über ein Sozialleben verfügen.«

14.

Unser soziales Erbe

> Mit Geschenken macht man sich Freunde, und Freunde machen Geschenke.
>
> *Marshall Sahlins, Stone Age Economics*

Erst denken, dann lenken

Seit jeher unterscheiden sich die politische Rechte und die Linke nicht zuletzt in ihrer Haltung zum Problem der Ungleichheit, aber natürlich hätte kaum jemand etwas gegen eine Gesellschaft, in der es freundlicher zugeht, die weniger Gewalt und psychische Erkrankungen, dafür aber mehr soziales Engagement aufweist. Dass die Verringerung der Ungleichheit zu einer sehr viel besseren Gesellschaft führen kann, haben wir wiederholt deutlich gemacht – bleibt die entscheidende Frage, ob die Menschen glauben, dieses Ziel sei erreichbar. Selbstverständlich wollten wir in unserer Analyse keine Vergleiche zwischen bestehenden Gesellschaften und irgendwelchen Vorstellungen von völlig egalitären Gemeinwesen anstellen; es geht uns nicht um Utopien oder die Vervollkommnung des Menschen. Alle hier vorgelegten Ergebnisse stammen aus dem Vergleich bestehender Gesellschaften, die keine besonders ungewöhnlichen Züge aufweisen. Wir haben ausschließlich die Unterschiede zwischen den wohlhabendsten und erfolgreichsten Volkswirtschaften der Welt untersucht, zwischen Ländern, in denen Demokratie und Meinungsfreiheit herrschen. Dass die Menschen in den Ländern mit sehr geringer Ungleichheit – wie in Japan oder den skandinavischen Ländern – ein sehr gutes Leben führen können, steht außer Zweifel. Die Folgerungen aus unseren Ergebnissen können nicht als wirklichkeitsfremd abgetan werden, sie sind viel kompatibler mit der Struktur marktwirtschaftlicher Demokratien, als mancher Vertreter des einen oder anderen politischen Lagers wahrhaben will.

Aber nicht jeder wird von unseren Belegen sofort überzeugt sein. Aus der Sicht eines Landes mit höherer Ungleichheit mag es überraschend und unverständlich erscheinen, dass andere, offenbar ganz ähnlich strukturierte Länder auch mit viel geringerer Ungleichheit gut zurechtkommen. Gibt es nicht Hinweise genug, dass sich die Menschen überall und immer von ihren materiellen Eigeninteressen leiten lassen? Gier und Habsucht sind primäre menschliche Antriebe, davon geht die Wirtschaftstheorie aus, und der Erfolg der Marktwirtschaft scheint es zu belegen. Sogar die soziale Last des Verbrechens kann man daraus erklären, dass Menschen kaum daran zu hindern sind, die Regeln zu brechen, nur um ihre Interessen durchzusetzen. Es scheint nicht viele Anzeichen dafür zu geben, dass auch Mitgefühl und Gemeinsinn zu den menschlichen Grundeigenschaften gehören.

Aber vielleicht hilft es gegen diese pessimistische Sichtweise, wenn wir besser verstehen, was uns die Ungleichheit zufügt – und welche anderen Möglichkeiten uns offenstehen. Wir müssen uns nicht genetisch umprogrammieren, es genügt zu begreifen, dass mehr Gleichheit die besseren Seiten in uns hervorbringen kann.

Die zwei Seiten der Medaille

Bei unseren Recherchen für dieses Buch sind wir immer wieder auf die Kategorien Sozialstatus und Freundschaft gestoßen, ein offensichtlich untrennbares Gegensatzpaar. Zunächst erscheinen sie gemeinsam als bestimmende Einflüsse auf die Gesundheit des Einzelnen. Wie in Kapitel 6 deutlich wurde, helfen Freundschaften und Teilnahme am sozialen Leben den Menschen, gesund zu bleiben, während geringer sozialer Status, stärkere Statusunterschiede und mehr Ungleichheit sich nachteilig auf die Gesundheit auswirken. Außerdem gibt es Gemeinsamkeiten im Auftreten beider Kategorien in verschiedenen Gesellschaften: In Kapitel 4 zeigte sich, dass die Werte für gemeinschaftliches Verhalten – soziale Bindungen, Vertrauen, wenig Gewalt – sinken, wenn die Ungleichheit zunimmt. Ein weiteres Mal wird der Zusammenhang von Sozialstatus und Freundschaft sichtbar in der Neigung der Menschen, sich ihre Freunde vorwiegend unter sozial Gleichgestellten zu suchen. Zunehmende Status- und Einkommensunterschiede reißen also soziale Gräben auf.

Für diesen Zusammenhang von Status und Freundschaft in den unterschiedlichen Bereichen bietet sich eine einfache Erklärung an: Die Kategorien stehen für zwei entgegengesetzte Formen des menschlichen Austauschs. Soziale Schichtung ist ein grundsätzliches Ordnungssystem, das ähnlich wie eine Rangfolge oder die Hackordnung bei Tieren auf Macht und Zwang beruht, auf Vorrechten beim Zugang zu Ressourcen, ohne Rücksicht auf die Bedürfnisse der anderen. In seiner einfachsten, tierischen Form bedeutet es: Der Stärkere hat Recht, und die Schwächsten kommen immer zuletzt.

Freundschaft steht für eine Art von Beziehung, die in fast allen Aspekten das Gegenteil darstellt. Hier geht es um Ausgleich, um Gegenseitigkeit, das Teilen, soziale Verpflichtung, Zusammenarbeit und die Anerkennung der Bedürfnisse der anderen. Geschenke sind symbolischer Ausdruck der Freundschaft, weil sie zeigen, dass der Geber und der Empfänger nicht in Konkurrenz um Überlebensnotwendigkeiten treten, sondern die wechselseitigen Bedürfnisse anerkennen und ihnen gerecht werden wollen. Der Sozialanthropologe Marshall Sahlins hat es in die schöne Formel gebracht: »Mit Geschenken macht man sich Freunde, und Freunde machen Geschenke.«[324] Sich Nahrung zu teilen und Mahlzeiten zusammen einzunehmen hat hohen Symbolwert, gerade weil Nahrung das entscheidende materielle Grundbedürfnis ist. Wo Knappheit herrscht, kann der Kampf um die Nahrung eine Gesellschaft zerstören.

Freund oder Feind

Sozialstatus und Freundschaft sind deswegen so bedeutend für uns, weil sie für verschiedene Formen des Umgangs mit dem vielleicht grundlegenden Problem der sozialen (und politischen) Ordnung bei Menschen wie Tieren stehen. Weil alle Mitglieder einer biologischen Art die gleichen Bedürfnisse haben, können sie zu erbarmungslosen Rivalen werden, die um fast alles kämpfen: Nahrung, Unterkunft, Sexualpartner, ein bequemes Plätzchen im Schatten, einen guten Ort für den Nestbau – eigentlich um alle Annehmlichkeiten und Notwendigkeiten, die nicht im Überfluss vorhanden sind. Deshalb führen die meisten Spezies selten Auseinandersetzungen mit anderen Arten, die ihnen in räuberischer Absicht begegnen, sondern die Konflikte finden vorwiegend innerhalb der eigenen Art statt. Ein Pavian mit niedrigem Sozialstatus wird weniger Probleme damit haben, den Löwen aus dem Weg zu gehen als seinen dominanten Artgenossen. Die Bisswunden und Narben bei Tieren, die in der Rangordnung unten stehen, stammen überwiegend von dominanten Artgenossen. Rivalität ist bei allen Tierarten zu beobachten. Da genügt ein Blick auf die Vögel am Futterhäuschen im Garten, die Hunde, die sich anknurren, oder die (als Wettkampf inzwischen verbotenen) Hahnenkämpfe. Immer werden Konflikte innerhalb der Spezies ausgetragen.

Unter Menschen geht es ähnlich zu. Thomas Hobbes entwickelte schon im 17. Jahrhundert eine politische Theorie, in deren Mittelpunkt der Kampf um knappe Ressourcen stand:[325] Weil wir alle die gleichen Bedürfnisse haben, muss der Wettbewerb um knappe Güter zu einem andauernden Kampf »aller gegen alle« führen. Hobbes sah die wichtigste Aufgabe der Regierung darin, diese Gefahr abzuwenden und Frieden zu stiften. Nach Hobbes konnte nur die starke Hand der Staatsführung verhindern, dass die Menschen im »Naturzustand« verharrten und ein »einsames, armseliges, schlimmes, rohes und kurzes Leben« führten.

Hobbes hat aber möglicherweise einen wichtigen Aspekt außer Acht gelassen. Menschen sind nicht nur zu Auseinandersetzungen fähig, sie besitzen auch die einzigartige Gabe, zusammenzuarbeiten, von einander zu lernen, sich zu lieben und in jeder Weise zu unterstützen. Strauße oder Otter können für ein verletztes Mitglied ihrer Art wenig tun, Menschen sehr wohl. Es geht jedoch nicht nur darum, dass wir anderen Schutz und Fürsorge gewähren. Weil wir die meisten unserer Fähigkeiten erlernen müssen, brauchen wir die anderen, um die Überlebenstechniken zu erwerben. Durch ihre besondere Eigenschaft, Arbeitsteilung und Spezialisierung herauszubilden, hat sich die Menschheit auch die unvergleichliche Chance erworben, Vorteile aus der Zusammenarbeit zu ziehen. Menschen können die schlimmsten Gegner füreinander sein, aber ebenso auch Sicherheit und Wohlergehen untereinander stiften.

Wir wurden auf die Bedeutung von Freundschaft und Sozialstatus aufmerksam, weil die Qualität sozialer Beziehungen für das Wohlergehen so wichtig ist; sie entscheidet, ob andere für uns gefürchtete Rivalen sind oder uns Sicherheit, Zusammenarbeit und Unterstützung bieten. Wie wichtig dies ist, kann man daraus ersehen, dass Mangel an Freunden und geringer Sozialstatus heute zu den häufigsten Ursachen von chronischem Stress gehören, der die Menschen in den reichen Ländern krank macht.

Was die Gefahren angeht, die aus dem Wettbewerb unter Angehörigen der gleichen Spezies erwachsen, hatte Hobbes Recht, aber seine Vorstellung vom sozialen Leben vor der Entstehung friedenssichernder Regierungsmacht wurde der Wirklichkeit kaum gerecht. Heute wissen wir natürlich mehr über die Gesellschaften der Sammler und Jäger. Wie Marshall Sahlins zeigt, lebten unsere Vorfahren keineswegs im dauernden Konfliktzustand, sie hatten ihre eigenen Verfahren zur Friedensstiftung.[324] Um jenen »Krieg aller gegen alle« zu vermeiden, beruhte ihr soziales und wirtschaftliches Leben auf Systemen des Austauschs von Geschenken und der Aufteilung der Nahrung – und auf einem hohen Maß an Gleichheit. Mit diesen Mitteln konnten Feindseligkeiten weitgehend verhindert und die Beziehungen freundlich gestaltet werden. Formen des Austauschs, in denen sich unmittelbar ein Eigeninteresse ausdrückt – etwa beim Kauf und Verkauf oder Tausch –, galten zumeist als sozial unerwünscht oder waren geächtet.

Diese Muster bestätigen die grundlegende Einsicht: Systeme des materiellen oder wirtschaftlichen Austauschs sind Systeme sozialer Beziehungen.

Wirtschaftliche Experimente

Wirtschaftstheorien gingen traditionell von der Annahme aus, das menschliche Handeln sei weitgehend aus einer natürlichen Neigung zur Maximierung materieller Eigeninteressen zu erklären. Dass dies durchaus nicht stimmt, weiß man inzwischen aus einer Reihe von Experimenten mit Spielen, bei denen es um Ökonomie geht.

Im »Ultimatum-Spiel« werden die freiwilligen Teilnehmer in Zufallspaarungen zusammengespannt, sie wissen allerdings nicht, wer mit wem, und sie treffen auch nicht aufeinander. Nun erhält ein

»Agierender« eine Geldsumme, deren Höhe bekannt ist und die er nach Gutdünken mit einem »Reagierenden« teilen soll. Die Reagierenden haben nichts weiter zu tun, als Angebote anzunehmen oder abzulehnen. Wird ein Angebot abgelehnt, gehen die Partner beide leer aus, wird es angenommen, darf jeder seinen Anteil behalten.

Es gibt jeweils nur eine Runde in diesem Spiel, so dass es keinen Sinn macht, ein geringes Angebot nur abzulehnen, um den Agierenden zu einem besseren Angebot in der nächsten Runde zu bewegen. In dieser Situation liegt es im Interesse der Reagierenden, jedes noch so geringe Angebot zu akzeptieren, der Agierende sollte gerade so viel bieten, dass sein Angebot angenommen wird.

Bei Versuchen mit Schimpansen zeigte sich genau dieses Verhalten,[326] Menschen reagierten jedoch anders. Die Versuchspraxis ergab, dass in den Industriestaaten die meisten Angebote der Spieler zwischen 43 und 48 Prozent lagen,[327] also nahe an der Aufteilung der Summe in gleiche Hälften. Offenbar sind wir bereit, auf unsere Kosten sogar mit Menschen beinahe gleichberechtigt zu teilen, die wir nie kennen lernen und mit denen wir nicht ein weiteres Mal interagieren.

Die Reagierenden zeigten die Tendenz, Angebote unter 20 Prozent abzulehnen. Eine solche Ablehnung bedeutet, dass man bereit ist, auf Geld zu verzichten, nur um den Anbieter zu bestrafen und um ihm den Vorteil nicht zu gewähren, den er aus dem schlechten Angebot ziehen wollte. Diese Eigenheit des Menschen, zu strafen, auch wenn es ihn selbst etwas kostet, wird als »altruistische Bestrafung« bezeichnet. Es handelt sich um ein wichtiges Mittel zur Durchsetzung kooperativen Verhaltens und der Abwehr von »Schmarotzern«.

Zwar ging es in den Studien über das Ultimatum-Spiel nicht um das Ungleichheitsniveau von Gesellschaften, aber wir erfahren hier etwas darüber, wie gleich oder ungleich Menschen eine Geldsumme zwischen sich und anderen aufzuteilen bereit sind. Es geht darum, was Menschen als angemessene Form im Umgang miteinander erscheint (selbst unter der Bedingung, dass kein direkter Kontakt besteht und jede Großzügigkeit auf eigene Kosten gewährt wird). Dass die Menschen sich im Ultimatum-Spiel so egalitär verhalten, erscheint als deutlicher Widerspruch zu der Ungleichheit, die heute in unseren Gesellschaften herrscht.

Schimpansen und Bonobos

Hierarchien sind unter den nichtmenschlichen Primaten sehr unterschiedlich ausgeprägt. Beim Vergleich ihrer Sozialsysteme kann man den Eindruck gewinnen, es sei vom Grad der Hierarchisierung abhängig, wie viele Konflikte auftreten, welche Qualität die sozialen Beziehungen aufweisen, wie das Verhältnis zwischen den Geschlechtern beschaffen ist. Menschen sind nicht auf ein bestimmtes Sozialsystem festgelegt. Wir haben uns als so anpassungsfähig erwiesen, dass wir in sehr unterschiedlichen sozialen Strukturen leben konnten, in sehr egalitären wie in sehr hierarchischen. Aber obwohl nun unsere Verhaltensmuster mehr durch Kultur als durch Instinkt bestimmt werden, scheinen einige Auswirkungen von Hierarchien auf andere Aspekte des sozialen Lebens noch immer überall gleich. In weniger hierarchischen Gesellschaften findet sich weniger männliche Dominanz, so dass die Stellung der Frau besser ist (vgl. Kap. 4). Ähnlich wirkt mehr Gleichheit in einer Gesellschaft auf die Qualität der sozialen Beziehungen: weniger Feindseligkeit, mehr Vertrauen, stärker ausgeprägtes Gemeinschaftsleben (Kap. 4), weniger Gewalt (Kap. 10) und weniger harte Bestrafung (Kap. 11).

Vor etwa sechs oder sieben Millionen Jahren hat sich unser Strang der Evolutionsgeschichte von jenem anderen geschieden, aus dem zwei Affenarten hervorgingen: Schimpansen und Bonobos. Wir sind mit beiden genetisch gleich eng verwandt, aber zwischen ihnen zeigen sich auffällige Unterschiede im sozialen Verhalten. Sie haben ersichtlich ganz gegensätzliche Lösungen für das Hobbes'sche Problem der Konfliktgefahr bei knappen Ressourcen.

Eine Herde von Schimpansen wird angeführt von einem dominanten Männchen, das seine Stellung vor allem durch körperliche Größe und Stärke erlangt und durch die Fähigkeit, Bündnisse zu schließen, häufig auch mit Weibchen. Dominanzhierarchien dienen bei jeder Spezies als Ordnungsprinzip für den Zugang zu knappen Ressourcen, einschließlich – was die Männchen betrifft – den Zugang zu Weibchen, also zur Reproduktion. Die Rangfolge innerhalb einer Dominanzhierarchie wird durch häufiges Kräftemessen ermittelt, durch Vorweisen und Bestätigung von Stärke. Die Primatologen Frans de Waal und Frans Lanting schreiben:

> »Schimpansen vollziehen aufwendige Rituale, um einander ihren Status mitzuteilen. Dies gilt vor allem für die erwachsenen Männchen: Einer wirft sich regelrecht in den Staub und stößt keuchende Grunzlaute aus, während der andere breitbeinig dasteht und eine gezügelte Einschüchterung vorführt, die deutlich machen soll, wer hier den höheren Rang hat.«[328]

Bonobos verhalten sich ganz anders. Zwischen benachbarten Gruppen von Bonobos kommt es sehr viel seltener zu Konflikten als zwischen benachbarten Gruppen von Schimpansen. Und – auch dies im Unterschied zu Schimpansen – bei den Bonobos herrscht weitgehende Gleichberechtigung der Geschlechter. Die Weibchen gelten mindestens genauso viel wie Männchen und die Dominanzhierarchie ist weniger ausgeprägt. Obwohl die Männchen etwas größer als die Weibchen sind, erhalten diese üblicherweise zuerst Nahrung. Bei den Bonobos, die oft als die »liebenden und teilenden« Affen bezeichnet werden, sind sexuelle Aktivitäten häufig – ohne Beschränkungen, was Geschlecht oder Alter angeht, auch gegenseitige Masturbation wird praktiziert. Sexualität dient hier nicht nur der Fortpflanzung, sondern ist zu etwas geworden, das Spannungen abbauen kann in Situationen, die bei anderen Arten zum Konflikt führen würden. Frans de Waal: »Sex ist der Kitt der Bonobo-Gesellschaft.« Sexualität wirkt konfliktvermeidend, signalisiert Freundlichkeit und beruhigt in Stresssituationen. Auch das Problem, wie der Streit um knappe Ressourcen zu vermeiden ist, wird bei den Bonobos durch Sexualität gelöst. Zur Fütterungszeit sind die sexuellen Aktivitäten offensichtlich besonders häufig. Schon bevor das Futter in das Gehege gebracht wird, bekommen die Männchen eine Erektion und Männchen wie Weibchen bieten sich anderen als Partner an. Ebenso werden Konflikte um andere Ressourcen vermieden.

Beim Menschen bilden sexuelle Aktivitäten zwar nicht das Vorspiel zur Fütterung, aber Essen ist auch für uns ein Höhepunkt der Sozialität; gemeinsames Essen in der Familie, Essen mit Freunden, Festessen und Bankette, auch die religiöse Symbolik von Brot und Wein gehört dazu.

Lanting und de Waal fassen die Verhaltensunterschiede zwischen Schimpansen und Bonobos folgendermaßen zusammen: »Im Begriffspaar Sex und Macht gibt der Schimpanse der Macht den Vorzug, der Bonobo dem Sex. Schimpansen lösen Sex(streit)probleme durch Macht, Bonobos lösen Machtprobleme durch Sex.«[328] Vielleicht erklärt sich so die Erkenntnis, dass Bonobos Kooperationsaufgaben viel besser lösen als Schimpansen.

Worin liegt der Unterschied? Interessanterweise hat man Unterschiede zwischen Schimpansen und Bonobos in einem Abschnitt der DNA festgestellt, der bekanntermaßen eine wichtige Rolle für das Sozial- und Sexualverhalten und das Elternverhalten spielt. Es mag tröstlich sein zu wissen, dass der Mensch, zumindest in diesem Abschnitt der DNA, das Bonobo-Muster geerbt hat – unser gemeinsamer Vorfahr könnte also dem Wahlspruch »Make love – not war« gefolgt sein.

Das soziale Gehirn

Wie stark wir im sozialen Leben befangen sind, zeigt sich darin, dass wir andere himmlisch finden können, aber zugleich Sartres Diktum »Die Hölle, das sind die anderen« verstehen. Auf der Suche nach den wichtigsten Stressfaktoren für das Herz-Kreislauf-System konnte man feststellen: »Von Konflikten und Spannungen im Verhältnis zu anderen Menschen gehen im Alltag bei weitem die stärksten Belastungen des emotionalen Wohlergehens aus, was auslösende wie dauerhafte Faktoren angeht – weit stärker als Arbeitsbelastung, Geldsorgen und andere Probleme.«[330] Nicht nur für das Wohlbefinden, sondern auch für unser Überleben, für Fortpflanzungserfolg und soziale Interaktion ist die Qualität unserer Beziehungen zu anderen Menschen von jeher so wichtig, dass sie auch eine entscheidende Rolle in der Entwicklung des menschlichen Gehirns spielte.

Einen deutlichen Hinweis gibt eine Beobachtung, die zuerst der Primatologe Robin Dunbar gemacht hat: Zwischen der durchschnittlichen Gruppengröße bei Primaten (ob sie vereinzelt leben, in Paaren, in kleineren oder größeren Horden) und dem Anteil der Großhirnrinde (Neokortex) am Gehirn besteht ein sehr enger Zusammenhang.[331] Je größer die Gruppe, desto mehr Neokortex scheint nötig, um das soziale Leben zu bewältigen. Unsere Vorfahren lebten zumeist in erheblich größeren Gemeinschaften als andere Primaten in der Altsteinzeit, und unser Gehirn weist mehr Großhirnrinde auf als das anderer Primaten. Da das Wachstum des Neokortex der entscheidende Grund für die Vergrößerung des Gehirns war, liegt der Schluss nahe, dass wir nur klüger wurden, um den Anforderungen des sozialen Lebens zu genügen.

Der Mensch macht sich – überall auf der Welt – ständig Gedanken über die sozialen Interaktionen: Was haben andere gesagt, was könnten sie gedacht haben? Waren sie freundlich, gleichgültig oder grob? Warum verhielten sie sich in dieser Weise, welche Veranlassung hatten sie? Und: Wie sollte ich reagieren? Für diese soziale Verarbeitungsleistung müssen wir zunächst eine Grundausstattung an sozialen Fertigkeiten erwerben: Gesichter erkennen und unterscheiden; Sprache; die Fähigkeit, Gedanken und Gefühle des anderen aus der Körpersprache zu lesen; die gegenseitigen Eigenheiten erkennen und verstehen; beachten, welches Verhalten in der Gesellschaft erlaubt und welches nicht erlaubt ist; erkennen, welches Bild sich die anderen von uns machen und damit umgehen. Und natürlich müssen wir grundsätzlich fähig sein, Freunde zu gewinnen und Konflikte zu regeln. Dass unser Gehirn sich zum sozialen Organ entwickelt hat, um unsere Interaktion mit anderen zu bewältigen, dient ja nicht nur unserem Vergnügen; dass unsere sozialen Beziehungen funktionieren, ist von höchster Wichtigkeit, deshalb machen wir uns Gedanken darüber. Andere Menschen können für uns Himmel oder Hölle bedeuten, weil sie sowohl unsere schlimmsten Rivalen und Konkurrenten sein können als auch unsere wichtigsten Partner für Zusammenarbeit, Fürsorge und Sicherheit.

Unser doppeltes Erbe

Aus verschiedenen Formen sozialer Organisation entstehen verschiedene selektive Umgebungen. Typische Eigenschaften, die in der einen Umgebung Erfolg bringen, können unter anderen Umständen wirkungslos sein. Die Menschen brauchten daher unterschiedliche Denkwerkzeuge, um in Dominanzhierarchien ebenso agieren zu können wie in egalitären Gesellschaften. Dominante und affiliative (»gesellige«) Verhaltensstrategien gehören zu unserer psychologischen Grundausrüstung, sie helfen uns, Freunde zu finden und Freundschaften zu pflegen, aber auch in der Statuskonkurrenz zu bestehen, und sie schließen das Wissen ein, welche der gegensätzlichen Strategien wann angemessen ist.

Die Dominanzstrategien sind sehr wahrscheinlich ein Erbe aus vormenschlichen Perioden, für das Leben in den überwiegend egalitären Gesellschaften der steinzeitlichen Jäger und Sammler hätten sie kaum getaugt. Die vormenschlichen Dominanzstrategien halfen uns nicht nur Eigenschaften zu entwickeln, die zur Erlangung und Darstellung eines hohen sozialen Status nötig sind, sondern wir lernten auch, wie man sich am besten mit einem niedrigen sozialen Status arrangiert. Diese Strategie kann sich aber, vor allem für die Männchen bestimmter Arten, als evolutionäre Sackgasse erweisen. Es ist darum wichtig, auch ein gewisses Maß an Risikobereitschaft und Opportunismus aufzubringen.

Um in der Statuskonkurrenz zu bestehen, braucht man mehr als nur den Wunsch nach einem hohen und die Abneigung gegen einen niedrigen Status. Vor allem muss man die Statusdifferenzierung beachten und Stärke und Status genau abwägen: Es geht darum, die richtige Unterscheidung zwischen aussichtslosen Kämpfen und solchen Konflikten zu treffen, die man gewinnen kann. Zu wissen, wann man einen dominanten Artgenossen herausfordern darf und wann man sich zurückziehen muss, bedeutet in manchen Spezies eine Entscheidung über Leib und Leben. Die Statusmaximierung hängt auch davon ab, in den Augen der anderen überlegen zu erscheinen. Psychologisch eröffnet sich hier das weite Feld der Herausbildung und Anwendung von Formen negativer Diskriminierung, Vorurteilen und Snobismus zur Darstellung der eigenen Überlegenheit. Je stärker wir uns abgewertet fühlen und je geringer unsere eigenen Mittel zur Behauptung des Status sind, desto eher werden wir versuchen, etwas Selbstwertgefühl zu gewinnen, indem wir Überlegenheit über irgendeine noch schwächere Gruppe zeigen. Dies dürfte der Ursprung der so genannten »Radfahrer-Mentalität« sein: Nach oben buckeln, nach unten treten (vgl. Kap. 12).

Das Streben nach Status gilt als typisch männliches Phänomen, es sollte dabei aber nicht vergessen werden, dass es sich nicht zuletzt auch um eine Reaktion auf die Vorliebe von Frauen für mächtige Männer handeln dürfte. Von Henry Kissinger stammt die Bemerkung: »Macht ist das beste Aphrodisiakum.«

Ungleichheit wird gern als ständiges und überall verbreitetes Phänomen in der menschlichen Geschichte und Vorgeschichte gesehen, tatsächlich bilden aber gerade die heutigen Gesellschaften mit hoher Ungleichheit die geschichtliche Ausnahme. Mehr als 90 Prozent unserer Menschheitsgeschichte lebten wir fast ausnahmslos in sehr egalitären Gesellschaften. Etwa die letzten zwei Millionen Jahre – also den überwiegenden Teil unserer Geschichte als »anatomisch moderne« Menschen mit etwa unserem gegenwärtigen Aussehen – verbrachten die Menschen als Sammler und Jäger oder Nahrungssucher in bemerkenswert egalitären Gruppen.[332–335] Die Entstehung und Verbreitung der heutigen Ungleichheit datiert auf den Beginn der Landwirtschaft. In den egalitären Gesellschaften dürften ganz andere Eigenschaften als erfolgversprechend gegolten haben als in Dominanzhierarchien.

Die Erforschung der Jäger-und-Sammler-Gemeinschaften in der neueren und neuesten Geschichte macht deutlich, dass wir es hier nicht mit einem evolutionären Schub von Selbstlosigkeit zu tun haben: Diese Gesellschaften sicherten ihre Gleichheit nicht nur durch die Aufteilung von Nahrung und die wechselseitigen Geschenke, sondern auch durch so genannte »Dominanzabwehrstrategien«.[331] Ihre Form des Teilens bezeichnet man als »wachsames Teilen«: Jeder achtete darauf, einen gerechten Anteil zu erhalten. Die Dominanzabwehrstrategie funktionierte als eine Art Allianz aller gegen jeden, der durch sein Verhalten gegen die Vorstellungen der Einzelnen von Autonomie und Gleichheit verstieß. Man geht davon aus, dass solche Strategien die Verallgemeinerung jener Art von Bündnis darstellen, die von Primatologen beobachtet wurde: Zwei oder drei Tiere schließen sich zusammen, um das dominante Männchen zu entmachten. Beobachtende Forschungsarbeiten über Gesellschaften von Nahrungssuchern der neueren und neuesten Geschichte haben gezeigt, dass sich die Dominanzabwehrstrategie üblicherweise gegen jeden richtet, der andere unterwerfen will, die dabei eingesetzten Mittel können Spott und Provokation sein, aber auch Ächtung und Gewalt. Die wichtige Einsicht dabei: Solche Gesellschaften führen vor, wie das eigensüchtige Streben Einzelner nach mehr Reichtum und Überlegenheit eingedämmt oder in sozial weniger schädliche Ausdrucksformen umgelenkt werden kann.

Um in den egalitären Gesellschaften zurechtzukommen, wären eine Reihe psychischer Eigenschaften besonders wichtig gewesen.

Zweifellos gehörte unser ausgeprägter Sinn für Gerechtigkeit dazu, der es bei der Aufteilung knapper Güter erleichtert, ohne Konflikt eine Übereinkunft zu erreichen. Bereits bei Kleinkindern ist dieses Gerechtigkeitsgefühl oft so deutlich, dass man sich eigentlich fragen muss, wieso heute noch soziale Systeme mit hoher Ungleichheit überhaupt toleriert werden können. Ebenso wichtig ist das Gefühl der Verpflichtung (inzwischen als gemeinsames Element aller Gesellschaften nachgewiesen), das wir haben, wenn wir beschenkt wurden; es stiftet Gegenseitigkeit und verhindert Schmarotzertum, hilft also, Freundschaften zu erhalten. Wie die zuvor beschriebenen Experimente mit dem Ultimatum-Spiel zeigten, kann uns Ungerechtigkeit offenbar so empören, dass wir sie bestrafen wollen, selbst wenn es uns etwas kostet.

Eine weitere wichtige Eigenschaft könnte unsere Neigung sein, ein Gefühl gemeinsamer Identität und gegenseitiger Abhängigkeit gegenüber jenen zu entwickeln, mit denen wir gleichberechtigt Nahrung und andere Ressourcen teilen. Sie werden zu unserer Clique, sie bilden das »Wir«, mit dem wir uns durch die gleiche Identität verbunden fühlen. Die Idee des Teilens ist von kirchlichen Institutionen und politischen Organisationen immer wieder genutzt worden, um das Gefühl geschwisterlicher Zusammengehörigkeit zu wecken. Und auch ob wir in einer Gesellschaft ein System der »Kleinfamilie« oder der »Großfamilie« feststellen, hängt davon ab, wie groß die Gruppe der Anteilsberechtigten ist – ob also etwa auch entfernte Verwandte noch Anrecht auf die gemeinsamen Ressourcen haben. Alexis de Tocqueville kam Mitte des 19. Jahrhunderts zu der Einsicht, dass die Aussichten auf Mitgefühl dort erheblich schwinden, wo sich ein deutlicher Unterschied im materiellen Lebensstandard zwischen den Menschen auftut.[23] Tocqueville sah in dieser Ungleichheit den Grund dafür, weshalb der Adel in Frankreich kein Mitgefühl mit den Bauern zeigte und sich die amerikanischen Sklavenhalter vom Leid ihrer Sklaven nicht rühren ließen (vgl. Kap. 4). Zum anderen hielt er das ausgeprägte Gemeinschaftsleben der weißen Siedler, das er bei seinem Besuch in Amerika 1830 erlebte, für den Ausdruck der »Gleichheit der Bedingungen«.

Als wichtige Ursache der hohen sozialen Integration in egalitären Gesellschaften muss das Gefühl der Selbstverwirklichung gelten, das wir erreichen können, wenn wir die Bedürfnisse anderer befriedigen.

Diese Qualität scheint schwer fassbar, beinahe unerklärlich, aber sie resultiert natürlich aus unserem Bedürfnis, von anderen geschätzt zu werden. Etwas zu tun, das die anderen schätzen, war in den kooperativen Gruppen von Jägern und Sammlern die beste Art, sich seinen Platz in der Gruppe zu sichern und das Risiko zu mindern, ausgestoßen, geächtet und verfolgt zu werden. Heute kann es das Selbstwertgefühl steigern, wenn man für andere kocht, mit ihnen scherzt oder in anderer Weise ihren Wünschen nachkommt. Diese Fähigkeit, heute vor allem in der Kindererziehung zu beobachten, war es, die es einst – lange vor der Herausbildung von Marktmechanismen und Lohnarbeit – den Menschen erlaubte, in kooperativen Gruppen interdependenter Einzelner die Vorteile von Arbeitsteilung und Spezialisierung zu nutzen.

Wir finden hier also soziale Strategien, die auf ganz unterschiedliche Formen sozialer Organisation ausgerichtet sind. Das eine Extrem bilden die Dominanzhierarchien, in denen es um das eigene Vorankommen und die Statuskonkurrenz geht: Hier muss jeder für sich selbst sorgen, die anderen erscheinen im Wesentlichen als Konkurrenten im Kampf um Nahrung und Sexualpartner. Am anderen Ende der Skala stehen die Systeme wechselseitiger Abhängigkeit und Kooperation, in denen die Sicherheit des Einzelnen von der Qualität seiner Beziehungen zu anderen abhängt. Hier wird sein Selbstwertgefühl nicht durch den Status erzeugt, sondern durch seinen Beitrag zum Wohlergehen anderer. Im Unterschied zu den offenen Bemühungen, die eigenen materiellen Interessen durchzusetzen, beruhen affiliative Strategien auf Gegenseitigkeit, Wechselseitigkeit, Mitgefühl und emotionaler Bindung.

In der heutigen Praxis finden wir natürlich in jeder Gesellschaft die Koexistenz von Gott und Mammon; welchen Raum die beiden Prinzipien jeweils einnehmen, hängt ab vom Lebensbereich, vom Wirtschaftssystem und von individuellen Eigenschaften.

Frühe Erfahrungen

So unterschiedlich sind die Gesellschaftstypen, in denen sich die Menschen bewähren mussten, dass die Prozesse der Anpassung an die jeweiligen sozialen Bedingungen bereits im frühen Kindesalter beginnen. Wer in einer Gesellschaft aufwächst, in der es gilt, anderen mit Misstrauen zu begegnen, ständig auf der Hut zu sein und sich alles zu erkämpfen, braucht natürlich ganz andere Fähigkeiten als in einer Gesellschaft, in der es auf Mitgefühl, Gegenseitigkeit und Kooperation ankommt. Die Psychologie und andere Wissenschaften versichern uns seit langem, dass die Bedingungen in der frühen Kindheit in hohem Maße darüber entscheiden, wie sich die Persönlichkeit von Menschen entwickelt und wie sich ihr Leben als Erwachsene gestaltet. Aus der Tierwelt und sogar aus der Pflanzenwelt kennt man Beispiele der besonderen Fähigkeit, sich früh im Leben an die örtliche Umwelt anzupassen. Bei Menschen sind es die Reaktion auf Stress und die Prozesse der Herausbildung emotionaler und geistiger Eigenschaften, die eine Art Feineinstellung oder Programmierung erfahren – der Prozess beginnt schon im Mutterleib und setzt sich in der frühen Kindheit fort. Die Stressbelastung, der die Mutter während der Schwangerschaft ausgesetzt ist, wird an das Kind weitergegeben und beeinflusst dessen vorgeburtliche Entwicklung. Stresshormone passieren die Plazenta und wirken auf Hormonniveau und Wachstum des Kindes ein.

Auch der Stress, den das Kind im Kleinkindalter erlebt, ist ein Entwicklungsfaktor. Die Ausschüttung von Stresshormonen, die Einfluss auf die emotionale und kognitive Entwicklung hat, hängt davon ab, ob viel Streit herrscht oder ob das Kleinkind Zuwendung, gute Ernährung und Pflege erfährt. Problematische Phasen im frühen Leben können auch so genannte epigenetische Prozesse auslösen, die allerdings bei Menschen noch nicht nachgewiesen wurden: Durch die frühen Erfahrungen werden bestimmte Gene aktiviert oder deaktiviert, um die längerfristige Entwicklung zu steuern. Bei Ratten zeigte sich, dass unterschiedliche Verhaltensweisen der Mutter beim Stillen sich in genetischen Veränderungen bei den Nachkommen ausdrückte – ein Weg, die frühen Erfahrungen zur Anpassung an die Umwelt zu nutzen.[336]

Früher galten Kinder, die in den ersten Lebensjahren sehr stark belastet wurden, zumeist einfach als »geschädigt«. Inzwischen kommt man zunehmend zu der Einsicht, dass diese frühen Erfahrungen bei einem Kind eine Anpassung an die unterschiedlichsten Formen sozialer Wirklichkeit bewirken. Die emotionale Struktur, die auf das Leben in einer Gesellschaft vorbereitet, in der man auf sich gestellt ist, wachsam bleiben und sich alles erkämpfen muss, sieht natürlich anders aus als die Disposition für eine Gesellschaft, in der es (um das andere Extrem zu nennen) auf Mitgefühl, Gegenseitigkeit und Kooperation ankommt und die eigene Sicherheit von guten Beziehungen zu anderen abhängt. Kinder, die in frühen Lebensabschnitten stärkeren Belastungen ausgesetzt sind, können sich als aggressiver und weniger mitfühlend erweisen, aber auch als besser gerüstet für Konfliktsituationen. Eigentlich geben die frühen Erfahrungen einen Vorgeschmack der Qualität sozialer Beziehungen, auf die man als Erwachsener gefasst sein muss.

Diese Prozesse sind so wichtig, dass wir auch die Elternschaft als Teil eines Systems der Vermittlung von (auch negativen) Erfahrungen durch die Erwachsenen an die Kinder sehen müssen. Man sagt von manchen Menschen, sie seien schlechte Eltern, seien mit der Kindererziehung überfordert. Aber die Art, wie Eltern ihre Kinder behandeln, ist häufig die Form, in der sie ihre Erfahrungen mit widrigen Verhältnissen an sie weitergeben. Dies geschieht in der Regel unbewusst – ein Elternteil ist dann einfach nur gereizt, übellaunig oder überfordert –, aber manchmal auch bewusst. Kürzlich standen drei Frauen vor Gericht, die ihre Kleinkinder aufeinandergehetzt und angestachelt hatten, sich ins Gesicht zu schlagen und ein am Boden liegendes Kind zu treten.[337] Die Großmutter zeigte keine Reue, sondern erklärte, das habe »sie abhärten sollen«. Aufgrund der eigenen Lebenserfahrung waren die drei offenbar überzeugt, das Notwendige zu tun. Dass sich oft im Erwachsenenalter Verhaltensformen zeigen, die in der Kindheit erlebt wurden, ist durch viele Studien belegt. So begehen Menschen, die als Kinder misshandelt oder missbraucht wurden, als Erwachsene überdurchschnittlich häufig ebensolche Taten.

Die frühen Erfahrungen wirken sehr lange nach. Menschen, die als Kinder im jungen Alter Belastungen erfahren haben oder deren Mütter während der Schwangerschaft unter Stress standen, weisen im mittleren und höheren Lebensalter häufiger bestimmte stressbedingte Erkrankungen auf: Herzkrankheiten, Diabetes, Schlaganfall usw. Einige Auswirkungen der wachsenden Einkommensunterschiede in einer Gesellschaft können also langfristige Folgen haben. Zunehmende Ungleichheit bedeutet, dass mehr Familien in die belastende Situation geraten, von einem relativ geringen Einkommen zu leben, und wir wissen aus vielen Studien, welche nachteilige Wirkung das auf die kindliche Entwicklung hat. Das Familienleben leidet, wenn die Eltern mit mehr Schwierigkeiten fertig werden müssen, und die Kinder lernen nicht Mitgefühl, sondern den Umgang mit Feindseligkeiten.

Bei vielen der Probleme, die sich als abhängig von der Ungleichheit erwiesen haben, geht es um das Verhalten Erwachsener in der Statuskonkurrenz. Zugleich wurde deutlich, dass eine Reihe von Problemen bei Kindern mit der Ungleichheit zu tun haben: Konflikte Jugendlicher mit dem Gesetz, Streit unter Gleichaltrigen und schlechte Schulleistungen, aber auch Fettleibigkeit bei Kindern, hohe Säuglingssterblichkeit und Teenagerschwangerschaften. Es zeigt sich hier – im Fall von niedrigem sozialen Status –, wie die Härten einer ungleichen Gesellschaft bis in die Familie und in die Beziehungen durchschlagen. Ungleichheit trägt zu Verschlechterungen in vielen Bereichen bei, weil sie der Qualität der Beziehungen schadet. Dass Länder wie Schweden, Finnland und Norwegen gute Werte im UNICEF-Index zum Wohlergehen der Kinder erzielen, liegt daran, dass ihr System der Sozialfürsorge den Familien die relative Armut weitgehend erspart.

Spiegelneuronen und Empathie

Das Streben nach mehr Gleichheit als den Versuch zu sehen, eine Gesellschaft in ein zu enges Korsett zu zwängen, wäre eine Verkennung unserer Möglichkeiten als soziale Wesen. Bei besserem Verständnis unserer sozialen Bedürfnisse und Empfindlichkeiten würden wir begreifen, dass Gesellschaften, die mehr Gleichheit aufweisen, so viel weniger soziale und gesundheitliche Probleme haben, weil hier eben alles besser passt.

Spiegelneuronen sind ein bemerkenswertes Beispiel dafür, wie schon unsere biologische Verfassung uns zu zutiefst sozialen Wesen macht. Wenn wir jemandem bei einer Handlung zuschauen, lösen die Spiegelneuronen in unserem Gehirn Potenziale aus, ganz so als führten wir die Handlung selbst aus.[338] Dieser Vorgang dient vermutlich dazu, das Lernen durch Nachahmung zu erleichtern. Wenn wir einer anderen Person zusehen, wie sie eine bestimmte Folge von Handlungen ausführt – in einem Forschungspapier wird als Beispiel ein Knicks genannt –, lernen wir wesentlich besser dasselbe zu tun, wenn unser Gehirn sich dabei verhält, als würden wir diese Handlungen tatsächlich synchron ausführen.

Normalerweise sind uns solche inneren Identifikationsprozesse äußerlich nicht anzusehen, doch die elektrischen Ströme, die von diesen spezialisierten Neuronen ausgelöst werden, kann man tatsächlich in den Muskeln messen. Es gibt Vermutungen, dass ein ähnlicher Prozess unsere Fähigkeit zur gegenseitigen Empathie erklärt und etwa auch die Reaktion mancher Menschen, zusammenzuzucken, wenn sie – zum Beispiel in einem Film – sehen, wie einem anderen Schmerz zugefügt wird. Wir reagieren auf das, was wir sehen, als widerfahre es uns selbst.

Die Fähigkeit, uns sehr gut in einen anderen Menschen hineinzuversetzen, ist uns also gegeben. Ob wir dieses Potenzial entwickeln und nutzen, hängt abermals von der Entwicklung in der frühen Kindheit ab.

Oxytocin und Vertrauen

Ein weiteres Beispiel dafür, wie perfekt wir biologisch auf soziale Beziehungen abgestimmt sind, ist die Wirkung des Hormons Oxytocin auf unsere Bereitschaft, anderen zu vertrauen. In Kapitel 4 wurde deutlich, dass Menschen in Gesellschaften mit höherer Ungleichheit weniger Vertrauen ineinander setzen. Als ein wichtiges Funktionselement einer Gesellschaft wird Vertrauen in unseren hochentwickelten Gesellschaften mit ihren vielfachen wechselseitigen Abhängigkeit unverzichtbar.

Oxytocin ist bei vielen Spezies für sozialen Zusammenhalt und Bindungen verantwortlich, die Mutter-Kind-Bindung etwa oder die Paarbindung von Sexualpartnern. Physischer Kontakt stimuliert die Oxytocin-Ausschüttung, beim Geschlechtsverkehr, bei der Geburt, auch beim Stillen, wo sie das Einschießen der Milch steuert. Bei einigen Säugetierarten, darunter auch die menschliche Spezies, spielt das Hormon eine erweiterte Rolle für die soziale Interaktion, durch seinen Einfluss auf Annäherungs- und Vermeidungsstrategien.

Wie Oxytocin die Bereitschaft steuert, anderen Menschen zu vertrauen, ist durch einen Versuch erwiesen worden, in dem die Probanden an einem Spiel um Vertrauen teilnahmen.[339] Die Personen, denen Oxytocin verabreicht wurde, zeigten sich deutlich mehr gewillt, ihrem Spielpartner zu vertrauen. Bei ähnlichen Experimenten stellte man eine doppelte Wirkung fest: Mehr Oxytocin macht Menschen vertrauensvoller, aber wer Vertrauen genießt, reagiert seinerseits mit erhöhter Oxytocin-Ausschüttung. Dieser Effekt ließ sich sogar nachweisen, als der einzige Kontakt zwischen den Teilnehmern in numerischen Eingaben am Computer bestand.[340]

Zusammenwirken macht Freude, Ausgrenzung schmerzt

Andere Experimente machten deutlich, wie das Belohnungszentrum im Gehirn durch das Gefühl des wechselseitigen Zusammenwirkens aktiviert wird, auch dann, wenn weder Sichtkontakt noch persönliche Kommunikation vorhanden ist. Die Wissenschaftler gelangten zu der Erkenntnis, dass hier das neurale Belohnungssystem Gegenseitigkeit und Wechselseitigkeit stärken und zugleich der Neigung entgegenwirken soll, selbstsüchtig zu handeln.[341]

Während also Kooperation belohnt wird, erwies sich bei Experimenten, die Gehirntomographien einschlossen, dass soziale Ausgrenzung genau jene Bereiche des Gehirns stimuliert, die auch durch körperlichen Schmerz aktiviert werden. Die Psychologin Naomi Eisenberger von der University of California (UCLA) ließ Freiwillige am Computer ein Spiel mit Ball und Schläger austragen, wobei die auf dem Bildschirm erscheinenden Gegner vermeintlich zwei andere Versuchsteilnehmer waren.[342] Es handelte sich jedoch um ein Computerprogramm: Die beiden virtuellen Spieler begannen nach einer Weile, sich den Ball nur noch gegenseitig zuzuspielen, so dass der Versuchsteilnehmer vom Spiel ausgeschlossen war. Die Computertomographie zeigte, dass dadurch Bereiche des Gehirns aktiviert wurden, die auch auf physischen Schmerz reagieren. Andere Untersuchungen führten bei einigen Affenarten zu der Feststellung, dass eben diese Gehirnbereiche auch für die beschützende Reaktion der Mutter auf Hilferufe der Jungen zuständig sind.

Für diese Zusammenhänge besitzen wir seit langem ein intuitives Verständnis. Ausdrücke wie »verletzte Gefühle« oder »gebrochenes

Herz« zeigen die Verbindung zwischen physischem Schmerz und dem sozialen Schmerz, den der Verlust enger sozialer Bindungen, Ausgrenzung oder Ächtung hervorrufen. Aus den Arbeiten von Evolutionspsychologen wissen wir, dass der Impuls, unkooperative Menschen zu ächten und sie von der Verteilung des Ertrags einer Zusammenarbeit auszuschließen, ein sehr wirksames Mittel zur Sicherung eines hohen Kooperationsniveaus darstellt.[343] Offenbar liegt uns viel daran, die nicht kooperativen Personen auszuschließen, so wie im oben beschriebenen »Ultimatum-Spiel« die Teilnehmer eigene Kosten in Kauf nahmen, um Personen zu bestrafen, die eine ungerechte Aufteilung vornehmen wollten.

Ablehnung bedeutet sozialen Schmerz – das Gegenteil jener erwähnten angenehmen Empfindungen, die sich einstellen, wenn wir Wertschätzung erfahren, oder jenes Gefühls der Selbstverwirklichung, das wir entwickeln können, wenn anderen gefällt, was wir für sie getan haben. Dass es einen so gewaltigen Unterschied macht, ob wir einbezogen oder ausgeschlossen werden, verweist auf unser grundlegendes Bedürfnis nach sozialer Integration, und ist sicher auch eine Erklärung dafür, warum Freundschaft und soziales Engagement eine so gute Gesundheitsvorsorge darstellen (vgl. Kap. 6).

Unterschiede in Schichtzugehörigkeit und Status dürften ähnliche soziale Schmerzen verursachen. Auch Ungerechtigkeit, Ungleichheit und die Verweigerung von Zusammenarbeit sind Formen der Ausgrenzung. Dass die Leistungsfähigkeit von Menschen sinkt, sobald sie als unterlegen eingestuft werden, ist ebenfalls ein Beleg für die sozial schmerzhafte Wirkung von Ausgrenzung (vgl. Kap. 8, die Experimente mit indischen Kindern aus verschiedenen Kasten, mit amerikanischen Schulkindern und afroamerikanischen Studenten). In diesen Zusammenhang gehört auch die gewaltsame Reaktion auf den sozialen Schmerz, den Menschen durch Herabsetzung, Beleidigung oder Ehrverlust erfahren (vgl. Kap. 10).

Für unsere Spezies ist Freundschaft ein Lebenselixier, Vertrauen und Zusammenarbeit machen uns Freude, wir besitzen ein ausgeprägtes Gerechtigkeitsgefühl und wir sind mit einem Gehirn ausgestattet, das uns mit seinen Spiegelneuronen erlaubt, unsere Lebensweise durch einen Prozess der Identifikation zu erlernen. Es kann also nicht überraschen, dass eine soziale Struktur, in der die Beziehungen von Ungleichheit, Unterlegenheit und sozialer Ausgrenzung geprägt sind, uns viele soziale Schmerzen zufügt. Vor diesem Hintergrund wird vielleicht deutlicher, warum mehr Ungleichheit für eine Gesellschaft mehr soziale Fehlfunktionen bedeutet. Und vielleicht wächst damit auch die Zuversicht, dass ein humaneres Gemeinwesen sehr viel mehr Sinn machen könnte als die von großer Ungleichheit bestimmten Gesellschaften, in denen heute so viele Menschen leben.

Richtig protzige Einkaufstasche
Ich kaufe in einem extrem teuren Laden!
Die Sachen würdest du auch gern bezahlen können!

15.

Gleichheit und Nachhaltigkeit

> Wer die meisten Spielsachen mit ins Grab nimmt, gewinnt.
>
> *Konsumkritischer Autoaufkleber in den USA*

Zumindest für die nächste Generation wird die Politik vor allem damit zu tun haben, die dramatisch steigende Erderwärmung zu verhindern, oder, wenn das scheitert, zumindest zu sehen, wie wir mit den Folgen zurechtkommen. Die Emissionen von Treibhausgasen liegen, pro Kopf gerechnet, in den reichen Ländern zwischen zwei und fünf Mal höher als im Weltdurchschnitt. Doch eine Reduktion dieser Emissionen um die Hälfte oder auch vier Fünftel wird nicht ausreichen; zu hoch ist die Gesamtemission weltweit inzwischen, und außerdem müssen im Interesse des Wirtschaftswachstums in den ärmeren Ländern immer wieder Zugeständnisse und Kompromisse gemacht werden.

Wie ließen sich beide Ziele, mehr gesellschaftliche Gleichheit einerseits und Reduktion der Treibhausgase andererseits, miteinander verbinden? Bedenkt man die Konsequenzen für die Gesellschaft, die aus der Einkommensungleichheit resultieren, insbesondere den von Statuskonkurrenz angestachelten privaten Konsum, müssten sich beide politischen Ziele ergänzen. Ja wahrscheinlich können die Regierungen nur dann die Reduzierung der Treibhausgase durchsetzen, wenn sie zugleich auch die gesellschaftliche Ungleichheit reduzieren.

Nachhaltigkeit und Lebensqualität

Seit dem Brandt-Report 1980 (*Das Überleben sichern. Gemeinsame Interessen der Industrie- und Entwicklungsländer*) wurde immer wieder davon gesprochen, dass sozial- und umweltpolitische Nachhaltigkeit vereinbar seien. Es ist ein glückliches Zusammentreffen, dass die Menschheit just zur gleichen Zeit erkannt hat, dass einerseits die Umwelt keine weiteren Emissionen mehr absorbieren kann und dass andererseits weiteres Wirtschaftswachstum in der entwickelten Welt nicht für mehr Gesundheit, Glück und Wohlstand sorgen wird. Hinzu kommt noch, dass wir nun auch wissen, wie sich die Lebensqualität in den reicheren Ländern auch ohne wirtschaftliches Wachstum verbessern lässt.

Wir brauchen unseren Konsum nicht weiter zu steigern. Was aber wären die Folgen, wenn wir weniger Konsumgüter kauften? Würde die notwendige Reduzierung der CO_2-Emissionen tatsächlich dazu führen, dass wir unsere derzeitige Lebensqualität unter das Niveau

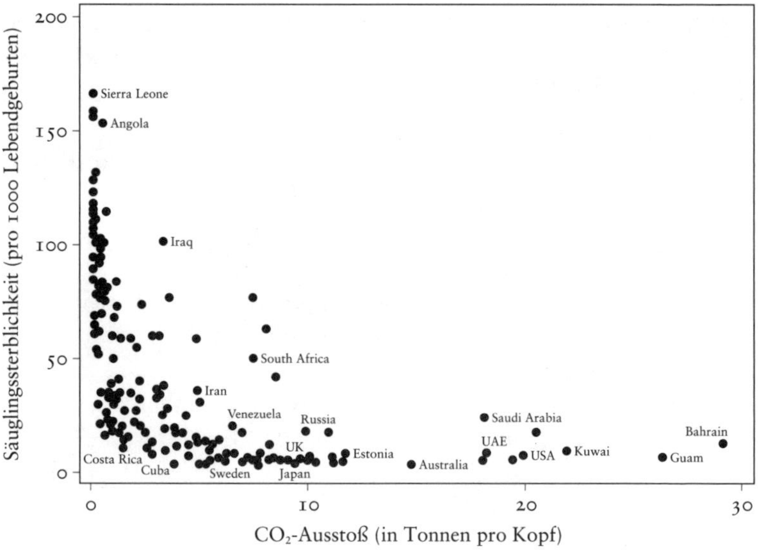

Abb. 15.1 *Eine niedrige Säuglingssterblichkeit erreichen auch Länder ohne hohe CO_2-Emissionen.*[344]

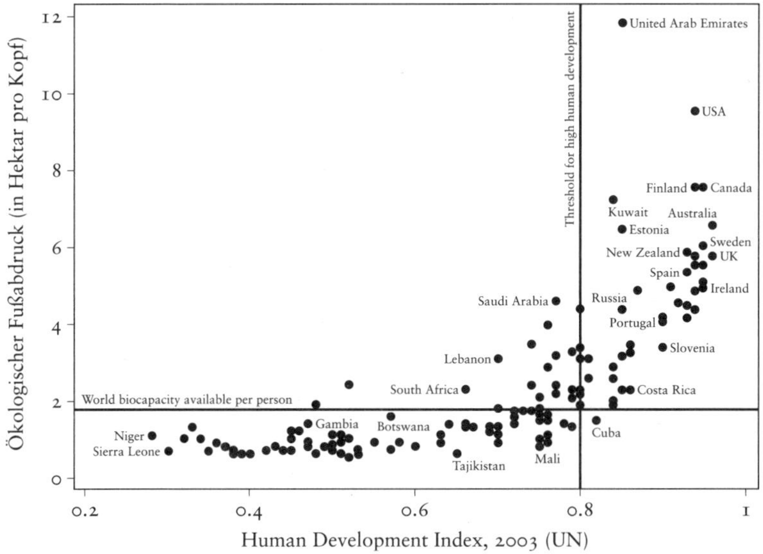

Abb. 15.2 *Menschliches Wohlergehen und Nachhaltigkeit. Kuba ist das einzige Land mit hoher menschlicher Entwicklung und einem Ökologischen Fußabdruck, der die Weltbiokapazität nicht überbeansprucht. In der Grafik liegt Kuba rechts der vertikalen Linie (HDI-Wert > 0,8) und unter der horizontalen Linie (Flächenverbrauch < 1,8 ha).*[345]

senken müssten, das uns als Bürgern reicher Industrienationen gerade noch erträglich wäre? Ist ökologische Nachhaltigkeit überhaupt zu erreichen, wenn wir unseren Lebensstandard bewahren wollen?

Einen Ansatzpunkt, solche Fragen zu beantworten, bietet Abbildung 15.1, aus der hervorgeht, dass niedrige Säuglingssterblichkeitsraten nicht zwangsläufig mit hohen CO_2-Emissionen einhergehen. Viele Länder haben eine Säuglingssterblichkeit erreicht, die ebenso niedrig ist wie die in den reichsten Ländern, ohne auch nur annähernd so viel Kohlendioxid zu produzieren wie diese. Eine sehr viel weiter gefasste Antwort hat der WWF (World Wide Fund for Nature) geliefert, der in einer Untersuchung länderspezifische Kennzahlen zur Lebensqualität in Beziehung zum Ökologischen Fußabdruck pro Kopf der Bevölkerung gesetzt hat.[345] Als Maßzahl der Lebensqualität dient der Human Development Index (HDI) der Vereinten Nationen, in den Lebenserwartung, Bildung und Bruttoinlandsprodukt pro Kopf eingehen. Abbildung 15.2 nutzt Daten des WWF, um die Relation zwischen der Ökobilanz jedes Landes und seinem HDI-Wert darzustellen. Nur ein einziges Land, nämlich Kuba, verbindet eine Lebensqualität über dem HDI-Schwellenwert von 0,8 mit einem Ökologischen Fußabdruck, der auch global nachhaltig wäre. Trotz des in Kuba sehr viel niedrigeren Durchschnittseinkommens sind dort Lebenserwartung und Säuglingssterblichkeit fast gleich mit denen in den USA.

Immerhin gibt es ein Land mit »hoher menschlicher Entwicklung« bei zugleich nachhaltiger Wirtschaftsweise, das somit beweist, dass Nachhaltigkeit und Lebensqualität miteinander vereinbar sind. Und wenn dies sogar einem Land mit nicht besonders effizienter Technik gelingt, warum sollte es dann nicht auch in Ländern zu erreichen sein, die über viel bessere Technologien verfügen als Kuba? Mit den Vorteilen, die erneuerbare Energien, umweltfreundliche Techniken und mehr gesellschaftliche Gleichheit bieten, wird es gewiss möglich sein, Nachhaltigkeit mit besserer Lebensqualität zu verbinden. Noch ein Blick auf Abbildung 15.1: Dass Länder mit dem größten Ökologischen Fußabdruck auch höchste HDI-Werte erreichen, hat seinen Grund allein darin, dass in diesen Index auch das Bruttoinlandsprodukt pro Kopf hineingerechnet wird.

Faire Reduktion der CO_2-Emission

Wirkliche Lebensqualität lässt sich auf einem niedrigeren Konsumniveau erreichen und verbessern; aber das ist nur einer der Beiträge, die mit mehr gesellschaftlicher Gleichheit für die Reduktion der CO_2-Emissionen beigesteuert werden kann. Es gibt zwei weitere Möglichkeiten: Erstens müssen die Maßnahmen zur CO_2-Reduktion die Zustimmung der Öffentlichkeit finden und müssen darum fair angelegt sein und gerecht umgesetzt werden. Je reicher die Bevölkerung eines Landes ist und je mehr sie konsumiert, desto mehr trägt sie zur Erderwärmung bei. Aber die CO_2-Emission, die eine wohlhabende Familie aufgrund ihres Lebensstils erzeugt, kann bis zu zehn Mal höher sein als die, die auf das Konto einer ärmeren Familie in derselben Gesellschaft geht. Wenn also die Wohlhabenden die größeren Umweltsünder sind, dann müssen faire Abhilfemaßnahmen sie auch mehr belasten. Eine Politik, die in dieser Frage die kleinen Leute belastet, während sie die Reichen gewähren lässt, wird kaum die Zustimmung der Allgemeinheit finden.

Als einen gerechten Weg, die CO_2-Emissionen zu reduzieren, hat man die Einführung individueller CO_2-Konten vorgeschlagen. Dazu sollte der für ein Land höchste zulässige Ausstoß durch die Zahl der Menschen dieses Landes geteilt werden und jedem Einzelnen der gleiche Anteil zugestanden werden, gemessen in zulässiger CO_2-Menge pro Kopf.

Man kann hier die Parallelen zu ähnlichen Maßnahmen der britischen Regierung während des Zweiten Weltkriegs erkennen: Auch damals sollte, um eine allgemeine Beteiligung an den Kriegsanstrengungen zu erreichen, die Last gerecht verteilt werden. Der britische Sozialwissenschaftler Richard M. Titmuss betrachtete dies als vernünftige Grundlage von Rationierungen und progressiven Einkommenssteuern; gleichzeitig, so sein Vorschlag, sollten lebensnotwendige Güter subventioniert, Luxusgüter dagegen besteuert werden.[346]

Die aktuellen Vorschläge sehen vor, die Zahlungen für Treibstoff, Strom und Flugreisen auf einer individuellen Chipkarte zu speichern. Wer die ihm zugeteilte Ration nicht verbraucht, soll die Möglichkeit erhalten, die ungenutzte Menge an eine »Carbon Bank« zu verkaufen, von der sie wiederum Konsumenten erwerben könnten, die mehr als ihre zugewiesene Ration an Treibstoff und Strom verbrauchen möchten. In diesem System »handelbarer« CO_2-Quoten würden also Vielverbraucher jenen einen Ausgleich zahlen, die wenig verbrauchen; die Einkommen würden also zugunsten der Ärmeren umverteilt. 2006 hat der damalige britische Umweltminister David Miliband ein solches System vorgeschlagen, und 2007 begann man damit, es in Manchester in einem Pilotprojekt zu testen. Zum Schutz der Armen könnte es allerdings notwendig werden, den Verkauf ungenutzter Anteile erst nach Ablauf der Zuteilungsperiode zu gestatten, wenn die neue Ration zugewiesen ist, damit die Ärmeren nur die tatsächlich eingesparte Energie verkaufen und nicht mehr Energie, um mit dem Erlös vorab Löcher in der Haushaltskasse zu stopfen – und dann im Kalten zu sitzen.

Mit neuen Techniken allein ist es nicht getan

Es heißt, wir könnten uns darauf verlassen, dass neue Techniken uns die Härten einer Rationierung ersparen werden. Dass umweltschonende Innovationen, die den Energieverbrauch und die Treibhausgase reduzieren, ein wesentliches Element des notwendigen Wandels sind, ist unbestritten, aber mit diesen allein können wir die Probleme nicht lösen.

Angenommen, wir verfügten über eine neue Generation von Automotoren, die den Treibstoffverbrauch halbieren würden: Das Autofahren würde billiger werden, wir würden also mehr fahren oder ein größeres Auto oder eine neue Kühl-Gefrierkombination kaufen können, womit der Einspareffekt zum größten Teil wieder verpufft wäre. Wenn wir das Geld, das uns aufgrund energieeffizienter Motoren im Portemonnaie verbliebe, für zusätzliche Konsumgüter ausgeben, tragen wir an anderer Stelle zu erhöhter CO_2-Emission bei; der anfängliche Nutzen für die Umwelt wäre zum Teil wieder aufgezehrt. Und das wäre in vielen anderen Bereichen genauso: Strom und Wasser sparende Waschmaschinen oder wärmegedämmte Häuser schonen die Umwelt, aber sie schonen auch unsere Haushaltskasse, und wenn wir das eingesparte Geld für etwas anderes ausgeben, geht das wieder zu Lasten der Umwelt und auf Kosten der Ressourcen. Mit Autos, die weniger verbrauchen, kann man mehr Kilometer fahren; in Häusern, die besser gedämmt sind, kann man mehr Räume warm halten; und seit es Energiesparlampen gibt, lässt man das Licht einfach brennen.

Kurz, Energiesparmaßnahmen, die unsere Kosten senken und unseren Konsum erhöhen, wirken wie Investitionen in mehr wirtschaftliches Wachstum. Die entscheidende Frage ist also: Wie viel des ökologischen Nutzens durch umweltfreundliche Techniken wird wieder durch höheren Konsum verschlungen?

Wir wissen, dass die Einführung energiesparender Fahrzeuge in vielen Ländern nicht zu einer Reduzierung der Treibhausgase geführt hat.

Wirtschaft jenseits von Wachstum

Das zeigt, dass wir uns in Richtung einer »Wirtschaft jenseits von Wachstum« bewegen müssen, wie sie der Wirtschaftswissenschaftler und Nachhaltigkeitsmanager Herman Daly erstmals beschrieben hat.[347] Wie kann das gelingen, wenn zutrifft, was der amerikanische Sozialökologe und Philosoph Murray Bookchin geschrieben hat?

> »Den Kapitalismus kann man so wenig dazu ›überreden‹, sein Wachstum zu begrenzen, wie einen Menschen dazu, das Atmen einzustellen.«[348]

Als Daly 1977 das Konzept einer Wirtschaft ohne Wachstum vorstellte, machten sich die Menschen vor allem Gedanken darüber, wie sie mit den begrenzten Bodenschätzen und landwirtschaftlichen Ressourcen haushalten könnten; Themen wie Erderwärmung und Klimawandel beunruhigten sie noch nicht wirklich. Daly schlug Abbauquoten für die Bodenschätze vor. Er wollte den schnellen Verbrauch der fossilen Ressourcen verlangsamen. Eine Beschränkung der weltweiten Förderung von Erdöl und Kohle könnte sich auch als ein effektives Mittel für den Klimaschutz erweisen. Und Innovation und technischer Wandel könnten sich dann darauf konzentrieren, die endlichen Ressourcen sinnvoller zum Nutzen der Menschheit einzusetzen.

Unter unserem materiellen Lebensstandard sollten wir die Menge der in unserem Gebrauch befindlichen Güter verstehen; den Lebensstandard darf man also nicht mehr wie bislang daran messen, wie rasch die Konsumgüter veralten, auf den Müll geworfen und durch neue ersetzt werden. Je schneller die Dinge verschlissen oder schon nicht mehr kompatibel sind, desto mehr tragen sie zur Ressourcenverschwendung und Erhöhung der Müllberge bei. Wenn wir unseren materiellen Lebensstandard aber als die Menge unserer »Gebrauchsgüter« betrachten, dann sehen wir in jedem überholten oder kaputten Ding, das wir nicht mehr brauchen können, auch eine Minderung unseres materiellen Lebensstandards. Wenn wir nicht mehr als die Konsumenten im Wirtschaftsleben teilnehmen wollen, die lediglich für immer höhere Umsätze der Wirtschaft sorgen, braucht es Anreize, dass Konsumgüter mit viel längerer Lebenszeit produziert und diese auch für einen entsprechend langen Gebrauch gepflegt und erhalten werden.

Jeder Weg zur Lösung dieser Probleme muss, so viel ist klar, in den reichen Industrieländern anders aussehen als in den ärmeren Entwicklungsländern. Für Indien mit 1,6 Tonnen Kohlendioxidausstoß pro Kopf kann nicht das Gleiche gelten wie für die USA, die mittlerweile bei 24 Tonnen CO_2 pro Einwohner und Jahr liegen. Alle politischen Regulierungsmaßnahmen müssen daher das Konzept der »Kontraktion und Konvergenz« beinhalten, also die Festlegung der notwendigen Obergrenze des Treibhausgas-Ausstoßes und die gerechte Aufteilung der zu reduzierenden Mengen auf alle Menschen. Für beide Verfahren müssen Vorschläge entwickelt werden, in welchem Maß die erlaubten Emissionen jedes Jahr zu verringern sind, bis schließlich die Pro-Kopf-Emissionen weltweit auf einen gleichen Wert konvergieren.

Die Vorstellung, eine Wirtschaft ohne Wachstum bedeute Stagnation und biete keine Entwicklungsmöglichkeiten mehr, ist falsch. Entwicklung und Fortschritt der Wirtschaft beruhen ja heute schon hauptsächlich auf Innovation, resultieren also aus der Konsumtion verschiedener Güter und nicht aus dem Mehrverbrauch immer derselben Güter.[349] Wenn man den Verbrauch von bestimmten Ressourcen verbindlich begrenzt, reduziert man nicht zugleich auch die Anzahl wissenschaftlicher Entdeckungen und technischer Neuerungen. Wie wir in Kapitel 16 sehen werden, führen die weiterhin rapiden technischen Fortschritte in der elektronischen Kommunikation, der Digitalisierung und bei den virtuellen Systemen zur Entwicklung »gewichtloser« Wirtschaftssektoren (Weightless Economy), die es ihrerseits erleichtern, einen hohen Lebensstandard mit geringem Ressourcenverbrauch und Ausstoß von Treibhausgasen zu verbinden.

Ungleichheit und zwanghaftes Konsumverhalten

Das zweite Problem im Zusammenhang von Gleichheit und Klimaschutz ist unser übersteigertes Konsumverhalten. Es ist der Konsumismus, der es so schwierig macht, die Wirtschaftstätigkeit in nachhaltigen Grenzen zu halten. Wir produzieren und konsumieren zu viel, und zwar in solchen Massen, als hätten wir den Kampf gegen die Erderwärmung schon verloren gegeben. Das zwanghafte Konsumverhalten führt die Konsumenten zu einer Vogel-Strauß-Politik: Wir leugnen die Folgen des Konsums für unser eigenes Leben. Selbst die Regierenden hat der Konsumzwang in eine Art Lähmung getrieben; sie glauben, den Wählern eine Politik nicht zumuten zu können, die zu wirklichen Veränderungen führen würde. Wie also können wir unseren durch Konsum geprägten Lebensstil verändern und die Gefahren für unseren Planeten abwenden?

Mehr Gleichheit ist der Schlüssel, denn dieses Mehr würde den Konsumdruck verringern, der unser soziales Zusammenleben prägt. In einer Zeit, in der die Menschen offenbar noch nicht so überwacht wurden, hat der ehemalige Chef der US-Bundesbank und Ökonomieprofessor Henry Wallich einmal gesagt: »Wachstum ist eine Ersatzdroge für Einkommensgleichheit. So lange es Wachstum gibt, gibt es auch die Hoffnung, nur das macht große Einkommensunterschiede erträglich.«[350] Dieser Zusammenhang gilt jedoch auch in umgekehrter Richtung: Je mehr Einkommensgleichheit, umso weniger brauchen wir die Ersatzdroge. Mehr Gleichheit ist die Voraussetzung für eine Wirtschaft ohne Wachstum.

Was den übersteigerten Konsum vor allem antreibt, ist die Konkurrenz um den sozialen Status. Den meisten Menschen mag das weniger als Konkurrenz erscheinen, eher als eine Art Verteidigung: Wenn wir unseren Lebensstandard nicht mehr steigern können, fürchten wir auf der Strecke zu bleiben, und dann erscheint uns alles, was wir haben, schäbig, geschmacklos und aus der Mode gekommen. Robert Frank hat gezeigt, dass Standards immer etwas Relatives sind und die Menschen dazu treiben, sich mit anderen zu vergleichen. In seinem Buch *Falling Behind: How Rising Inequality Harms the Middle Class* schreibt er:

> »Niemand bestreitet, dass ein Auto, dessen Beschleunigung man in den 1950er Jahren als rasant empfunden hatte, den meisten Fahrern heute als lahm erscheinen würde. Auch ein Haus gegebener Größe wird als umso geräumiger empfunden, je größer es im Vergleich mit den Häusern in der Nachbarschaft erscheint. Und ein Anzug, den man zu einem Vorstellungsgespräch trägt, ist dann passend, wenn er sich abhebt von den Anzügen, die die Mitbewerber tragen. Kurz, jede Bewertung ist immer und überall abhängig vom Kontext.«[351]

Das Problem für uns ist, dass Güter zweiter Klasse uns auch als Menschen zweiter Klasse aussehen lassen. Im Vergleich mit den Reichen und Berühmten erscheint der große Rest der Menschen zweitklassig und minderwertig; und je größer die Unterschiede werden, desto bemerkenswerter und bedeutender werden sie. Je mehr die Ungleichheit die Statuskonkurrenz anheizt, umso mehr müssen wir uns anstrengen, um mitzuhalten. Reiche mögen sich sagen, dass ihre Bereitschaft, große Summen für eine Uhr, ein Auto oder andere Luxusgüter auszugeben, nur ihre Wertschätzung »für das Detail«, für die »Handwerkskunst« oder die »Qualität« zum Ausdruck bringt; tatsächlich aber sollen ihre extravaganten Erwerbungen den eigenen Abstand zum Rest der Welt verdeutlichen, und das ist es, was eigentlich zählt. Jeder Werbefachmann weiß, die Sachen dienen nur dazu, ihre Besitzer als Menschen gewisser Distinktion auszuweisen. Es geht um den sozialen Unterschied – und um nichts anderes. Für die Besten kommt nur das Beste in Frage.

Die andere Seite der Medaille ist, dass der Luxus der Reichen den anderen die Freude an dem, was sie haben, vergällt. Sie haben eben weniger als das Beste, bestenfalls das Zweitbeste. In seinem Buch *Die glückliche Gesellschaft* hat Richard Layard, Gründer des Centre for Economic Performance an der London School of Economics, diese Entwertung und Enttäuschung als Kosten bezeichnet, die Reiche dem Rest der Gesellschaft aufzwingen.[3] Sie müssten dafür zahlen – so wie Unternehmen für den Qualm zahlen, den ihre Fabrikschornsteine in die Luft blasen. Übersehen hat Layard dabei, welche sozialen Konsequenzen die Ungleichheit hat: nämlich die gesundheitlichen Probleme und die Verwerfungen in der Gesellschaft, von denen hier schon die Rede war. Seine Kostenrechnung führt allein den Mangel an Bedürfnisbefriedigung oder an Glück auf, den der große Rest der Bevölkerung hinzunehmen hat. In diesem Rahmen kommt Layard zu dem Ergebnis, dass ein Steuersatz von 60 Prozent für die Bessergestellten diese Kosten decken könnte.

Dass Ungleichheit den konsumtiven Konkurrenzdruck anheizt, ist keine Spekulation. Man kann die Folgen mit empirischen Daten belegen. In der Zeit, in der die Einkommensungleichheit in den USA und in Großbritannien zunahm, sank die Sparquote der Verbraucher und ihre Verschuldung nahm langfristig zu. Bereits 1998 konnte Robert Frank feststellen: Trotz des in den USA historischen Wirtschaftsbooms musste einer von 68 privaten Haushalten seine Zahlungsunfähigkeit erklären – das waren vier Mal so viele Insolvenzen wie zu Beginn der 1980er Jahre, denen die dramatische Verschärfung der Einkommensunterschiede erst noch folgte.[351] Im Jahr 2002 lagen die Kreditkartenverbindlichkeiten bei durchschnittlich 9000 Dollar pro Kreditkartenbesitzer. Frank, der diesen Wandel über einen Zeitraum von zehn Jahren untersucht hat, kam zu dem Ergebnis, dass die Zahl der überschuldeten Familien in denjenigen US-Bundesstaaten am größten ist, in denen auch die Einkommensschere am weitesten geöffnet war.[154, 351] Je größer die Einkommensunterschiede waren, desto schwieriger wurde es für die Menschen, ihren Lebensstandard im Vergleich zu anderen zu halten. Der gewachsene Konsumdruck nötigte sie, statt zu sparen auf Kredit zu leben. Das steigerte sich derart, dass die wachsende Konsumentennachfrage zu einem der Hauptmotoren des langen wirtschaftlichen Aufschwungs und auch der Finanzspekulationen wurde, was dann in die Finanz- und Wirtschaftskrise führte. Dazu passt, dass auch die Werbebudgets mit dem Grad der materiellen Ungleichheit variieren. In Ländern, in denen sie ausgeprägt ist, fließt ein deutlich größerer Teil des Bruttoinlandsprodukts in die Werbung. So sind die Ausgaben für Werbung in den USA und in Neuseeland doppelt so hoch wie in Norwegen und Dänemark.

Einen weiteren Hinweis darauf, wie Ungleichheit den Konsumzwang erhöht, liefern die von Land zu Land unterschiedlichen Arbeitszeiten. Sam Bowles, ehemaliger Wirtschaftsprofessor an der University of Massachusetts, hat die Arbeitszeiten in den OECD-Ländern untersucht und Folgendes festgestellt: In Ländern mit größerer sozialer Ungleichheit gelten in der Regel auch längere Arbeitszeiten, und diese Arbeitszeiten – beobachtet über mehrere Jahrzehnte – stehen in direkter Relation zum Grad der Ungleichheit.[352] Dargestellt wird diese Korrelation in Abbildung 15.3: Die Menschen in Ländern mit großer Einkommensungleichverteilung arbeiten um das Äquivalent von zwei bis drei Monaten jährlich zusätzlich. Quasi der Verzicht auf acht bis zwölf Wochen Freizeit ist der Preis, den Spitzenverdiener den Einkommensschwachen zumuten.

Eine Erhebung in den USA ergab folgenden Zusammenhang: Die Häufigkeit, dass verheiratete Frauen arbeiten gehen, ist größer, wenn der Schwager mehr verdient als der eigene Ehemann.[353] Aus anderen

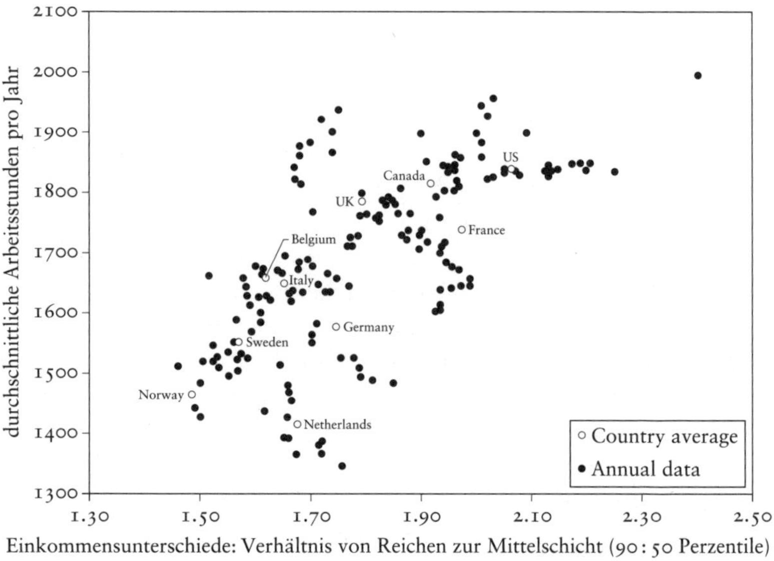

Abb. 15.3 *In Ländern mit größerer Ungleichheit müssen die Menschen länger arbeiten.*

Studien geht hervor, dass die Entscheidung verheirateter Frauen, eine bezahlte Arbeit anzunehmen, auch von weniger persönlich erfahrener Ungleichheit beeinflusst wird. Die in dieser Umfrage befragten Frauen, deren Ehemänner erwerbstätig sind, nehmen häufiger eine Stelle an, wenn sie in einer Gegend leben, in der es große Einkommensunterschiede bei den Männern gibt.[354] Wir haben auch aus anderen Quellen Daten zu Sparverhalten, Schulden, Zahlungsunfähigkeit, Werbungskosten und Arbeitszeiten ausgewertet, und sie stützen allesamt die Feststellung, dass größere Ungleichheit tatsächlich den Konsumzwang forciert. Wenn der Konsumismus seinen Antrieb zu wesentlichen Teilen in sozialer Nachahmung, Statuskonkurrenz oder schlicht in dem Wunsch findet, es den anderen gleich zu tun, und wenn es dabei um Ansehen und soziale Stellung geht, kann dies die Erklärung dafür sein, warum wir weiterhin auf wirtschaftliches Wachstum setzen, obwohl immer deutlicher wird, dass weiteres Wachstum der Gesellschaft kaum noch einen Vorteil bringt. Wenn jeder mehr Geld machen möchte, weil dies das Selbstbild und den eigenen Status in den Augen anderer legitimiert, dann ist und bleibt der Wunsch, reich zu sein, ein individuelles Bedürfnis, und dies kann auch in der Summe nicht als wirklich gesellschaftliches Bedürfnis nach wirtschaftlichem Wachstum begriffen werden.

Wie sehr der Wunsch nach höherem Einkommen tatsächlich der Wunsch nach einem höheren Status ist, wurde in einem einfachen Experiment demonstriert. Die Versuchspersonen sollten wählen, ob sie lieber weniger wohlhabend als andere in einer reichen Gesellschaft leben möchten oder lieber mit einem deutlich niedrigeren Einkommen in einer armen Gesellschaft, dort aber besser dastehen würden als andere. Die Hälfte der Befragten erklärte, dass sie bis zur 50 Prozent ihres derzeitigen Einkommens darangeben würden, wenn sie dafür in einer Gesellschaft leben könnten, in der es ihnen besser ginge als den anderen.[355] Das zeigt die große Bedeutung, die dem gesellschaftlichen Status beigemessen wird, und es erklärt auch, warum die Einkommensunterschiede innerhalb des eigenen Landes viel entscheidender sind als die Unterschiede im Vergleich der Durchschnittseinkommen verschiedener Länder (vgl. Kap. 2). Hat der Mensch erst einmal das Notwendigste zum Leben, schaut er, was die anderen haben.

Als Sam Bowles und Yong-jin Park den Zusammenhang von Ungleichheit und Arbeitszeit zum ersten Mal darstellten, zitierten sie Thorstein Veblen, der gesagt hatte: »Das einzig praktikable Mittel, unbeteiligten Beobachtern des eigenen Alltagslebens durch finanzielle Leistungsfähigkeit aufzufallen, ist die unablässige Demonstration seiner Zahlungsfähigkeit.« Veblens *Theorie der feinen Leute*, 1899 veröffentlicht, war die erste größere Arbeit über das Verhältnis von Konsum und sozialer Schichtung. Von ihm stammt der Begriff der »conspicuous consumption«, des Konsums in der Absicht, öffentlich Wirkung zu erzielen. Veblen betonte als Erster, welche Bedeutung »Nachahmung« und »boshafte Vergleiche« als Motive des Konsumverhaltens haben.[356] Weil die Werbeindustrie die Unsicherheit darüber, wie uns andere sehen und einschätzen, ausnutzt, sind wir bewusster geworden im Hinblick auf die Psychologie des Konsums. Doch Veblen schrieb, lange bevor wir derart mit Werbung bombardiert wurden. Also sollten wir diese Probleme nicht so sehr der Werbung anlasten, sondern vielmehr erkennen, dass sie diese Anfälligkeiten, die wir ohnehin haben, nur verstärkt und ausnutzt. Wirtschaftswissenschaftler benutzen heute den Begriff des »Veblen-Effekts«, um das Phänomen zu beschreiben, dass Güter weniger wegen ihres Gebrauchswerts gewählt werden als vielmehr wegen ihres sozialen Werts. Und die Wissenschaft hat bestätigt, dass die Suche nach Status und Prestige versprechenden Waren gerade im Hinblick auf solche Güter stärker ausgeprägt ist, die gesellschaftlich sichtbar sind.

Sehr häufig sieht man im Konsumismus mit seiner materiellen Selbstsucht und Besitzgier quasi evolutionsgeschichtliche Reflexe. Nichts könnte weiter von der Wahrheit entfernt sein. Unser fast neurotisches Bedürfnis zu »shoppen« ist vielmehr ein Zeichen dafür, wie sehr wir als soziale Wesen agieren. Wir leben in Gesellschaften, die von Ungleichheit und Individualismus geprägt sind, und nutzen Besitz, um uns in ein vorteilhaftes Licht zu rücken, einen positiven Eindruck auf andere zu machen und zu vermeiden, dass wir in den Augen anderer als unfähig oder völlig überfordert erscheinen. Der Konsumismus zeigt, wie sehr wir uns gegenseitig beeinflussen. Sobald unsere Grundbedürfnisse befriedigt sind und wir einen gewissen Komfort erreicht haben, sind die Dinge, die wir besitzen, für uns immer weniger um ihrer selbst willen von Bedeutung, sondern werden immer mehr zu Mitteln, anderen etwas über uns zu sagen. Im Idealfall hinge der Eindruck, den wir Menschen voneinander haben, von den Erfahrungen ab, die wir im direkten Umgang und im Lauf des Gemeinschaftslebens miteinander machen – und eben nicht von der äußeren Erscheinung. Diese wird vor allem darum so bedeutsam, weil wir sonst nichts voneinander wissen. Das führt uns nochmals zurück zum Kapitel 4, in dem dargestellt ist, wie Ungleichheit das Gemeinschaftsleben beeinträchtigt. Dessen weitere Auflösung und der zunehmende Konsumismus stehen in einem engen Zusammenhang.

Wenn wir also, um den Ausstoß von Treibhausgasen zu reduzieren, auch das Wirtschaftswachstum vor allem in den reichen Ländern begrenzen müssen, dann sollten wir uns bewusst sein, dass wir dafür nicht die Verbesserungen wahrer Lebensqualität opfern müssen – einer Lebensqualität, wie sie sich in Gesundheit, Glück, Freundschaft und Gemeinschaftsleben zeigt, in all dem also, was wirklich zählt. Es geht auch nicht nur darum, weniger Luxusgüter zu besitzen, die ja unsere fundamentalen Bedürfnisse nur ersetzen und uns hindern, diese zu erkennen. Es geht vor allem darum, gleichzeitig Ungleichheit zu beseitigen. Wir müssen Gesellschaften mit mehr Gleichheit schaffen, die unseren essenziellen sozialen Bedürfnissen besser entsprechen. Die Maßnahmen zum Klimaschutz dürfen nicht als bloße Beschränkung und Einschränkung unserer materiellen Bedürfnisse erfahren werden, sondern sie müssen verbunden werden mit einer Politik, die uns neue, ganz andere Wege zeigt, wie wir unseren Lebensstil qualitativ verändern können. Es geht um einen historischen Wandel, um die Veränderung, wie wir unsere wirklichen Bedürfnisse befriedigen, die eben nicht in noch mehr Wirtschaftswachstum liegen, sondern in einem sozialeren Gemeinwesen.

Der Ökonom und Umweltwissenschaftler Rajendra Pachauri, der 2007 für sein Engagement im Intergovernmental Panel on Climate Change mit dem Friedensnobelpreis ausgezeichnet wurde, beschrieb in seiner Dankesrede, wie die Erderwärmung die Erträge der Landwirtschaft, die Versorgung mit Nahrung und Wasser für hunderte Millionen Menschen schmälern und darum zu wachsenden Konflikten führen wird. (Er hielt diese Rede, bevor man erkannte, dass der Anbau von Pflanzen zur Gewinnung von Biotreibstoffen die Lebensmittelpreise weltweit in die Höhe trieb.) Er sagte, die Aufgabe, auf die Gefahren der Erderwärmung angemessen zu reagieren, ist größer und bedeutsamer als jeder Einzelne von uns. Wenn jedoch alle – jeder Einzelne, die Unternehmen und Korporationen, ganze Nationen – es geradezu als ihre Pflicht betrachteten, die Regulierungen zu umgehen und jedes erdenkliche Schlupfloch zu nutzen (so wie das lange Zeit auch in Sachen Steuern als normal betrachtet wurde), dann sei die Sache verloren. Während wir dies niederschreiben, überqueren Tankschiffe mit Biotreibstoffen von Europa aus den Atlantik in die USA und wieder zurück, um die Zuschüsse zu kassieren, die die US-Regierung zahlt, wenn diese Treibstoffe mit kleinen Mengen Erdöl versetzt werden – was natürlich genauso gut in Europa hätte geschehen können, ohne die Biotreibstoffe zwei Mal über den Atlantik zu transportieren. Dass durch privatwirtschaftliche Interessen die intendierten Wirkungen klimapolitischer Regulierungen in ihr Gegenteil verkehrt werden, zeigt, dass sich solche Haltungen durchsetzen, die es so viel schwerer machen, etwas gegen die Gefahren des Klimawandels zu unternehmen.

Der Kampf gegen den Klimawandel ist wie nie zuvor auf die Zusammenarbeit der internationalen Gemeinschaft angewiesen. Dieser Kampf ist nicht zu gewinnen, wenn in der Praxis jeder versucht, die

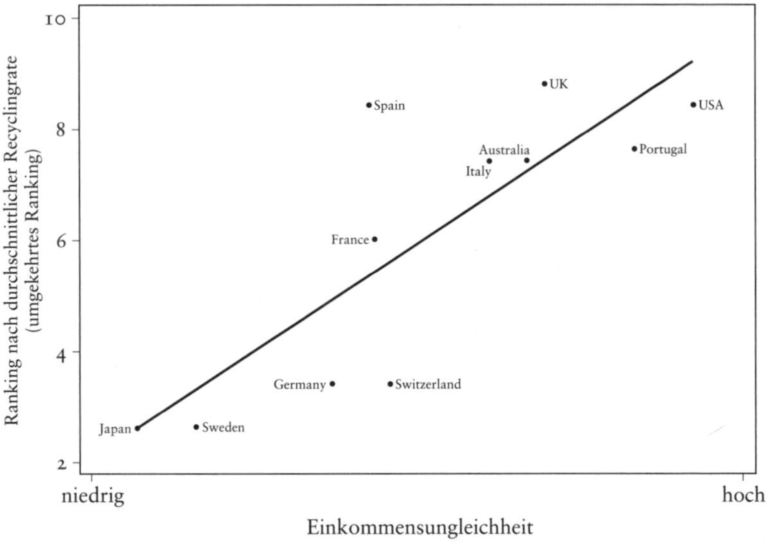

Abb. 15.4 *Gesellschaften mit größerer Ungleichheit recyclen einen geringeren Anteil ihres Abfalls.*

vereinbarten Maßnahmen zu umgehen. Die Missachtung dieser Regulierungen und die Verfolgung von wirtschaftlichen oder privaten Interessen sind nicht nur antisozial und als eine Schädigung der Gesellschaft zu werten, sondern als eine Schädigung der gesamten Menschheit. Politische Maßnahmen zur Reduzierung der Treibhausgase verlangen ein sehr viel weiteres Verständnis von sozialer Verantwortung, Zusammenarbeit und Gemeinschaftsgefühl. Auch hier spricht alles dafür, dass dies in Gesellschaften mit mehr materieller Gleichheit besser zu entwickeln sein wird. Wir haben gesehen (vgl. Kap. 4), dass in solchen Gesellschaften der soziale Zusammenhalt und auch das gegenseitige Vertrauen der Menschen stärker sind; beides fördert das Gemeinschaftsgefühl. Gesehen haben wir auch, wie sich Ungleichheit bis in die internationalen Beziehungen hinein auswirkt: Länder mit mehr Gleichheit investieren mehr in Entwicklungshilfe und rangieren im Global Peace Index weiter oben als die Länder, die von Ungleichheit geprägt sind. Abbildung 15.4 zeigt den Zusammenhang zwischen öffentlich-gemeinschaftlicher Verantwortung und umweltpolitischer Aktivität. Es sind die Länder mit mehr Gleichheit, die zum Beispiel beim Müll einen viel größeren Anteil systematisch wieder recyclen. Die Zahlen stammen vom australischen Planet Ark Foundation Trust[357] und zeigen die Länder im Ranking ihrer Recyclingrate.

Wir sollten uns also nicht entmutigen lassen, weder vom Konsumismus noch vom Individualismus, noch vom Materialismus, so als könnten diese menschlichen Haltungen jeden Ansatz zur Entwicklung nachhaltiger Wirtschaftssysteme blockieren. Sie sind ja keineswegs unveränderliche Wesenszüge der menschlichen Natur. In ihnen zeigen sich vielmehr typische Merkmale der Gesellschaften, in denen wir leben. Zudem variieren Konsumismus, Individualismus und Materialismus von einer demokratischen Marktwirtschaft zur anderen. Ganz grundsätzlich betrachtet geht es, wenn wir Ungleichheit reduzieren, darum, das Pendel vom eigennützigen, Uneinigkeit stiftenden, von Statusdenken motivierten Konsumismus auf die Seite einer Gesellschaft zu rücken, die von weniger Ungleichheit und mehr von Integration und Zusammenschluss geprägt ist. Ein Mehr an Gleichheit kann uns helfen, eine öffentliche Moral zu entwickeln, die auf wechselseitige Verpflichtung und Zusammenarbeit gerichtet ist – auf Werte und gelebte Erfahrung, die wir brauchen, wenn wir etwas gegen die Gefahren unternehmen wollen, die uns alle bedrohen. Wie Politiker aus Kriegszeiten wissen, müssen die Mitglieder einer Gesellschaft – wenn diese zusammenrücken soll – alle Maßnahmen und Lasten als gerecht und fair verteilt erkennen und begreifen können. Und man muss die Einkommensunterschiede reduzieren.

ME
MORRIS

16.

Die Zukunft gestalten

> Unternehmen von der Kette lassen, damit das Profitstreben Amok laufen kann, ist kein Rezept für eine lebenswertere Welt. *Tom Scholz, Interview mit dem Sierra Club*

Bevor wir darüber nachdenken, wie in unseren Gesellschaften mehr Gleichheit zu realisieren wäre, möchten wir darauf hinweisen, dass unsere Konzentration auf die innergesellschaftliche Ungleichheit nicht bedeutet, die internationale Ungleichheit zwischen armen und reichen Ländern zu ignorieren. Denn wenn man die Einkommensunterschiede in den reichen Ländern verringert, dann wird man dort auch offener sein für die Nöte in den ärmeren Ländern. In Kapitel 4 haben wir zeigen können, dass Länder mit mehr Gleichheit durchaus bereit sind, auch einen größeren Teil ihres nationalen Einkommens der Entwicklungshilfe zur Verfügung zu stellen (vgl. Abb. 4.4). So geben einige dieser Länder einen – verglichen mit den Staaten mit ausgeprägter Ungleichheit – vierfach höheren Anteil ihres Nationaleinkommens für Unterstützungsleistungen aus. Zudem verhalten sich Staaten mit großen inneren Ungleichheiten außenpolitisch sehr viel aggressiver. Ungleichheit ist meist gepaart mit hohen Werten nach dem Global Peace Index, in den Maßzahlen für Militarisierung, für innere und äußere Konflikte, für Sicherheit, Achtung der Menschenrechte und Stabilität eingehen. Erstellt wird dieser Index von Visions of Humanity in Kooperation mit der britischen Zeitschrift *The Economist*.[358] Auch wenn wir das Verhältnis der Nationen zu internationalen Handelsabkommen oder zu internationalen Verhandlungen, zum Beispiel zur Reduktion der Treibhausgase, betrachten, erkennen wir, dass die Länder mit einigermaßen ausgeglichener Einkommensverteilung Positionen vertreten, die für die Entwicklungsländer vorteilhafter sind.

Wir können davon ausgehen, dass die Art und Weise, wie die Menschen innerhalb einer Gesellschaft miteinander umgehen, auch die Normen und Erwartungen beeinflusst, die sie in internationale Debatten einbringen. Wer in einer Gesellschaft mit großer Ungleichheit aufwächst und lebt, hat auch ein dementsprechendes Menschenbild. Wir haben gezeigt, wie sich Ungleichheit auf Vertrauen, Gemeinschaftsleben und Gewaltbereitschaft auswirkt; in jungen Jahren erfahrene Ungleichheit und durch diese geprägte Lebensumstände können die Bindungsfähigkeit, Empathie und Aggressionsbereitschaft eines Menschen stark beeinflussen. In einem offensichtlich engen Zusammenhang damit steht auch das gestiegene Maß an Konkurrenz um Status und Konsummöglichkeiten, wovon im vorangehenden Kapitel die Rede war. Wenn wir also das eigene Haus in Ordnung halten, können wir uns auch den Problemen der Entwicklungsländer mit größerem Verständnis widmen.

Gesellschaftlicher Wandel

Doch wie können wir in unserer Gesellschaft für mehr Gleichheit sorgen? Bei dieser Frage bekommen manche Menschen Zustände. Wir wollten solche Ängste während einer Konferenz der National Policy Association über Gesundheitsfragen zerstreuen. Einer von uns verwies darauf, dass schließlich alles Zahlenmaterial aus entwickelten marktwirtschaftlichen Demokratien stammt. Wir würden hier also nicht über Demokratie an sich diskutieren, sondern über die Unterschiede zwischen demokratischen Gesellschaften, und da brauche es gewiss keine Revolution, um die Dinge zurechtzurücken. Nach der Konferenz veröffentlichte die National Policy Association eine Broschüre mit dem einprägsamen Titel *It Doesn't Take a Revolution*, aber zu unserer Überraschung gab es auch dann noch einige Leute, die weiterhin eine solche befürchteten.

Was wir tatsächlich brauchen, und darauf hat Bill Kerry, einer der Gründer von Equality Trust, hingewiesen, ist eine Transformation unserer Gesellschaft. Nur so lässt sich einerseits eine deutliche Angleichung der Einkommensunterschiede erreichen und andererseits auch die weitere Erderwärmung wirksam verhindern. Diese Transformation wird nicht dadurch befördert, dass man sich von friedlichen Vorgehensweisen verabschiedet, sie ist allerdings auch nicht mit politischer Leisetreterei zu erreichen. Wenn das Eintreten für mehr Gleichheit in der Gesellschaft zu einer wirklich sozialen Bewegung werden soll, braucht diese Bewegung nachhaltige Orientierung und eine Vision davon, wie sich die notwendigen wirtschaftlichen und gesellschaftlichen Veränderungen erreichen lassen. Nur mit einer solchen Bewegung können wir den Wandel schaffen. Wir können nicht darauf warten, dass die Regierungen dies für uns erledigen, wir selbst müssen damit anfangen, in unserem Leben und in den Institutionen unserer Gesellschaft, und wir müssen sofort damit beginnen. Wir brauchen keinen revolutionären Umsturz; was wir brauchen, ist ein kontinuierlicher Fluss kleiner Veränderungen in einer konsistenten Richtung. Wir müssen also das Ziel im Auge behalten, damit nachhaltiger Wandel beginnen kann und langfristig Erfolg hat. Und unser Ziel ist: Die Gesellschaft sozialer machen. Revolutionäre Umwälzungen müssen wir vermeiden, die bringen nur Unsicherheit, verbreiten Angst und Schrecken und haben in der Geschichte allzu häufig zu katastrophalen Rückschlägen geführt. Unser Ziel muss es sein, den Mitmenschen mehr Sicherheit zu geben, ihnen die Ängste zu nehmen, sie zu überzeugen, dass eine Gesellschaft mit mehr Gleichheit nicht nur Platz für sie hat, sondern ihnen auch ein erfülltes Leben ermöglicht, das ihnen keine von Hierarchien und Ungleichheit geprägte Gesellschaft der Welt bieten kann.

Wenn in der Vergangenheit über Ungleichverteilungen debattiert wurde, dann ging es um die Ausbeutung und Entfremdung der Armen und um die Frage der Gerechtigkeit. Man hoffte die Ungleichheit verringern zu können, indem man den Wohlhabenden ins Gewissen redete und sie zu einer altruistischen Haltung gegenüber den Armen nötigte. Heute ist die Lage eine ganz andere. Wir wissen um die Vielzahl der Konsequenzen struktureller Ungleichheit, die sich auf alle sozialen Schichten auswirken. Die Transformation unserer Gesellschaften ist also ein Projekt, das im Interesse aller Bürger liegt. Mehr Gleichheit ist der Königsweg in eine zukunftsfähige Gesellschaft, in der sich die Lebensqualität aller Mitglieder verbessern lässt, und es ist der Weg zu einem Wirtschaftssystem, das Nachhaltigkeitsprinzipien genügt.

Häufig hört man das Argument, mehr Gleichheit sei nicht möglich, weil die Menschen eben nicht gleich seien. Wer so redet, bringt einiges durcheinander: Gleichheit bedeutet nicht, dass alle gleich sind. Die Menschen haben ihre Besonderheiten ja auch nicht eingebüßt, als der Grundsatz der Gleichheit aller vor dem Gesetz eingeführt wurde. Auch mehr materielle Gleichheit heißt nicht, wie so häufig kritisiert wird, die Lebensstandards herunterzuschrauben und alles auf ein durchschnittliches Mittelmaß einzuebnen. Davon abgesehen sagt Reichtum, insbesondere ererbter Reichtum, wenig über wirkliche Verdienste aus. Nicht von ungefähr schrieb George Bernard Shaw: »Nur wo in Geldfragen Gleichheit herrscht, kann das Verdienst hervorleuchten.«[359] Vielleicht ist Schweden gerade darum prädestiniert für eine Institution wie den Nobelpreis. Wir haben während unserer Untersuchungen auch keinen Hinweis dafür gefunden, dass die Standards intellektueller, künstlerischer oder sportlicher Leistungen in Gesellschaften mit geringeren Einkommensunterschieden niedriger sind als in solchen mit großer Ungleichheit. Ein Baseballteam stellt gewiss keine Gesellschaft im Kleinen dar. Dennoch hat eine gut abgesicherte Untersuchung, in deren Rahmen über 1600 Spieler aus 29 Mannschaften neun Jahre lang beobachtet wurden, gezeigt, dass Baseballteams aus den höheren Ligen, unter deren Spielern es nur geringe Einkommensunterschiede gab, signifikant besser abschnitten als Mannschaften mit sehr unterschiedlichen Einkommen.[360] In den vorangegangenen Kapiteln haben wir gesehen, dass Gesellschaften mit größerer Gleichheit auf vielen Feldern bessere Leistungsstandards erreichen.

Das Scheitern der Politik

Früher wurde Politik als eine Möglichkeit betrachtet, das soziale und emotionale Wohlbefinden der Menschen durch Veränderung ihrer Lebensumstände zu steigern. Diese Vision ging in den letzten Jahrzehnten verloren. Heute glauben die Menschen, ihr psychosoziales Wohlbefinden lasse sich vor allem auf individueller Ebene verändern und heben: zum Beispiel durch kognitive Verhaltenstherapie (natürlich in Einzelsitzungen), durch Förderung in früher Kindheit, durch Stärkung religiöser oder »familiärer« Werte. Inzwischen wurde jedoch klar, dass Politiker sehr wohl ein Mittel hätten, um das Wohl ganzer Bevölkerungen zu verbessern: nämlich dadurch, dass sie auf die Ungleichverteilung der Einkommen einwirken. Politiker hätten die Möglichkeit, wirklich etwas Gutes zu tun.

Die Versuche, soziale oder gesundheitliche Probleme durch die Einrichtung spezialisierter Dienste zu lösen, haben sich als kostspielig und, bestenfalls, nur als teilweise effektiv erwiesen. Untersuchungen zur Wirksamkeit der bedeutendsten dieser Dienste, wie Polizei und Gesundheitswesen, haben gezeigt, dass sie nicht gerade zu den wirksamsten Determinanten von Kriminalitätsraten oder Volksgesundheit zu zählen sind. Andere Dienste wie Sozialstationen oder die Kliniken zur Rehabilitierung von Drogenabhängigen tun nichts anderes, als ihre jeweiligen Klientengruppen zu behandeln – oder abzufertigen. An den sozialen Problemen aber, die den Einzelschicksalen zugrunde liegen, ändern sie nichts. Selbst dort, wo Behörden ausdrücklich auf Vorsorge gerichtete Programme verkünden – Programme, die auf die Verringerung von Fettleibigkeit oder die Senkung des Drogenmissbrauchs zielen oder darauf, die Unterschiede in der Gesundheitsversorgung aufzuheben –, selbst dort wirken diese eher wie politische Lippenbekenntnisse, wie zur Schau gestellte gute Absichten, einzig darauf angelegt, den Eindruck zu erwecken, dass die Regierung aktiv unterwegs ist, um die Probleme in den Griff zu bekommen. Gelegentlich, wenn die Politik ihre Ziele weit verfehlt hat, fragt man sich, ob diejenigen, die diese Programme formuliert oder die offiziellen Dokumente verfasst haben, tatsächlich jemals geglaubt haben, dass ihre Vorschläge messbare Wirkung zeitigen würden.

Nehmen wir zum Beispiel die ungleiche medizinische Versorgung. Seit zehn Jahren versucht die britische Regierung die Lücke zu schließen, die zwischen der Versorgung der Armen und der Reichen klafft. In einem unabhängigen Bericht zur Gesundheitspolitik verschiedener Länder hat ein niederländischer Experte festgestellt, dass Großbritanniens Programm, die Unterschiede in der medizinischen Versorgung auszugleichen, im Vergleich mit anderen Ländern an der Spitze läge.[361] In der Praxis sieht es jedenfalls nicht so aus, als würde sich hier irgendetwas bewegen. Man bekommt vielmehr den Eindruck, als glaubten die Berater und Experten selber nicht daran, dass es wirklich realistische Lösungen gäbe, die man ernsthaft in Betracht ziehen könne.

Statt die Ungleichheit selbst zu verringern, dienen die sozial- und gesundheitspolitischen Initiativen eher dem Versuch zu verwischen, dass ein ursächlicher Zusammenhang zwischen sozioökonomischer Benachteiligung und vermehrten gesundheitlichen Problemen besteht. Stillschweigend hofft man, dass die Menschen, insbesondere die Armen, unter den weiterhin unveränderten Bedingungen schon zurechtkommen werden, gleichwohl aber und auf wundersame Weise nicht mehr mit all den Problemen, wie psychischen Störungen, Teenagerschwangerschaften, abgebrochenen Schulkarrieren, Fettleibigkeit oder Drogenmissbrauch, zu kämpfen haben.

Jedes einzelne Problem wird für sich behandelt, als verlange es, unabhängig von den anderen Problemen, eine je eigene Lösung. Jede Beratungsstelle hat ihr eigenes Programm, und entsprechend berät man seine Klienten: Sie sollen sich weiterbilden, Kondome benutzen, nein sagen zu Drogen, sich erholen, ihre Work-Life-Balance in Ordnung bringen oder ihren Kindern »sinnvolle« Zeit widmen. Den vielfältigen Ratschlägen und Programmen ist nur eines gemeinsam: die Überzeugung, dass man armen Menschen vor allem beibringen müsse, sensibler mit sich und anderen umzugehen. Das eklatante Faktum aber, dass alle diese Probleme ihre gemeinsame Ursache in der materiellen Ungleichheit und der Entbehrung haben, verschwindet aus dem Blick.

Der Trend zur Ungleichheit

Die Einkommensunterschiede haben sich während der letzten Jahrzehnte in vielen (nicht in allen) entwickelten Ländern vergrößert. Die Abbildungen 16.1 und 16.2 zeigen die sich in den letzten dreißig Jahren öffnende Schere zwischen den Einkommen der Reichen (obere 10 % der Bevölkerung) und der Armen (untere 10 %) in Großbritannien und in den USA. Beide Länder erlebten besonders in den 1990er Jahren eine dramatisch zunehmende Ungleichverteilung der Einkommen; und daran hat sich seither nicht viel verändert. In beiden Ländern halten sich die Einkommensunterschiede auf einem Niveau, das – seit solche Daten erhoben werden – beispiellos ist; seit Generationen hat es solche Ungleichverteilungen nicht gegeben. Nur wenige der reichen Industrienationen haben, wie etwa Dänemark, diese Ent-

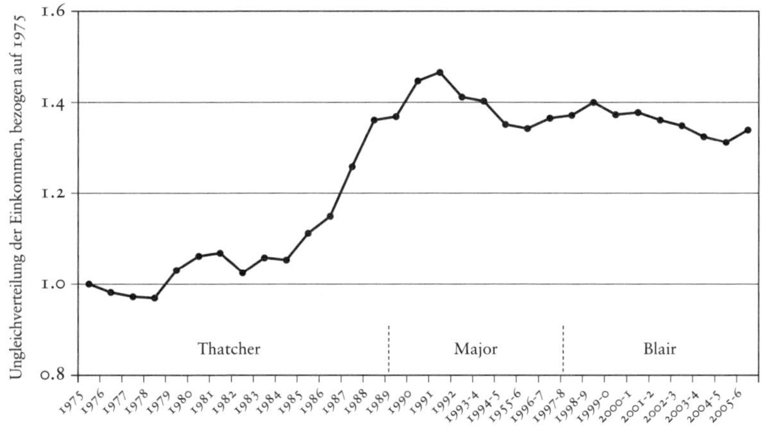

Abb. 16.1 *Die Kurve zeigt die sich öffnende Schere zwischen den Einkommen der reichsten 10 Prozent und der ärmsten 10 Prozent der Bevölkerung in Großbritannien. 1975 (= 1) bis 2005/06*

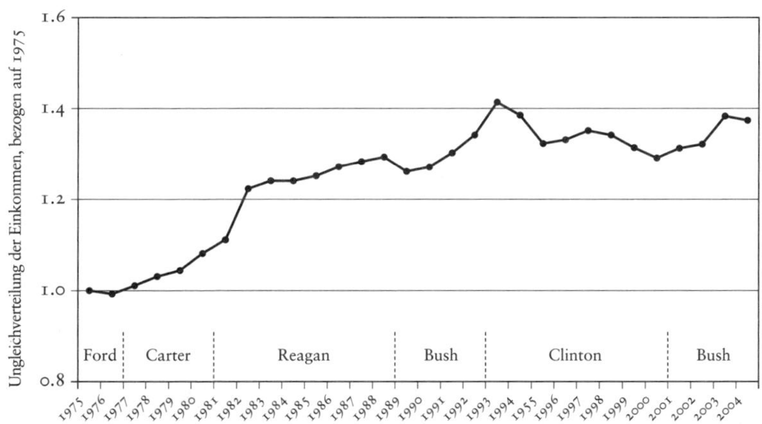

Abb. 16.2 *Die sich öffnende Schere zwischen den Einkommen der reichsten und der ärmsten 10 Prozent der Bevölkerung in den USA. 1975 (= 1) bis 2004*

wicklung verhindern können; anderen gelang dies zwar zunächst, Anfang der 1990er Jahre aber verzeichneten auch sie, wie etwa Schweden, sich rasch vergrößernde Einkommensunterschiede.

Die Werte für Großbritannien und die USA zeigen zweifelsfrei, dass sich die Einkommensunterschiede über den dokumentierten Zeitraum beträchtlich vergrößert haben. Sie sind aktuell um fast 40 Prozent größer als Mitte der 1970er Jahre.

Wenn sich die Verhältnisse derart schnell verändern können, dann gibt es gute Gründe für unsere Zuversicht, dass dies auch in umgekehrter Richtung möglich ist. Wir können eine Gesellschaft schaffen, in der wirkliche Lebensqualität und zwischenmenschliche Beziehungen unsere Gesellschaft weit mehr prägen, als es heute der Fall ist. Aber dieser Wandel wird sich nicht ohne weiteres einstellen, wir müssen jede Chance, die sich bietet, nutzen, um Schritt für Schritt in dieser Richtung voranzukommen. Wir haben bereits gesehen, dass die Entwicklung nachhaltiger Wirtschaftsweisen gute Voraussetzungen für eine Politik schafft, die mehr Gleichheit durchsetzt. Im Folgenden werden wir das vertiefen, aber zunächst darüber sprechen, wie die demokratischen Defizite in den Bereichen der Wirtschaft zu überwinden sind, die derzeit noch auf Ungleichheit setzen, die Menschen unter ihre Hierarchie zwingen und uns um unsere Arbeit betrügen. Dann werden wir aufzeigen, wie aktuelle Trends des technologischen Wandels dazu beitragen können, die Grundlagen neuer Wirtschaftsformen zu schaffen, auf denen eine Gesellschaft entsteht, die mehr Gleichheit und Glück ihrer Bürger anstrebt. Dies aber sind nur Vorschläge für die Richtung, in der sich unsere Gesellschaft entwickeln könnte. Die Leser werden eigene Vorstellungen haben und die Schwächen unserer Ideen gewiss erkennen.

Unterschiedliche Wege zu mehr Gleichheit

Wir werden weder einen bestimmten Weg noch ein bestimmtes politisches Programm vorschlagen, mit dem sich die Diskrepanz zwischen Spitzeneinkommen und Mindestlöhnen verringern ließe. Uns erscheint es sinnvoller, die unterschiedlichen Wege herauszustellen, auf denen sich das gemeinsame Ziel erreichen lässt. In Kapitel 13 haben wir national unterschiedliche Wege vorgestellt. Einige Länder haben größere Gleichheit durch nachträgliche Umverteilung erreicht, durch redistributive Steuern und Zuwendungen also, sowie durch aufgeblähte wohlfahrtsstaatliche Einrichtungen. Andere Staaten dagegen haben erreicht, dass sich die Einkommensunterschiede schon vor Steuern und staatlichen Zuwendungen geringer ausnehmen. Das gilt vor allem für Japan, wo die Unterschiede des Bruttoeinkommens (also vor Steuern und Zuwendungen) relativ gering sind, weshalb dort auch weniger Anlass besteht für große Umverteilungsprogramme als anderswo. Japan hat mehr Einkommensgleichheit für seine Bürger realisiert als die USA, obwohl die Transferleistungen der sozialen Sicherungssysteme Japans einen geringeren Anteil des Bruttoinlandsprodukts ausmachen als die der USA.[362] Wenn man alle in unsere Analyse aufgenommenen Länder betrachtet, bilden die USA und Japan bezüglich der Ungleichheit die beiden äußersten entgegengesetzten Pole. Zugleich ist der Teil des Bruttoinlandsprodukts, den beide Länder für Sozialleistungen aufwenden, sehr gering; es ist der zweit- bzw. drittniedrigste Betrag unter allen Ländern unserer Analyse.

Dass es tatsächlich unterschiedliche Wege zu mehr Gleichheit gibt, zeigen auch die Vergleiche zwischen den US-Bundesstaaten.[363] Die Gesamtsteuerlast, ausgedrückt in Prozenten des Einkommens, ist in allen Bundesstaaten völlig unabhängig von der jeweiligen Ungleichverteilung. Vermont und New Hampshire sind Nachbarstaaten, und deshalb sind die Unterschiede zwischen beiden umso auffälliger. Vermont hat die höchste Steuerquote unter allen US-Bundesstaaten, New Hampshire dagegen die zweitniedrigste – unterboten nur von Alaska. Dennoch steht New Hampshire in unserem Index der gesundheitlichen und sozialen Probleme an der Spitze aller US-Bundesstaaten, dicht gefolgt von Vermont, das den dritten Platz belegt. Auch im Hinblick auf Gleichheit liegen die beiden Staaten nicht weit auseinander: Trotz ihrer radikal unterschiedlichen Steuerpolitik stehen sie in der Rangliste realisierter Gleichheit an vierter bzw. sechster Stelle. Die Notwendigkeit staatlicher Umverteilung ist abhängig davon, wie ungleich die Einkommen vor Steuern und Zuwendungen sind.

Internationale und inneramerikanische Vergleiche führen zum gleichen Ergebnis: Es gibt für eine Gesellschaft die unterschiedlichsten Wege zu mehr Gleichheit, auf denen sich die gesundheitlichen und sozialen Probleme ihrer Bürger verringern lassen. Wie schon in Kapitel 13 gesagt: Entscheidend ist, in welchem Maße die Ungleichheit abgebaut wird, nicht dagegen der Weg, auf dem dieses Ziel erreicht wird. Wie dem auch sei: Die Zahlen sprechen eindeutig gegen alle politischen Programme, die in der heutigen Situation geringere öffentliche Ausgaben und geringere Steuern ganz oben auf ihre Agenda setzen wollen. Wenn es nicht gelingt, die Einkommensungleichheit entscheidend zu reduzieren, braucht man mehr Polizisten, mehr Richter, Gefängnisse, Kliniken, Psychiater usw. – und das heißt mehr Geld. Wenn also Steuern und Transferleistungen niedrig gehalten werden, was ja zu noch größeren Einkommensunterschieden führt, dann werden die überhandnehmenden sozialen Probleme eine Erhöhung der öffentlichen Ausgaben erzwingen.

Man könnte also vor der Wahl stehen: Entweder man begegnet dort, wo die Ungleichheit hoch ist, den entsprechend großen sozialen Problemen mit höheren öffentlichen Ausgaben, oder aber man fördert dort, wo die Einkommensunterschiede geringer sind, mit öffentlichen Geldern sozial wirksame Maßnahmen. Ein Beispiel dafür, wie sich politische Entscheidungen in die falsche Richtung entwickeln können, liefern die USA in der Zeit seit den 1980er Jahren, in der sich die Einkommensunterschiede rapide vergrößert haben. Gleichzeitig sind die öffentlichen Ausgaben für Gefängnisse um das Sechsfache schneller gestiegen als die Ausgaben für Bildung. Manche Bundesstaaten sind nun an einem Punkt angelangt, an dem sie für ihre Gefängnisse ebenso viel öffentliche Gelder aufwenden müssen wie für die höhere Bildung.[364]

Wie gerne würde man doch in einer Gesellschaft leben, die ihr Geld nicht in den Bau von Gefängnissen, sondern von Bildungseinrichtungen investiert; und gewiss möchte man noch lieber in einer Gesellschaft leben, in der eine entsprechende Familienpolitik dazu geführt hätte, dass so viele Menschen erst gar nicht ins Gefängnis gewandert wären, sondern ihren Lebensunterhalt verdient und auch Steuern bezahlt, also die öffentliche Hand zumindest nicht belastet hätten. Wie wir in Kapitel 8 gezeigt haben, können sich Investitionen in Kindergärten und Vorschule langfristig auszahlen: Kinder, die in den Genuss solcher Einrichtungen kommen, werden mit großer Wahrscheinlichkeit keine Sonderschulen benötigen und sie werden als Erwachsene höchstwahrscheinlich sich selbst ihren Lebensunterhalt verdienen und nicht der öffentlichen Wohlfahrt zur Last fallen oder als Kriminelle Kosten für die Gesellschaft verursachen.[365]

Der politische Wille

Nun läge es nahe zu sagen, dass es eben zwei ganz unterschiedliche Wege zu mehr Gleichheit gibt: der eine, der mit Steuern und Transferleistungen Einkommensteile von den Reichen zu den Armen umverteilt, und der andere, der die Bruttoeinkommensunterschiede schon vor solchen Umverteilungsmaßnahmen verringert. Aber diese beiden Strategien schließen sich ja nicht wechselseitig aus und sind auch nicht unvereinbar miteinander. Wenn wir mehr Gleichheit erreichen wollen, sollten wir beide Strategien nutzen. Wer der Ungleichheit mit nur einer Strategie begegnen will, kämpft mit nur einem Arm. Wie auch immer: Für mehr Gleichheit einzutreten heißt nicht, für mehr staatliche Regulierung zu sein. Wenn es unterschiedliche Wege zur Verringerung der Ungleichheit gibt, dann ist es umso wichtiger, den notwendigen politischen Willen zu formieren, diese Wege auch zu beschreiten. Wenn die Regierenden tatsächlich für mehr Gleichheit hätten sorgen wollen, an politischen Mitteln dazu hätte es ihnen nie gefehlt. Natürlich müssen die politischen Alternativen diskutiert werden, bevor man handelt. Und was das beste Mittel ist, kann von Land zu Land verschieden sein.

Wie entscheidend der politische Wille ist, zeigt die Vergangenheit. Es ist ja nicht so, dass die Regierenden immer die Absicht gehabt hätten, für mehr Gleichheit zu sorgen, und bloß auf einen günstigen Zeitpunkt warteten; in der Regel haben sie sich nur dann auf eine Politik der Gleichheit eingelassen, wenn sie anders nicht hätten politisch überleben können. In einem Bericht der Weltbank Anfang der 1990er Jahre hieß es, das rasche ökonomische Wachstum in einigen ostasiatischen Staaten werde getragen von der wachsenden Einkommensgleichheit.[366] Als Grund, warum die Regierungen auf mehr Gleichheit setzten, nennt der Bericht Regierungskrisen; sie hätten die Politiker gezwungen, sich um die Unterstützung durch ihr Volk zu kümmern. So mussten sich die Regierungen von Taiwan und Hongkong gegen die egalitären Parolen der kommunistischen Regierung Chinas behaupten; Südkorea hatte den Gegner Nordkorea, und in Singapur und auf den Philippinen waren Guerillas aktiv. Die Politik dieser Länder hat John Page 1994 in einem Bericht für die Weltbank beschrieben:

> »Man hat die Absicht, alle am künftigen Reichtum zu beteiligen, klar zum Ausdruck gebracht. Korea und Taiwan setzten umfangreiche Programme zur Landreform um; Indonesien hob mit einer entsprechenden Preispolitik für Reis und Düngemittel die Einkünfte der Landbevölkerung an; Malaysia führte ausgesprochene Reichtums-Teilungsprogramme durch, um die Lebensbedingungen der Malayen gegenüber den besser gestellten Chinesen zu verbessern; Hongkong und Singapur brachten groß angelegte Wohnungsbauprogramme auf den Weg; in mehreren Volkswirtschaften unterstützten die Regierungen Arbeiterkooperativen und legten Programme zur Förderung kleiner und mittlerer Unternehmen auf. In welcher Form auch immer, diese Programme zeigten die Absicht der Regierungen, dass alle vom Wachstum profitieren sollten.«[367]

Japan verdankt seinen Status als das entwickelte Land mit der geringsten Ungleichheit zum Teil dem Umstand, dass sich das gesamte Establishment durch die Niederlage im Zweiten Weltkrieg desavouiert hatte, zum Teil auch den Hilfen zum politischen und wirtschaftlichen Wiederaufbau. Dazu gehörte die Ausarbeitung einer neuen Verfassung mit Unterstützung neutraler und bemerkenswert weitsichtiger Berater aus den Vereinigten Staaten unter General Douglas MacArthur.[95]

Wir kennen noch andere Beispiele mit ähnlichen Voraussetzungen. Bismarcks historisch frühe Einführung eines Sozialversicherungssystems war Teil seiner Bemühungen, die breite Unterstützung der Bevölkerung für die deutsche Reichseinigung zu gewinnen. In Großbritannien wurden während des Ersten und Zweiten Weltkriegs größere Schritte zu mehr wirtschaftlicher Gleichheit realisiert: Man wollte die Bevölkerung zur Unterstützung der Kriegsanstrengungen gewinnen, indem man den Menschen das Gefühl vermittelte, dass die Lasten unter allen gerecht verteilt sind. Richard Titmuss schrieb: »Wenn man die Mitarbeit der Massen als unverzichtbar [für die Kriegsanstrengungen] betrachtete, dann musste man die Ungleichheit verringern und die Pyramide sozialer Schichtung platter machen.«[368] Die weitgehende Gleichheit in Schwedens Bevölkerung hatte ihren Ursprung im Wahlsieg der schwedischen Sozialdemokraten im Jahr 1932. Vorausgegangen waren blutige Arbeitskämpfe, in die auch das Militär eingegriffen und auf Arbeiter der Sägewerke geschossen hatte. Von 1932 bis 1946 regierte der Ministerpräsident Per

Albin Hansson das Land nahezu ununterbrochen, und es gelang ihm während der schwedischen Wiederbewaffnung und in der Kriegszeit sein Ziel zu erreichen, Schweden zu einer »klassenlosen Gesellschaft« und zum »Volksheim« zu machen.

Für uns stellt sich die Frage: Wie können wir in unserer Gesellschaft für den notwendigen politischen Willen sorgen? Wenn wir die öffentliche Meinung für unsere Sache gewinnen wollen, müssen wir die Menschen mit dem Argument überzeugen, dass ein Land mit mehr Gleichheit die bessere Gesellschaft ist. Die meisten Menschen stimmen im Grunde den Maximen der Fairness und der Gleichbehandlung zu, doch bleibt dies eher ihre persönliche Überzeugung, weil sie glauben, dass andere ihre Meinung nicht teilen. Es lässt sich aber immer besser belegen, dass die Gesellschaft aufgrund der Ungleichheit Schaden nimmt, und was man bislang nur für seine persönliche Überzeugung hielt, sind heute in der Öffentlichkeit darstellbare Fakten. Das wird das Vertrauen derjenigen stärken, die diese Werte immer schon teilten, und sie ermutigen, diese nun aktiv und öffentlich zu vertreten; andere werden im Licht der neuen Befunde ihre Ansichten möglicherweise ändern. Es gibt genug besorgte Menschen, die sehen, dass in unserer Gesellschaft vieles schief läuft, die nach Erklärungen und Abhilfen suchen.

Die politischen Differenzen sind eher Ausdruck der unterschiedlichen Vorstellungen über die Lösungsmöglichkeiten für die sozialen Probleme und nicht etwa Auseinandersetzungen über die Frage, worin sie denn bestehen. Fast alle Menschen, gleich welcher politischen Überzeugung, würden lieber in einer sicheren und freundlicheren Gesellschaft leben. Und niemand wird bestreiten wollen, dass es in einer solchen Gesellschaft weniger von den sozialen und gesundheitlichen Problemen gibt, die wir beschrieben haben. Strittig sind also die Lösungswege, und es gibt die unterschiedlichsten Vorschläge, wie dem Einzelnen in seinen besonderen Problemen geholfen werden kann. Doch hier geht es um das ursächliche Problem der Ungleichheit. Mehr Gleichheit würde eine Menge dieser »individuellen« Probleme quer durch die ganze Gesellschaft lösen, mehr Gleichheit würde zudem die Menschen in ihren Anstrengungen gegen den Klimawandel einen. Das sind gewichtige Argumente, für mehr Gleichheit in der Gesellschaft zu sorgen.

Jahrzehntelang litten progressive Initiativen darunter, dass ihnen ein umfassendes Konzept, die Vision einer besseren Gesellschaft fehlte. Man propagierte hier und dort Verbesserungen in den unterschiedlichsten Lebensbereichen oder prangerte Missstände an, man kämpfte gegen die Umweltzerstörung und für eine bessere Behandlung der Asylsuchenden, man demonstrierte gegen militärische Interventionen und für das Überleben der Wale, doch nirgends gab es eine breite Bewegung in der Bevölkerung, die die Menschen mit einer Vision davon hätte begeistern können, wie die Gesellschaft durch ihr Zutun zu einem besseren Lebensort wird. Politische Aktionen ohne eine solche Vision haben auch selten mehr in der Bevölkerung hervorgerufen als ein Gähnen.

Die meisten Menschen wollen Veränderung. In Kapitel 1 zitierten wir aus dem Harwood-Bericht *Yearning for Balance*, dass drei Viertel der Amerikaner der Meinung sind, dass die Gesellschaft das Gespür für das verloren hat, was wirklich zählt.[1] Sie glauben, dass Konsumismus und Materialismus die für den Menschen viel wichtigeren Werte von Freundschaft, Familie und Gemeinschaft unter sich begraben haben. Selbst Politiker konstatieren ein tief sitzendes Unbehagen und werben um Wählerstimmen, indem sie sagen, sie stehen für den »Wandel«. Doch ihre Vorstellungen vom Wandel gehen selten über die Bilder auf ihren Wahlplakaten hinaus. Sie haben nicht die geringste Vorstellung davon, wie und wo man ansetzen müsste, damit das tägliche Leben die Bürger etwas glücklicher und erfüllter macht.

Aus Meinungsumfragen geht hervor, dass der Wunsch nach einer gerechteren Einkommensverteilung sehr verbreitet ist. Erhebungen in Großbritannien haben gezeigt, dass der Teil der Bevölkerung, der die Einkommensunterschiede für zu groß hält, in den letzten 20 Jahren bei durchschnittlich 80 Prozent lag und selten unter 75 Prozent sank – und dabei unterschätzen die meisten Menschen noch, wie groß die Einkommensdifferenzen tatsächlich sind. In den USA berichtete der Maxwell Poll on Civic Engagement von 2005, dass über 80 Prozent der Befragten das Ausmaß der Einkommensunterschiede für ein Problem halten; fast 60 Prozent waren der Ansicht, dass die Regierung etwas dagegen unternehmen müsse. Eine Gallup-Umfrage befragte zwischen 1984 und 2003 amerikanische Bürger, ob Einkommen und Vermögen gerecht verteilt seien oder ob sie gleichmäßiger verteilt werden müssten. Über 60 Prozent der Bevölkerung erklärten, Einkommen und Vermögen gehörten gleichmäßiger verteilt.369

Gewerkschaften

Dass sich die Einkommensschere seit Anfang der 1980er Jahre so weit öffnete, hat auch mit dem schwindenden Einfluss der einst mächtigen Gewerkschaften zu tun. Eine Studie, die die Trends zur Ungleichverteilung der Einkommen in Australien, Deutschland, Großbritannien, Japan, Kanada, Schweden und den USA in den 1980er und 1990er Jahren untersuchte, kam zu dem Ergebnis, dass der gewichtigste Einzelfaktor in dieser Entwicklung die Gewerkschaft ist.[370] Natürlich schwächen auch hohe Arbeitslosenzahlen die Verhandlungsmacht der Gewerkschaften, dennoch zeigte sich in der Studie, dass eine enge Relation besteht zwischen zunehmender Ungleichheit der Löhne und Gehälter und dem Mitgliederschwund in den Gewerkschaften.

Nicht nur der gewerkschaftliche Organisationsgrad, auch Einrichtungen zur Vertretung der Arbeitnehmer in den Betrieben beeinflussen die Lohnabschlüsse. Die Kommission der Europäischen Union schreibt allen größeren Unternehmen Mindeststandards für die Arbeitnehmervertretung vor, doch ist nicht klar, inwiefern die Praxis in den diversen Mitgliedstaaten den Intentionen dieser Vorschrift entspricht. In Japan dagegen bestehen häufig sehr enge Verbindungen zwischen Unternehmensführung und Gewerkschaften. Tatsächlich hat der japanische Arbeitgeberverband herausgefunden, dass 15 Prozent der Direktoren großer Unternehmen zuvor Gewerkschaftsfunktionäre gewesen sind.[371] In den EU-Ländern folgt das Einkommen von rund 70 Prozent der Beschäftigten unternehmensübergreifenden Vereinbarungen, in den USA dagegen sind dies nur 15 Prozent. Der britische Wert – 35 Prozent unternehmensübergreifende Abschlüsse – gehört zu den niedrigsten in der EU.

Die Macht der Unternehmen – die Elefanten im Porzellanladen

Der Herausbildung eines entschiedenen politischen Willens steht das Gefühl entgegen, dass uns die Mittel fehlen, überhaupt etwas zu ändern. Alle kritisieren die enormen Vermögen der Superreichen, doch die wenigsten glauben, dass sich daran irgendetwas ändern könnte.

Die Gewerkschaften hätten eigentlich mehr Möglichkeiten, doch kann man sich des Eindrucks nicht erwehren, dass die hochgradige Ungleichheit ein direkter Ausdruck der Machtkonzentration in den Wirtschaftsunternehmen ist. Die Unternehmen, in denen wir beschäftigt sind, sind schließlich die Quelle der Einkommensunterschiede. Dort werden die Werte geschaffen, dort werden sie zwischen den Mitarbeitern je nach Stellung verteilt. Dort also entstehen die Ungleichheiten, die eine Umverteilung nötig machen. Und dort schließlich werden wir am sichtbarsten in eine Hierarchie eingegliedert, die ein Oben und ein Unten kennt, Bosse und Untergebene.

Die Chief Executive Officers von 365 der größten US-Firmen bekommen heute weit über 500 Mal höhere Bezüge als der Durchschnitt ihrer Mitarbeiter, und diese Diskrepanzen wachsen noch. In vielen der Top-Unternehmen erhalten diese alleinigen Geschäftsführer oder Vorstände, kurz CEOs genannt, an einem Tag mehr Geld als der Durchschnitt der Arbeiter in einem Jahr. In der Fortune-500-Liste gibt es Unternehmen, in denen die Einkommensdifferenz nahezu zehnfach größer ist als noch 1980, als der lange Anstieg in die Ungleichverteilung der Einkommen begann.

Weil das Verhältnis von CEO-Bezügen zu denen der Durchschnittsarbeiter je nach Betriebsgröße und Branche stark variiert, lassen sich die Zahlen im internationalen Vergleich nur schwer aufeinander beziehen. Doch der Versuch einer anerkannten Institution, hier zu aussagekräftigen Vergleichen zu gelangen, zeigt, dass das Verhältnis von CEO-Bezügen zum Lohn von Arbeitern in der Produktion in Japan etwa bei 16 : 1 liegt, bei 21 : 1 in Schweden, bei 31 : 1 in Großbritannien und bei 44 : 1 in den USA.[372]

Nach dem jährlichen Überblick des *Guardian* sind die Bezüge für die Vorstandsetagen der 100 Unternehmen, die die *Financial Times* in ihrem Stock Exchange Index führt, in Großbritannien in den vergangenen Jahren nacheinander um 16, 13, 28 und zuletzt (2006/07) um 37 Prozent gestiegen; im gleichen Zeitraum lag die Inflationsrate bei knapp über 2 Prozent.[373] Die durchschnittlichen Bezüge von CEOs in Top-Unternehmen liegt derzeit bei knapp unter 2,9 Millionen Pfund (Boni inbegriffen). Nach Durchsicht empirischer Studien kam die International Labour Organization zu der Erkenntnis, dass es kaum Hinweise darauf gibt, dass Managerbezüge und Unternehmensperformance in irgendeiner Relation stehen. Vielmehr zeigten diese übermäßigen Bezüge nur die dominierende Verhandlungsmacht der Manager.[374]

Die Spitzenbezüge in der Wirtschaft liegen weit über allem, was im öffentlichen Sektor gezahlt wird. In den USA erhielten die 20 bestbezahlten Männer und Frauen in börsennotierten Unternehmen fast 40 Mal so viel Geld wie die 20 höchstbezahlten Führungskräfte im Non-Profit-Sektor und das 200-Fache dessen, was die 20 höchstbezahlten Generäle oder Kabinettssekretäre der US-Bundesregierung erhalten.[375]

Wie es aussieht, haben auch die Entstaatlichung führender Industriezweige sowie die Privatisierung einer großen Zahl von Genossenschaftsunternehmen, sozialer Wohnungsbaugesellschaften, Hilfskassen, Kreditgenossenschaften etc., die bislang von ihren Mitgliedern kontrolliert wurden, zur Vergrößerung der Einkommensunterschiede beigetragen, wie sie in den Abbildungen 16.1 und 16.2 dargestellt sind. Es war üblich, dass kurz nach der Umwandlung jener Institutionen in profitorientierte Unternehmen die Bezüge von Geschäftsführern und leitenden Angestellten deutlich erhöht wurden. Auch das hat vermutlich zum plötzlichen Anstieg der Ungleichheit beigetragen, der Mitte der 1980er Jahre in Großbritannien stattgefunden hat (vgl. Abb. 16.1). British Telecom wurde 1983 privatisiert, British Gas im Jahr 1986, gefolgt von einer Welle anderer Unternehmen im Jahr 1987. Die international zu beobachtende Öffnung der Einkommensschere ist also auch eine Folge der Privatisierung.

Zahlreiche Weltunternehmen sind inzwischen größer als die Volkswirtschaften mancher Nationalstaaten. Dazu schreibt die Conference on Trade and Development (UNCTAD) der Vereinten Nationen:

> »Nach einer neuen Aufstellung der UNCTAD, die sowohl Länder wie international operierende Unternehmen nach ihrer Wertschöpfung auflistet, sind 29 der 100 weltweit größten Wirtschaftsinstitute als transnationale Unternehmen (TNCs) einzustufen. Unter den 200 TNCs mit den im Jahr 2000 größten Auslandsinvestitionen ist Exxon das nach der Wertschöpfung (63 Milliarden US-Dollar) größte transnationale Unternehmen. Es steht nach der neuen Liste auf Platz 45 und ist nach seiner ökonomischen Größe mit den Volkswirtschaften von Chile oder Pakistan vergleichbar. Nigeria steht zwischen DaimlerChrysler und General Electric, Philip Morris wiederum rangiert gleichauf mit Tunesien, Guatemala und der Slowakei.«[376]

Schätzungen auf der Basis anderer Maßzahlen zeigen, dass die weltgrößten Unternehmen multinational sind, und demnach war General Motors größer als Dänemark, DaimlerChrysler größer als Polen, Royal Dutch/Shell größer als Venezuela und Sony größer als Pakistan. Wie die riesigen Ländereien der aristokratischen Großgrundbesitzer, die Thomas Paine in seiner Streitschrift *Die Rechte des Menschen* (1791) attackierte,[377] befinden sich Produktivvermögen auch heute in der Hand einiger weniger sehr reicher Menschen und lassen unsere Forderungen nach wirklicher Demokratie ziemlich schwach aussehen.

Zur Zeit Tom Paines steckte das kapitalistische System noch in den Kinderschuhen. Als Anwalt von Gleichheit und Demokratie richtete Paine seine Angriffe gegen die landbesitzende Aristokratie, den Adel, die Monarchie und deren riesige Güter. Er ging wohl davon aus, dass das damals hauptsächlich von kleinen Händlern und Handwerkern getragene Marktsystem kleinmaßstäblich und einigermaßen egalitär bleiben würde und darum auch kompatibel mit Demokratie. Hätte er vorausgesehen, dass riesige multinationale Konzerne die Konzentration von Reichtum und nicht demokratisch legitimierter Macht seiner Zeit weit übertreffen würden, hätte er Marktkonzentration und Großunternehmen mit Sicherheit in seine Überlegungen aufgenommen. Es ist unmöglich, über die Verringerung von Einkommensunterschieden zu diskutieren, ohne sich Gedanken auch darüber zu machen, was mit diesen Bastionen von Reichtum, Macht und Privilegien geschehen muss.

Mit dem Staatseigentum in zentral gelenkten Planwirtschaften sollte in der ehemaligen Sowjetunion und in Osteuropa, unter anderem, die problematische Konzentration von produktiver Macht in Privatbesitz verhindert werden. Es kam zur Machtkonzentration der Staatsbürokratien und das Experiment ist gescheitert, nicht nur weil die Konzentration dieser Macht bei Staat und Bürokratie enorm ineffizient war, sondern weil sie auch Korruption beförderte, bedeutende Freiheits- und Grundrechte aufhob und das öffentliche Leben unterminierte. Das Scheitern des Sozialismus hat uns offenbar zu der Vorstellung gebracht, dass es keine funktionierenden Alternativen zum kapitalistischen System gebe, und uns daran gehindert, über andere, demokratischere und egalitärere Modelle nachzudenken. Wir machen uns blind für die Alternativen, von denen einige bereits zu unserem Leben gehören und sich prächtig entwickeln.

Alternativen

In *America Beyond Capitalism* fasst Gar Alperovitz, Professor für Politische Ökonomie an der University of Maryland, die Vielzahl der Alternativen in den USA zusammen und betont den großen Umfang des Non-Profit-Sektors.[378] In den 20 größten Städten der USA sind bereits 40 Prozent der 200 größten Unternehmen Non-Profit-Organisationen, etwa Universitäten oder Einrichtungen des Gesundheitswesens. Gut 2000 kommunale Kraftwerke versorgen 40 Millionen Amerikaner mit Strom. Weil sie keine Profite für Shareholder erwirtschaften müssen, liefern sie häufig billiger als profitorientierte Unternehmen (im Durchschnitt, so Alperovitz, um 11 Prozent) und viele von ihnen achten besonders auf Nachhaltigkeit oder entwickeln Nutzungsmöglichkeiten erneuerbarer Energien. Ebenfalls auf lokaler Ebene sind die von Alperovitz erwähnten rund 4000 Community Development Corporations aktiv, die die Kommunen durch Entwicklung von Projekten des sozialen Wohnungsbaus oder Finanzdienstleistungen für lokale Unternehmen unterstützen, die sie manchmal auch als Eigentümer führen. Es gibt in den USA außerdem 48.000 Kooperativen mit rund 120 Millionen Mitgliedern; dazu kommen rund 10.000 Kreditvereine mit Einlagen im Wert von 600 Milliarden US-Dollar; sie sind Finanzdienstleister für 83 Millionen Amerikaner. Etwa 1000 Versicherungsgesellschaften auf Gegenseitigkeit befinden sich im Besitz der von ihnen Versicherten, und 30 Prozent der Agrarprodukte der USA werden von Kooperativen vermarktet.

In Großbritannien sind Institutionen wie Universitäten, Krankenhäuser und Bezirksverwaltungen oft die größten lokalen Arbeitgeber. Weil die Gesundheitsfürsorge und Universitäten (wie auch die anderen Bildungseinrichtungen) fast vollständig aus öffentlichen Mitteln finanziert werden, werden sie auch von Körperschaften geführt, die der öffentlichen Kontrolle unterliegen. Die Leitungsgremien der Colleges von Oxford und Cambridge sind demokratisch verfasst und von allen Fellows getragen. Nicht alle Genossenschaften und Hilfsvereine haben den Run nach größtmöglichem Profit mitgemacht: Noch gibt es in Großbritannien 63 Bauvereine (mit über

2000 Unternehmen und 38.000 Mitarbeitern), 650 Kreditvereine, 70 Versicherungsgesellschaften auf Gegenseitigkeit und 250 Versicherungsvereine, die ihren Mitgliedern diverse Finanzdienste anbieten. Es gab fast 170.000 Stiftungen mit zusammen 44 Milliarden Pfund jährlicher Einnahmen. 2007 wurde die Co-Operative Bank mit Einlagen im Wert von 40 Milliarden Pfund ausgezeichnet als »the most corporately responsible company« in Großbritannien, verliehen von Business in the Community, einer einflussreichen Vereinigung britischer Unternehmen. Die 6300 oft etwas glanzlosen Ko-op-Läden halten immer noch einen Marktanteil von 5 Prozent des Lebensmittel-Einzelhandels und bleiben der größte »Nachbarschafts-Einzelhandel« mit fast 8 Prozent Marktanteil. Auch die Erfahrungen mit verstaatlichten Betrieben (die früher für Strom, Gas, Wasser, Telefon, Eisenbahnverkehr sorgten) waren nicht nur schlecht. In den 1950er und 1960er Jahren waren sie – worauf der Ökonom und Journalist Will Hutton hingewiesen hat – mit ihrer Produktivität den Unternehmen des privaten Sektors gleich oder übertrafen diese sogar.[379] Ihren schlechten Ruf bekamen sie erst, als die Regierungen ihre Überschüsse plünderten und ihre Preise niedrig hielten, um den Inflationsdruck für die Gesamtwirtschaft zu mildern.

Die Vielfalt und Breite dieser unternehmerischen Erfahrung zeigen zweifelsfrei, dass profitorientierte Unternehmenspolitik nicht die einzig effektive Weise ist, in der Menschen zusammenarbeiten können, um wichtige Dienstleistungen zu erbringen. Es mag eine Binsenweisheit sein und bleibt gleichwohl richtig: Der Hauptunterschied zwischen den zuletzt genannten Unternehmensformen und profitorientierten Unternehmen besteht allein darin, dass die einen vor allem Geld machen, die anderen einen Nutzen produzieren wollen, um ökonomisch zu überleben. Selbst wenn einige profitorientierte Unternehmen hohe ethische Standards haben, scheint der institutionelle Rahmen (oder der mörderische Druck des Marktes) sie der Gesellschaft gegenüber in ausbeuterische Positionen zu manövrieren – warum sonst brauchte es eine »Fair-Trade-Bewegung«? Vermutlich der unterschiedlichen Motive wegen entsteht auch der Eindruck, dass viele der alternativ organisierten Unternehmen in der Lage sind, so etwas wie eine Ethik des Dienens zu entwickeln und ihren Unternehmenszweck in der Förderung gemeinschafts- oder umweltbezogener Interessen zu sehen. Auch darin, dass die Spitzengehälter in der profitorientierten Wirtschaft einige hundert Mal höher sind als die Gehälter in den Bereichen von Justiz, Politik oder Militär, spiegelt sich zweifellos das Profitmotiv.

Was können wir tun?

Wie aber könnten im profitorientierten Sektor die Kräfte, die Ungleichheit generierenden, eingedämmt und demokratisiert werden? Wie können sie dem Zweck dienstbar gemacht werden, in unseren Gesellschaften mehr Gleichheit zu realisieren? Was können wir erreichen, ohne dass eine intervenierende Regierung dies aus entgegengesetzten Interessen torpediert oder ins Gegenteil verkehrt? Wenn wir darüber nachdenken, sollten wir im Blick behalten, welchen entscheidenden Wendepunkt in der Menschheitsgeschichte wir erreicht haben. Wie wir in den beiden ersten Kapiteln gesehen haben, hängen weitere Verbesserungen der Lebensqualität nicht länger vom fortgesetzten Wirtschaftswachstum ab: Heute geht es um die Gemeinschaft, darum also, in welchen Beziehungen wir zueinander stehen.

Eine Möglichkeit, etwas gegen die davongaloppierenden Spitzengehälter zu unternehmen, könnte sein, Schlupflöcher im Steuersystem zu stopfen. Man könnte absetzbare »Betriebsausgaben« begrenzen, die Spitzensteuersätze anheben oder auch die Spitzengehälter gesetzlich an ein geringeres Vielfaches der durchschnittlichen oder niedrigsten Gehälter im jeweiligen Unternehmen binden. Solche Lösungen mögen als die einzig möglichen, kurzfristig zu realisierenden Optionen erscheinen, doch jeder Regierungswechsel könnte sie wieder in Frage stellen. Selbst wenn man effektive Steuerreformen entwickeln und durchführen würde, könnte eine neue, sich auf andere Bündnisse stützende Regierung diese sofort wieder kassieren. Doch weil es so bedeutsam ist, die Ungleichheit gering zu halten, müssen wir Wege finden, die sicherstellen, dass das Ziel größerer Gleichheit tiefer im Gewebe unserer Gesellschaften verankert wird und dem Zugriff wechselnder Regierungen und ihrer Präferenzen entzogen wird. Wir müssen die Konzentration von Macht im Zentrum des aktuellen Wirtschaftslebens direkt angehen.

Ein Weg, einige der genannten Probleme zu lösen, wäre die demokratische Beteiligung der Mitarbeiter am Unternehmenseigentum.

Das verhindert nicht nur die Konzentration der Macht in den Händen des Staates, sondern nach allem, was wir wissen, gewinnen Unternehmen mit Arbeitnehmerbeteiligung wirtschaftliche wie soziale Vorteile denjenigen Konkurrenten gegenüber, die von firmenfremden Investoren in deren Interesse kontrolliert werden.

In vielen Ländern gewähren die Regierungen Steuervorteile, um die Beteiligung von Mitarbeitern am Unternehmen zu fördern. Sie tun das in der Annahme, dass solche Modelle die Produktivität eines Unternehmens steigern, weil sie die Interessengegensätze zwischen Arbeitgebern und Arbeitnehmern verringern. In Großbritannien sind inzwischen fast ein Viertel aller Arbeitnehmer und zwischen 15 und 20 Prozent aller Unternehmen in solche Beteiligungssysteme einbezogen.[380, 381] In den USA hat das Steuerrecht von 2001 die Steuervorteile für Employee Stock Ownership Plans (ESOPs) geschaffen, und inzwischen sind acht Millionen Arbeitnehmer an 10.000 Unternehmen mit durchschnittlichen Anteilen von 15 bis 20 Prozent beteiligt.[382]

Doch sind viele dieser Beteiligungsprogramme nicht viel mehr als Anreize, die nichts anderes bewirken sollen, als die Arbeitnehmer an Entscheidungen des Managements zu binden und Notgroschen zu schaffen für das Ausscheiden aus dem Betrieb. Darum gelten sie häufig nur als Feigenblatt und nicht als Mittel, den Status von Arbeitnehmern strukturell zu verändern. Insofern zeigen auch wissenschaftliche Untersuchungen, dass Aktienbesitz der Arbeitnehmer für sich genommen nicht ausreicht, um die Unternehmenspolitik nachhaltig zu ändern. Patrick Rooney, Wirtschaftswissenschaftler an den Universitäten von Indiana und Perdue, hat herausgefunden, dass Arbeitnehmerbeteiligungen nicht notwendig dazu führen, dass Arbeitnehmer tatsächlich in die Führung des Unternehmens einbezogen werden, an dem sie beteiligt sind.[383] Rooney hat in Unternehmen mit und ohne Arbeitnehmerbeteiligung verglichen, in welchem Umfang Arbeitnehmer jeweils in Unternehmensentscheidungen einbezogen werden. Die Mitwirkungsmöglichkeiten von Arbeitnehmern waren generell gering, doch selbst in Unternehmen mit Arbeitnehmerbeteiligung wurden die Arbeitnehmer häufig nicht informiert oder gefragt; in der Mehrheit dieser Unternehmen hatten die Arbeitnehmer auch gar keine institutionalisierten Möglichkeiten, wirklich Einfluss zu nehmen auf Unternehmensentscheidungen.

Damit sich ein wirklich spürbarer Unterschied in der Unternehmensperformanz ergeben kann, muss die Anteilseignerschaft von Arbeitnehmern verbunden werden mit partizipatorischen Managementmethoden.[384, 385] Eine ganze Reihe umfangreicher und gut abgesicherter Studien, auch solche mit einem »Vorher-nachher-Vergleich« einiger hundert entsprechend ausgesuchter Unternehmenspaare,[386] haben gezeigt, welche Vorteile es hat, wenn man Miteigentum von Arbeitnehmern mit Arbeitnehmerpartizipation verbindet.[385, 387] In diesen Studien hat sich mehrfach ergeben, dass sich Steigerungen der Unternehmensperformanz nur dann einstellen, wenn der Aktienbesitz von Arbeitnehmern verbunden wird mit einem partizipatorischen Managementstil.[380, 383, 388, 389] Untersuchungen, die während der 1990er Jahre in einer großen Zahl britischer Unternehmen durchgeführt wurden, haben ergeben, dass Aktienbesitz von Arbeitnehmern, Profitbeteiligung und Partizipation jeweils unabhängig voneinander zu erhöhter Produktivität des Unternehmens beitrugen.[380] Eine dieser Untersuchungen zog daraus folgenden Schluss:

> »Wir können mit Gewissheit sagen, dass es zu substantiellen Gewinnen führt, wenn Eigentum und partizipatorisches Management verbunden werden. Jeweils für sich führen Eigentum und Partizipation [von Arbeitnehmern] bestenfalls zu punktuellen oder kurzfristigen Ergebnissen.
>
> ... die Wirkung von Partizipation ohne (Aktien)Eigentum ist kurzfristig ... Eigentum liefert offenbar den kulturellen Klebstoff, der Partizipation wirksam werden lässt.«[385]

Auch Untersuchungen zum Einfluss der Arbeit auf die Gesundheit weisen in dieselbe Richtung. Wie in Kapitel 6 dargestellt, leben Menschen auf, wenn sie größere Mitbestimmungsmöglichkeiten über ihre Arbeit haben; diese Möglichkeit war der einflussreichste Einzelfaktor, um die großen Unterschiede zu erklären, die sich in gleichen britischen Regierungsstellen zwischen Beamten verschiedener Dienstgrade gezeigt haben.[64] In der Praxis hängt das wahrscheinlich sehr eng damit zusammen, dass man sich autonom fühlt und nicht direkt untergeordnet. Inzwischen wird anerkannt, dass Mitbestimmung am Arbeitsplatz und über den Arbeitsplatz auch zu insgesamt größerer betrieblicher Demokratie führt.[390] Zudem zeigt sich zunehmend, dass das Gefühl, am Arbeitsplatz ungerecht behandelt zu werden, wesentlichen Einfluss auf die Gesundheit des Arbeitnehmers haben kann.[391]

Das Konzept, außenstehende Investoren zu Eigentümern eines Unternehmens zu machen, erscheint wegen seiner Folgen zunehmend anachronistisch. Schließlich schrumpft der Anteil von Gebäuden, Maschinen und vermarktbaren Produkten am Gesamtwert eines Unternehmens mehr und mehr zugunsten des Werts, den Mitarbeiter darstellen. Wenn Unternehmen verkauft und gekauft werden, geht es vor allem um die Mitarbeiter, verstanden als eine Gruppe von Menschen mit gemeinsamen Talenten, Fähigkeiten und ihrem Wissen über Arbeitsorganisation und Produktionsmethoden des Betriebs. Nur sie sind es, die ein Unternehmen am Laufen halten. Insofern ist die Vorstellung, eine Gruppe von Menschen zu kaufen oder zu verkaufen – die Vorstellung also, dass diese Gruppe irgendwem anderen gehören könnte als ihren Mitgliedern –, alles andere als demokratisch.

Sollten nicht vielmehr die Mitarbeiter eines Unternehmens auch die Kontrolle über ihre Arbeit und die Verteilung des von ihnen erwirtschafteten Unternehmensgewinns haben? Sollten tatsächlich außenstehende Investoren über die Zinsen für das eingesetzte Kapital hinaus unverdient Einkommen aus dem Unternehmen ziehen können? Partizipation, Engagement, Kontrolle und Gewinnbeteiligung würden maximalisiert, wenn das Unternehmen zu 100 Prozent im Besitz der Belegschaft wäre. Solche Unternehmen könnten ihr Kapital auch durch Anleihen oder Hypotheken aufnehmen, und die Kontrolle bliebe im Unternehmen. Zurzeit dient nur ein winziger Teil des Geldes, das im Börsenkasino verdient wird, dazu, die Unternehmen bei der Investition in produktive Werte zu unterstützen. In Wirklichkeit ist die Ausschüttung von Dividenden an externe Anteilseigner ein permanenter Abfluss von Gewinnen, die man auch zur Verbesserung von Techniken und Betriebsanlagen verwenden könnte.

Robert Oakeshott, ein britischer Experte für Arbeitnehmerbeteiligung, sagt, dass dieses Konzept dazu führen würde, dass sich ein Unternehmen aus »einem Stück Eigentum« zu einer »arbeitenden Gemeinschaft« entwickeln könnte.[388] Dieser Wandel findet statt, sobald Arbeitnehmer über die Mehrheit der Anteile verfügen und die damit mögliche Unternehmensführung tatsächlich übernehmen. Will sagen: Ein Unternehmen wandelt sich, wenn das Management nicht mehr außenstehenden Anteilseignern verantwortlich ist, die über ihren Ertrag aus dem eingesetzten Kapital hinaus nur wenig Interesse am Unternehmen haben, sondern der Gesamtheit der Arbeitnehmer. Unternehmensversammlungen werden dann zu der Gelegenheit, bei der das Management den Mitarbeitern berichtet und sich den Fragen und der Kritik derjenigen stellen muss, die direkte Kenntnisse über Abläufe, Projekte, Erfolge und Misserfolge während des Berichtszeitraums haben und die auch Mittel der Abhilfe und Verbesserung entwickeln können. Es kann nach einem Mitarbeiter-Buy-out lange dauern, bis sich die bis dahin übliche Top-down-Mentalität wandelt. In diesem Prozess müssen (und können) sich die Arbeitnehmer von all den stereotypen Annahmen über Klassenzugehörigkeit und Fähigkeiten befreien, die dafür sorgen, dass sich Menschen in untergeordneten Positionen tatsächlich als Menschen zweiter Klasse fühlen. Wir haben im Kapitel 8 über einige Experimente gesprochen, die gezeigt haben, wie sehr Rasse- oder Kastenstereotypen die Leistungsfähigkeit beeinflussen können.

Diesen Prozess der Anpassung und Befreiung hat David Erdal in *Local Heroes* beschrieben, der Geschichte eines Arbeitnehmer-Buyout der schottischen Firma Loch Fyne Oysters.[392] In diesem Prozess müssen auch die durch Klassenungleichheit verursachten Beschädigungen geheilt werden, und dieser Prozess wird dadurch nicht einfacher, dass solche Vorurteile in den Menschen selbst verwurzelt sind und es für den Rest ihres Lebens auch bleiben. Darum sind die Umstände, unter denen wir arbeiten, ein Dreh- und Angelpunkt des Wandels.

Kooperativen und die Übernahme eines Betriebs durch die Arbeitnehmer sind oft die letzte Antwort auf verzweifelte Situationen, in denen traditionelle Eigentums- und Managementverhältnisse gescheitert sind. Die Mitarbeiter haben unter denkbar schweren Marktsituationen zu diesem Mittel gegriffen. Und doch haben sie manchmal und gegen alle Erwartungen Erfolg – wie etwa bei Tower Colliery in Südwales, wo Bergleute 1995 ihr überschüssiges Geld zusammenkratzten, das Bergwerk kauften und es 13 Jahre lang erfolgreich führten, bis es erschöpft war. Viele Unternehmen in Mitarbeiterhand können auf solche Erfolgsgeschichten verweisen. Zu den Beispielen gehören oder gehörten das London Symphony Orchestra, die Firma Carl Zeiss, United Airlines, Gore-tex, die Polaroid Corporation und die John Lewis Partnership (eine der erfolgreichsten Einzelhandelsketten mit 68.000 Mitarbeiter-Eigentümern und einem Jahresumsatz von 6,4 Milliarden Pfund). Zu den größten Unternehmen, die sich in den USA mehrheitlich in Mitarbeiterbesitz befinden, gehören Publix Supermarkets, Hy-vee Supermarkets, Science Applications International Corporation (SAIC), die international tätige Ingenieur- und Baufirma CH_2M Hill und das Medienunternehmen Tribune, unter anderem Herausgeber der *Los Angeles Times* und der *Chicago Tribune* – allesamt Unternehmen mit jeweils rund 55.000 Mitarbeitern.

Zu den bekanntesten kooperativ geführten Unternehmensgruppen gehört die Mondragon Corporation mit Sitz im Baskenland. Vor gut einem halben Jahrhundert ins Leben gerufen, umfasst sie heute über 120 Kooperativen mit insgesamt 40.000 Mitarbeitern und einem Jahresumsatz von 4,8 Milliarden US-Dollar. Die Kooperativen von Mondragon (Motto: »Humanity at work«) sind doppelt so produktiv wie andere spanische Firmen und verzeichnen die höchste Arbeitsproduktivität des Landes.[388] Die Erfolge der Gruppe lassen sich kaum anders erklären als durch die Verbindung von Eigentum und Partizipation; die Produktivität steigt, weil Interessenkonflikte minimiert werden.

Für den größten Teil der arbeitenden Bevölkerung ist der Arbeitsplatz der Ort, an dem sie – abgesehen von der Familie – am engsten mit anderen Menschen interagieren und so Gelegenheit haben, sich als Teil einer Gemeinschaft zu fühlen. In Kapitel 3 haben wir Belege dafür gesehen, wie sehr die Ängste der Menschen in den letzten 50 Jahren zugenommen haben, weil das Gemeinschaftsleben infolge gestiegener geografischer und sozialer Mobilität geschwächt wurde. Zwar steht ein höherer Grad an Gleichheit in Verbindung mit dem Zusammenhalt von Gemeinschaften und insgesamt höherem Vertrauen (vgl. Kap. 4) und beides würde das Zusammenleben in Wohnvierteln verbessern, doch können wir für die nahe Zukunft nicht davon ausgehen, dass wir die engen nachbarschaftlichen Beziehungen in Wohngebieten zurückgewinnen können. Am Arbeitsplatz jedoch besteht die Möglichkeit, Kristallisationspunkte für Freundschaften zu finden und auch Anerkennung und Achtung. In herkömmlichen Betrieben steht diesen Möglichkeiten die hierarchische Schichtung der Menschen in Befehlsgeber und Befehlsempfänger entgegen, und dies sorgt dafür, dass die Arbeitnehmer nicht als Gemeinschaft agieren, sondern als Eigentum fungieren, zusammengebracht und ausgenutzt, um anderen einen Ertrag aus ihrem Kapital zu generieren. Einer von uns hat kürzlich zwei kleine Unternehmen besucht, die von den dortigen Mitarbeitern gekauft wurden. Auf die Frage, was sich nun geändert habe, erzählten die Büroangestellten beider Firmen, das Erste, was ihnen aufgefallen sei, nachdem sie die Produktionsabteilungen besucht hätten, sei gewesen, dass »die Leute dort uns in die Augen schauten«. Unter dem alten System seien solche Blickkontakte vermieden worden.

Arbeitnehmerbesitz hat den Vorteil, dass das Mehr an Freiheit und Demokratie im Betrieb auch die Gleichheit erhöht. Die Bewegung vollzieht sich von unten nach oben und nicht umgekehrt. Wir wissen nicht, bis zu welchem Grad Menschen Einkommensunterschiede berechtigt und gerecht finden, wahrscheinlich würden sie auch akzeptieren, wenn die Geschäftsführer des Unternehmens, für das sie arbeiten, das Mehrfache des Gehalts bezieht, das sie selbst verdienen – das Dreifache etwa, vielleicht auch das Zehnfache. Unwahrscheinlich dagegen ist, dass sie einige hundert mal höhere Bezüge akzeptieren würden. Derart große Unterschiede können nur darum beibehalten werden, weil und wenn man jegliche Form der Wirtschaftsdemokratie ablehnt.

So lange arbeitnehmergeführte Unternehmen nur einen kleinen Teil der Gesamtwirtschaft ausmachen, können dort nicht sehr weit von anderen Unternehmen unterschiedene Gehaltsabstufungen gelten. Würde man einfachen Arbeitern deutlich mehr zahlen als anderswo, leitenden Angestellten dagegen sehr viel weniger, würden erstere den Betrieb nicht mehr verlassen und es wäre schwer, Führungspersonal anzuwerben. Wenn dieser Sektor jedoch wächst, würden sich auch die Normen und Vorstellungen über angemessene Löhne und Gehälter für die diversen Arbeitsplätze und Aufgaben ändern, ebenso die Maßstäbe für akzeptable Unterschiede. Zumindest in die Nähe dessen, was im öffentlichen und im Non-Profit-Sektor üblich ist, könnte sich das bewegen. Und wenn es den Kreis der enorm reichen Bosse des privaten Sektors nicht mehr gäbe, der zu Vergleichen einlädt und die Menschen glauben lässt, solche Bezüge könnten gerechtfertigt werden, dann würde auch der Non-Profit-Sektor egalitärer werden. Vielleicht ist es an der Zeit, dass wir uns aus einer Welt entfernen, in der die Menschen glauben, die Maximierung persönlicher Einkünfte sei ein lobenswertes Ziel.

David Erdal, der frühere Vorstandschef der Tullis Russell Group und Leiter der Baxi Partnership, hat untersucht, welche Wirkung die Beschäftigung in Kooperativen für die kommunalen Gemeinschaften hat, in denen sie angesiedelt sind.[393] Er hat dazu drei Städte in Norditalien miteinander verglichen: Imola, wo ein Viertel der arbeitenden Bevölkerung in Kooperativen arbeitet, Faenza mit einem Anteil von 16 Prozent und Sassuolo, eine Stadt ohne Kooperativen. Auf der Basis einer relativ kleinen Erhebung und nur geringem Rücklauf stellte er fest, dass Kennwerte für Gesundheit, Ausbildung, Kriminalitätsrate und soziale Teilhabe in den Städten besser sind, in denen ein größerer Teil der Bevölkerung in Kooperativen beschäftigt ist.

Auf dem Weg zu einer egalitäreren Gesellschaft bieten Besitz und Unternehmensführung durch die Arbeitnehmerschaft viele Vorteile. Erstens ermöglicht das einen Prozess sozialer Emanzipation, weil die Menschen zu Mitgliedern eines Teams werden. Zweitens gerät damit die Einkommensschere unter demokratische Kontrolle: Nur wenn die Arbeitnehmerschaft große Einkommensunterschiede befürwortet, wird sie diese beibehalten. Drittens kommt damit eine Umverteilung des Reichtums von außenstehenden Anteilseignern zu den Arbeitnehmern in Gang, gleichzeitig auch die Umverteilung der Einkünfte aus diesem Reichtum – ein im Zusammenhang unseres Themas ganz wesentlicher Vorteil. Viertens steigert sich die Produktivität, so dass die neue Organisationsform auch Wettbewerbsvorteile eröffnet. Fünftens steigt die Wahrscheinlichkeit, dass die Menschen die Erfahrung zurückgewinnen, Teil einer Gemeinschaft zu sein. Sechstens schließlich wird sich auch die Gesamtgesellschaft sozialer machen. Der eigentliche Gewinn jedoch liegt nicht darin, dass es in einer Gesellschaft, die noch immer von Hierarchie- und Statusdenken bestimmt wird, auch einige Unternehmen gibt, die in Arbeitgeberhand sind, sondern dass sich in dieser Gesellschaft eine andere entwickelt, nämlich eine Gesellschaft von Menschen, die sich frei machen von traditionellen Unterschieden und Gliederungen. Das jedoch lässt sich nur in einer nachhaltigen Kampagne über mehrere Jahrzehnte hinweg erreichen.

Die Eigentümerschaft von Arbeitnehmern ist nicht an ein bestimmtes System der Unternehmensführung und Arbeitsorganisation gebunden, sondern sehr flexibel. Arbeitnehmereigentum bedeutet nur, dass die letzte Entscheidungsgewalt bei den Arbeitnehmern liegt: Sie bestimmen, welches System für ihre Situation das beste ist und werden dieses entwickeln. Je nach Gegebenheiten und von Ort zu Ort verschieden werden sie sich für Teamarbeit in dieser oder jener Form entscheiden, werden ihre Direktoren für längere oder kürzere Perioden wählen, die Vertretung der Abteilungen regeln, Treuhänder bestimmen oder auch nicht, werden festlegen, in welchen Abständen Betriebsversammlungen stattfinden etc. Die Entscheidungsgewalt kann demokratisch delegiert werden oder direkt bei der abstimmenden Belegschaft liegen. Schrittweise werden die Beteiligten Vor- und Nachteile der unterschiedlichen Strukturen erkennen, ebenso welche Form der Demokratie für den privaten und den öffentlichen Sektor am besten geeignet ist; sie werden herausfinden, wie die Interessen von Kunden, Konsumenten und der lokalen Gemeinschaften zu berücksichtigen sind.

Um jedoch sicherzustellen, dass die Zahl der Unternehmen in Arbeitnehmerhand wächst, ist es wichtig, ihnen die richtige Verfassung zu geben. Es wird nicht schwer sein, Formen zu finden, die verhindern, dass die Arbeitnehmerschaft ihre Unternehmen wieder an externe Investoren veräußert. Auch wenn die meisten Unternehmen angemessen davor geschützt sind, ist es auch immer wieder dazu gekommen, dass sie verkauft wurden und die Selbstbestimmung der Arbeitnehmerschaft verloren ging.

Als ein Mittel, unsere Gesellschaft zu verändern, bietet die Eigentümerschaft von Arbeitnehmern den Vorteil, dass Unternehmen dieser Form neben konventionellen Unternehmensstrukturen bestehen können und dies aktuell bereits tun. Wenn die Koexistenz von neuen und alten Unternehmensformen möglich ist, kann der Umbau der Gesellschaft – flankiert von stützenden gesetzlichen Rahmenbedingungen und steuerlichen Anreizen – sofort beginnen. Das Ziel ist eine fundamentale Umgestaltung unserer Gesellschaft, das ist auf geordnetem Weg durchaus möglich und die neue Gesellschaft kann in der alten heranwachsen. Regierungen können zusätzliche Anreize schaffen, Unterstützungsprogramme auflegen und Arbeitnehmern den Weg ebnen, zu Anteilseignern zu werden. Zum Beispiel könnte man die Unternehmen dazu verpflichten, jedes Jahr eine bestimmte Quote der Firmenanteile an Arbeitnehmer zu übertragen; Firmeneigner, die sich zur Ruhe setzen wollen, könnten sich bereit erklären, ihre Unternehmen den Arbeitnehmern zu übergeben.

Unternehmen in Arbeitnehmerhand müssen nicht notwendig Vertreter der Kommune und der Konsumenten in ihre Leitungsgremien aufnehmen, doch es wäre ein Fehler, dies nicht ins Auge zu fassen, zudem es sich leicht bewerkstelligen lässt. Natürlich lässt sich gegen dieses Modell der Eigentümerschaft leicht einwenden, dass sich durch solche Unternehmen an der grundsätzlichen Amoralität der Märkte nicht viel ändert. Weiterhin könnte die Gier nach größeren Profiten Unternehmen dazu bringen, sich gegen gesellschaftliche Interessen zu stellen; allerdings würden sie kontrolliert. So wie es Unternehmen gibt, die in ihrem Geschäftsverhalten hohen ethischen Maßstäben folgen, den fairen Handel unterstützen, Umweltschutz beachten, sich in den lokalen Kommunen engagieren etc., gibt es andererseits Unternehmen, die zum Beispiel den Tabakmarkt in den Entwicklungsländern ausdehnen wollen, obwohl sie wissen, dass dies Millionen Tote fordern kann. Andere verursachen Todesfälle, indem sie die Mütter dazu bringen, ihre Kinder nicht zu stillen, sondern Milchpulver zu kaufen, obwohl es in vielen Regionen kein sauberes Trinkwasser zum Anrühren der industriellen Babynahrung gibt. Andere zerstören, um Bodenschätze auszubeuten, weiterhin Ökosysteme sowie Ressourcen an Ackerland und Wasser, wobei die lokalen, entweder zu schwachen oder zu korrupten Regierungen dem nichts entgegensetzen können. Wieder andere nutzen ihre Patente zu einer Preispolitik, die verhindert, dass sich die Menschen in ärmeren Ländern lebensrettende Medikamente leisten können.

Man kann mit guten Gründen annehmen, dass Unternehmen in Arbeitnehmerhand höhere moralische Standards einhalten würden, selbst dann, wenn auch sie dem Profitmotiv folgen. In konventionellen Arbeitsverhältnissen werden Menschen eingestellt, um für Ziele zu arbeiten, die nicht die ihren sind. Sie werden dafür bezahlt, Erfahrung und Können für die Zwecke einzusetzen, die ihr Arbeitgeber verfolgt und die sie möglicherweise noch nicht einmal kennen. Doch selbst wenn sie diese Zwecke kennen und ablehnen – sie wurden nicht dafür eingestellt, sich darüber eine Meinung zu bilden, und ganz sicher auch nicht dafür, diese Meinung oder gar Zweifel zu äußern. Solche Fragen gehen sie nichts an. Auch wenn es ihre Aufgabe sein sollte, das Unternehmen zu beraten, an der Steigerung seiner Marktanteile oder Gewinnmargen mitzuwirken oder lästige Nachfragen der Presse abzuwimmeln – man wird sie kaum danach fragen, wie sie die Unternehmensplanungen moralisch bewerten. Nichts anderes bedeutet es, für die Zwecke anderer zu arbeiten. Diese fallen nicht nur nicht in die Verantwortung des Arbeitnehmers, sondern Arbeitnehmer werden in dieser Stellung wahrscheinlich auch das Gefühl entwickeln, von einer solchen Verantwortung befreit zu sein. Haben nicht Menschen immer wieder erklärt, sie seien für ihre Taten nicht verantwortlich, denn sie hätten lediglich »Befehle ausgeführt«? Wie weit das gehen kann, hat das berühmte Milgram-Experiment gezeigt. Offenbar haben wir eine so starke Neigung, Autoritäten zu folgen, dass uns dies sogar dazu führen kann, schreckliche Dinge zu tun. Immerhin hat Stanley Milgram mit seinem Experiment Versuchspersonen dazu bringen können, einer dritten Person, die als »Schüler« eingeführt wurde, Stromschläge zu versetzen, wenn diese eine ihr gestellte Aufgabe fehlerhaft löste. Dabei musste die Versuchsperson davon ausgehen, dass deren Stärke im Verlauf des Experiments gesteigert, also immer schmerzhafter wurden, zuletzt sogar lebensbedrohlich waren. Doch ein »Versuchsleiter« im weißen Kittel hatte erklärt, das Experiment diene der wissenschaftlichen Erforschung des Zusammenhangs von Lernerfolg und Strafe, und die Versuchspersonen folgten seinen Anweisungen, obwohl sie den »Schüler« – einen entsprechend instruierten Schauspieler – immer lauter schreien hörten, wenn sie die Stromschläge auslösten.[394]

Sind Arbeitnehmer jedoch selbst Eigentümer, gewinnen sie mit dem Eigentum an ihrer Arbeit auch die Kontrolle über deren Zwecke zurück. Wenn ein Arbeitnehmer in seinem Betrieb erfährt, dass ein Produkt oder ein Produktionsprozess zum Beispiel die Gesundheit von Kindern gefährdet, und daran Anstoß nimmt, wird er sich bei seinen Arbeitskollegen erkundigen, wie sie darüber denken. Jedenfalls bestünde nicht der gleiche Druck wie in traditionellen Arbeitsverhältnissen, solche Zweifel für sich zu behalten. Und man könnte sich nicht aus der Verantwortung stehlen, denn in diesem Fall ist, was Arbeitnehmer tun oder unterlassen, tatsächlich ihre Sache. Sie müssten auch nicht fürchten, ihren Arbeitsplatz zu verlieren, wenn sie unangenehme Fragen stellen. Sicher kann man nicht davon ausgehen, dass nicht auch Unternehmen in Arbeitnehmerhand zu asozialen oder ethisch fragwürdigen Praktiken in der Lage wären, doch bestünden größere Chancen, dass solche Praktiken nicht ohne weiteres zur gängigen Praxis würden.

Freiheit und Gleichheit

Schon zwischen Aufklärern und Gegenaufklärern wurde darüber gestritten, ob sich Freiheit und Gleichheit gleichzeitig realisieren ließen oder nicht. Unter dem Druck des Kalten Krieges und der »Konkurrenz der Systeme« aber wurde es im Westen fast zum Gemeinplatz, dass sich Gleichheit nur auf Kosten der Freiheit realisieren lasse. Das, so hieß es, zeigten die gelenkten Staatswirtschaften der Sowjetunion und ihrer osteuropäischen Satellitenstaaten. Es gehört zu den Kosten des Kalten Krieges, dass die USA ihre egalitären Traditionen preisgaben und damit auch das Engagement für mehr Gleichheit der Bürger in einer Gesellschaft. Für die ersten Freiheitskämpfer in Amerika war auch die materielle Gleichheit der Bürger eine wesentliche Voraussetzung ihrer Freiheit, wie Thomas Paine, einer ihrer Vordenker, formulierte. Das eine schien ohne das andere nicht möglich. Insofern war die Sklavenwirtschaft, die den Sklaven beides verwehrte, auch ein erster Prüfstein für die Nation, die die Erklärung der Menschenrechte zu ihrer Gründungsakte gemacht hatte. Ihre Bastion gegen Willkürherrschaft war die Gleichheit, was in den revolutionären Parolen des Befreiungskriegs zum Ausdruck kam: No taxation without representation, und: No legislation without representation – weder Steuern noch Gesetze ohne Mitwirkung aller Bürger. Alle Menschen, heißt es in der amerikanischen Unabhängigkeitserklärung, sind frei geboren, und damit wurde Freiheit zum unveräußerlichen Recht. Entsprechend forderten 1789 auch die Revolutionäre in Frankreich »Freiheit, Gleichheit, Brüderlichkeit«. Das komplementäre Verhältnis von Freiheit und Gleichheit wurde in den Schriften vieler demokratischer Denker herausgestellt, so auch vom englischen Sozialphilosophen Leonard Trelawny Hobhouse, der davon ausging, dass Freiheit in allen Bereichen auf Gleichheit beruht – auf Gleichheit vor dem Gesetz, auf Gleichheit der Chancen und auf Gleichheit der Vertragspartner.[395] Arbeitnehmereigentum ist ein Weg, auf dem sich Freiheit und Gleichheit zugleich vergrößern lassen.

Tendenzen der technischen Entwicklung nutzen

In *The Weightless World* stellt Diane Coyle fest, dass die Menschen in den meisten Industrieländern während des 20. Jahrhunderts eine etwa zwanzigfache Steigerung ihres Realeinkommens erlebt haben, zugleich aber sei das Gewicht der produzierten Güter gegen Ende des Jahrhunderts ungefähr das gleiche geblieben wie zum Jahrhundertbeginn.[396] Zudem sei das Durchschnittsgewicht dessen, was man für einen Dollar kaufen kann, zwischen 1990 und 1996 auf etwa die Hälfte gesunken. Diesen Trend zur »Gewichtlosigkeit« führt Coyle zum einen auf das Wachstum der Dienstleistungs- und Wissensindustrie zurück, zum anderen spiegle sich darin der technische Wandel und die zunehmende Miniaturisierung der Produkte. Dass so viele leichter gewordene Konsumgüter inzwischen auch viel weniger materielle Ressourcen verbrauchen, ist eine vermutlich gute Nachricht für die Umwelt. Doch hat der Prozess des technologischen Wandels, der zu leichteren Gütern geführt hat, auch bedeutsame Folgen für die Gleichheit.

In betriebswirtschaftlichen Einführungsveranstaltungen lernen Wirtschaftsstudenten den Unterschied zwischen »fixen« und »variablen« Produktionskosten kennen. Zu den fixen Kosten werden Fabrikgebäude und Maschinen, variable oder Grenzkosten sind die Material- und Arbeitskosten, die anfallen, wenn mit der bereits bestehenden Ausrüstung (Fabriken, Maschinen, Produktionsverfahren) eine weitere Einheit des betreffenden Produkts hergestellt wird. Der ökonomischen Theorie zufolge sollten, sofern auf dem Markt Wettbewerb herrscht, die Preise so lange sinken, bis sie den variablen oder Grenzkosten entsprechen. Bei höheren Preisen würde der Hersteller, indem er mehr produziert und verkauft, auch einen etwas größeren Profit erwirtschaften; bei niedrigeren Preisen dagegen würde bereits die Produktion einer zusätzlichen Produkteinheit mehr Kosten verursachen, als durch Verkaufserlöse erzielt werden könnten.

Während langer Zeiträume hat der technische Fortschritt in der modernen Ökonomie die variablen Kosten rapide gesenkt. Überall dort, wo Produkte digital kopiert werden können, kostet die Herstellung zusätzlicher Kopien und deren Vertrieb über das Internet wenig oder gar nichts. Das gilt zum Beispiel für Musik, Computersoftware und Computerspiele, für Filme, Bücher, für alle Formen des geschriebenen Worts, für Informationen und Bilder – also für den großen Teil dessen, was zur Unterhaltung, zum Freizeitvergnügen und für die Ausbildung produziert wird, ebenso für viele betriebliche und professionelle Anwendungen von Computersoftware, ob diese nun zur Steuerung im Aktienhandel, für statistische Erhebungen oder für computergestütztes Design (CAD) angewendet wird.

Die Grenzkosten für digitale Produkte sind inzwischen so niedrig, dass sich dort ein »freier« Sektor herausbildet. Natürlich wird versucht, Patente und Copyright-Schutz gesetzlich durchzusetzen, um den Zugang zu begrenzen und es den Unternehmen zu ermöglichen, weiterhin Gewinne zu machen. Doch der Logik des technischen Fortschritts ist damit nur schwer zu begegnen. Der Kopierschutz wird geknackt und Waren damit »befreit«. In manchen Fällen wird der (kosten)freie Zugang durch Werbeeinnahmen finanziert, in anderen Fällen ist dieser Zugang bewusst frei, so etwa bei Computerprogrammen, die als »Shareware« oder »Freeware« konzipiert und angeboten werden. Das Internet bietet inzwischen freien Zugang zu fast unbegrenzten Informationen, nicht nur zu gedruckten Büchern, Enzyklopädien, Wörterbüchern, Zeitungen, sondern zunehmend auch zu Online-Zeitungen. Ob gesetzlich erlaubt oder nicht, auch Musik und Filme werden kostenlos heruntergeladen. Manche Service-Provider bieten inzwischen sogar kostenlosen Speicherplatz an. Das Telefonieren kostet inzwischen nur noch Bruchteile dessen, was früher zu bezahlen war, und ist via Voice-over-IP inzwischen sogar umsonst. Auch über E-Mails und Instant Messaging kann man heute fast kostenlos kommunizieren.

Der Trend der rapiden Senkung variabler Kosten erfasst, vielleicht nicht so dramatisch wie in der Digital-Wirtschaft, inzwischen auch Bereiche, die durch andere Technologien geprägt sind, so etwa Produkte der Nano-, der Bio- und der Gentechnik. Diese neuen Verfahrensweisen eröffnen Möglichkeiten, die Hardware für effizientere Solarenergie, Arzneimittel und neue, effektivere Werkstoffe preiswerter zu produzieren.

Viele Unternehmen, die digitale Produkte herstellen und anbieten, sehen diesen Wandel nicht als Möglichkeit, das Leben der Menschen zu bereichern, sondern als Bedrohung ihrer Profitquellen. So erleben wir nicht, dass die Nutzung der neuen Techniken und Technologien erweitert wird, sondern sehen uns konfrontiert mit institutionellen Strukturen, die sich bemühen, diese neuen Möglichkeiten einzuschränken. Die dramatische Verringerung der variablen Kosten lässt die Lücke zwischen Gewinnmaximierung und der Maximierung des öffentlichen Nutzens immer größer werden. In dieser Situation ist es entscheidend, dass die Regierungen ihre Möglichkeiten einsetzen, um neue institutionelle Strukturen zu schaffen, statt dass sie die alten Strukturen stützen und verteidigen.

Bislang wurden die Güter, deren Grenzkosten gegen Null gingen, als öffentliche Güter betrachtet, die man auch öffentlich zugänglich machen müsse. Vor dem digitalen Zeitalter nannte man gemeinhin Brücken und Straßen als Beispiele solcher öffentlicher Güter. Wenn die Gesellschaft die Kapitalkosten für den Bau von Straßen und Brücken übernommen hatte, ließ sich aus der ursprünglichen Investition dann der größte Nutzen ziehen, wenn Brücken oder Straßen sowie andere öffentliche Investitionen ohne Kostenrestriktionen genutzt werden konnten. Also musste man den Menschen freien Zugang zu Brücken und Straßen gewähren. Die Notwendigkeit, uneingeschränkt Zugang zu gewähren, um den größtmöglichen öffentlichen Nutzen zu erreichen, wurde zur Erklärung und Begründung dafür herangezogen, dass sich Straßen und Brücken im Besitz der öffentlichen Hand befanden – bis die Regierungen auf den Gedanken kamen, diese Infrastrukturinvestitionen durch Maut und andere Gebühren zu refinanzieren.

Hat die öffentliche Hand die Kapitalkosten übernommen, ist der Nutzen umso größer, je mehr Menschen die Infrastruktur für ihre Belange und Geschäfte nutzen können. Wenn also kommunale Investitionen lokalen Zugang zum Internet ermöglichen, dann besteht kein Grund mehr, diesen Zugang einzuschränken. Als zur Zeit Königin Viktorias öffentliche Bibliotheken gegründet wurden, erkannten die Verantwortlichen die gleiche Logik: Ein Buch kann ohne zusätzliche Kosten mehrfach gelesen werden. Möglicherweise brauchen wir öffentliche Körperschaften und Non-Profit-Unternehmen, die aus öffentlichen Mitteln finanziert werden und in der Lage sind auszuhandeln, zu welchem Preis Zugang oder Copyright für die ganze Nation erworben werden können. Möglicherweise brauchen wir auch internationale Körperschaften, die den weltweit freien Zugang zu Ausbildungs- und Wirtschaftsressourcen aushandeln können. Aus gesamtgesellschaftlicher Perspektive betrachtet, bringt die Tendenz des technischen Wandels, die Grenzkosten zu senken, das bisherige Gleichwicht durcheinander: Man wird nicht mehr den größten Nutzen generieren, wenn man die Kontrolle über die Verteilung der Güter profitorientierten Unternehmen überlässt. Zunehmend können sie sich nur noch auf die Relikte der Monopolmacht stützen, die sich aus der Verwertung von Patenten und Copyrights ergibt. Wir müssen neue Wege entwickeln, um Organisationen oder Individuen bezahlen zu können für ihre Forschung, Kreativität und Innovation, die das Leben bereichern. Dies sind die Gänse, die goldene Eier legen, doch der Zugang zu ihrer gesellschaftlichen Nutzung darf nicht eingeschränkt werden. Möglicherweise müssen wir dem Allgemeinwohl verpflichtete Stiftungen gründen, um die Entwicklung zum Beispiel von Software für den weltweiten Gebrauch zu finanzieren. Ganz sicher aber brauchen wir eine grundsätzliche Neuregulierung von Copyright und Patenten, damit diejenigen, die solche wertvollen Güter und Dienstleistungen produzieren, auf eine Weise finanziert werden können, die den Zugang zu ihren Produkten nicht einschränkt.

Politiker und die Öffentlichkeit müssen nach Möglichkeiten suchen, Unternehmen für Forschung und Entwicklung zu bezahlen, ohne ein Preissystem zu installieren, das den Zugang zu den Ergebnissen und ihrem Nutzen einschränkt – das gilt für lebensrettende Medikamente, für Innovationen in der Landwirtschaft, die den Hungernden zugute kommen, für den Zugang zu wissenschaftlichen und akademischen Zeitschriften, der Universitäten in Entwicklungsländern offenstehen soll. Wenn es zutrifft, dass neue Technologien zur Senkung der variablen Kosten führen, dann werden solche Fragen immer drängender.

Vielleicht führt uns die Logik dieser Entwicklung in eine Gesellschaft, in der der Zugang zu einer immer größeren Zahl von Produkten nicht mehr strikt durch das Einkommen rationiert wird und in der unser Besitz keine derart entscheidende Rolle für die soziale Differenzierung mehr spielt. Wir können hoffen, dass wir uns selbst bald vor allem anderen als gleichrangige Mitglieder der gleichen Gesellschaft erfahren, die sich entsprechend ihrer diversen gemeinsamen Interessen zusammenfinden.

Die Zukunft der Gleichheit

Eingespannt in alltägliche Ereignisse vergisst man leicht, dass sich auf lange Sicht ein kaum aufzuhaltender Trend hin zu größerer Gleichheit abzeichnet. Es gibt diesen Strom des Fortschreitens von den ersten verfassungsrechtlichen Begrenzungen der »gottgegebenen« (und willkürlichen) Macht der Könige hin zur allmählichen Herausbildung demokratischer Verhältnisse und zur Durchsetzung des Prinzips der Gleichheit vor dem Gesetz. Der Strom schwillt an mit der Abschaffung der Sklaverei, wird verstärkt dadurch, dass auch Nichtbesitzende und Frauen Wahlrecht erhalten. Er beschleunigt sich mit der Entwicklung von Bildungseinrichtungen, die allen zugänglich sind, der Gesundheitsfürsorge für alle und der Garantie eines Minimaleinkommens in Zeiten von Arbeitslosigkeit und Krankheit. Hinzukommen Gesetze, die die Rechte von Arbeitnehmern und Mietern schützen und Rassendiskriminierung verhindern. Der Niedergang von Klassenprivilegien gehört ebenso in diesen Strom wie die Abschaffung von Todes- und Körperstrafen. Verstärkt wird dieser Strom durch zahlreicher werdende Bewegungen, die für Chancengleichheit eintreten – unabhängig von Rasse, Klasse, Geschlecht, sexueller Orientierung und Religionszugehörigkeit. Wir können beobachten, wie sich in den vergangenen 50 Jahren Interessenverbände, Sozialforschung sowie regierungsamtliche Statistiken immer wachsamer mit den Themen Arbeit und Ungleichheit befassen; in diesen Entwicklungsstrom gehören ebenso jüngste Versuche, eine Kultur wechselseitiger Achtung und Anerkennung zu schaffen.

All dies sind unterschiedliche Manifestationen zunehmender Gleichheit. Bei allen politisch unterschiedlichen Standpunkten – es gibt doch nur wenige Menschen, die diese historischen Entwicklungen nicht begrüßen würden. Die sie tragenden Kräfte der Geschichte stellen sicher, dass sich Umwandlungsprozesse, die von der großen Mehrheit gewünscht werden, auch fortsetzen. Dass dieser Strom menschlichen Fortschritts gelegentlich und für kurze Zeit eingedämmt und gestoppt wird, dass es Wirbel und Nebenströme gibt, sollte uns nicht blind machen für seine Existenz und Wirksamkeit.

Wir haben in diesem Buch die Zusammenhänge zwischen Ungleichheit und weit verbreiteten sozialen und gesundheitlichen Problemen aufgezeigt. Daran lässt sich noch etwas anderes ablesen: Würden die USA die in ihrem Land herrschenden Einkommensunterschiede auf ein Maß reduzieren, wie es in den – was Gleichheit anbelangt – führenden vier Industrieländern Japan, Norwegen, Schweden und Finnland zu konstatieren ist, dann würde der Anteil der Amerikaner, die glauben, anderen vertrauen zu können, um 75 Prozent steigen – begleitet vermutlich von entsprechenden Verbesserungen im Gemeinschaftsleben. Die Raten von Menschen mit psychischen Störungen oder Übergewicht könnten um jeweils zwei Drittel zurückgehen, die Zahl der Teenagerschwangerschaften könnte halbiert werden, die Zahl der Gefängnisinsassen um 40 Prozent sinken, die Menschen würden länger leben und dabei jährlich um das Äquivalent von zwei Monaten weniger arbeiten.

Ganz ähnlich in Großbritannien. Würde auch dort die Ungleichheit auf das Maß der genannten vier Länder sinken, wäre zu erwarten, dass das Vertrauen auf ein gegenüber dem jetzigen Zustand um zwei Drittel höheres Maß steigen würde, dass sich die Zahl psychischer Erkrankungen halbieren, die Lebenserwartung um ein Jahr steigen, die Zahl der Teenagerschwangerschaften um ein Drittel sinken und die Selbstmordrate um 75 Prozent schrumpfen würde. Alle Briten könnten jährlich zusätzliche arbeitsfreie Zeit im Äquivalent von sieben Wochen erhalten, und die Regierung könnte im ganzen Land Gefängnisse schließen.

Wenn wir eine bessere Gesellschaft einrichten wollen, kommt es darauf an, dass wir eine nachhaltige Bewegung aufbauen können, die diese Gesellschaft will. Auf dieses Ziel muss die Politik der Veränderung gerichtet sein, und zwar über Jahrzehnte hinweg, und das wiederum setzt eine Gesellschaft voraus, die weiß, in welche Richtung sie sich entwickeln will. Um dies zu unterstützen, stellen wir unsere Forschungsergebnisse, Tabellen, Schaubilder und andere Informationen auf der Website von Equality Trust zur Verfügung und werden das auch in Zukunft tun (www.equalitytrust.org.uk).

Die erste Aufgabe ist es, ein Bewusstsein dafür zu erzeugen, was auf dem Spiel steht, und dieses Bewusstsein zu verbreiten. Damit das aber nicht bloß eine weitere von vielen Ideen und Vorstellungen bleibt, die kurz Aufmerksamkeit finden und dann im Strom aktueller Moden untergehen, müssen wir eine soziale Bewegung begründen, die diese Ideen auch realisieren will. Diese Bewegung muss getragen sein von einem Netzwerk von Gruppen für Gleichheit, es müssen Treffen zum Austausch von Ideen und zur Vorbereitung von Aktionen veranstaltet werden; und das muss überall geschehen, in Wohnungen und an den Arbeitsplätzen, in Gewerkschaften, politischen Parteien, in Kirchen und Schulen. Die Ziele müssen von Aktionsgruppen ebenso verfolgt werden wie von Stiftungen und Diensten, die sich mit all den Fragen befassen, die mit Gleichheit verbunden sind, ob mit Gesundheit oder Teenagerschwangerschaften, mit der Frage der Gefängnisse oder psychischer Gesundheit, Drogen oder Ausbildungsstandards. Und all das wäre zu verbinden mit Aktionen zum drängenden Problem des Klimawandels. Bei all dem dürfen wir nicht müde werden, immer wieder herauszustellen, welche Vorteile ein Mehr an Gleichheit in der Gesellschaft bringen würde.

Wir sollten uns nicht entmutigen lassen durch das Argument, dass höhere Steuern für die Reichen zu deren Exodus und damit in wirtschaftliche Katastrophen führen würden. Wir wissen, dass es Ländern mit mehr Gleichheit gut geht, der Lebensstandard dort ist hoch und das Leben dort ist sehr viel angenehmer. Wir wissen, dass wirtschaftliches Wachstum nicht der Maßstab ist, an dem alles andere gemessen werden muss. Wir wissen, dass dies nicht länger zu wirklicher Lebensqualität beiträgt und dass der Konsumismus eine Gefahr für unseren Planeten ist. Wir sollten uns nicht einreden lassen, dass die Reichen rare und wertvolle Mitglieder einer überlegenen Rasse intelligenterer Wesen sind, von denen der Rest der Menschheit abhängig ist. Das ist nichts anderes als die Illusion, die Reichtum und Macht erzeugen.

Wir haben keinen Grund, den Reichen dankbar zu sein, denn wir können sehr wohl erkennen, wie und wo sie das Gewebe der Gesellschaft schädigen. Die Kernschmelze der Finanzwirtschaft von Ende 2008 und die daraus resultierende Rezession haben gezeigt, wie gefährlich übergroße Bezüge und Boni in den Unternehmensspitzen sein können. Sie führten die für unser Finanzwesen Verantwortlichen zu Praktiken, die die Wohlfahrt ganzer Bevölkerungen in Gefahr brachten. Zudem hat die bloße Existenz der Superreichen den Konsumdruck erhöht, weil jedermann mit ihrem Lebensstil mithalten wollte. Der lange spekulative Boom der Finanzmärkte, der dem Zusammenbruch vorausging, wurde befeuert von wachsenden Ausgaben der Konsumenten. Steigende Ungleichheit brachte die Menschen dazu, ihre Ersparnisse zu reduzieren, ihre Konten zu überziehen, Kreditkartenschulden anzuhäufen und zweite Hypotheken aufzunehmen, um ihren Konsum zu finanzieren. Nicht nur dass dies das spekulative Element in den Boom-Bust-Zyklen noch verstärkt hat, große Einkommensunterschiede lenken unsere Aufmerksamkeit ab von den eigentlich drängenden Problemen in Umwelt und Gesellschaft; zur größten Sorge wurden Arbeitslosigkeit, Unsicherheit und die Frage, »wie wir unsere Wirtschaft wieder in Gang bringen«. Würde man Ungleichheit verringern, würde dies das Wirtschaftssystem nicht nur stabiler machen, sondern auch zu nachhaltigen Entwicklungen in Gesellschaft und Umwelt erheblich beitragen.

Moderne Gesellschaften werden zunehmend davon abhängen, dass in diesen kreative, anpassungsfähige, gut informierte und flexible Gemeinschaften entstehen, die in der Lage sind, großzügig miteinander umzugehen und auf Bedürfnisse zu reagieren, wo immer diese auftauchen. Dies wäre charakteristisch für Gesellschaften, die das, was sie sind, nicht den Reichen schulden, in denen die Menschen auch nicht von Statusunsicherheiten umgetrieben werden, sondern in denen die Menschen daran gewöhnt sind, zusammenzuarbeiten und einander als Gleiche zu respektieren. Weil wir die neue Gesellschaft innerhalb der alten wachsen lassen wollen, müssen Werte und Formen unserer Zusammenarbeit schon heute darauf abzielen, was wir erreichen wollen. Gleichzeitig aber müssen wir für einen Wandel der öffentlichen Werte sorgen, damit der ostentative Konsum nicht länger Bewunderung oder Neid hervorruft, sondern als Problem gesehen wird, als Zeichen von Gier und Ungerechtigkeit, die Gesellschaft und Umwelt ruinieren.

Wie Martin Luther King sagte: »Der Bogen des moralischen Universums ist lang, aber er neigt sich zur Gerechtigkeit.« Wenn wir davon ausgehen, dass wir in der menschlichen Vorgeschichte in bemerkenswert gleichen Gemeinschaften gelebt und in dieser, wie manche sagen, »ursprünglichen Überflussgesellschaft«[324] ein stetiges – oder nachhaltiges – Leben geführt haben, können wir uns die Geschichte mit einigem Recht als einen Bogen vorstellen, der sich zu den eigentlich menschlichen Grundprinzipien von Gerechtigkeit und Gleichheit zurückbiegt, die wir bis heute in jedem normalen gesellschaftlichen Zusammenwirken als gute Umgangsformen betrachten.[349] Auf allen

Stufen des Wegs zu einer Gesellschaft der Gleichen brauchen wir Menschen, die sagen, was sie denken, die sich für die Sache einsetzen, die organisieren und kämpfen.

Die Regierungen können es sich nicht leisten, in Sachen Einkommensunterschiede nichts zu unternehmen. Sie sind in den meisten Ländern nicht nur der größte Arbeitgeber, sondern in nahezu jedem Bereich beeinflussen Wirtschafts- und Sozialpolitik die Verteilung der Einkommen, am deutlichsten die Steuerpolitik und die staatliche Wohlfahrtspolitik. Wichtige Politikfelder für die Frage der Gleichheit sind: gesetzlicher Mindestlohn, Bildung, die Lenkung der nationalen Wirtschaft, Arbeitsmarkt und Arbeitslosigkeit, Mehrwertsteuer und Luxussteuern, öffentliche Dienste, Renten, Erbschaftssteuer, Kindergeld, Umschulungen etc.[351] Doch haben wir in diesem Kapitel auch grundsätzlichere Eingriffe vorgeschlagen, durch welche die Einkommensunterschiede unter demokratische Kontrolle genommen und das Ziel der Gleichheit tiefer im sozialen Gewebe verankert werden kann.

Aktuell ist es wichtiger, dafür zu sorgen, dass der politische Wille gestärkt wird, mehr Gleichheit in der Gesellschaft zu realisieren, als dass wir uns einzelne Maßnahmen gegen Einkommensungleichheit auf die Fahnen heften. Das wiederum setzt voraus, dass wir eine gleichermaßen realistische wie begeisternde Vision einer besseren Gesellschaft entwickeln. Wir hoffen gezeigt zu haben, dass eine bessere Gesellschaft zu erreichen ist, eine Gesellschaft mit mehr Gleichheit, in der die Menschen weniger durch Status und Hierarchien voneinander geschieden sind; eine Gesellschaft, in der wir das Gefühl für Gemeinschaft zurückgewinnen, die Gefahren der Erderwärmung bannen können; eine Gesellschaft, in der wir die Eigentümer unserer Arbeit sind, diese in einer Gemeinschaft der Kollegen demokratisch steuern und die Vorteile eines wachsenden nicht-monetären Wirtschaftssektors gemeinsam genießen können. Das ist keine utopische Träumerei, denn es hat sich praktisch erwiesen, dass schon kleine Minderungen von Einkommensunterschieden, die in reichen Marktwirtschaften bereits realisiert wurden, beträchtliche Unterschiede der Lebensqualität bewirken können. Die Aufgabe ist nun, eine Politik zu entwickeln, die auf dem Bild der Gesellschaft beruht, die wir schaffen müssen, und die nutzt, was es bereits an institutionellen und technischen Möglichkeiten zu ihrer Realisierung gibt.

Eine bessere Gesellschaft kommt nicht von selbst und nicht unabhängig davon, ob wir uns dafür einsetzen oder nicht. Es wird auf unserem Weg zu Problemen und Missverständnissen kommen – wie stets im historischen Kampf um Fortschritt –, doch mit einer breit angelegten Vorstellung unseres Ziels lässt sich der notwendige Wandel erreichen.

Nach einigen Jahrzehnten, die wir im bedrückenden Gefühl verbracht haben, dass es zu den aktuellen Fehlentwicklungen in den modernen Gesellschaften und der Umwelt keine Alternative gibt, können wir nun wieder Hoffnung schöpfen. Eine Hoffnung, die sich aus dem Wissen speist, dass jene Probleme lösbar sind. Wir wissen, dass ein Mehr an Gleichheit uns ermöglichen wird, den Konsumismus zu zügeln, und es uns erleichtern wird, Maßnahmen gegen die Erderwärmung auf den Weg zu bringen.

An unserer Generation wird es liegen, einen historischen Wandel anzustoßen, wie ihn die Geschichte bisher nicht kannte.

Anhang

Erläuterungen zu den Schaubildern

Zahlen zeigen Fakten: Wie man die Diagramme in diesem Buch liest

Die meisten Schaubilder in diesem Buch sind Diagramme, die Abhängigkeiten zwischen der Einkommensungleichheit und verschiedenen sozialen und gesundheitlichen Problemen zeigen, entweder im internationalen Vergleich reicher Länder oder im Vergleich der US-Bundesstaaten.

In allen Diagrammen wird die Einkommensungleichheit auf der waagerechten Linie unten (x-Achse) abgetragen, so dass Gesellschaften mit niedriger Ungleichheit eher auf der linken Seite und Gesellschaften mit hoher Ungleichheit eher auf der rechten Seite der Abbildungen erscheinen.

Die Ergebnisse zu den verschiedenen sozialen und gesundheitlichen Fragen sind links auf der senkrechten Linie (y-Achse) abgetragen.

Die meisten Darstellungen zeigen zwei Elemente. Zum einen eine Streuung von Punkten, die für die reichen Länder bzw. die US-Bundesstaaten stehen; so ergibt sich ein Bild der relativen Positionen dieser Einträge zueinander. Zum anderen erscheint eine Linie, die so genannte Regressionsgerade, sie stellt die »beste Anpassung« der verschiedenen Werte in der Darstellung und der Einkommensungleichheit dar. Diese Linie haben nicht wir gezogen, sondern sie ist das Ergebnis eines statistischen Verfahrens: Die Berechnung der Regression ergibt den Trend in den Dateneinträgen, dargestellt als Linie. Zudem lässt sich berechnen, wie wahrscheinlich es ist, dass das Streudiagramm nur auf Zufallsergebnissen beruht. Nur dort, wo die Korrelation mit hoher Wahrscheinlichkeit nicht zufällig ist, haben wir eine Regressionslinie erstellt. Wenn also ein Diagramm keine solche Linie zeigt, bedeutet das, dass keine Abhängigkeit nachzuweisen ist.

Zeigt die Linie eine deutliche Steigung von links nach rechts, dann treten die sozialen oder gesundheitlichen Folgen häufiger auf, je ungleicher eine Gesellschaft ist. Dieses Muster zeigt sich häufiger bei Themen, die uns als negativer Einfluss gelten, etwa bei Gewalt:

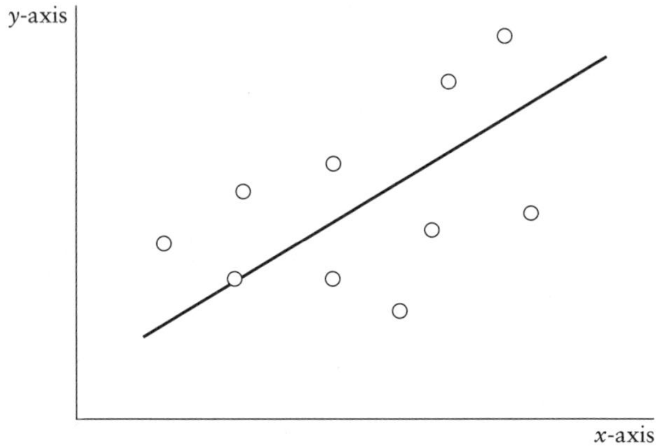

Fällt die Gerade von links nach rechts steil ab, dann sind die gesundheitlichen und sozialen Folgen weniger häufig, je ungleicher eine Gesellschaft ist. Dieses Muster zeigt sich häufiger bei Themen, die uns als positiver Einfluss gelten, etwa bei Vertrauen:

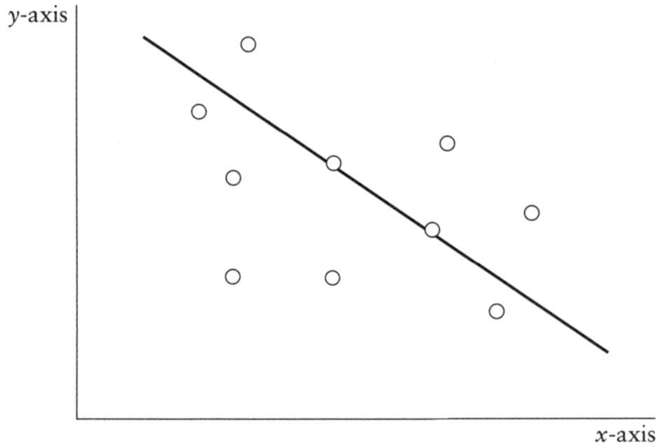

Eine weite Streuung der Punkte im Diagramm zeigt an, dass andere wesentliche Einflüsse auf das Ergebnis vorhanden sind. Das muss nicht heißen, dass die Ungleichheit keine bedeutende Einflussgröße ist, sondern zeigt lediglich, dass noch andere Faktoren eine Rolle spielen:

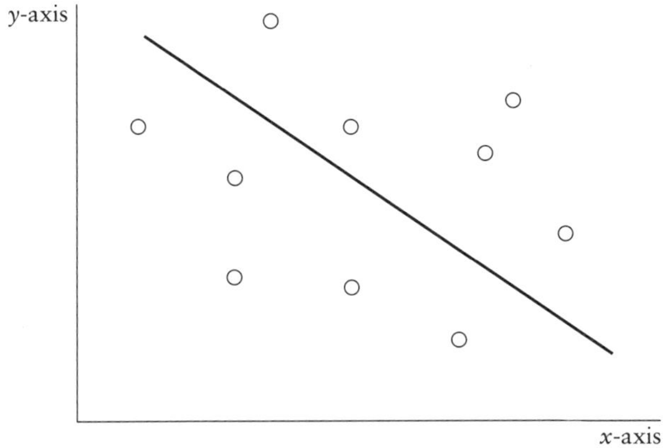

Eine enge, dichte Streuung der Punkte bedeutet eine sehr starke Abhängigkeit zwischen der Ungleichheit und den ermittelten Resultaten, dass also die Ungleichheit als sehr guter Prädiktor gelten kann:

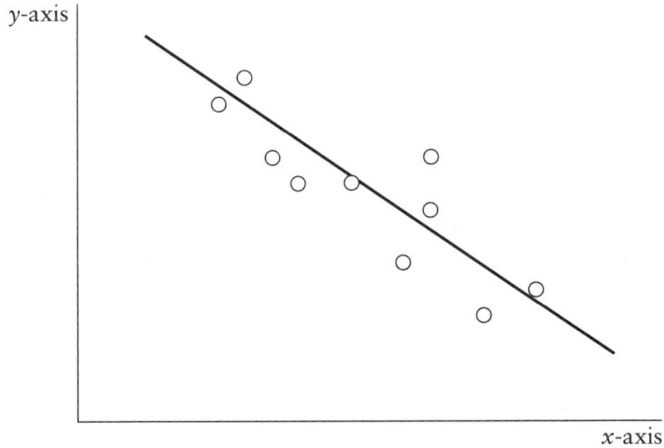

Näheres zu den von uns angewandten Methoden findet sich unter www.equalitytrust.org.uk

Zur Auswahl der Länder für den internationalen Vergleich

Eine Liste der 50 reichsten Länder der Welt entnahmen wir einem Bericht der Weltbank von 2004, der auf Daten von 2002 basierte.

Länder, deren Bevölkerung weniger als drei Millionen beträgt, wurden herausgenommen, um Steueroasen wie die Cayman-Inseln oder Monaco auszuschließen. Ebenso nahmen wir Länder heraus, über die wenig gesicherte Informationen zur Einkommensungleichheit vorliegen, etwa Island.

Damit ergab sich eine Liste von 23 reichen Ländern:

Australien	Irland	Österreich
Belgien	Israel	Portugal
Dänemark	Italien	Schweden
Deutschland	Japan	Schweiz
Finnland	Kanada	Singapur
Frankreich	Neuseeland	Spanien
Griechenland	Niederlande	Vereinigte Staaten von Amerika
Großbritannien	Norwegen	

Zur Berechnung des Index der sozialen und gesundheitlichen Probleme

Nicht für alle Länder in unserem Datensatz waren Daten zu allen gesundheitlichen und sozialen Problemen verfügbar. 21 Länder boten statistische Information zu wenigstens acht der zehn Themen – diese sind in den Index der sozialen und gesundheitlichen Probleme aufgenommen worden. Weil für Israel nur sechs und Singapur nur fünf Indikatoren vorhanden waren, erscheinen diese Länder nicht in der Liste, aber wo immer die Datenlage es erlaubt, werden sie in den Kapiteln 4 bis 12 mit verhandelt.

Bei der Erstellung des Index für die 50 US-Bundesstaaten wurden nur neun der zehn Variablen eingerechnet, weil statistische Angaben zur sozialen Mobilität fehlten. Für diese neun Variablen lagen vollständige Angaben aus 40 Bundesstaaten vor, in neun Staaten fehlten Daten zu »Vertrauen« (aus dem General Social Survey) und in einem Staat fehlten die Angaben zu Tötungsdelikten.

Wir berechneten zunächst die z-Werte für jeden Indikator in jeder Gesellschaft, addierten dann die z-Werte aller für eine Gesellschaft verfügbaren Variablen und teilten durch die Anzahl der Variablen. Somit ergibt sich der Eintrag einer Gesellschaft im Index aus dem durchschnittlichen z-Wert aller für die Gesellschaft verfügbaren Variablen. Jede Komponente des Index ist also gleich gewichtet.

Die 50 US-Bundesstaaten

In den grafischen Darstellungen bezeichnen wir die Bundesstaaten mit dem jeweiligen Kürzel, das die Post in den USA verwendet. Da nicht alle Leser damit vertraut sein dürften, hier die Liste:

Alabama	AL	Montana	MT
Alaska	AK	Nebraska	NE
Arizona	AZ	Nevada	NV
Arkansas	AR	New Hampshire	NH
California	CA	New Jersey	NJ
Colorado	CO	New Mexico	NM
Connecticut	CT	New York	NY
Delaware	DE	North Carolina	NC
Florida	FL	Ohio	OH
Georgia	GA	Oklahoma	OK
Hawaii	HI	Oregon	OR
Idaho	ID	Pennsylvania	PA
Illinois	IL	Rhode Island	RI
Indiana	IN	South Carolina	SC
Iowa	IA	South Dakota	SD
Kansas	KS	Tennessee	TN
Kentucky	KY	Texas	TX
Louisiana	LA	Utah	UT
Maine	ME	Vermont	VT
Maryland	MD	Virginia	VA
Massachusetts	MA	Washington	WA
Michigan	MI	West Virginia	WV
Minnesota	MN	Wisconsin	WI
Mississippi	MS	Wyoming	WY
Missouri	MO		

Anmerkungen und Quellen

(Alle hier angeführten Internetseiten wurden im Oktober 2009 aufgesucht.)

1. The Harwood Group: *Yearning for Balance: Views of Americans on consumption, materialism, and the environment*, Takoma Park, MD, Merck Family Fund, 1995; http://www.iisd.ca/consume/harwood.html
2. United Nations Development Programme: *Human Development Report*, Oxford University Press, New York 2006
3. R. Layard: *Happiness*, Allen Lane, London 2005; dt.: *Die glückliche Gesellschaft. Kurswechsel für Politik und Wirtschaft*, Campus, Frankfurt a. M. 2005; *Die glückliche Gesellschaft. Was wir aus der Glücksforschung lernen können*, Campus, Frankfurt a. M. 2009
4. Weltbank: *World Development Report 1993: Investing in health*, Oxford University Press, Oxford 1993
5. European Values Study Group und World Values Survey Association, European and World Values Survey Integrated Data File, 1999–2001, Release I. Ann Arbor, MI: Inter-university Consortium for Political and Social Research, 2005; aktuelle Forschungsergebnisse auf http://www.europeanvaluesstudy.eu/ und auf http://www.worldvaluessurvey.org/
6. United Nations Development Programme: *Human Development Report,* Oxford University Press, New York 2004
7. G. D. Smith, J. D. Neaton u. a.: »Socioeconomic differentials in mortality risk among men screened for the Multiple Risk Factor Intervention Trial: I. White men«, *American Journal of Public Health* (1996) 86 (4), S. 486–496
8. R. G. Wilkinson und K. E. Pickett: »Income inequality and socioeconomic gradients in mortality«, *American Journal of Public Health* (2008) 98 (4), S. 699–704, S. 318 f.
9. L. McLaren: »Socioeconomic Status and obesity«, *Epidemiologic Review* (2007) 29, S. 29–48
10. R. G. Wilkinson und K. E. Pickett: »Income inequality and population health: a review and explanation of the evidence«, *Social Science and Medicine* (2006) 62 (7), S. 1768–1784
11. J. M. Twenge: »The age of anxiety? Birth cohort change in anxiety and neuroticism, 1952–1993«, *Journal o f Personality and Social Psychology* (2007) 79 (6), S. 1007–1021
12. M. Rutter und D. J. Smith: *Psychosocial Disorders in Young People: Time trends and their causes*, Wiley, Chichester 1995
13. S. Collishaw, B. Maughan u. a.: »Time trends in adolescent mental health«, *Journal of Child Psychology and Psychiatry* (2004) 45 (8), S. 1350–1362
14. B. Maughan, A. C. Iervolino und S. Collishaw: »Time trends in child and adolescent mental disorders«, *Current Opinion in Psychiatry* (2005) 18 (4), S. 381–385
15. J. M. Twenge: *Generation Me*, Simon & Schuster, New York 2006
16. S. S. Dickerson und M. E. Kemeny: »Acute stressors and cortisol responses: a theoretical integration and synthesis of laboratory research«, *Psychological Bulletin* (2004) 130 (3), S. 377, S. 355–391
17. T. J. Scheff: »Shame and conformity: the defense-emotion System«, *American Sociological Review* (1988) 53, S. 395–406

18. H. B. Lewis: *The Role of Shame in Symptom Formation*, Erlbaum, Hillsdale, NJ, 1987
19. R. W. Emerson: *Conduct of Life,* Cosimo, New York 2007; dt.: *Lebensführung*, Diederichs, Jena 1905
20. A. Kalma: »Hierarchisation and dominance assessment at first glance«, *European Journal of Social Psychology* (1991) 21 (2), S. 165–181
21. F. Lim, M. H. Bond und M. K. Bond: »Linking societal and psychological factors to homicide rates across nations«, *Journal of Cross-Cultural Psychology* (2005) 36 (5), S. 515–536
22. S. Kitayama, H. R. Markus u. a.: »Individual and collective processes in the construction of the self: self-enhancement in the United States and self-criticism in Japan«, *Journal of Personal and Social Psychology* (1997) 72 (6), S. 1245–1267
23. A. de Tocqueville: *Democracy in America,* Penguin, London 2003; dt.: *Über die Demokratie in Amerika*, Fischer, Frankfurt a. M. 1956; S. 17, 169–171
24. National Opinion Research Center: *General Social Survey*, NORC, Chicago 1999–2004
25. R. D. Putnam: *Bowling Alone. The collapse and revival of American community*, Simon & Schuster, New York 2000, S. 359; dt. Besprechung auf http://www.zeit.de/2000/43/200043_p-putnam.xml
26. R. D. Putnam: »Social capital: measurement and consequences«, *ISUMA: Canadian Journal of Policy Research* (2001) 2 (1), S. 41–51
27. E. Uslaner: *The Moral Foundations of Trust*, Cambridge University Press, Cambridge 2002, S. 187
28. B. Rothstein und E. Uslaner: »All for all: equality, corruption and social trust«, *World Politics* (2005) 58, S. 41–72
29. J. C. Barefoot, K. E. Maynard u. a.: »Trust, health, and longevity«, *Journal of Behavioral Medicine* (1998) 21 (6), S. 517–526
30. S. V. Subramanian, D. J. Kim und I. Kawachi: »Social trust and self-rated health in US communities: a multilevel analysis«, *Journal of Urban Health* (2002) 79 (4, Suppl. I), S. 21–34
31. E. Klinenberg: *Heat Wave: A social autopsy of disaster in Chicago*, University of Chicago Press, Chicago 2002
32. J. Lauer: »Driven to extremes: fear of crime and the rise of the sport utility vehicle in the United States«, *Crime, Media, Culture* (2005) I, S. 149–168
33. K. Bradsher: »The latest fashion: fear-of-crime design«, *New York Times,* 23.7.2000; http://www.nytimes.com/2000/07/23/weekinreview/ideas-trends-the-latest-fashion-fear-of-crime-design.html
34. M. Adams: *Fire and Ice. The United States, Canada and the myth of converging values*, Penguin, Toronto 2003
35. E. J. Blakely und M. G. Snyder: *Fortress America: Gated communities in the United States*, Brookings Institute Press, Washington, DC, 1997
36. I. Kawachi, B. P. Kennedy u. a.: »Women's Status and the health of women and men: a view from the States«, *Social Science and Medicine* (1999) 48 (I), S. 21–32
37. H. J. Jun, S. V. Subramanian u. a.: »A multi-level analysis of women's Status and self-rated health in the United States«, *Journal of the American Medical Women's Association* (2004) 59 (3), S. 172–180
38. OECD: International Development Statistics Online; vgl. http://www.oecd.org/dataoecd/50/17/5037721.htm
39. L. Clark und A. Dolan: »The disturbed generation«, *Daily Mail,* 20.6.2007
40. C. Donnellan: *Mental Wellbeing*, Independence Educational Publishers, Cambridge 2004
41. Children's Society: *The Good Childhood Inquiry. Evidence Summary* 5 – *Health*, London 2008
42. J. M. Perrin, S. R. Bloom und S. L. Gortmaker: »The increase of childhood chronic conditions in the United States«, *Journal of the American Medical Association* (2007) 297 (24), S. 2755–2759
43. Child and Adolescent Health Measurement Initiative. National Survey of Children's

Health. Data Resource Center on Child and Adolescent Health; http://www.childhealth-data.org sowie http://www.nschdata.org/

44. Office for National Statistics: *Psychiatrie Morbidity among Adults Living in Private Households, 2000*, HMSO, London 2001
45. *Hansard* (House of Commons Daily Debates). Written answers to questions (2005) 439, 22.11.2005, Kolumne 1798W
46. R. C. Kessler, W. T. Chiu u. a.: »Prevalence, severity, and comorbidity of 12-month DSM-IV disorders in the National Comorbidity Survey Replication«, *Archives of General Psychiatry* (2005) 62 (6), S. 617–627
47. T. L. Mark, K. R. Levit u. a.: »Mental health treatment expenditure trends, 1986–2003«, *Psychiatric Services* (2007) 58 (8), S. 1041–1048
48. D. Rowe: *How to Improve your Mental Well–being*, Mind, London 2002
49. K. Demyttenaere, R. Bruffaerts u. a.: »Prevalence, severity, and unmet need for treatment of mental disorders in the World Health Organization World Mental Health Surveys«, *Journal of the American Medical Association* (2004) 291 (21), S. 2581–2590
50. J. E. Wells, M. A. Oakley Browne u. a.: »Te Rau Hinengaro: the New Zealand Mental Health Survey: overview of methods and findings«, *Australian and New Zealand Journal of Psychiatry* (2006) 40 (10), S. 835–844
51. Australian Bureau of Statistics: *National Health Survey, Mental Health, 2001*, Canberra 2003
52. WHO International Consortium in Psychiatric Epidemiology: »Cross-national comparisons of the prevalences and correlates of mental disorders«, *Bulletin of the World Health Organization* (2000) 78 (4), S. 413–426
53. Center for Disease Control and Prevention: »Self-reported frequent mental distress among adults – United States, 1993–2001« (2004) 53, S. 963 ff.
54. O. James: *Affluenza*, Vermilion, London 2007
55. A. de Botton: *Status Anxiety*, Hamish Hamilton, London 2004
56. R. H. Frank: *Luxury Fever*, Free Press, New York 1999
57. United Nations Office on Drugs and Crime: *World Drug Report*, Wien 2007
58. Centers for Disease Control and Prevention: Compressed Mortality Files 1999–2002; http://wonder.cdc.gov/mortSQL.html
59. D. Morgan, K. A. Grant u. a.: »Social dominance in monkeys: dopamine D2 receptors and cocaine self-administration«, *Nature Neuroscience* (2002) 5 (2), S. 169–174
60. M. Susser und E. Susser: »Choosing a future for epidemiology: I. Eras and paradigms«, *American Journal of Public Health* (1996) 86 (5), S. 668–673
61. M. Susser und E. Susser: »Choosing a future for epidemiology: II. From black box to Chinese boxes and eco-epidemiology«, *American Journal of Public Health* (1996) 86 (5), S. 674–677
62. M. G. Marmot, A. M. Adelstein u. a.: »Changing social-class distribution of heart disease«, *British Medical Journal* (1978) 2 (6145), S. 1109–1112
63. M. G. Marmot, G. Rose u. a.: »Employment grade and coronary heart disease in British civil servants«, *Journal of Epidemiology and Community Health* (1978) 32 (4), S. 244–249
64. H. Bosma, M. G. Marmot u. a.: »Low job control and risk of coronary heart disease in Whitehall II (prospective cohort) study«, *British Medical Journal* (1997) 314 (7080), S. 558–565
65. M. G. Marmot, G. D. Smith u. a.: »Health inequalities among British civil servants: the Whitehall II study«, *Lancet* (1991) 337 (8754), S. 1387–1393
66. Council of Civil Service Unions / Cabinet Office: *Work, Stress and Health: The Whitehall II Study*, Public and Commercial Services Union, London 2004
67. G. D. Smith, M. J. Shipley und G. Rose: »Magnitude and causes of socioeconomic differentials in mortality: further evidence from the Whitehall Study«, *Journal of Epidemiology and Community Health* (1990) 44 (4), S. 265–270
68. R. G. Wilkinson und M. Marmot: *Social Determinants of Health: The Solid Facts* (2. Aufl.), World Health Organization, Regional Office for Europe, Kopenhagen 2006

69. E. Durkheim: *Der Selbstmord*, Suhrkamp, Frankfurt a. M. 1995
70. L. Berkman und T. Glass: »Social integration, social networks, social support, and health«, in: L. Berkman und I. Kawachi (Hg.): *Social Epidemiology*, Oxford University Press, New York 2000
71. S. A. Stansfeld: »Social support and social cohesion«, in: M. Marmot und R. G. Wilkinson (Hg.): *Social Determinants of Health*, Oxford University Press, Oxford 2006
72. S. Cohen: »Keynote Presentation at the Eighth International Congress of Behavioral Medicine: The Pittsburgh common cold studies: psychosocial predictors of susceptibility to respiratory infectious illness«, *International Journal of Behavioral Medicine* (2005) 12 (3), S. 123–131
73. J. K. Kiecolt-Glaser, T. J. Loving u. a.: »Hostile marital interactions, proinflammatory cytokine production, and wound healing, *Archives of General Psychiatry* (2005) 62 (12), S. 1377–1384
74. W. T. Boyce: »Stress and child health: an overview«, *Pediatric Annals* (1985) 14 (8), S. 539–542
75. M. C. Holmes: »Early life stress can programme our health«, *Journal of Neuroendocrinology* (2001) 13 (2), S 111 f.
76. R. H. Bradley und R. F. Corwyn: »Socioeconomic Status and child development«, *Annual Review of Psychology* (2002) 53, S 371–399
77. M. Wilson und M. Daly: »Life expectancy, economic inequality, homicide, and reproductive timing in Chicago neighbourhoods«, *British Medical Journal* (1997) 314 (7089), S. 1271–1274
78. M. K. Islam, J. Merlo u. a.: »Social capital and health: does egalitarianism matter? A literature review«, *International Journal for Equity in Health* (2006) 5, S. 3
79. I. Kawachi, B. P. Kennedy u. a.: »Social capital, income inequality, and mortality«, *American Journal of Public Health* (1997) 87 (9), 1491–1498
80. C. McCord und H. P. Freeman: »Excess mortality in Harlem«, *New England Journal of Medicine* (1990) 322 (3), S. 173–177
81. R. G. Wilkinson: »Income distribution and life expectancy«, *British Medical Journal* (1992) 304 (6820), S. 165–168
82. Editor's Choice: »The Big Idea«, *British Medical Journal* (1996) 312 (7037)
83. Department of Health: *The NHS Plan: A plan for investment, a plan for reform*, HMSO, London 2000
84. Office for National Statistics: »Trends in ONS Longitudinal Study estimates of life expectancy, by social class 1972–2005«; http://www.statistics.gov.uk/StatBase/Product.asp?vlnk=8460&More=Y
85. C. J. Murray, S. C. Kulkarni u. a.: »Eight Americas: investigating mortality disparities across races, counties, and race-counties in the United States«, *Public Library of Science Medicine* (2006) 3 (9), S. e 260
86. A. T. Geronimus, J. Bound u. a.: »Inequality in life expectancy, functional status, and active life expectancy across selected black and white populations in the United States«, *Demography* (2001) 38 (2), S. 227–251
87. G. K. Singh und M. Siahpush: »Widening socioeconomic inequalities in US life expectancy, 1980–2000«, *International Journal of Epidemiology* (2006) 35 (4), S. 969–979
88. P. M. Lantz, J. S. House u. a.: »Socioeconomic factors, health behaviors, and mortality: results from a nationally representative prospective study of US adults«, *Journal of the American Medical Association* (1998) 279 (21), S. 1703–1708
89. P. Makela, T. Valkonen und T. Martelin: »Contribution of deaths related to alcohol use to socioeconomic variation in mortality: register based follow up study«, *British Medical Journal* (1997) 315 (7102), S. 211–216
90. G. Rose und M. G. Marmot: »Social class and coronary heart disease«, *British Heart Journal* (1981) 45 (1), S. 13–19
91. R. G. Wilkinson: *Unhealthy Societies: The afflictions of inequality*, Routledge, London 1996
92. R. Sapolsky: »Sick of poverty«, *Scientific American* (2005) 293 (6), S. 92–99

93. L. Vitetta, B. Anton u. a.: »Mind-body medicine: stress and its impact on overall health and longevity«, *Annals of the New York Academy of Sciences* (2005) 1057, S. 492–505
94. S. V. Subramanian und I. Kawachi: »Income inequality and health: what have we learned so far?«, *Epidemiologie Review* (2004) 26, S. 78–91
95. S. Bezruchka, T. Namekata und M. G. Sistrom: »Improving economic equality and health: the case of postwar Japan«, *American Journal of Public Health* (2008) 98, S. 216–221
96. P. Walberg, M. McKee u. a.: »Economic change, crime, and mortality crisis in Russia: regional analysis«, *British Medical Journal* (1998) 317 (7154), S. 312–318
97. K. M. Flegal, M. D. Carroll u. a.: »Prevalence and trends in obesity among US adults«, *Journal of the American Medical Association* (2002) 288, S. 1723–1727
98. International Obesity TaskForce: *Obesity in Europe*, International Obesity Task Force in collaboration with the European Association for the Study of Obesity Task Forces, London 2002
99. World Health Organization: *Report of a Joint WHO/FAO Expert Consultation. Diet, nutrition and the prevention of chronic diseases*, WHO Technical Report Series no. 916, Genf 2002
100. C. L. Ogden, M. D. Carroll u. a.: »Prevalence of overweight and obesity in the United States, 1999–2004«, *Journal of the American Medical Association* (2006) 295 (13), S. 1549–1555
101. S. J. Olshansky, D. J. Passaro u. a.: »A potential decline in life expectancy in the United States in the 21st Century«, *New England Journal of Medicine* (2005) 352 (11), S. 1138–1145
102. CBS News: »Teen slims down with gastric bypass: Surgery a growing trend among obese teenagers«, CBS Broadcasting Inc. http://www.cbsnews.com/stories/2007/05/21/earlyshow/health/main2830891.shtml
103. G. Rollings: »14st boy – is this child abuse?«, *Sun*, 26.2.2007
104. B. Ashford und V. Wheeler: »Sam, aged 9, is 14st and size 18«, *Sun*, 28.2.2007
105. A. Parker: »Daryl is 20 stone, aged just 12«, *Sun*, 2.3.2007
106. E. Brunner, M. Juneja und M. Marmot: »Abdominal obesity and disease are linked to social position«, *British Medical Journal* (1998) 316, S. 308
107. A. Molarius, J. C. Seidell u. a.: »Educational level, relative body weight and changes in their association over 10 years: an international perspective from the WHO MONICA project«, *American Journal of Public Health* (2000) 90, S. 1260–1286
108. P. Toynbee: »Inequality is fattening«, *Guardian*, 28.5.2004
109. International Obesity Taskforce: *Overweight and Obese*, London 2002
110. UNICEF Innocenti Research Centre: *Child Poverty in Perspective: An overview of child well-being in rich countries*, Innocenti Report Card, Florenz 2007
111. H. S. Kahn, A. V. Patel u. a.: »Pathways between area-level income inequality and increased mortality in U.S. men«, *Annals of the New York Academy of Sciences* (1999) 896, S. 332 ff.
112. A. V. Diez-Roux, B. G. Link und M. E. Northridge: »A multilevel analysis of income inequality and cardiovascular disease risk factors«, *Social Science and Medicine* (2000) 50 (5), 673–687
113. M. Ezzati, H. Martin u. a.: »Trends in national and state-level obesity in the USA after correction for self-report bias: analysis of health surveys«, *Journal of the Royal Society of Medicine* (2006) 99 (5), 250–257
114. K. E. Pickett, S. Kelly u. a.: »Wider income gaps, wider waistbands? An ecological study of obesity and income inequality«, *Journal of Epidemiology and Community Health* (2005) 59 (8), S. 670–674
115. K. Ball, G. D. Mishra und D. Crawford: »Social factors and obesity: an investigation of the role of health behaviours«, *International Journal of Obesity and Related Metabolic Disorders* (2003) 27 (3), S. 394–403
116. E. J. Brunner, T. Chandola und M. G. Marmot: »Prospective effect of Job strain on general and central obesity in the Whitehall II Study«, *American Journal of Epidemiology* (2007) 165 (7), S. 828–837

117. L. R. Purslow, E. H. Young u. a.: »Socioeconomic position and risk of short-term weight gain: prospective study of 14,619 middle-aged men and women«, *BioMed Central Public Health* (2008) 8, S. 112
118. S. P. Wamala, A. Wolk und K. Orth-Gomer: »Determinants of obesity in relation to socioeconomic status among middle-aged Swedish women«, *Preventive Medicine* (1997) 26 (5 Pt 1), S. 734–744
119. P. Bjorntorp: »Do stress reactions cause abdominal obesity and comorbidities?«, *Obesity Reviews* (2001) 2 (2), S. 73–86
120. V. Drapeau, F. Therrien u. a.: »Is visceral obesity a physiological adaptation to stress?«, *Panminerva Medica* (2003) 45 (3), S. 189–195
121. J. Laitinen, E. Ek und U. Sovio: »Stress-related eating and drinking behavior and body mass index and predictors of this behavior«, *Preventive Medicine* (2002) 34 (I), S. 29–39
122. M. F. Dallman, N. Pecoraro u. a.: »Chronic stress and obesity: a new view of ›comfort food‹«, *Proceedings of the National Academy of Sciences USA* (2003) 100 (20), S. 11696–11701
123. A. M. Freedman: »Deadly diet«, *Wall Street Journal*, 18.–20.12.1990
124. C. C. Hodgkins, K. S. Cahill u. a.: »Adolescent drug addiction treatment and weight gain«, *Journal of Addictive Diseases* (2004) 23 (3), S. 55–65
125. G. A. James, M. S. Gold und Y. Liu: »Interaction of satiety and reward response to food stimulation«, *Journal of Addictive Diseases* (2004) 23 (3), S. 23–37
126. K. D. Kleiner, M. S. Gold u. a.: »Body mass index and alcohol use«, *Journal of Addictive Diseases* (2004) 23 (3), 105–118
127. J. H. Gao: »Neuroimaging and obesity«, *Obesity Reviews* (2001) 9 (11), S. 729 f.
128. K. Sproston und P. Primatesta (Hg.): *Health Survey for England 2003*, Vol. 2: *Risk Factors for Cardiovascular Disease*, HMSO, London 2004
129. C. Langenberg, R. Hardy u. a.: »Central and total obesity in middle aged men and women in relation to lifetime socioeconomic status: evidence from a national birth cohort«, *Journal of Epidemiology and Community Health* (2003) 57 (10), S. 816–822
130. R. M. Viner und T. J. Cole: »Adult socioeconomic, educational, social, and psychological outcomes of childhood obesity: a national birth cohort study«, *British Medical Journal* (2005) 330 (7504), S. 1354
131. S. L. Gortmaker, A. Must u. a.: »Social and economic consequences of overweight in adolescence and young adulthood«, *New England Journal of Medicine* (1993) 329 (14), S. 1008–1012
132. J. D. Sargent und D. G. Blanchflower: »Obesity and stature in adolescence and earnings in young adulthood. Analysis of a British birth cohort«, *Archives of Pediatric and Adolescent Medicine* (1994) 148 (7), S. 681–687
133. D. Thomas: »Fattism is the last bastion of employee discrimination«, *Personnel Today*, 25.10.2005
134. J. Wardle und J. Griffith: »Socioeconomic status and weight control practices in British adults«, *Journal of Epidemiology and Community Health* (2001) 55 (3), S. 185–190
135. J. Sobal, B. Rauschenbach und E. A. Frongillo: »Marital status changes and body weight changes: a US longitudinal analysis«, *Social Science and Medicine* (2003) 56 (7), S. 1543–1555
136. T. Smith, C. Stoddard und M. Barnes: »Why the Poor Get Fat: Weight Gain and Economic Insecurity«, School of Economic Sciences Working Paper, Washington State University; http://ideas.repec.Org/p/wsu/wpaper/tgsmith-2.html
137. B. Fisher, D. Dowding u. a.: »Health promotion at NHS breast cancer screening clinics in the UK«, *Health Promotion International* (2007) 22 (2), S. 137–145
138. J. R. Speakman, H. Walker u. a.: »Associations between BMI, social strata and the estimated energy content of foods«, *Journal of Obesity and Related Metabolic Disorders* (2005) 29 (10), S. 1281–1288
139. N. E. Adler, E. S. Epel u. a.: »Relationship of subjective and objective social status with psychological and physiological functioning: preliminary data in healthy white women«, *Health Psychology* (2000) 19 (6), S. 586–592

140. E. Goodman, N. E. Adler u. a.: »Impact of objective and subjective social status on obesity in a biracial cohort of adolescents«, *Obesity Reviews* (2003) 11 (8), S. 1018–1026
141. B. Martin: »Income inequality in Germany during the 1980s and 1990s«, *Review of Income and Wealth* (2000) 46 (1), S. 1–19
142. V. Hesse, M. Voigt u. a.: »Alterations in height, weight, and body mass index of newborns, children, and young adults in eastern Germany after German reunification«, *Journal of Pediatrics* (2003) 142 (3), 259–262
143. S. Baum und K. Payea: *Education Pays: The benefits of higher education for individuals and society*, College Board, Washington, DC, 2004
144. Bureau of Labor Statistics: *Weekly and Hourly Earnings Data from the Current Population Survey*, US Department of Labor, Washington, DC, 2007
145. M. Benn und F. Millar: *A Comprehensive Future: Quality and equality for all our children*, Compass, London 2006, S. 23
146. J. D. Teachman: »Family background, educational resources, and educational attainment«, *American Sociological Review* (1987) 52, S. 548–557
147. OECD und Statistics Canada: *Literacy in the Information Age: Final report of the International Adult Literacy Survey*, Organization for Economic Co-Operation and Development, Paris 2000
148. R. Wilkinson und K. E. Pickett: »Health inequalities and the UK Presidency of the EU«, *Lancet* (2006) 367 (9517), S. 1126 ff.
149. R. G. Wilkinson und K. E. Pickett: »The problems of relative deprivation: why some societies do better than others«, *Social Science and Medicine* (2007) 65 (9), S. 1965–1978
150. J. D. Willms: »Quality and inequality in children's literacy: the effects of families, schools, and communities«, in: D. P. Keating und C. Hertzman (Hg.): *Developmental Health and the Wealth of Nations*, Guilford Press, New York 1999
151. J. D. Willms: »Literacy proficiency of youth: evidence of converging socioeconomic gradients«, *International Journal of Educational Research* (2003) 39, S. 247–252
152. A. Siddiqi, I. Kawachi u. a.: »Variation of socioeconomic gradients in children's developmental health across advanced capitalist societies: analysis of 22 OECD nations«, *International Journal of Health Services* (2007) 37 (1), S. 63–87
153. Centre for Longitudinal Studies: *Disadvantaged Children up to a Year Behind by the Age of Three*, Institute of Education, London 2007
154. R. H. Frank und A. S. Levine: *Expenditure Cascades*, Cornell University mimeograph, Ithaca 2005
155. G. W. Evans und K. English: »The environment of poverty: multiple stressor exposure, psychophysiological stress, and socioemotional adjustment«, *Child Development* (2002) 73 (4), S. 1238–1248
156. P. Garrett, N. Ng'andu und J. Perron: »Poverty experiences of young children and the quality of their home environments«, *Child Development* (1994) 65 (2, Spec. no.), S. 331–345
157. V. C. McLoyd: »The impact of economic hardship on black families and children: psychological distress, parenting, and socioemotional development«, *Child Development* (1990) 61 (2), S. 311–346
158. V. C. McLoyd und L. Wilson: »Maternal behavior, social support, and economic conditions as predictors of distress in children«, *New Directions for Child and Adolescent Development* (1990) 46, S. 49–69
159. A. Lareau: »Invisible inequality: social class and childrearing in black families and white families«, *American Sociological Review* (2002) 67, S. 747–776
160. J. Currie: *Welfare and the Well-being of Children*, Harwood Academic Publishers, Reading 1995
161. L. G. Irwin, A. Siddiqi und C. Hertzman: *Early Childhood Development: A powerful equalizer*, World Health Organization Commission on Social Determinants of Health, Genf 2007
162. UNICEF Innocenti Research Centre: *A League Table of Educational Disadvantage in Rich Nations*, Innocenti Report Card, Florenz 2002

163. K. Hoff und P. Pandey: *Belief Systems and Durable Inequalities: An experimental investigation of Indian caste*, Policy Research Working Paper, World Bank, Washington, DC, 2004
164. C. M. Steele und J. Aronson: »Stereotype threat and the intellectual test performance of African-Americans«, *Journal of Personality and Social Psychology* (1995) 69, S. 797–811
165. S. J. Spencer, C. M. Steele und D. M. Quinn: »Stereotype threat and women's math performance«, *Journal of Experimental Social Psychology* (1999) 35 (1), S. 4–28
166. W. Peters: *A Class Divided: Then and now*, Yale University Press, New Haven 1987
167. J. Zull: *The Art of Changing the Brain: Enriching the practice of teaching by exploring the biology of learning*, Stylus Publishing, Sterling 2002
168. G. Evans: *Educational Failure and Working Class White Children in Britain*, Palgrave, Basingstoke 2006
169. L. Atkinson: »Sorry, Mum, we're all pregnant!«, *Sneak* (2005) Issue no. 162
170. J. Askill: »Meet the kid sisters«, *Sun*, 23.5.2005
171. S. Carroll: »These girls' babies are the real victims«, *Daily Mirror*, 25.5.2005
172. Committee on Adolescence AAoP: »Adolescent pregnancy – current trends and issues«, *Pediatrics* (1998) 103, S. 516–520
173. Social Exclusion Unit : *Teenage Pregnancy*, HMSO, London 1999
174. D. A. Lawlor und M. Shaw: »Too much too young? Teenage pregnancy is not a public health problem«, *International Journal of Epidemiology* (2002) 31 (3), S. 552 ff.
175. A. T. Geronimus: »The weathering hypothesis and the health of African-American women and infants: evidence and speculations«, *Ethnicity and Disease* (1992) 2 (3), S. 207–221
176. A. T. Geronimus: »Black/white differences in the relationship of maternal age to birthweight: a population-based test of the weathering hypothesis«, *Social Science and Medicine* (1996) 42 (4), S. 589–597
177. J. Hobcraft und K. Kiernan: »Childhood poverty, early motherhood and adult social exclusion«, *British Journal of Sociology* (2001) 52 (3), S. 495–517
178. J. Rich–Edwards: »Teen pregnancy is not a public health crisis in the United States. It is time we made it one«, *International Journal of Epidemiology* (2002) 31 (3), S. 555 f.
179. S. Cater und L. Coleman: *»Planned« Teenage Pregnancy: Views and experiences of young people from poor and disadvantaged backgrounds*, Policy Press for the Joseph Rowntree Foundation, Bristol 2006
180. K. Luker: *Dubious Conception. The politics of teenage pregnancy*, Harvard University Press, Cambridge, MA, 1996
181. J. Ermisch und D. Pevalin: *Who Has a Child as a Teenager?* ISER Working Papers, Number 2003–30, Institute for Economic and Social Research, University of Essex, 2003
182. UNICEF Innocenti Research Centre: *A League Table of Teenage Births in Rich Nations*, Innocenti Report Card, Florenz 2001
183. S. J. Ventura, T. J. Mathews und B. E. Hamilton: »Teenage births in the United States: trends, 1991–2000, an update«, *National Vital Statistics Reports* (2002) 50 (9)
184. Alan Guttmacher Institute: *US Teenage Pregnancy Statistics Overall Trends, Trends by Race and Ethnicity and State-by-state Information*, AGI, New York 2004
185. K. E. Pickett, J. Mookherjee und R. G. Wilkinson: »Adolescent birth rates, total homicides, and income inequality in rich countries«, *American Journal of Public Health* (2005) 95 (7), S. 1181 ff.
186. R. Gold, I. Kawachi u. a.: »Ecological analysis of teen birth rates: association with community income and income inequality«, *Maternal and Child Health Journal* (2001) 5 (3), S. 161–167
187. S. Ryan, K. Franzetta und J. Manlove: *Hispanic Teen Pregnancy and Birth Rates: Looking behind the numbers*, Child Trends, Washington, DC, 2005
188. M. Dickson: *Latina Teen Pregnancy: Problems and prevention. Executive summary*, Population Resource Center, Washington, DC, 2001
189. J. Bynner, P. Elias u. a.: *Young People's Changing Routes to Independence*, Joseph Rowntree Foundation, York 2002
190. H. Graham und E. McDermott: »Qualitative research and the evidence base of policy: in-

sights from studies of teenage mothers in the UK«, *Journal of Social Policy* (2005) 35, S. 21–37

191. J. Belsky, L. Steinberg und P. Draper: »Childhood experience, interpersonal development, and reproductive strategy: an evolutionary theory of socialization«, *Child Development* (1991) 62 (4), S. 647–670
192. R. Gold, B. Kennedy u. a.: »Teen births, income inequality, and social capital: developing an understanding of the causal pathway«, *Health and Place* (2002) 8 (2), S. 77–83
193. D. A. Coall und J. S. Chisholm: »Evolutionary perspectives on pregnancy: maternal age at menarche and infant birth weight«, *Social Science and Medicine* (2003) 57 (10), 1771–1781
194. T. E. Moffitt, A. Caspi, J. Belsky und P. A. Suva: »Childhood experience and the onset of menarche: a test of a sociobiological model«, *Child Development* (1992) 63 (1), S. 47–58
195. »American Academy of Pediatrics Committee on Adolescence: Adolescent pregnancy«, *Pediatrics* (1989) 83 (1), S. 132 ff.
196. B. J. Ellis, J. E. Bates u. a.: »Does father absence place daughters at special risk for early sexual activity and teenage pregnancy?«, *Child Development* (2003) 74 (3), S. 801–821
197. J. Borger: »Gunned down: the teenager who dared to walk across his neighbour's prized lawn«, *Guardian*, 22.3.2006
198. J. Allen: *Worry about Crime in England and Wales: Findings from the 2003/04 and 2004/05 British Crime Survey*, Research Development and Statistics Directorate, Home Office, London 2006
199. C. Haie: »Fear of crime: a review of the literature«, *International Review of Victimology* (1996) 4, S. 79–150
200. H. Cronin: *The Ant and the Peacock*, Cambridge University Press, Cambridge 1991
201. J. Gilligan: *Violence: Our deadly epidemic and its causes,* G. P. Putnam, New York 1996, S. 117, S. 116
202. J. Gilligan: *Preventing Violence,* Thames & Hudson, New York 2001
203. R. Wilkinson: »Why is violence more common where inequality is greater?«, *Annals of the New York Academy of Sciences* (2004) 1036, S. 1–12
204. M. Wilson und M. Daly: *Homicide*, Aldine Transaction, Piscataway, NJ, 1988
205. M. Daly und M. Wilson: »Crime and conflict: homicide in evolutionary psychological perspective«, *Crime and Justice* (1997) 22, S. 51–100
206. M. Daly und M. Wilson: »Risk-taking, intrasexual competition, and homicide«, *Nebraska Symposium on Motivation* (2001) 47, S. 1–36
207. M. Daly, M. Wilson und S. Vasdev: »Income inequality and homicide rates in Canada and the United States«, *Canadian Journal of Public Health – Revue canadienne de criminologie* (2001) 43 (2), S. 219–236
208. M. Wilson und M. Daly: »Competitiveness, risk-taking and violence: the young male syndrome«, *Ethology and Sociobiology* (1985) 6, S. 59–73
209. D. M. Buss: *The Evolution of Desire: Strategies of human mating*, Basic Books, New York 1994
210. P. Fajnzylber, D. Lederman und N. Loayza: »Inequality and violent crime«, *Journal of Law and Economics* (2002) 45, S. 1–40
211. C.-C. Hsieh und M. D. Pugh: »Poverty, income inequality, and violent crime: A meta-analysis of recent aggregate data studies«, *Criminal Justice Review* (1993) 18, S. 182–202
212. United Nations Crime and Justice Information Network: *Survey on Crime Trends and the Operations of Criminal Justice Systems (Fifth, Sixth, Seventh, Eighth)*. New York 2000
213. Federal Bureau of Investigation: *Crime in the United States,* US Government Printing Office, Washington, DC, 1990–2000
214. M. Killias, J. van Kesteren und M. Rindlisbacher: »Guns, violent crime, and suicide in 21 countries«, *Canadian Journal of Criminology* (2001) 43, S. 429–448
215. UN Commission on Crime Prevention and Criminal Justice: »Criminal justice reform and strengthening of legal institutions measures to regulate firearms«, in: Secretary-General Report E/CN.15/1997/4, Wien 1997
216. M. Miller, D. Hemenway und D. Azrael: »State-level homicide victimization rates in the

US in relation to survey measures of household firearm ownership, 2001–2003«, *Social Science and Medicine* (2007) 64 (3), S. 656–664
217. »Behavioural Risk Factor Surveillance Survey. Survey Results 2001 for Nationwide: Firearms«, North Carolina State Center for Health Statistics; http://www.schs.state.nc.us/SCHS/brfss/2001/us/firearm3.html
218. D. Popenoe: *Life Without Father*, Free Press, New York 1996
219. H. B. Biller: *Fathers and Families: Paternal factors in child development*, Auburn House, Westport, CT, 1993
220. S. R. Jaffee, T. E. Moffitt u. a.: »Life with (or without) father: the benefits of living with two biological parents depend on the father's antisocial behavior«, *Child Development* (2003) 74(1), S. 109–126
221. M. Anderson, J. Kaufman u. a.: »School-associated violent deaths in the United States, 1994–1999«, *Journal of the American Medical Association* (2001) 286 (21), S. 2695–2702
222. M. R. Leary, R. M. Kowalski u. a.: »Teasing, rejection, and violence: case studies of the school shootings«, *Aggressive Behavior* (2003) 29, S. 202–214
223. C. Shaw und H. McKay: *Juvenile Delinquency and Urban Areas*, University of Chicago Press, Chicago 1942
224. R. Sampson, S. Raudenbush und F. Earls: »Neighborhoods and violent crime: a multilevel study of collective efficacy«, *Science* (1997) 277, S. 918–924
225. W. J. Wilson: *The Truly Disadvantaged: The inner city, the underclass, and public policy*, University of Chicago Press, Chicago 1987
226. Federal Bureau of Investigation: *Crime in the United States 2006*, US Government Printing Office, Washington, DC, 2006
227. H. Boonstra: *Teen Pregnancy: Trends and lessons learned.* Guttmacher Report on Public Policy, Alan Guttmacher Institute, Washington, DC, 2002
228. B. E. Hamilton, J. A. Martin und S. J. Ventura: »Births: preliminary data for 2006«, *National Vital Statistics Report* (2007) 56 (7)
229. R. V. Burkhauser, S. Feng und S. P. Jenkins: »Using the P90/P10 Index to Measure US Inequality Trends with Current Population Survey Data: A View from Inside the Census Bureau Vaults«, IZA Discussion Paper No. 2839; http://ssrn.com/abstract=998222
230. C. Cantave, M. Vanouse und R. Harrison: *Trends in Poverty*, Center for Political and Economic Studies, Washington, DC, 1999
231. Child Trends DataBank: *Children in Poverty,* Washington, DC, 2003
232. A. Blumstein, F. P. Rivara und R. Rosenfeld: »The rise and decline of homicide – and why«, *Annual Review of Public Health* (2000) 21, S. 505–541
233. Annie E. Casey Foundation: *KidsCount Databook,* Annie E. Casey Foundation, Baltimore, MD, 1995
234. C. G. Colen, A. T. Geronimus und M. G. Phipps: »Getting a piece of the pie? The economic boom of the 1990s and declining teen birth rates in the United States«, *Social Science and Medicine* (2006) 63 (6), S. 1531–1545
235. D. Dorling: »Prime suspect: murder in Britain«, in: P. Hillyard, C. Pantazis u. a. (Hg.): *Criminal Obsessions: Why harm matters more than crime*, Crime and Society Foundation, London 2005
236. R. Walmsley: »An overview of world imprisonment: global prison populations, trends and solutions«, United Nations Programme Network Institutes Technical Assistance Workshop, Wien 2001
237. R. Walmsley: *World Prison Population List* (6., 7. Auf.), International Centre for Prison Studies, King's College, London 2005 und 2006
238. A. Blumstein und A. J. Beck: »Population growth in US prisons, 1980–1996«, *Crime and Justice* (1999) 26, S. 17–61
239. E. Chemerinsky: »Life in prison for shoplifting: cruel and unusual punishment«, *Human Rights* (2004) 31, S. 11 ff.
240. M. Hough, J. Jacobson und A. Millie: *The Decision to Imprison: Sentencing and the prison population. Rethinking crime and punishment*, Prison Reform Trust, London 2003
241. D. Downes: »The buckling of the shields: Dutch penal policy 1985–1995«, in: R. P. Weiss

und N. South (Hg.): *Comparing Prison Systems: Towards a comparative and international penology*, Gordon & Breach Publishers, Amsterdam 1998, S. 147

242. M. Mauer: *Comparative International Rates of Incarceration: An examination of causes and trends,* Sentencing Project, Washington, DC, 2003
243. US Department of Justice, Bureau of Justice Statistics: »Incarceration rates for prisoners under State or Federal jurisdiction«, File: corpop25.wk1. http://www.ojp.usdoj.gov/bjs/data/corpop25.wk1
244. W. S. Wooden und A. O. Ballan: »Adaptation strategies and transient niches of one middle-class inmate in prison«, *Psychological Reports* (1996) 78 (3, Pt 1), S. 870
245. The Sentencing Project: *State Rates of Incarceration by Race,* Sentencing Project, Washington, DC, 2004
246. R. Councell und J. Olagundoye: *The Prison Population in 2001: A statistical review.* Home Office Findings 195, London 2003
247. Annie E. Casey Foundation: *KidsCount Databook,* Annie E. Casey Foundation, Baltimore, MD, 2008
248. Leadership Conference on Civil Rights and Leadership Conference on Civil Rights Education Fund: *Justice on Trial: Racial disparities in the American criminal Justice System,* LCCR/LCCREF, Washington, DC, 2000
249. E. H. Johnson: »The Japanese experience: effects of decreasing resort to imprisonment«, in: R. P. Weiss und N. South (Hg.): *Comparing Prison Systems: Towards a comparative and international penology*, Gordon & Breach Publishers, Amsterdam 1998
250. J. O. Haley: »Confession, repentence and absolution«, in: M. Wright und B. Galoway (Hg.): *Mediation and Criminal Justice,* Sage, Newbury Park, CA, 1989, S. 495
251. Amnesty International: *Annual Report – United States of America,* London 2004
252. Human Rights Watch und Amnesty International: *The Rest of Their Lives: Life without parole for child offenders in the United States,* New York 2005
253. Human Rights Watch: *Cold Storage: Super-maximum security confinement in Indiana,* New York 1997
254. Human Rights Watch: *Red Onion State Prison: Super-maximum security confinement in Virginia,* New York 1999
255. United Nations Committee against Torture: *Conclusions and Recommendations of the Committee against Torture: United States of America,* Genf 2006
256. J. Irwin: *The Warehouse Prison: Disposal of the new dangerous class,* Roxbury Publishing Company, Cary, NC, 2005
257. Amnesty International: *Ill-treatment of Inmates in Maricopa County Jails, Arizona,* London 1997
258. E. James: »A life again«, *Guardian,* 5.9.2005
259. L. A. Rhodes: »Can there be ›best practices‹ in supermax?«, in: D. Jones (Hg.): *Humane Prisons*, Radcliffe Publishing, Oxford 2006
260. The Commission on Safety and Abuse in America's Prisons: *Confronting Confinement,* Vera Institute of Justice, New York 2006
261. P. Carter: *Managing Offenders, Reducing Crime. Correctional Services Review,* Prime Minister's Strategy Unit, London 2003
262. Home Office: *Explaining Reconviction Rates: A critical analysis*, Home Office Research Study 136, London 1995
263. S. Henry: »On the Effectiveness of Prison as Punishment. Incarceration Nation: The warehousing of America's poor«. Ivy Tech State College, South Bend, Indiana 2003; http://www.is.wayne.edu/stuarthenry/Effectiveness_of_Punishment.htm
264. E. Currie: *Crime and Punishment in America,* Henry Holt & Co, New York 1998
265. Youth Justice Board: *Anti-social Behaviour Orders* (6289), Youth Justice Board for England and Wales, London 2006
266. NCH: *Tackling Anti-social Behaviour: Have we got it right?*, NCH Children's Charities, London 2006
267. K. Beckett und B. Western: »Governing social marginality«, in: D. Garland (Hg.): *Mass Imprisonment: Social causes and consequences,* Sage London 2001

268. D. Downes und K. Hansen: *Welfare and Punishment: The relationship between welfare spending and imprisonment,* Crime and Society Foundation, London 2006, S. 4 f.
269. J. Silverman: »Does prison work?«, ESRC Society Today: Spotlights. http://www.esrc.ac.uk/ESRCInfoCentre/about/CI/CP/Our_Society_Today/Spotlights-2006/prison.aspx?ComponentId=16448&SourcePageId=16475
270. M. Tonry: »Why are US incarceration rates so high?«,*Crime and Delinquency* (1999) 45, S. 419–437
271. J. Blanden, P. Gregg und S. Machin: *Intergenerational mobility in Europe and North America*, Centre for Economic Performance, London School of Economics, London 2005
272. L. Mishel, J. Bernstein und S. Allegretto: *The State of Working America 2006/7*. An Economic Policy Institute Book, ILR Press, Imprint der Cornell University Press, Ithaca, NY, 2007
273. OECD: *Education at a Glance* 2003. *OECD Indicators,* Paris 2004
274. D. S. Massey: »The age of extremes: concentrated affluence and poverty in the twenty-first Century«, *Demography* (1996) 33, S. 395–412
275. P. A. Jargowsky: »Take the money and run: economic segregation in U.S. metropolitan areas«, *American Sociological Review* (1996) 61 (6), S. 984–988
276. P. A. Jargowsky: *Poverty and Place: Ghettos, barrios and the American city,* Russell Sage Foundation, New York 1997
277. P. A. Jargowsky: *Stunning Progress, Hidden Problems: The dramatic decline of concentrated poverty in the* 1990s, The Living Cities Census Series, Brookings Institution Press, Washington, DC, 2003
278. D. Dorling: »Why Trevor is wrong about race ghettos«, *Observer,* 25.9.2005
279. D. Dorling: *Human Geography of the UK,* Sage Publications, London 2005
280. D. Dorling und P. Rees: »A nation still dividing: the British census and social polarization«, *Environment and Planning* (2003) 35, S. 1287–1313
281. A. Beruhe: *Mixed Communities in England,* Joseph Rowntree Foundation, York 2005
282. I. Kawachi: »Income inequality and economic residential segregation«, *Journal of Epidemiology and Community Health* (2002) 56(3), S. 165 f.
283. S. Mayer: *How the Growth in Income Inequality Increased Economic Segregation.* The Joint Center for Poverty Research Working Paper 235, NorthWestern University/University of Chicago, Chicago 2001
284. P. Lobmayer und R. G. Wilkinson: »Inequality, residential segregation by income, and mortality in US cities«, *Journal of Epidemiology and Community Health* (2002) 56 (3), S. 183–187
285. N. J. Waitzman und K. R. Smith: »Separate but lethal: the effects of economic segregation on mortality in metropolitan America«, *Milbank Quarterly* (1998) 76 (3), S. 341–373
286. P. Bourdieu: *La distinction. Critique sociale du jugement*, Paris 1979; dt.: *Die feinen Unterschiede. Kritik der gesellschaftlichen Urteilskraft*, Suhrkamp, Frankfurt a. M. 1982
287. K. Fox: *Watching the English: The hidden rules of English behaviour,* Hodder & Stoughton, London 2004
288. J. Epstein: *Snobbery: The American Version,* Houghton Mifflin Company, New York 2002
289. R. Sennett und J. Cobb: *The Hidden Injuries of Class,* Alfred A. Knopf, New York 1972
290. S. J. Charlesworth, P. Gilfillan und R. G. Wilkinson: »Living inferiority«, *British Medical Bulletin* (2004) 69, S. 49–60
291. A. Marcus-Newhall, W. C. Pedersen u. a.: »Displaced aggression is alive and well: a meta-analytic review«, *Journal of Personality and Social Psychology* (2000) 78 (4), S. 670–689
292. R. A. Baron, J. H. Neumann und A. Geddes: »Social and personal determinants of workplace aggression: evidence for the impact of perceived injustice and the Type A behavior pattern«, *Aggressive Behavior* (1999) 25 (4), S. 281–296
293. D. L. Horowitz: »Direct, displaced and cumulative ethnic aggression«, *Comparative Politics* (1973):6 (1), S. 1–16
294. H. Crawley: *Evidence on Attitudes to Asylum and Immigration: What we know, don't know and need to know,* Working Paper No. 23, Centre on Migration, Policy and Society, University of Oxford, Oxford 2005

295. J. L. Ireland: *Bullying among Prisoners: Evidence, research and intervention strategies,* Brunner-Routledge, Hove 2002
296. P. Earley: *The Hot House: Life inside Leavenworth prison,* Bantam, New York 1992, S. 74 f., S. 430 f.
297. J. Sidanius und F. Pratto: *Social Dominance,* Cambridge University Press, Cambridge 1999
298. K. E. Pickett und R. G. Wilkinson: »People like us: ethnic group density effects on health«, *Ethnicity and Health* (2008) 13 (4), S. 321–334
299. J. Boydell, J. van Os u. a.: »Incidence of schizophrenia in ethnic minorities in London: ecological study into interactions with environment«, *British Medical Journal* (2001) 323 (7325), S. 1336 ff.
300. J. Neeleman und S. Wessely: »Ethnic minority suicide: a small area geographical study in south London«, *Psychological Medicine* (1999): 29 (2), S. 429–436
301. J. Neeleman, C. Wilson-Jones und S. Wessely: »Ethnic density and deliberate self-harm: a small area study in south east London«, *Journal of Epidemiology and Community Health* (2001) 55, S. 85–90
302. J. Fang, S. Madhavan u. a.: »Residential segregation and mortality in New York City«, *Social Science and Medicine* (1998) 47 (4), S. 469–476
303. L. Franzini und W. Spears: »Contributions of social context to inequalities in years of life lost to heart disease in Texas, USA«, *Social Science and Medicine* (2003) 57 (10), S. 1847–1861
304. C. M. Masi, L. C. Hawkley u. a.: »Neighborhood economic disadvantage, violent crime, group density, and pregnancy outcomes in a diverse, urban population«, *Social Science and Medicine* (2007) 65 (12), S. 2440–2457
305. K. E. Pickett, J. W. Collins u. a.: »The effects of racial density and income incongruity on pregnancy outcomes«, *Social Science and Medicine* (2005) 60 (10), S. 2229–2238
306. E. M. Roberts: »Neighborhood social environments and the distribution of low birthweight in Chicago«, *American Journal of Public Health* (1997) 87 (4), S. 597–603
307. L. C. Vinikoor, J. S. Kaufman u. a.: »Effects of racial density and income incongruity on pregnancy outcomes in less segregated communities«, *Social Science and Medicine* (2008) 66 (2), S. 255–259
308. A. M. Jenny, K. C. Schoendorf und J. D. Parker: »The association between community context and mortality among Mexican-American infants«, *Ethnicity and Disease* (2001) 11 (4), S. 722–731
309. J. R. Dunn, B. Burgess und N. A. Ross: »Income distribution, public services expenditures, and all cause mortality in US States«, *Journal of Epidemiology and Community Health* (2005) 59 (9), 768–774
310. A. Deaton und D. Lubotsky: »Mortality, inequality and race in American cities and states«, *Social Science and Medicine* (2003) 56 (6), S. 1139–1153
311. D. K. McLaughlin und C. S. Stokes: »Income inequality and mortality in US counties: does minority racial concentration matter?«, *American Journal of Public Health* (2002) 92 (1), S. 99–104
312. R. Ram: »Income inequality, poverty, and population health: evidence from recent data for the United States«, *Social Science and Medicine* (2005) 61 (12), S. 2568–2576
313. S. V. Subramanian und I. Kawachi: »The association between state income inequality and worse health is not confounded by race«, *International Journal of Epidemiology* (2003) 32 (6), S. 1022–1028
314. R. Ram: »Further examination of the cross-country association between income inequality and population health«, *Social Science and Medicine* (2006) 62 (3), S. 779–791
315. J. Banks, M. Marmot u. a.: »Disease and disadvantage in the United States and in England«, *Journal of the American Medical Association* (2006) 295 (17), S. 2037–2045
316. J. Banks, M. Marmot u. a.: »The SES Health Gradient on Both Sides of the Atlantic«, NBER Working Paper 12674, National Bureau of Economic Research, Cambridge, MA, 2007
317. D. Vagero und O. Lundberg: »Health inequalities in Britain and Sweden«, *Lancet* (1989) 2 (8653), S. 35 f.

318. D. A. Leon, D. Vagero und P. O. Olausson: »Social class differences in infant mortality in Sweden: comparison with England and Wales«, *British Medical Journal* (1992) 305 (6855), S. 687–691
319. S. V. Subramanian und L Kawachi: »Whose health is affected by income inequality? A multilevel interaction analysis of contemporaneous and lagged effects of state income inequality on individual self-rated health in the United States«, *Health and Place* (2006) 12 (2), S. 141–156
320. M. Wolfson, G. Kaplan u. a.: »Relation between income inequality and mortality: empirical demonstration«, *British Medical Journal* (1999) 319 (7215), S. 953 ff.
321. S. J. Babones: »Income inequality and population health: correlation and causality«, *Social Science and Medicine* (2008) 66 (7), S. 1614–1626
322. C. A. Shively und T. B. Clarkson: »Social Status and coronary artery atherosclerosis in female monkeys«, *Arteriosclerosis and Thrombosis* (1994) 14 (5), S. 721–726
323. C. A. Shively und T. B. Clarkson: »Regional obesity and coronary artery atherosclerosis in females: a non-human primate model«, *Acta Medica Scandinavica,* Supplement (1988) 723, S. 71–78
324. M. Sahlins, *Stone Age Economics,* Routledge, London 2003
325. T. Hobbes: *Leviathan,* übers. v. Jutta Schlösser, hg. v. Hermann Klenner, Meiner, Hamburg 1996
326. K. Jensen, J. Call und M. Tomasello: »Chimpanzees are rational maximisers in an ultimatum game«, *Science* (2007) 318 (5847), S. 107 ff.
327. J. Henrich, R. Boyd u. a.: »Overview and synthesis«, in: J. Henrich, R. Boyd u. a.: (Hg.): *Foundations of Human Sociality,* Oxford University Press, Oxford 2004
328. F. B. de Waal und F. Lanting: *Bonobo. The forgotten ape;* dt.: *Bonobos – die zärtlichen Menschenaffen*, übers. von Monika Niehaus-Osterloh, Brirkhäuser, Basel 1998
329. E. A. D. Hammock und L. J. Young: »Microsatellite instability generates diversity in brain and sociobehavioral traits«, *Science* (2005) 308 (5728), S. 1630–1634
330. J. B. Lassner, K. A. Matthews und C. M. Stoney: »Are cardiovascular reactors to asocial stress also reactors to social stress?«; *Journal of Personality and Social Psychology* (1994) 66 (1), S. 69–77
331. R. I. M. Dunbar: »Brains on two legs: group size and the evolution of intelligence«, in: F. B. de Waal (Hg.): *Tree of Origin: What primate behavior can tell us about human social evolution,* Harvard University Press, Cambridge, MA, 2001
332. C. Boehm: *Hierarchy in the Forest: The evolution of egalitarian behavior,* Harvard University Press, Cambridge, MA, 1999
333. D. Erdal und A. Whiten: »Egalitarianism and Machiavellian intelligence in human evolution«, in: P. Mellars und K. Gibson K. (Hg.): *Modelling the Early Human Mind,* McDonald Institute Monographs, Cambridge 1996
334. R. G. Wilkinson: *The Impact of Inequality,* New Press, New York 2005
335. J. Woodburn: »Egalitarian societies«, *Man* (1982) 17, S. 431–451
336. I. C. G. Weaver, N. Cervoni u. a.: »Epigenetic programming by maternal behaviour«, *Nature Neuroscience* (2004) 7, S. 847–854
337. S. Morris: »Women laughed as they forced toddlers to take part in ›dog fight‹«, *Guardian,* 21.4.2007
338. G. Rizzolatti und L. Craighero: »The mirror-neuron System«, *Annual Review of Neuroscience* (2004) 27, 169–172
339. M. Kosfeld, M. Heinrichs u. a.: »Oxytocin increases trust in humans«, *Nature* (2005) 435, S. 673–676
340. P. J. Zak, R. Kurzban und W. Matzner: »The neurobiology of trust«, *Annals of the New York Academy of Sciences* (2004) 1032, S. 224–227
341. J. K. Rilling, G. A. Gutman u. a.: »A neural basis for social cooperation«, *Neuron* (2002) 35, S. 395–405
342. N. I. Eisenberger und M. D. Lieberman: »Why rejection hurts«, *Trends in Cognitive Science* (2004) 8, S. 294–300
343. J. W. Ouwerkerk, P. A. M. van Lange und M. Gallucci: »Avoiding the social death penalty:

ostracism and cooperation in social dilemmas«, in: K. D. Williams, J. P. Forgas und W. von Hippel (Hg.): *The Social Outcast: Ostracism, social exclusion, rejection and bullying*, Psychology Press, New York 2005

344. World Bank: *World Development Indicators (WDI) September 2006*. Economic and Social Data Service International, Manchester, Mimas
345. World Wildlife Fund: *Living Planet Report 2006*. WWF International, Gland, Schweiz, 2007
346. R. M. Titmuss: *Essays on the Weifare State*, Unwin, London 1958, 1991
347. H. Daly: *Steady-state Economics*,1977, 1991; dt.: *Wirtschaft jenseits von Wachstum*, Pustet, Salzburg 1999
348. M. Bookchin: *The Ecology of Freedom*, 1982; dt.: *Die Ökologie der Freiheit. Wir brauchen keine Hierarchien*, Beltz Verlag, Weinheim/Basel 1985
349. R. G. Wilkinson: *Poverty and Progress*, Methuen, London 1973
350. H. C. Wallich: »Zero growth«, *Newsweek*, 24.1.1972
351. R. H. Frank: *Falling Behind: How rising inequality harms the middle class*, University of California Press, Berkeley, CA, 2007, S. VIII f.
352. S. Bowles und Y. Park: »Emulation, inequality, and work hours: was Thorsten Veblen right?«, *Economic Journal* (2005) 115, S. F397–F412
353. D. Neumark und A. Postlethwaite: »Relative income concerns and the rise in married women's employment«, *Journal of Public Economics* (1998) 70, S. 157–183
354. Y. Park: *Veblen Effects on Labor Supply: Male earnings inequality increases women's labor force participation*, Department of Economics, Connecticut College, New London, CT, 2004
355. S. J. Solnick und D. Hemenway: »Is more always better? A survey on positional concerns«, *Journal of Economic Behavior & Organization* (1998) 37, S. 373–383
356. T. Veblen: *The Theory of the Leisure Class*, 1899; dt.: *Die Theorie der feinen Leute*, Fischer, Frankfurt am Main
357. Planet Ark: *The Recycling Olympic Report*, Planet Ark Environmental Foundation, Sydney 2004
358. Vision of Humanity: *Global Peace Index: Methodology, results and findings*, Vision of Humanity, Cammeray, NSW, 2007
359. G. B. Shaw: *The Intelligent Woman's Guide to Socialism and Capitalism*; dt.: *Wegweiser für die intelligente Frau zum Sozialismus und Kapitalismus*, Fischer Verlag, Berlin 1931, S. 112
360. M. Bloom: »The performance effects of pay dispersion on individuals and organizations«, *Academy of Management Journal* (1991) 42, S. 25–40
361. J. P. Mackenbach: »Socio-economic inequalities in health in Western Europe«, in: J. Siegrist und M. Marmot (Hg.): *Social Inequalities in Health*, Oxford University Press, Oxford 2006
362. OECD: *Social Expenditure – Aggregated Data*, Vol. 2008, OECD, Stat, 2001
363. Tax Foundation: *State and Local Tax Burdens Compared to Other US States*, 1970–2007. Washington, DC, 2007
364. Justice Policy Institute: *Cellblocks or Classrooms?* Washington, DC, 2002
365. L. J. Schweinhart und D. P. Weikart: »Success by empowerment: the High/Scope Perry Preschool Study through age 27«, *Young Children* (1993) 49, S. 54–58
366. World Bank: *The East Asian Miracle*, Oxford University Press, Oxford 1993
367. J. M. Page: »The East Asian miracle: an introduction«, *World Development* (1994) 22 (4), S. 615–625
368. R. M. Titmuss: »War and social policy«, in: R. M. Titmuss (Hg.): *Essays on the Welfare State* (3. Auf.), Unwin, London 1976
369. L. McCall und J. Brash: *What do Americans Think about Inequality?* Working Paper, Demos, New York 2004
370. J. Weeks: *Inequality Trends in Some Developed OECD Countrie*, Working Paper No. 6, UN Department of Economic and Social Affairs, New York 2005
371. J. Benson: »A typology of Japanese enterprise unions«, *British Journal of Industrial Relations* (1996) 34, S. 371–386

372. L. Osberg und T. Smeeding: »›Fair‹ inequality? Attitudes to pay differentials: The United States in comparative perspective«, *American Sociological Review* (2006) 71, S. 450–473
373. J. Finch: »The boardroom bonanza«, *Guardian*, 29.8.2007
374. International Labour Organization: »Income inequalities in the age of financial globalization«, *World of Work Report 2008*, Genf 2008
375. Institute for Policy Studies: *Annual CEO Compensation Survey*, Washington, DC, 2007
376. United Nations Conference on Trade and Development: »Are transnationals bigger than countries?«, Press release: TAD/INF/PR/47, Genf 2002
377. T. Paine: *The Rights of Man*, 1791; dt.: *Die Rechte des Menschen*, Suhrkamp, Frankfurt am Main 1973
378. G. Alperovitz: *America beyond Capitalism. Reclaiming our Wealth, our Liberty and our Democracy*, Wiley, Hoboken, NJ, 2006
379. W. Hutton: »Let's get rid of our silly fears of public ownership«, *Observer*, 6.4.2008
380. M. J. Conyon und R. B. Freeman: *Shared Modes of Compensation and Firm Performance: UK Evidence*, NBER Working Paper W8448, National Bureau of Economic Research, Cambridge, MA, 2001
381. A. Pendleton und C. Brewster: »Portfolio workforce«, *People Management* (2001) Juli, S. 38 ff.
382. G. Gates: »Holding your own: the case for employee capitalism«, *Demos Quarterly* (1996) 8, S. 8 ff.
383. P. M. Rooney: »Worker participation in employee owned firms«, *Journal of Economic Issues* (1988) XXII (2), S. 451–458
384. J. L. Cotton: *Employee Involvement: Methods for improving performance and work attitudes*, Sage, Newbury Park, CA, 1993
385. National Center for Employee Ownership: *Employee Ownership and Corporate Performance: A comprehensive review of the evidence*, Oakland, CA, 2004, S. 11, S. 3
386. J. Blasi, D. Kruse und A. Bernstein: *In the Company of Owners*, Basic Books, New York 2003
387. P. A. Kardas, A. Scharf und J. Keogh: *Wealth and Income Consequences of Employee Ownership*, Washington State Department of Community, Trade and Economic Development, Olympia, WA, 1998
388. R. Oakeshott: *Jobs and Pairness: The logic and experience of employee ownership*, Michael Russell, Norwich 2000, S. 104
389. M. Quarrey und C. Rosen: »How well is employee ownership working?«, *Harvard Business Review* (1987) Sept.–Okt., S. 126–132
390. T. Theorell: »Democracy at work and its relationship to health«, in: P. Perrewe und D. E. Ganster (Hg.): *Emotional and Physiological Processes and Intervention Strategies: Research in occupational stress and well being*, Volume 3, JAI Press, Greenwich, CT, 2003
391. R. de Vogli, J. E. Ferrie u. a.: »Unfairness and health: evidence from the Whitehall II Study«, *Journal of Epidemiology and Community Health* (2007) 61 (6), S. 513–518
392. D. Erdal: *Local Heroes*, Viking, London 2008
393. D. Erdal: »The Psychology of Sharing: An evolutionary approach«, unver. Diss., St Andrews 2000
394. S. Milgram: *Obedience to Authority*; dt.: *Das Milgram-Experiment. Zur Gehorsamsbereitschaft gegenüber Autorität*, übers. von Roland Fleissner, Rowohlt, Hamburg, 1995
395. L. T. Hobhouse: *Liberalism*, Williams & Norgate, London 1911
396. D. Coyle: *The Weightless World*, Capstone, Oxford 1997
397. Alfred Adler: *Der Sinn des Lebens* (1933), Fischer Verlag, Frankfurt am Main 1973, S. 55
398. John Steinbeck: *Meine Reise mit Charley*, Diana, Konstanz 1963, S. 59
399. Das Datenmaterial zur Fettleibigkeit von Erwachsenen in den USA wurde uns von Prof. Majid Ezzati von der Harvard University School of Public Health zur Verfügung gestellt, der sich auf objektive Größen- und Gewichtsangaben beziehen konnte.
400. R. Kipling: *Die Ballade von Ost und West. Ausgewählte Gedichte englisch und deutsch*, hg. u. übers. von Gisbert Haefs, Haffmans Verlag, Zürich 1992, S. 96 f.

Register

Adams, Michael75, 134
adipogene Umwelt 110
Adipositas 106
Adler, Alfred 55
Adrenalin 137
affiliative Strategien 232, 236
Affluenza 88
Aggressionsverschiebung 194
Alan Guttmacher Institute 146
Alperovitz, Gar 281
altrusitische Bestrafung 228
Amnesty International 177
Arbeitnehmerbeteiligung 286, 289
Armutskonzentration 188 f.
Armutskrankheiten 24
Aronson, Joshua 135 f.
Arpaio, Joe 178
Association for Mental Health 83
Aufmerksamkeitsdefizitsyndrom (ADHS) 81
Ausgrenzung 192, 204, 241 f.
Austen, Jane 44

Baxi Partnership 290
Beck, Allen 172
Begnadigung 176
Behavioral Risk Factor Surveillance Study 86
Belsky, Jay 149
Benn, Melissa 126
Bermondsey, London 138
Bewährung 176 f.
Bildung 39, 123, 126, 129–132, 135, 138, 149, 175 ff., 186 ff., 204, 209, 213, 219, 272, 281, 298 f., 301
Blanco, Kathleen 66
Blanden, Jo 185
Blauäugigen-Test 137, 220
Blumenstein, Alfred 172
Bonobos 230 f.
Bonuszahlung 19, 278, 301
Bookchin, Murray 251
Botton, Alain de 88
Bourdieu, Pierre 190 f.
Bowles, Sam 255, 257
Bradsher, Keith 75
Brandt-Report 246
Buss, David 158

Carbon Bank 249
Carl Zeiss 287
Census Bureau 32
CEO (Chief Executive Officer) 278
Chain Gangs 178
Chancengleichheit 126, 183, 190, 196, 299
Charlesworth, Simon 192
Chicago 74, 97, 155 f., 165
Children's Society 81
China 66
Cincinnati, Ohio 153
Clearinghouse on International Developments in Child, Youth and Family Policies 134
Cobain, Kurt 213
Cobb, Jonathan 192
Colen, Cynthia 169

Community Development Corporations 281
Conference on Trade and Development (UNCTAD) 279
Copyright 296 ff.
Coyle, Diane 295
Cronin, Helena 155
Currie, Elliott 181

Daly, Herman 251
Daly, Martin 96, 158
DDR 12, 123
Depressionen 50, 101, 106, 123
Deutschland 12, 31, 84, 86, 123, 171, 173, 185, 274, 277, 310
Diabetes 106, 109, 121, 209, 238
Diana, Prinzessin 213
Dickerson, Sally 53 f., 56
Diskriminierung 68, 136, 190 ff., 195 f., 204 f., 233, 299
Diversion 175
Dominanzhierarchie 229 f., 232, 234, 236
Donne, John 199, 213
Dopamin 90, 137, 220
Dorling, Danny 169
Dostojewski, Fjodor 171
Douglass, Frederick 153
Downes, David 172, 176, 181 f.
Dunbar, Robin 231
Durkheim, Emil 95

Earley, Pete 194
Economic and Social Research Council 182
Einkommenssucht 88
Eisenberger, Naomi 241
Eliten 190 f.
Elliott, Jane 136
Ellis, Bruce 150
Emerson, Ralph Waldo 47, 59
Entwicklungshilfe 78 ff., 260, 263
Entwicklungsländer 25, 45, 121, 246, 252, 264, 292
epidemiologischer Übergang 93, 111
epigenetische Prozesse 237
Epstein, Joseph 191 f.
Equality Trust 264, 300
Erdal, David 287, 290
Erderwärmung 25, 245, 248, 251, 253, 259, 265, 303 f.
Esssucht 115 ff.
Euripides 17
Europäische Union 147, 215, 277
European Values Survey 68, 72
Evans, Gillian 138 f.
Exxon 279

Fair-Trade-Bewegung 282
FBI (Federal Bureau of Investigation) 159
Fettleibigkeit 12, 20, 25, 42, 109–113, 115, 119 f., 122 f., 207 f.
Finanz- und Wirtschaftskrise 19, 255, 301
Flucht-Kampf-Mechanismus 105
Fox, Kate 191
Frank, Robert 88, 133, 253 ff.
Freeman, Harold 100
Freundschaft 52, 54, 61, 196, 235, 242, 258, 276, 288
Freundschaft und Sozialstatus 224 ff., 232

Gallup-Umfrage 276
Gebrauchswert 258
Gerechtigkeitsgefühl 235, 242, 302
Gewalt 12, 26, 32 f., 47, 52, 56, 61, 75, 97, 122, 133, 151, 153, 155–169, 171, 175, 180, 191, 207, 213, 219 ff., 234, 264
Gewerkschaften 98, 277 f., 301
gewichtsloser Wirtschaftssektor 252, 295
Gilligan, James 157, 163, 180
Gini-Koeffizient 31 f., 73
Global Peace Index 260, 263
Glück / Glücklichsein 22 ff., 28, 51, 95, 105, 137, 246, 254, 258, 270
Gold, Rachel 147, 150
Good Childhood Inquiry 81
Gore-tex 287

Graham, Hilary 149, 151
Graham, Sheila 109
Gruppendichte-Effekt 186, 195

Hansen, Kristine 181 f.
Hansson, Per Albin 274 f.
Harwood Institute for Public Innovation 17, 276
Health Survey for England (HSE) 119
Hobbes, Thomas 226 f.
Hobhouse, Leonard Trelawny 294
Hochsicherheitsgefängnis 177, 179, 194
Hoff, Karla 135
Hoover-Ungleichverteilung 32
Hsieh, C.-C. 159
Human Development Index (HDI) 247 f.
Human Rights Watch 177
Hurrikan Katrina 65, 71, 74
Hutton, Will 282
Hy-vee Supermarkets 288
hypermaskulin 162

Institute for Women's Policy Research 76
Intergovernmental Panel on Climate Change 259
International Adult Literacy Survey 128, 130
International Obesity Task Force 111
Internet 295 ff.
Irwin, John 177, 179
Isolationshaft 177 f.

Jäger und Sammler 41, 227, 233 f., 236
James, Oliver 88
Jargowsky, Paul 188 f.
John Lewis Partnership 288
Johnson, Elmer H. 176
Johnson, Lyndon B. 33

Kasten 183, 219, 287
Kawachi, Ichiro 98
Kemeny, Margaret 53 f., 56
Kennedy, John F. 125, 213
Kennedy, Robert 213
Kentucky Fried Chicken 118
Kerry, Bill 264
Kindbettfieber 13
King, Martin Luther 302
Kipling, Rudyard 183
Kissinger, Henry 233
Klimawandel 25, 251 f., 259, 275, 301
Klinenberg, Eric 74
Körpermasseindex (KMI) 109, 112, 123
Kohlendioxyd-Emission 25, 246–250, 252
Konsumismus 252, 256, 258, 261, 276, 301, 304
Kopierschutz 296
Kortisol 53, 116, 137
Krishnamurti, Jiddu 81
Kuba 247 f.

Ladendiebstahl 172
Lanting, Frans 229 f.
Lareau, Annette 133
Lauer, Josh 75
Layard, Richard 22, 88, 254
Lennon, John 213
Levine, Adam 133
Lewis, Helen 56
Lister, Joseph 14
Loch Fyne Oysters 287
London Symphony Orchestra 287
Luker, Kristin 144
Luxusfieber 88

MacArthur, Douglas 274
Margaret, Prinzessin 213
Marmot, Michael 208
Martin, Charles 153
Mauer, Marc 172
Maxwell Poll on Civic Engagement 276
McCord, Colin 100
McDermott, Elizabeth 149, 151
McDonalds 118

Merck Family Foundation 17
Milgram, Stanley 293
Milgram-Experimente 293
Miliband, David 249
Millenium Cohort Study 133
Miller, Fiona 126
Mindeststrafe 172
Mitarbeiter-Buy-out 287
Mitbestimmung 285
Mondragon Corporation 288
Monroe, Marilyn 213
Mord 97, 155 ff., 159 ff., 167, 208
Mutterschaftsurlaub 133 f.

Nachhaltigkeit 245–248, 251 f., 261, 265, 270, 281, 300, 302
Narzissmus 52, 54, 57, 60, 201
National Center for Education Statistics 128
National Policy Association 264
National Survey of Children's Health (NSCH) 87, 115
National Survey on Drug Use and Health 86
Neokortex 231 f.
Neoliberalismus 218
Neurotransmitter 90, 107, 137
New Orleans 65 f., 71, 74

Oakeshott, Robert 286
OECD (Organisation für wirtschaftliche Zusammenarbeit) 37, 78, 147
Ökobilanz 248
Ökologischer Fußabdruck 247 f.
Oxytocin 240 f.

Pachauri, Rajendra 259
Page, John 273
Paine, Thomas 280, 294
Pandey, Priyanka 135
Park, Yong-jin 257
Pasteur, Louis 14
Patent 292, 296, 298
PISA-Studien 128, 131
Planet Ark Foundation Trust 261
Plantagenwirtschaft 206
Planwirtschaft 107, 280, 294
Popnoe, David 162
Popper, Sir Karl 221
Pratto, Felicia 195
Privatisierung 279
psychische Gesundheit (Begriff) 83
Publix Supermarkets 288
Pugh, M. D. 159
Putnam, Robert 71, 73, 98, 165 f.

Rassismus 52, 68, 155, 195, 205
Resozialisierung 41, 176, 179, 181 f.
Rhodes, Lorna 178
Robin-Hood-Index 32
Rooney, Patrick 284
Rothstein, Bo 72, 80
Rowntree Foundation 148

Säuglingssterblichkeit 33, 98, 10–103, 143, 210 f., 239, 246 ff.
Sahlins, Marshall 29, 223, 225, 227
Salt Lake City 153
Sampson, Robert 165
Sartre, Jean-Paul 231
Scham 55 ff., 157 f., 163
Scheff, Thomas 56
Scholz, Tom 263
Science Applications International Corporation 288
Segregation, sozialräumliche 186, 188 ff.
Selbstmord 33, 95, 97, 195, 201 f., 300
Semmelweis, Ignaz 13
Sennett, Richard 192
Sentencing Project 172
Serotonin 90, 137
Shaw, Georg Bernard 266
Sidanius, Jim 195
Siddiqi, Arjumand 131 f.
Silverman, John 182
Sklaverei 68, 183, 206, 235, 294, 299
Smith, Adam 40
Solano State Prison, Kalifornien 177
Sommer, Volker 195

soziale Mobilität 120, 183 (intergenerationale, intragenerationale), 185, 187
Sozialkapital 71 f., 98, 165 f., 150
sparsamer Phänotyp 121 f.
Spears, Britney 213
Spekualtionsblase 19
Spiegelneuronen 239, 242
Statusangst 88, 122, 136, 220
Steele, Claude 135 f.
Steinbeck, John 93
Stereotypen-Angst 136, 190
Strafvollzug 172, 176 f., 179–182
Stress 53 f., 56, 105, 107, 116, 121, 123
– akuter, chronischer 106 f., 116, 227
Stressessen 116
Südstaaten-Konföderation 206
Supermax-Gefängnisse 178
SUV (Sports Utility Vehicle) 74 f.
symbolische Gewalt 191

Teenager-Schwangerschaft 26, 33 f., 39, 42, 141, 143–152, 157, 162 f., 167, ff., 200, 207, 219, 239, 268, 300 f.
Tierversuche 90, 116, 220, 228, 230 f., 237
Titmuss, Richrad M. 249, 274
Tocqueville, Alexis de 65–68, 73, 235
Todesstrafe 174, 176, 179
Top-down-Mentalität 287
Tower Colliery 287
Toynbee, Polly 111
Treibhausgase 245, 250, 252, 258, 260, 263
Tribune 288
Tullis Russell Group 290
Twenge, Jean M. 48, 51, 57

Übergewicht 109–116, 119–122, 217, 300
Ultimatum-Spiel 227 f., 242
Umverteilung 107, 203, 271, 273, 278, 290
Umweltschäden 24 f., 32, 189, 246, 276, 302
UN-Ausschuss gegen Folter (CAT) 177 f.
UN-Büro für Drogen- und Verbrechensbekämpfung (UNODC) 89
UNICEF (United Nations International Children's Emergency Fund) 37, 112, 138, 146, 164
UNICEF-Index zum Wohlergehen der Kinder 38 f., 138, 164, 239
United Airlines 287
Uslaner, Eric 72 f., 80

Veblen, Thorstein 257
Vereinte Nationen 32, 37, 78, 247
Vertrauen 12, 33, 51 f., 54 f., 61, 67–76, 78 ff., 85, 89, 97, 144, 150, 165, 176, 221, 224, 229, 240 ff., 260, 264, 275, 288, 300, 308, 310
Vision of Humanity 263
Vital Statistics System 146

Waal, Frans de 229 f.
Waffenbesitz 161, 167, 177
Wake Forest School of Medicine, North Carolina 90
Wallich, Henry 253
Wattleton, Faye 141
Weightless Economy 252, 295
Weltbank 37, 135, 158, 273
Werbung 55, 88, 255, 257, 296
West, Kanye 66
Whitehall-Studien 94 f., 101
WHO (Weltgesundheitsorganisation) 37, 84, 109, 111 f., 119
Wiederholungstäter 180
Wiedervereinigung 12, 123
Willms, Douglas 130 f.
Wilson, Margo 96, 158
Wilson, William Julius 189
Wirtschaft ohne Wachstum 251, 253
Wohlstandskrankheiten 24 f.
World Values Survey 68, 72
WWF (World Wide Fund for Nature) 247 f.

Dank

Danny Dorling, Stuart Proffitt und Alison Quick gilt unser Dank für die sorgfältige Durchsicht unseres Manuskripts und die vielfältigen Anregungen. Auch haben wir Molly Scott Cato für ihre Anmerkungen zu Kapitel 15 zu danken. Majid Ezzati war so freundlich, uns seine neuesten Daten zum Körpermasseindex in den US-Bundesstaaten zu übermitteln. Stephen Bezruchka war ein wichtiger Partner in vielen Diskussionen.

Richard Wilkinson möchte vor allem der University of Nottingham und seinen Kollegen in der Fakultät für Epidemiologie und Gesundheitswesen danken, dass sie ihm die Zeit gegeben haben, zu forschen und dieses Buch zu schreiben. Kate Pickett dankt der University of York und ihren Kollegen dort für die großzügige Unterstützung.

Die Abbildungen 3.1 und 3.2 durften wir mit der freundlichen Erlaubnis von Jean Twenge hier wiedergeben. Wir danken auch Cambridge University Press für die Lizenz, die Abbildungen 4.3 und 10.1 hier zu zeigen. Für die Abdruckgenehmigung folgender Abbildungen danken wir: für Abbildung 6.1 der BMJ Publishing Group, für 6.7 Bryan Christie Design, LCC, und für 15.3 dem Economic Journal. Alle übrigen Grafiken haben wir selbst erstellt, sie dürfen nach Belieben weiterverbreitet werden.

Für die freundlich erteilte Abdruckgenehmigung folgender Cartoons möchten wir herzlich danken: Seite 30, 46, 82, 124, 142, 154, 170, 184, 198, 222, 244, 262 www.CartoonStock.com; S. 16 Copyright © 2007 Andy Singer, politicalcartoons.com; S. 64 und S. 108 Copyright © 1996, 2005 *The New Yorker* collection, Peter Steiner und Lee Lorenz, cartoonbank.com; S. 92 Copyright © Joseph Farris, cartoonbank.com.